Jon Kabat-Zinn, Richard Davidson,
Zara Houshmand et al.

Die heilende Kraft der Meditation

Jon Kabat-Zinn, Richard Davidson,
Zara Houshmand et al.

Die heilende Kraft der Meditation

Wie sich unser Geist selbst heilen kann: Ein wissenschaftlicher Dialog mit dem Dalai Lama

Übersetzt von Mike Kauschke

arbor
Arbor Verlag
Freiburg im Breisgau

First published in the United States by New Harbinger Publications

Die Originalausgabe erschien unter dem Titel:
The mind's own physician : a scientific dialogue with the Dalai Lama on the healing power of meditation

1. Auflage 2012

Titelfoto: © 2012 Yoshiko Funakoshi
Lektorat: Ursula Richard
Gestaltung Buchcover: Anke Brodersen
Gestaltung Buchinnenseiten: Susanne Jäger
Druck und Bindung: Kösel, Krugzell

Dieses Buch wurde auf 100% Altpapier gedruckt und ist alterungsbeständig.
Weitere Informationen über unser Umweltmanagement
finden Sie unter www.arbor-verlag.de/umwelt.

www.arbor-verlag.de

ISBN 978-3-86781-071-5

Inhalt

Einführung

Ein Zusammenfließen der Ströme und ein Erblühen von Möglichkeiten

Gegenwärtig lässt sich ein außergewöhnliches Zusammenfließen von Erkenntnisweisen oder verschiedenen Formen des Wissens beobachten. Es ist noch nicht lange her, dass der Dichter, Essayist und Naturforscher Gary Snyder das Bild von Gletschern prägte, die langsam aber unweigerlich miteinander verschmelzen, während sie in sich die Merkmale ihrer Herkunft weitertragen: „Wir stehen am Fuße des Gletschers, den Newton und Descartes in Bewegung versetzt haben. Der Gletscher der wiederbelebten Göttin Gaia kommt ein anderes Tal herunter, aus unserer frühen heidnischen Vergangenheit. Ein weiterer Gletscherarm rutscht aus einem anderen Winkel des Tales herunter: die ernsthafte meditative Sicht des Buddhismus, mit ihrem Schwerpunkt auf Mitgefühl und der Einsicht eines leeren Universums."[1]

Heute, nur zwei Jahrzehnte später, wissen wir, dass die Gletscher der Erde buchstäblich und nicht nur metaphorisch dabei sind, vollkommen zu verschwinden. Vielleicht war es das Schicksal dieser Metapher überholt zu werden, wenn wir die nie da gewesene Veränderungsrate betrachten, die die Menschheit auf dieser Erde bewirkt hat und zu deren Konsequenzen wir gerade erst erwachen. Am heutigen Punkt der Geschichte ist es vielleicht angemessener, von schnell zusammenfließenden Strömen zu sprechen als Bild für die Verbindung der Erkenntnisweisen und Kulturen, statt auf das der Gletscher zurückzugreifen. Diese flüssigere, bewegtere Metapher entspricht den vielen verschiedenen Traditionen, Disziplinen, Perspektiven und Methoden, die sich heute in unvorhersagbarer Weise begegnen. Die Zeit wird es zeigen. Und wenn wir die Geschwindigkeit in Betracht ziehen, mit der sich die Dinge verändern, wird das nicht lange dauern.

Die besondere Annäherung, über die wir hier sprechen – genau, wie in Snyders Gedanken beschrieben –, findet zwischen Wissenschaft und kontemplativen Traditionen statt und dabei vor allem den meditativen Traditionen. Das sind in der Tat unterschiedliche Erkenntnisweisen oder Epistemologien – verschiedene Arten der Untersuchung, Beschreibung und letztendlich auch Formung der menschlichen Erfahrung und unserer Beziehung zur größeren Welt, in die wir eingebettet sind. Nie zuvor in der Geschichte sind moderne Wissenschaft und kontemplative Traditionen in dieser Weise zusammengekommen, um sich gegenseitig zu inspirieren. Beides sind historisch gewachsene, anerkannte, bewährte Traditionen, mit ihren je eigenen wichtigen Meilensteinen, die mit gewisser Autorität die schwer erarbeiteten Erkenntnisse erhellen, welche durch systematische und disziplinierte Erforschung der Wirklichkeit gewonnen wurden. Von Menschen, denen es wichtig war und ist, die Welt tiefer zu verstehen, und die ihre Erfahrungen und Erkenntnisse mit höchster Präzision und Ernsthaftigkeit aufgezeichnet haben. Dabei folgten sie spezifischen Methodologien, Hypothesen und kraftvollen Motivationen, die wir letztendlich mit dem Wort Liebe umschreiben können.

Im Fall der Wissenschaft war die betreffende Wirklichkeit bisher vor allem eine äußere: die Frage nach dem Wesen der Natur und unserem Platz darin, nach der Essenz der Wirklichkeit und den Gesetzen, die bestimmte Phänomene beeinflussen. Die Untersuchung bezog sich mehr auf das Beobachtete als auf den Beobachtenden. Zu diesem Zweck wurden Instrumente und Methoden entwickelt und ständig weiterentwickelt, um die Natur von Materie und Energie akkurat zu untersuchen. Wir erforschen die Ausdrucksformen von Materie und Energie, von Elementarteilchen bis hin zu den komplexesten Materie-Ansammlungen im uns bekannten Universum: uns selbst. Heute widmet sich die Forschung mehr und mehr der unleugbaren Empfindsamkeit, die in komplexen lebenden Systemen und im Besonderen in unserer Spezies – *Homo sapiens sapiens* – geheimnisvoll entsteht und unsere Gesellschaften und Kulturen formt.

Im Fall der kontemplativen Traditionen war der Fokus der Untersuchung und Erforschung bisher vor allem nach innen auf den Bereich des Geistes gerichtet. Doch bis vor Kurzem wurde die innere Erfahrung in einigen akademischen Kreisen als nur „subjektiv" abgetan, im Gegensatz zum „Objektiven". Nun wird dieser Bereich des Innerlichen als eine wichtige und berechtigte phänomenologische Dimension der menschlichen Erfahrung und Erkenntnis neu betrachtet. Diese ausgewogenere Sicht, die als die Erfahrung der „ersten Person" neu formuliert wurde, geht vor allem auf Francisco Varela zurück. Weil die Wissenschaft bis heute die Natur unserer inneren Erfahrung nicht beschreiben kann,[2] scheint es angemessen, zumindest die Möglichkeit einzuräumen, dass eine systematische Untersuchung der inneren Erfahrung in der Perspektive der ersten Person ihre eigenen berechtigten Parameter als Erkenntnisweise hat. Zudem hat sie auch das Potential (besonders in Verbindung mit Methodologien der „dritten Person"), zu einer ausgewogeneren und sich ergänzenden Untersuchung des Geistes und der menschlichen Erfahrung beizutragen. Dazu gehören auch die Probleme von Leiden, Gier, Aggression, Täuschung und Unwissenheit, von Gewalt und den Gefahren, die dem „nicht erforschten Leben", wie Sokrates es genannt hat, innewohnen – dem Geist, der sich entgegen der Bezeichnung *Homo sapiens sapiens* nicht selbst erkennt. Dies alles ist das sehr lebendige, wichtige Gebiet der kontemplativen Traditionen, wir könnten sagen, es ist ihr „Forschungsbereich".

Natürlich ist es eine grobe Verallgemeinerung, wenn wir sagen, dass die Wissenschaft sich nach außen richtet und die meditativen Traditionen nach innen. Viele Bereiche der Wissenschaft beschäftigen sich mit der Erforschung der Natur mentaler Phänomene und die kontemplative Weisheit macht keinen Unterschied zwischen innen und außen. Die kontemplative Weisheit erkennt, dass innen und außen unterschiedliche Aspekte einer tieferen, nondualen Ganzheit sind und dass sich die letztendliche Verwirklichung jedes introspektiven Prozesses darin zeigt, wie man sein Leben lebt. Trotzdem scheint die Wissenschaft vor allem nach außen gerichteten Denkweisen und Untersuchungsmethoden zu folgen und die meditativen Traditionen scheinen eher einer inneren Erforschung zu folgen. Die Mind and Life-Dialoge tragen zur Prüfung und Überwindung solcher Kategorien bei. Sie intendieren eine gegenseitige Befruchtung von Erkenntnisweisen und überprüfbaren Forschungsvorhaben an den Schnittpunkten dieser umfassenderen Entwicklungen.[3]

Eine kurze Geschichte

In diesem Buch wird die Annäherung von Wissenschaft und kontemplativen Traditionen durch das Zusammentreffen von weithin anerkannten und erfahrenen Praktikern in beiden Welten repräsentiert, die sich zu Gesprächen zum Thema „Die Wissenschaft und klinische Anwendung der Meditation" getroffen haben. Ein Treffen dieser Art und Bedeutung wäre noch vor 10 oder 15 Jahren undenkbar gewesen. Aber im Jahre 2005 war es möglich. Es entstand aus einem zuvor ebenso für undenkbar gehaltenen öffentlichen Treffen am MIT (Massachusetts Institute of Technology)[4] und aus einer Reihe kleinerer Begegnungen eingeladener Gästen, die seit 1987 unter der Schirmherrschaft des Mind and Life Institute und der fortwährenden interessierten und enthusiastischen Beteiligung Seiner Heiligkeit des Dalai Lama stattfanden.

Es ist allgemein bekannt, dass der Dalai Lama sich schon sehr lange für Wissenschaft interessiert, vor allem für ihr Potential, zu einem Verstehen der natürlichen Phänomene und einer Erklärung der Natur der Dinge beizutragen – mit all den damit verbundenen Einschränkungen.

Zunächst fanden die Mind and Life-Treffen in privater Atmosphäre statt, meist in der Residenz des Dalai Lama in Dharamsala, Indien. Sie wurden als eine Art Privatunterricht für den Dalai Lama gesehen, damit er sich mit den verschiedenen ihn interessierenden wissenschaftlichen Bereichen vertraut machen konnte, die er in seiner traditionellen Ausbildung als buddhistischer Mönch nicht hatte studieren können. Besonders in Anbetracht seiner außergewöhnlichen Lebenssituation: Im Alter von zwei Jahren wurde er als Inkarnation des vorherigen Dalai Lama erkannt und war somit der rechtmäßige Führer aller tibetischen Buddhisten und aller Tibeter. Aber bei den ersten Mind and Life-Treffen zeigte sich Seine Heiligkeit schnell als geborener Wissenschaftler. Oft war er den Erklärungen voraus, stellte begründete Fragen und antizipierte die nächsten Experimente. Die an diesen Treffen beteiligten Wissenschaftler waren mindestens genauso tief von diesem bescheidenen buddhistischen Mönch beeindruckt wie dieser von ihnen.

Deshalb entwickelten sich die Mind and Life-Dialoge zu einer andauernden gemeinsamen Untersuchung einiger der tiefsten Menschheitsfragen in Bezug auf Wissenschaft, Ethik und Moral. Dazu gehören zum Beispiel Fragen über die Natur des Geistes, das Wesen des Universums und unseres Platzes darin, die Natur der Wirklichkeit und das Potential der Heilung und Transformation negativer Emotionen in positivere Geisteszustände, die zu größerer Gesundheit, Harmonie und möglicherweise zu innerem und äußerem Frieden führen. Im Laufe der Jahre nahmen an diesen Dialogen Psychologen und Neurowissenschaftler, Ärzte und Philosophen, Physiker, Molekularbiologen und Pädagogen teil, aber auch kontemplativ Übende und Mönche und Nonnen verschiedener buddhistischer Traditionslinien und anderer spiritueller Traditionen. Mehr und mehr tibetische Mönche und Nonnen waren bei diesen Dialogen als Beobachter und Studenten anwesend. Das war eine Folge der Anstrengungen Seiner Heiligkeit, eine größere Kenntnis der modernen wissenschaftlichen Weltsicht in den klösterlichen Gemeinschaften zu fördern. Jedes Treffen führte zu einem Buch, das den Ablauf der Konferenz wiedergab und die Begeisterung und Kraft dieser offenen Dialoge vermittelte. (Eine Liste mit allen Mind and Life-Büchern finden Sie unter www.mindandlife.org/publications.)

Bei dem Treffen im Jahre 2000, das in dem Buch *Dialog mit dem Dalai Lama: wie wir destruktive Emotionen überwinden können*[5] beschrieben wird, forderte Seine Heiligkeit die Teilnehmer auf, innovative Wege zu finden, um die meditativen Praktiken in einem vollkommen säkularen Kontext zugänglicher zu machen, da diese Übungen helfen können, mit schwierigen Emotionen effektiver umzugehen. Zudem zielt die Essenz dieser Praktiken auf universelle Aspekte des menschlichen Geistes und Herzens und deshalb sind deren potentiell positive Wirkungen nicht auf Anhänger des Buddhismus beschränkt. Solche universellen Ansätze, die möglichen positiven Wirkungen der Meditationsübungen zu fördern, sind umso wichtiger und dringlicher, als Depression, Angst, Stress, Gewalt und posttraumatisches Stress-Syndrom immer mehr zunehmen.

Ungefähr zur gleichen Zeit forderte der Dalai Lama die Leitung des Mind and Life Institute auf, kürzere öffentliche Dialoge zu organisieren, damit mehr Studenten, Wissenschaftler und Gelehrte daran teilnehmen könnten. Diese Dialoge sollten zusätzlich zu den fünftägigen geschlossenen Treffen, wie sie in Dharamsala abgehalten wurden, stattfinden.

Der erste öffentliche Dialog, Mind and Life XI, wurde am 13. und 14. September 2003 am MIT veranstaltet. Das Thema des Treffens war: „Investigating the Mind: Exchanges between Buddhism and Biobehavioral Science“ („Untersuchung des Geistes: Gespräche zwischen Buddhismus und biobehavioraler Wissenschaft“ [Anm. d. Ü.: Die biobehaviorale Wissenschaft beschäftigt sich mit der Erforschung des Verhaltens biologischer Systeme.]), und daran nahmen eine ganze Reihe Neurowissenschaftler, Psychologen und Gelehrte teil. Es wurde in dem Buch *The Dalai Lama at MIT* dokumentiert, das von Anne Harrington und Arthur Zajonc herausgegeben wurde.[6] Die Tatsache, dass die Konferenz am MIT stattfand, war selbst ein historisches Ereignis, eine wichtige und frühe öffentliche Anerkennung für das Zusammenfließen dieser unterschiedlichen Wege, den Geist und die Welt zu erforschen.

Der Kontext des Treffens im Jahre 2005: Mind and Life XIII

Das MIT-Treffen bezog sich vor allem auf grundlegende Fragen der Forschung in den spezifischen Disziplinen der Aufmerksamkeit und kognitiven Kontrolle, der Emotionen und der bildgebenden Verfahren zur Darstellung mentaler Prozesse. Dabei wurde untersucht, wie diese Aktivitäten im Gehirn ausgedrückt und reguliert werden. Das darauffolgende öffentliche Treffen (Mind and Life XIII im Jahre 2005) beschäftigte sich mit dem bemerkenswerten Anstieg klinischer Anwendungen von Meditation in der westlichen Medizin und Psychologie. Weitere Themen waren die Grundlagenwissenschaft und die klinische Wissenschaft, die diesen Entwicklungen zugrunde liegen.

Das vorliegende Buch dokumentiert dieses zweite, öffentliche Treffen zwischen Seiner Heiligkeit und Wissenschaftlern: Mind and Life XIII, „The Science and Clinical Applications of Meditation" („Die Wissenschaft und klinische Anwendung der Meditation"). Der Titel des Buches, *Die heilende Kraft der Meditation,* deutet auf die selbstheilende Natur des menschlichen Organismus hin. Es ist ein Hinweis auf das Potential eines systematischen mentalen Trainings zur Optimierung des dynamischen Gleichgewichts auf verschiedenen Ebenen – einschließlich der kognitiven, emotionalen, viszeralen, somatischen, beziehungsorientierten und transzendenten Ebene. Ein Gleichgewicht, das wir mit dem Begriff „Gesundheit" bezeichnen. Viele Forschungsergebnisse, die dieses gesundheitliche Potential aufzeigen, wurden bei diesem Treffen vorgestellt.

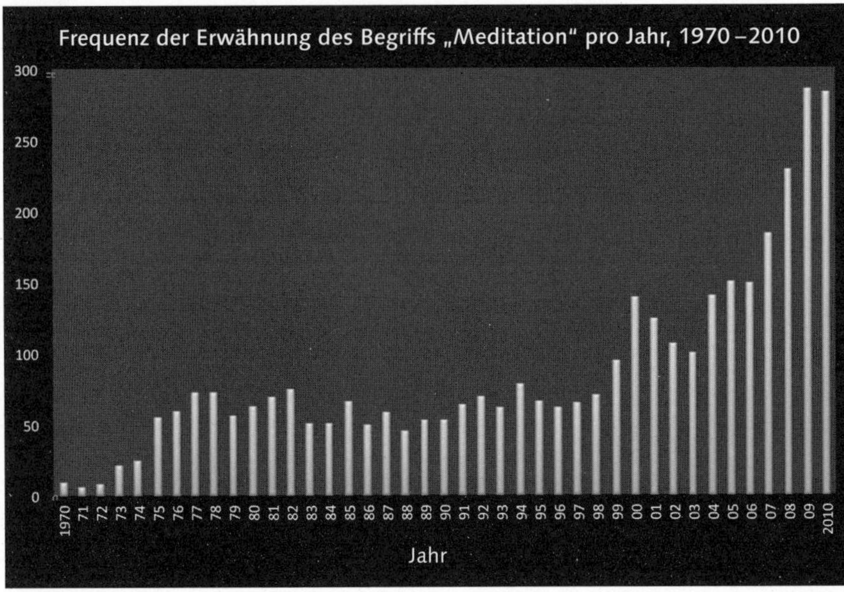

Abbildung 1. Suchergebnisse zum Begriff „Meditation" in den Inhaltsangaben und Schlüsselwörtern der ISI Web of Knowledge Datenbank am 5. Februar 2011. Die Suche war auf Publikationen mit englischen Inhaltsangaben beschränkt. Das Diagramm wurde von David S. Black vom Institute for Prevention Research, Keck School of Medicine, University of Southern California, erstellt.

Die Abbildung 1 zeigt den Anstieg von Publikationen über Meditation in der medizinischen und wissenschaftlichen Literatur zwischen 1970 und 2010. In der Tat scheinen diese Kurve und die Kurve für Achtsamkeit[7] in dieser Zeit exponentiell zu steigen. Die Finanzierung von Meditationsforschung ist in ähnlicher Weise gestiegen. Dieses Phänomen war schon zurzeit von Mind and Life XIII 2005 sichtbar. Es ist ein dramatischer Nachweis der Geschwindigkeit, mit der die moderne Wissenschaft und meditative Praktiken, zurzeit vor allem aus dem Buddhismus, zusammenfließen. (Im November 2010 wurde der Dialog beim Mind and Life XXII in Neu-Delhi, Indien, ausgeweitet und schloss auch Yoga und meditative Praktiken aus anderen Traditionen ein.)

Die Zunahme der Meditationsforschung in den letzten Jahrzehnten ist Ausdruck einer wachsenden kooperativen Untersuchung der Natur unseres eigenen Geistes, Körpers und Gehirns. Dabei wird erforscht, wie diese Aspekte interagieren, um Gesundheit und Krankheit, Wohlbefinden und Leiden, Glück und Depression und letztendlich unsere all dem zugrunde liegende Menschlichkeit zu beeinflussen. Die Verheißung und der Nutzen dieser Forschung scheinen in einem zunehmenden Verständnis für unser Entwicklungspotential als bewusste und mitfühlende Wesen zu liegen. Wir besitzen die Fähigkeit zu wachsen, hin zu dem, was in uns das Tiefste und Beste ist, sowohl als Individuen als auch als Spezies. Vielleicht geschieht all dies gerade noch rechtzeitig, um einige der potentiellen Katastrophen abzuwenden, denen wir als frühreife Spezies auf einem begrenzten und zerbrechlichen Planeten gegenüberstehen.

Die lateinische Bezeichnung *Homo sapiens sapiens* bedeutet buchstäblich die Spezies, die weiß und weiß, dass sie weiß. Der Name unserer Spezies umfasst also unsere zentrale Fähigkeit für Gewahrsein und Meta-Gewahrsein. Vielleicht ist es Zeit für uns als Spezies auf unserem weiteren Weg, dieses Potential zu verwirklichen. Und weil Meditation mit Gewahrsein und Aufmerksamkeit und deren Verfeinerung durch Übung zu tun hat, ist das ein wichtiger Nexus für eine hoffnungsvolle, die Menschheit weiterbringende Annäherung, bei der sich verschiedene Weisheitstraditionen und Methodologien, einschließlich Wissenschaft und kontemplative Traditionen, begegnen.

Das Treffen am MIT im Jahre 2003 wurde im Kresge Auditorium veranstaltet, voll besetzt mit elfhundert Menschen. Wegen des großen Interesses an den klinischen Anwendungen der Meditation wollten wir das zweite öffentliche Treffen an einem noch größeren Veranstaltungsort organisieren. Ursprünglich hofften wir, dass die National Institutes of Health (NIH) [Anm. d. Ü.: Die National Institutes of Health sind die wichtigste Behörde für biomedizinische Forschung in den USA.] das Treffen unterstützen und es auf ihrem Campus in Bethesda ausrichten würden. Dort hatte im März 2004 schon ein Tagessymposium zum Thema „Mindfulness Meditation and Health" stattgefunden, das sehr gut besucht war und großen Enthusiasmus hinterließ. Aber diese Option erwies sich aus mehreren Gründen als zu kompliziert und deshalb fand das Treffen vom 8. bis 10. November 2005 in der Stadtmitte von Washington, DC, in der Constitution Hall statt, die über dreitausend Plätze hat. Unterstützt wurde die Veranstaltung von der Johns Hopkins University School of Medicine und dem Georgetown University Medical Center.

Allein die Tatsache, dass sich das MIT und in der Folge dann die Universitäten Johns Hopkins und Georgetown mit einer weltbekannten spirituellen Führungspersönlichkeit wie dem Dalai Lama zu einem solchen Dialog zusammenfanden, ist an sich schon außergewöhnlich. Es ist ein Anzeichen dafür, in welchem Ausmaß das Zusammenfließen der Ströme und Weltsichten bereits geschieht. Beim MIT-Treffen sagte Eric Lander, dass das MIT und das McGovern Institute for Brain Research sich ihres wissenschaftlichen Rufs sicher genug seien, um „keine Angst zu haben, die Grenzen etwas auszutesten". Das bezog sich auf die realen und vorgestellten Risiken der Beteiligung an solch einem kulturübergreifenden Dialog.[8] Es ist offensichtlich: Die Welt verändert sich wirklich und die Erkenntnis wächst, dass wir als Menschen uns als Spezies wohl aus verschiedenen Perspektiven verstehen müssen, um unser volles Potential zu verwirklichen. Davon zeugt auch, dass der Dalai Lama vor dem Mind and Life-Dialog 2005 beim jährlichen Treffen der Society of Neuroscience sprach, das in der gleichen Woche in Washington stattfand. Über 25.000 Neurowissenschaftler nahmen an diesem Vortrag teil. Das hatte es auf einem wissenschaftlichen Kongress noch nie gegeben.

Die Vortragenden

Die Vortragenden, Teilnehmenden an Podiumsdiskussionen und Moderatoren der Sitzungen für diese Veranstaltung wurden auf Grundlage ihrer Expertise und Führungsfunktion in Wissenschaft, Medizin und den meditativen Traditionen ausgewählt. Richard Davidson und Jon Kabat-Zinn, die Ko-Organisatoren des Treffens, leiteten die Auswahl in Absprache mit dem Leitungsgremium und den Mitgliedern des Mind and Life Institute.

Die Teilnehmer aus dem Bereich Kontemplation

Auf der kontemplativen Seite war Seine Heiligkeit der Dalai Lama der Katalysator des Treffens und ein wichtiger Teilnehmer an allen Sitzungen, außer beim Zwischenprogramm zwischen der 3. und 4. Sitzung – das traf auch für seine Übersetzer Thupten Jinpa und Alan Wallace zu. Während des Zwischenprogramms am zweiten Tag hielt Alan einen Vortrag, um einen weiten Kontext für das Verstehen der Meditation aus der kontemplativen Perspektive zu schaffen. Jinpa war viele Jahre lang Mönch, bevor er ins Laienleben zurückkehrte und Ehemann, Vater und Übersetzer wichtiger tibetischer Texte in moderne Sprachen wurde. Nachdem er seine Mönchsrobe abgelegt hatte, erhielt er einen PhD für Religionswissenschaft an der Cambridge University. Auch Alan Wallace war für mehrere Jahre Mönch und ein Schüler Seiner Heiligkeit und vieler anderer Lehrer des tibetischen Buddhismus. Er studierte Physik und Philosophie und ist anerkannter Autor zu den Themen Wissenschaft, Buddhismus und buddhistische Meditationspraktiken. Er erhielt seinen PhD in Religionswissenschaft an der Stanford University.

Father Thomas Keating brachte seine Erfahrung und Perspektive aus dem christlichen Zisterzienserorden ein. Er ist einer der wichtigsten Pioniere in der Entwicklung einer modernen Bewegung, die sich der Praxis des Herzensgebets widmet. Ajahn Amaro repräsentierte die thailändische Theravada-Waldkloster-Tradition und Matthieu Ricard (zusammen mit Seiner Heiligkeit und seinen Übersetzern) die tibetisch-buddhistische monastische Tradition. Interessanterweise haben sowohl Ajahn Amaro als auch Matthieu einen westlich wissenschaftlichen Hintergrund. Ajahn Amaro erhielt einen Bachelor in Psychologie und Physiologie an der University of London und Matthieu einen Doktortitel in Zellgenetik am Pasteur Institute, an dem auch der Nobelpreisträger François Jacob tätig war.

Von der kontemplativen Seite trugen noch weitere Lehrer zum Dialog bei: Sharon Salzberg, die die Vipassana-Tradition im Westen repräsentierte und die Teilnehmer zu einer Liebenden-Güte-Meditation anleitete; Jan Chozen Bays, Zen-Meisterin und Kinderärztin mit Expertise in Missbrauch und Sucht; Joan Halifax, auch eine Zen-Meisterin, mit einem umfassenden Hintergrund in medizinischer Anthropologie und Psychologie; sowie Jack Kornfield, früherer Mönch in der thailändischen Waldkloster-Tradition, Vipassana-Lehrer und Psychologe.

Die Teilnehmer aus dem Bereich Wissenschaft

Von wissenschaftlicher Seite luden wir ein breites Spektrum an Vortragenden und Diskussionspartnern ein, um die potentiellen Implikationen neuester Erkenntnisse aus den Grundlagenwissenschaften zu untersuchen und die möglichen Mechanismen besser zu verstehen, wie Meditation ihre verschiedenen Wirkungen entfalten kann. Wir baten diese Teilnehmer auch, uns bei der Untersuchung der Ergebnisse klinischer Forschung zu helfen, die sich auf die Anwendung der Meditation bei spezifischen physischen und psychischen Krankheiten bezogen.

Robert Sapolsky von der Stanford University stellte seine Pionierarbeit über Stress und Krankheit auf den Ebenen neuronaler und genetischer Expression. Wolf Singer vom Max-Planck-Institut für Hirnforschung in Frankfurt präsentierte seine Arbeit über die verteilte Verarbeitung von Empfindungen im Cortex und das Phänomen der Synchronisation von Gamma-Wellen im Gehirn. Dabei sprach er auch über die mögliche Verbindung dieser Prozesse mit Meditationspraktiken und Bewusstseinszuständen. Zindel Segal vom Centre for Addiction and Mental Health an der University of Toronto und einer der Begründer der achtsamkeitsbasierten kognitiven Therapie sprach über die Prävention von Rückfallen bei Menschen mit schweren depressiven Störungen. Helen Mayberg von der Emory University School of Medicine hat in ihrer Arbeit mit bildgebenden Verfahren des Gehirns neuronale Pfade gefunden, die eine Rolle bei schwerer Depression spielen könnten. Sie stellte verschiedene Behandlungsansätze vor, von Medikamenten und kognitiver Verhaltenstherapie bis zur direkten Modulation spezifischer neuronaler Schaltkreise durch die Stimulation des Gehirns auf tiefer Ebene. John Sheridan von der Ohio State University brachte seine Forschungen über die Wirkungen von Stress auf die Hypothalamus-Hypophyse-Adrenalin-Achse und die Interaktionen zwischen Gehirn, Körper, Verhalten und

Immunsystem ein. Margaret Kemeny von der University of California, San Francisco, stellte ihre Sicht bezüglich der möglichen Verbindungen zwischen psychosozialen Faktoren, Immunsystem und Gesundheit und Krankheit dar. Esther Sternberg von den National Institutes of Health berichtete über Mechanismen der neuroimmunologischen Modulation und der Geist/Körper-Interaktionen in Beziehung zu Stress, Krankheit und Gesundheit.

Unter den Teilnehmern vonseiten der Wissenschaft war auch John Teasdale, ein Experte auf dem Gebiet der Formung informationsbasierter Pfade für emotionalen Ausdruck im Gehirn und im zentralen Nervensystem. Er ist Mitbegründer der achtsamkeitsbasierten kognitiven Therapie für Depression (zusammen mit Zindel Segal und Mark Williams). Zur Zeit des Treffens hatte John die Abteilung Kognition und Gehirnwissenschaft an der Cambridge University verlassen und machte eine Ausbildung zum Meditationslehrer in der Vipassana-Tradition.

Zu den weiteren teilnehmenden Wissenschaftlern gehörten: David Sheps, ein Experte in mentaler stressinduzierter Ischämie von kardiovaskulären Erkrankungen und Sterblichkeit an der Emory University School of Medicine und gleichzeitig Chefredakteur der Fachzeitschrift *Psychosomatic Medicine*. Der Biochemiker Bennett Shapiro, früherer Vizepräsident der Merck-Forschungslaboratorien, Experte der molekularen Regulierung zellulären Verhaltens und Mitglied des Leitungsgremiums des Mind and Life Institute. Und Ralph Snyderman, Professor Emeritus der Duke University School of Medicine, ein ausgebildeter Rheumatologe und ein führender Vertreter in der Gesundheitsreform und integrativen Medizin.

Zum wissenschaftlichen Teil unseres Treffens gehörten auch dessen Ko-Organisatoren und Herausgeber dieses Buches: Jon Kabat-Zinn von der University of Massachusetts Medical School, der die achtsamkeitsbasierte Stressreduktion entwickelt hat, und Richard Davidson von der University of Wisconsin. Richard Davidson ist einer der Begründer des Forschungsgebietes der affektiven Neurowissenschaft und des neu entstehenden Feldes der kontemplativen Neurowissenschaft. Beide Forscher sind im Leitungsgremium des Mind and Life Institute.

Der Stand der Wissenschaft: von 2005 bis 2011

Im letzten Kapitel dieses Buches werden einige der spannenden neuen Entwicklungen zusammengefasst, die inzwischen in der Wissenschaft und den klinischen Anwendungen der Meditation stattgefunden haben. Im Jahre 2005 war dieses Forschungsgebiet noch neu. Sechs Jahre später können wir sagen, dass das in vielerlei Hinsicht immer noch so ist. Aber heute wird so viel mehr Arbeit in diesem Bereich geleistet und Meditation im Allgemeinen und achtsamkeitsbasierte Interventionen im Besonderen sind zu anerkannten Forschungsgebieten geworden. Aufgrund der Geschwindigkeit, mit der sich dieses Forschungsgebiet entwickelt (siehe Abbildung 1), wurden im Jahre 2010 fast doppelt so viele wissenschaftliche Texte publiziert wie 2005.

Seit der Zeit des Treffens entstand eine neue Fachzeitschrift mit dem Titel *Mindfulness* (2010) und eine Website, die eine umfassende Liste aller Forschungsarbeiten über Achtsamkeit enthält, einschließlich eines monatlichen Bulletins mit aktuellen Auflistungen (*Mindfulness Research Monthly;* http.mindfulexperience.org/newsletter.php). Zudem haben einige wichtige Fachzeitschriften Spezialausgaben oder spezielle Artikel über Achtsamkeit veröffentlicht (zum Beispiel 2010 in *Emotion*[9], 2009 im *Journal of Clinical Psychology*[10] und im *Journal of Cognitive Psychotherapy*[11]) und es ist sehr wahrscheinlich, dass weitere folgen werden. Eine der Fachzeitschriften, die dem Thema Achtsamkeit eine Spezialausgabe gewidmet hat, ist bemerkenswerterweise gar keine wissenschaftliche Publikation, sondern thematisiert die Entwicklung des Buddhismus in einem modernen Kontext: *Contemporary Buddhism.* Der Chefredakteur der Zeitschrift lud Mark Williams und Jon Kabat-Zinn ein, Gastredakteure dieser Ausgabe zu sein, die im Juli 2011 erschien.[12] Die Beiträge sollten zu interdisziplinären Gesprächen zwischen buddhistischen Gelehrten, Klinikern und Wissenschaftlern über den Themenkomplex Achtsamkeit ermutigen, der mehr und mehr in säkularen Settings und Anwendungen Berücksichtigung findet. Neben anderen Themen ging es in dieser Ausgabe um die Frage der Definitionen von Achtsamkeit und wie nah die modernen achtsamkeitsbasierten Interventionen den ursprünglichen Lehren des Buddhismus sind. Diese Lehren beziehen sich auf frühe buddhistische Texte sowie auf die Schriften späterer Schulen des Buddhismus, die sich im ersten Jahrtausend nach dem Tod des Buddha von Indien und Südostasien nach China, Tibet, Korea und Japan ausbreiteten. Solch eine bemerkenswerte Diskussion von Experten so verschiedener Disziplinen ist ein starkes Anzeichen dafür, in welchem Ausmaß das Zusammenfließen der Ströme bereits stattgefunden hat. Zudem zeigt sich, dass diese Annäherung in verschiedenen Richtungen gleichzeitig erfolgt.

Eine angenehme Umgebung

Beim Mind and Life XIII in Washington, DC, wollten wir, trotz eines so großen Auditoriums, eine ähnlich angenehme und freundliche Atmosphäre schaffen wie bei den eher privaten Treffen, die in der Residenz Seiner Heiligkeit in McLeod Ganj im oberen Dharamsala, Indien, stattgefunden hatten, einem schönen Bergdorf unterhalb der schneebedeckten Ausläufer des Himalajas.

Obwohl diese Treffen eher privaten Charakter hatten, nahmen daran zusätzlich zu den Vortragenden immer auch etliche Beobachter teil. Einige davon waren Kontemplationsübende, unter ihnen auch Mönche, die an einem Programm mit dem Titel „Wissenschaft für Mönche“ teilnahmen. Zudem waren Familienangehörige der Vortragenden, Unterstützer und Mitarbeiter des Mind and Life Institute, persönliche Gäste Seiner Heiligkeit und manchmal auch Journalisten anwesend.

Das Setting ist immer gleich. Seine Heiligkeit sitzt, meist mit gekreuzten Beinen, in einem großen Sessel in der Mitte, rechts und links neben ihm um einen kleinen Tisch sitzen der Moderator und die verschiedenen Vortragenden und Diskussionspartner für die Sitzung. Gleich zu seiner Linken sind seine beiden Übersetzer, damit sie sich mit Seiner Heiligkeit zusammensetzen können, wenn sie sich über die Bedeutung eines bestimmten Begriffs beraten müssen oder ein Argumentationsverlauf eine kurze Gesprächspause erfordert. Seine Heiligkeit spricht manchmal Englisch und manchmal Tibetisch. Manchmal beginnt er in einer Sprache und wechselt dann zur anderen über. Sein Englisch ist sehr gut und er kann komplexen wissenschaftlichen Argumentationen folgen, wenn der oder die Vortragende den Jargon vermeidet, in den Spezialisten so leicht verfallen. Oft unterbricht er die Vortragenden, um eine Frage zu stellen oder um sich mit seinen Übersetzern zu beraten. Wenn er sich entscheidet, Tibetisch zu sprechen, übersetzt Thubten Jinpa ins Englische. (Im Buch werden die übersetzten Beiträge als die eigenen Worte Seiner Heiligkeit wiedergegeben, ohne dass Thubten Jinpas Rolle erwähnt wird, außer wenn er selbst zur Diskussion beiträgt.)

Gleich rechts neben dem Dalai Lama ist der Stuhl für den Vortragenden. So ist er direkt neben dem Dalai Lama und kann in einer Weise direkt mit ihm sprechen, die eher an ein intensives Gespräch als an einen Vortrag erinnert. Oft sind Seine Heiligkeit und der Vortragende dabei in Augenkontakt und häufig begleitet Lachen die Gespräche. Es ist ein sehr intimes Setting, bei dem Wohlwollen und ein tiefes Interesse an den behandelten Fragen sich so schnell ausbreiten, dass alle Teilnehmer und Beobachter davon erfasst werden.

Es war unsere Hoffnung, diese Nähe und Wärme auch auf der Bühne der Constitution Hall herzustellen. Deshalb behielten wir im Großen und Ganzen das Format bei und bauten sozusagen das Wohnzimmer Seiner Heiligkeit vor 3000 Menschen wieder auf. Einige der Fotos in diesem Buch zeigen die angenehme Atmosphäre dieser Umgebung. Große Videoleinwände auf beiden Seiten der Bühne stellten sicher, dass die Sprecher noch im hintersten Teil der Halle zu sehen waren, damit sich selbst in so einer großen Menschenmenge jeder Einzelne als lebendiger Teil des Gesprächs empfinden konnte, als echter Kollege und wichtiger Teilnehmer.

Das Treffen beginnt

Adam Engle, mit Francisco Varela Mitbegründer des Mind and Life Institute und dessen Präsident und CEO, eröffnet das Treffen mit einem Grußwort.

Adam Engle: Eure Heiligkeit, Father Thomas, Universitätspräsident DeGioia, Dekan Miller, verehrte Wissenschaftler und Wissenschaftlerinnen, klinisch Tätige, Brüder und Schwestern, vor 18 Jahren begannen der Dalai Lama, Francisco Varela und ich mit einem Experiment. Wir wollten herausfinden, ob wir eine Methodologie schaffen könnten, durch die Wissenschaftler, Philosophen und buddhistische Kontemplationsübende zusammenkommen könnten, um gemeinsam nach einem vollständigeren Verstehen der Wirklichkeit zu suchen, um den Geist zu erforschen und das Wohlergehen auf unserem Planeten zu fördern. Seit dem Jahre 1987 wurden in den Mind and Life-Dialogen viele Themen behandelt, bei denen Wissenschaftler und Kontemplationsübende ihre Erkenntnisse geteilt und das Verständnis der jeweils anderen Seite bereichert haben. Die Themen umfassten dabei Physik und Kosmologie, Neuroplastizität, die Heilung der Emotionen sowie Altruismus und Ethik.

Heute gehen wir auf diesem Weg einen Schritt weiter. Das Thema von Mind and Life XIII ist: Die Wissenschaft und klinische Anwendungen der Meditation.

Es resultiert aus der Erkenntnis, dass die Arbeit des Mind and Life Institute nicht mehr nur auf Dialog und Verstehen beschränkt ist. Wichtiger ist heute die Notwendigkeit, dieses Verstehen in Programme, Interventionen und Methoden zu übersetzen, die eine spürbare positive Veränderung in das Leben der Menschen bringen. Deshalb haben wir begonnen, ganz praktische Fragen zu stellen: Wie nähren und erhalten wir einen gesunden Geist? Wie können wir in unserem Leben und in unseren Gesellschaften mehr emotionale Ausgeglichenheit kultivieren? Und wie können wir diese Fertigkeiten des Selbstmanagements jüngeren Menschen vermitteln?

Wir werden in den nächsten zweieinhalb Tage nur damit beginnen können zu untersuchen, wie wir die Techniken der Meditation und anderer

Formen des mentalen Trainings in klinischen Anwendungen geschickter nutzen können, um Gesundheit und Wohlbefinden zu verbessern. Es ist unser tiefster Wunsch, dass Sie – das Publikum und die Teilnehmer gleichermaßen – inspiriert werden, diese neuen Erkenntnisse in Ihrem eigenen Leben und Ihrer Arbeit zu vertiefen und weiterzuentwickeln.

John DeGioia: Es ist ein großes Privileg, Ihnen heute Morgen den Ehrenvorsitzenden des Mind and Life Institute und dessen ständige Inspiration, Seine Heiligkeit den Dalai Lama, vorzustellen. Man kann sich kaum ein außergewöhnlicheres Leben als seines vorstellen. Er wurde auf einem bescheidenen Bauernhof in den Bergen Tibets geboren. In diesem abgelegenen Land hat sich eine einzigartige Form des Buddhismus entwickelt, zu der auch der Glaube gehört, dass sich der Buddha des Mitgefühls im Dalai Lama reinkarniert, um andere zur Erleuchtung zu führen und als das spirituelle und weltliche Oberhaupt Tibets zu wirken.

Nach dem Tod des 13. Dalai Lama im Jahre 1933 begann eine Gruppe heiliger Männer die geheime Suche nach dem nächsten Dalai Lama. Nach einiger Zeit brachte sie diese Suche zu einer Bauernfamilie mit einem frühreifen zweijährigen Jungen. Aufgrund verschiedener Tests entschieden sie, dass dieser Knabe der 14. Dalai Lama war. Wie bei seinen Vorgängern in den letzten Jahrhunderten üblich, wurden das Kind und die Familie in die Hauptstadt gebracht. Im Alter von sechs Jahren wurde der Junge als das Oberhaupt seines Volkes inthronisiert und erhielt den Namen Tenzin Gyaltso. Er lebte im Potala-Palast, dessen tausend Räume für den neugierigen Jungen zu einer Quelle endloser Faszination wurden.

Im Alter von 16 Jahren, zwei Jahre früher als üblich, übernahm der Dalai Lama die Regierungsgeschäfte in Tibet, nachdem sein Land von der chinesischen Armee angegriffen worden war. Neun Jahre lang verhandelte er, um eine friedliche Lösung zu erreichen, aber 1959 überzeugte ihn die sich stetig verschlechternde Situation davon, politisches Asyl in Indien zu suchen. Hier war er Oberhaupt der tibetischen Exilregierung und Oberhaupt für mehr als 120.000 Tibeter, die wie er ins Exil gegangen waren. Er gründete Schulen und Kulturzentren, um die tibetische Kultur lebendig zu erhalten, und reformierte die Exilregierung nach demokratischen Grundsätzen. [Anm. d. Ü.: Im März 2011 gab der Dalai Lama bekannt, dass er seine politischen Ämter abgeben wolle. Im Mai 2011 nahm das Exilparlament Tibets den Rücktritt an, seither ist der jeweils amtierende Premierminister gleichzeitig Regierungschef und Staatsoberhaupt.]

Jahrzehntelang hat der Dalai Lama die Welt bereist, um Unterstützung für seine Vorschläge einer gewaltfreien Lösung der Situation in Tibet zu finden. Er wurde zu einer wichtigen Stimme für Menschenrechte und Weltfrieden und der weltweit wichtigste Vertreter der buddhistischen Philosophie. 1989 erhielt er für sein Engagement den Friedensnobelpreis.

Das ist ganz sicher ein bemerkenswertes Leben, aber heute sehen wir einen weiteren Aspekt dieses außergewöhnlichen Mannes. Die frühe Erziehung des Dalai Lama war in vielerlei Hinsicht sehr umfassend, aber er kam nicht mit Mathematik, Physik, Biologie oder anderen Wissenschaften in Berührung. Doch er war ein wissbegieriges Kind, das von verschiedenen mechanischen Objekten fasziniert war, die es im Palast fand. Mit der Zeit und durch seine Reisen erweiterten sich seine Interessen und umfassten alle Aspekte der Wissenschaft und der wissenschaftlichen Untersuchungsmethoden. Er lernte einige der wichtigsten Wissenschaftler unserer Zeit kennen, um mit ihnen über Fortschritte im wissenschaftlichen Denken zu diskutieren und die Schnittstelle zwischen Glauben und Wissenschaft zu erforschen. Viele seiner Einsichten beschreibt er in seinem Buch *Die Welt in einem einzigen Atom: Meine Reise durch Wissenschaft und Buddhismus.*[13]

Heute steht der Dalai Lama an der Spitze des Dialogs zwischen Wissenschaft und Spiritualität. Dieser Dialog hat seiner Ansicht nach ein enormes Potential, um der Menschheitsfamilie zu helfen, den nie da gewesenen globalen Herausforderungen zu begegnen. Bitte begrüßen Sie heute Morgen gemeinsam mit mir Seine Heiligkeit den Dalai Lama.

Damit beginnen die drei Tage der Vorträge und Dialoge. Wir hoffen, dass das Treffen für Sie als Leser lebendig werden wird, wenn Sie nun dem Inhalt dieser Vorträge folgen. Wir hoffen, dass Sie sich in der einen oder anderen Weise durch den Austausch und die informelle Natur der Vorträge und Gespräche in den Raum des Geschehens hineinversetzt fühlen.

Wir hoffen, dass Sie etwas von der Energie der Vorträge und der Lebendigkeit der Dialoge zwischen den Sprechern, Diskussionspartnern und Seiner Heiligkeit spüren.

In Memoriam — Francisco J. Varela (1946-2001)

1. Sitzung

Meditationsbasierte klinische Interventionen: Wissenschaft, Praxis und Anwendung

Die erste Sitzung bereitet die Grundlagen für den Rest des Treffens. Seine Heiligkeit eröffnet sie mit einleitenden Bemerkungen, in denen er sein Interesse und seinen Respekt für die Wissenschaft und sein Interesse an der Hirnforschung hervorhebt. Der erste Vortrag beschreibt die buddhistische Sicht des Leidens, der Befreiung vom Leiden und der universellen Qualitäten des menschlichen Geistes. Der zweite und dritte Vortrag diskutieren klinische Programme und Forschungsprojekte, die die Wirkungen von Meditation auf Patienten mit chronischen Erkrankungen und auf verschiedene physische Funktionen untersuchen. Der Moderator dieser Sitzung ist Matthieu Ricard.

S. H. der Dalai Lama: Ich bin sehr froh über diese Gelegenheit, an diesem Mind and Life-Dialog teilnehmen zu können, und ich möchte allen Teilnehmern und Vortragenden meine tiefe Anerkennung aussprechen.

Eine Besonderheit bei diesem Mind and Life-Dialog ist die Anwesenheit von Father Thomas Keating, der die christliche spirituelle Tradition vertritt. Es ist mir eine besondere Freude, dass diese bedeutende spirituelle Tradition hier repräsentiert wird, und ich möchte Sie herzlich bei diesem Dialog willkommen heißen. In der Tat habe ich schon mehrfach im Verlauf der Mind and Life-Konferenzen den Wunsch geäußert, dass auch einige andere spirituelle Traditionen bei diesen Dialogen repräsentiert werden. Die kontemplative Praxis ist nicht allein auf die buddhistische Tradition beschränkt, sondern vielmehr eine weit verbreitete Praxis, die in vielen spirituellen Traditionen der Welt geübt wird.

Das Einzigartige am Buddhismus, und hier besonders an der Sanskrit-Tradition, ist die große Bedeutung, die der Erforschung und dem Experiment beigemessen wird. Viele Probleme entstehen aus Unwissenheit und das einzige Mittel gegen Unwissenheit ist Wissen. Wissen bedeutet ein klares Verstehen der Wirklichkeit, das nur durch Untersuchung und Experimente gefunden werden kann. In früherer Zeit haben die Nalanda-Meister[14] diese Untersuchung vor allem durch Logik und Denken und in manchen Fällen natürlich auch durch Meditation durchgeführt. In der modernen Zeit gibt es einen zusätzlichen Weg, um etwas über die Wirklichkeit zu erfahren: mit Hilfsmitteln. Ich denke, sowohl die Wissenschaft als auch die buddhistische Erforschung haben das Ziel, die Wirklichkeit zu finden.

Zudem gibt es im Buddhismus eine Tradition, die besagt, dass wir die Freiheit haben, eine Schrift abzulehnen, wenn wir etwas finden, das ihr widerspricht. Dies gibt uns eine Art Forschungsfreiheit, egal was die überlieferte Literatur sagt. Es gibt in den Schriften zum Beispiel einige kosmologische Beschreibungen, die ziemlich peinlich sind. Wenn ich vor einem buddhistischen Publikum lehre, sage ich oft, dass wir diese Dinge nicht akzeptieren können.

In den ersten Phasen meiner Neugier blickte ich auf die Welt und sah viele Dinge. Ich war neugierig, woher sie kamen. Schauen Sie sich ihren Körper an. Auf dem Kopf ist viel Haar und darunter der Schädel. Im Unterschied zu anderen Teilen des Körpers gibt es hier einen besonderen Schutz. Warum? Normalerweise glauben wir, dass die Seele oder das Selbst in der Mitte des Herzens liegt. Nun scheint es, dass die Seele – wenn wir sie überhaupt identifizieren können – hier im Kopf ist und nicht im Herzen.

Die buddhistischen Texte über Psychologie und Erkenntnistheorie treffen eine klare Unterscheidung zwischen zwei qualitativ verschiedenen Erfahrungsbereichen. Der eine Bereich ist die sinnliche Ebene: unsere Erfahrung der fünf Sinne. Den anderen Bereich bezeichnen Buddhisten als die geistige Ebene der Erfahrung: Gedanken, Emotionen usw. Als ursprünglicher Ort oder physische Basis der sinnlichen Erfahrung werden die Sinnesorgane angesehen. Aber die moderne Neurowissenschaft zeigt nun, dass das zentrale Ordnungsprinzip sinnlicher Erfahrung eher im Gehirn zu finden ist als in den Sinnesorganen selbst.

Buddhisten sind sehr daran interessiert, diese Dinge aus wissenschaftlicher Sicht kennen zu lernen. Ich denke, diese Beziehung ist sehr hilfreich. Deshalb haben wir vor mehr als vier Jahren damit begonnen, ausgewählte Mönche in der klösterlichen Ausbildung mit dem Studium der Wissenschaft vertraut zu machen. An einer systematischen Einbeziehung der wissenschaftlichen Ausbildung in das klösterliche Kurrikulum wird gerade gearbeitet.

In Bezug auf meine Teilnahme hier möchte ich sagen, dass ich nichts anzubieten habe. Ich bin immer sehr interessiert daran, zuzuhören und von diesen großartigen, erfahrenen Wissenschaftlern zu lernen. Obwohl es ein Sprachproblem gibt, und dazu noch mein Problem mit der Erinnerung, scheint es, dass ich manchmal etwas aus diesen Sitzung lerne – aber nach der Sitzung ist nichts mehr davon in meinem Kopf übrig. Da gibt es also ein Problem! Aber vielleicht hinterlässt es ja doch einige Spuren in meinem Gehirn.

Richard Davidson: Jon Kabat-Zinn und ich sind die wissenschaftlichen Koordinatoren dieses Treffens und es ist uns eine Freude, Sie begrüßen zu dürfen. Eines der Themen, von dem Sie in den nächsten zweieinhalb Tagen immer wieder hören werden, ist die Idee, dass es bestimmte positive Qualitäten wie Glück und Mitgefühl gibt, von denen uns die kontemplativen Traditionen lehren, dass es keine festgelegten Eigenschaften sind. Wir sind nicht unveränderlich in unserem momentanen Zustand gefangen, sondern wir können unsere Eigenschaften transformieren. Es gibt eine sehr kostbare und wichtige Nähe dieser Idee zum modernen Konzept der Neuroplastizität, der Vorstellung, dass das Gehirn sich in Reaktion auf Erfahrung und Training verändern kann. Diese Konvergenz gibt uns Wissenschaftlern eine Grundlage, um unsere Arbeit in einer wirklich neuen und integrativen Art und Weise weiterzuführen.

Wir werden auch etwas über die Idee hören, dass die Transformation des Geistes und des Gehirns bestimmte Aspekte des Körpers verändert, was potentiell positive Wirkungen auf zumindest einige Aspekte unserer Gesundheit haben kann.

Matthieu Ricard: Heute Morgen werden wir über das Wesen der Meditation reflektieren. Wir werden erfahren, wie das Prinzip der Anwendung achtsamkeitsbasierter Meditation zu besserem Wohlbefinden beitragen kann und wie Meditation in Zusammenarbeit mit der Neurowissenschaft untersucht wird.

Eine der ersten Fragen, die wir uns stellen, ist folgende: Warum meditieren wir eigentlich? Und wenn wir meditieren, über was und wie meditieren wir? Im Wesentlichen ist Meditation ein geistiges Training, ein Mittel der Transformation über unsere gesamte Lebensspanne hinweg. Wir sollten verstehen, dass mentale Gesundheit nicht einfach die Abwesenheit von mentaler Krankheit ist. Leben wir wirklich unser Leben in der optimalen Art und Weise? Ist das, was wir als den „Normalzustand" unseres Lebens bezeichnen, wirklich optimal? Aus unserer eigenen Erfahrung wissen wir, dass die Art und Weise, wie wir der Welt begegnen und sie interpretieren, von einer Wahrnehmungsweise verzerrt wird, die nicht damit übereinstimmt, wie die Dinge sind. Oft sind wir in einem Leiden gefangen, das aus Geistesgiften wie Hass, zwanghaftem Begehren, Arroganz und bohrender Eifersucht herrührt. Das sind ganz sicher keine optimalen Wege, um uns auf unsere eigene Erfahrung oder die Erfahrung anderer zu beziehen. Wir wissen, dass wir echte altruistische Liebe und wirkliches Mitgefühl empfinden können. Aber könnten wir das nicht öfter tun, damit diese Geisteszustände in der Beziehung mit anderen normal wären? Deshalb sprechen wir von einer langfristigen Transformation: ein besserer Mensch zu werden für das eigene Wohlergehen und dem Wohlergehen anderer. Diese beiden Aspekte gehören zusammen.

Genau das ist der Sinn von Meditation. Meditation bedeutet nicht nur, dass man unter einem Mangobaum sitzt und beglückende Erfahrungen macht, um sich besser zu fühlen, obwohl Meditation vielleicht dazu beitragen kann, dass wir uns gut fühlen. Wenn wir uns die östlichen Wurzeln des Wortes Meditation anschauen, dann bedeutet es in Wirklichkeit Kultivierung – neue Qualitäten und Seinsweisen kultivieren. Es bedeutet auch, sich vertraut machen: sich mit einer neuen Sicht der Welt vertraut machen. Zum Beispiel mit einer Sicht, in der wir nicht an der Beständigkeit anhaften, sondern stattdessen den dynamischen Fluss der gegenseitigen Abhängigkeit sehen. Meditation bedeutet, sich mit Qualitäten vertraut zu machen, die wir verstärken können, wie bedingungsloses Mitgefühl, Offenheit gegenüber anderen und innerem Frieden. Es bedeutet auch, sich mit der Beschaffenheit und Funktion unseres Geistes vertraut zu machen. So oft sind wir einfach voller Gedanken, die ständig durch unseren Geist ziehen. Wir bemerken kaum, was geschieht. Was ist hinter der Leinwand der Gedanken? Können wir eine Haltung grundlegender Achtsamkeit und offener Präsenz einnehmen?

All diese inneren Untersuchungen werden als Meditation bezeichnet. Von Anfang an hat der buddhistische Pfad ein therapeutisches Ziel: uns und andere vom Leiden zu befreien. Offensichtlich ist das nicht nur ein Hobby, etwas Angenehmes, das wir unserem Leben hinzufügen. Vielmehr bestimmt die innere Transformation die Qualität jedes Augenblicks, den wir leben.

Trotzdem können wir fragen, warum es notwendig ist, dass die kontemplativen Traditionen mit der Wissenschaft zusammenarbeiten. Was können beide Seiten voneinander erwarten? Was kann die Menschheit davon erwarten?

Für diejenigen von Ihnen, die sich auf diesen Prozess der mentalen Transformation eingelassen haben, sind die positiven Wirkungen offensichtlich (hoffentlich, wenn Ihre Praxis gut verläuft). Das erzeugt den Wunsch, etwas, das uns selbst sehr kostbar geworden ist und unserem

Leben so viel gegeben hat, mit anderen Menschen zu teilen. Es könnte auch ihnen so viel Positives geben.

Die Zusammenarbeit mit der Wissenschaft spricht auch für die Absicht, die Dinge so zu erkennen, wie sie sind. Wir kennen die Erfahrung bestimmter Meditationszustände, aber was ist ihre Signatur im Gehirn? Was ist die Beziehung zwischen verschiedenen Meditationszuständen und anderen bekannten kognitiven und emotionalen Zuständen, die im Geist und im Gehirn untersucht werden? Was könnten die Wirkungen eines langfristigen Geistestrainings sein? Wir wissen, dass das Erlernen eines Musikinstruments unser Gehirn verändern kann. Es ist wunderbar, Klavier zu spielen, aber es ist kein großer Mangel, wenn man es nicht kann. Aber Mitgefühl, Aufmerksamkeit, Wachsamkeit, Achtsamkeit, innerer Frieden – das sind grundlegende Aspekte der Qualität unseres Lebens und es ist schon ziemlich traurig, wenn wir sie nicht optimal entwickeln.

Die Hoffnung, die mit diesem Dialog verbunden ist, besteht darin, unser Wissen über das Geistestraining zu erweitern und zu vertiefen. Wir wollen untersuchen, wie es sich kurz-und langfristig auf das Gehirn, den Körper und unsere Beziehung zur Welt und zu anderen auswirkt. Wie wird das schließlich der Menschheit nützen? Das ist wirklich unser gemeinsames Ziel. Können wir durch die Kultivierung emotionaler Ausgeglichenheit etwas zur Bildung und Erziehung beitragen? Seine Heiligkeit sagt oft, dass wir ohne inneren Frieden keinen äußeren Frieden erlangen können. Wir können keine äußere Abrüstung ohne eine innere Abrüstung erreichen. Wenn wir eine harmonische Gesellschaft möchten, dann muss das mit und in jedem von uns beginnen. Darum geht es bei der Meditation und darüber werden wir heute Morgen noch mehr hören. Als Erstes wird Ajahn Amaro einige der wichtigsten Prinzipien der Meditation, des Geistestrainings und des buddhistischen Pfades beschreiben.

Ajahn Amaro

Die Wirkung buddhistischer Meditationsübungen auf unser Verständnis von Schmerz und Leiden, dem Heilungspotential, der Befreiung vom Leiden und der grundlegenden Natur des menschlichen Geistes und Körpers

Im Kontext buddhistischen Denkens und buddhistischer Praxis sind Unterscheidungen zwischen Schmerz und Leiden wichtig und relevant. Dieser Vortrag zeichnet eine buddhistische Perspektive des Leidens, dessen letztendlicher Ursachen, der Möglichkeit der Befreiung vom Leiden und eines systematischen Pfades, um das zu erreichen. Der Vortrag berührt auch das, was die Buddhisten die universellen Qualitäten des menschlichen Geistes nennen – Qualitäten, die durch die Kultivierung von Gewahrsein mittels Meditation direkt zugänglich sind.

~

Ich wurde gebeten, über eines der wichtigsten Themen der buddhistischen Lehre zu sprechen. Dieses Thema ist die allgemeine, fast universelle menschliche Erfahrung des Leidens – was wir als Dukkha oder Unzufriedenheit bezeichnen –, und wie sie zur Meditation in Beziehung steht.

Bevor ich beginne, möchte ich die Tatsache hervorheben, dass buddhistische Lehren oder Ideen immer in einem Geiste der Untersuchung und Reflexion vermittelt werden, und nicht als Dogma, das von den Zuhörern geglaubt werden soll. Wir werden eingeladen, diesen Aussagen zuzuhören, sie aufzunehmen, darüber zu kontemplieren und zu reflektieren. Das, was wir als nützlich erkennen, sollten wir weiterverfolgen. Was uns nicht richtig erscheint oder nicht mit unserer Erfahrung übereinstimmt, können wir zurücklassen. Und die Dinge, bei denen wir uns nicht sicher sind, können wir in die Kategorie „Vielleicht" einordnen.

So wie es Ärzte, Pharmakologen und medizinische Forscher deswegen gibt, weil wir nicht ständig vollkommen gesund sind, können wir gleichermaßen sagen, dass Psychotherapien, spirituelle Lehren und Religionen existieren, weil wir nicht ständig vollkommen glücklich sind. Das ist selbst dann der Fall, wenn die sozialen oder physischen Bedingungen ideal sind, ganz zu schweigen von herausfordernden Zeiten. Ich bin zum Beispiel erst vor einigen Tagen aus England angereist, deshalb wachte ich heute Morgen um viertel nach zwei auf und war hellwach. Da war ich nun im Hyatt Grand Hotel mit diesen sprudelnden Springbrunnen und den schönen, dichten Blättern der Zimmerpflanzen und den herrlichen, prachtvollen Räumen. Aber mein Geist war in einem Zustand, in dem ich dachte: „Oh je, es ist erst viertel nach zwei. Ich hatte nicht genug Schlaf! Ich muss heute einen Vortrag halten!" Ich war von extremem Komfort umgeben. In der Hütte im Wald, in der ich in meinem Kloster lebe, habe ich nicht einmal Elektrizität oder eine Innentoilette. Da war ich also in idealen äußeren Bedingungen, aber mein Verstand war in Gedanken verfangen, machte sich Sorgen, war ängstlich und erfuhr Leid. Das meinen wir mit der Realität von Dukkha oder Unzufriedenheit: die Fähigkeit des Geistes, sein Gleichgewicht zu verlieren und emotional in Stress zu geraten.

Die Lehren des Buddha sind unter den Weltreligionen deswegen etwas ungewöhnlich, weil sie nicht auf irgendeiner metaphysischen Aussage beruhen. Im Grunde war der Buddha ein Pragmatiker, deshalb richtete er seine Aufmerksamkeit vor allem auf seine Erfahrung der Unzufriedenheit und des Leidens oder Dukkha, wie es in den Schriften genannt wird. Das war sein Fokus. Obwohl er auch ein Theoretiker war, mit einer enormen Fähigkeit, die Beschaffenheit der Welt zu verstehen, beschränkte er seine Lehren auf das, was für die Menschen praktisch umsetzbar war. Das ist viel eher ein klinischer Erkenntnisansatz bezüglich Geist und Körper als der eines Forschers. Der Buddha konzentrierte sich genau auf die Dinge, die uns auf einer praktischen, alltäglichen Ebene helfen, statt sich mit dem gesamten Feld des Wissens zu beschäftigen.

Es gibt eine bekannte Analogie des Buddha: Eines Tages, als er mit einigen seiner Mönche durch einen Wald ging, bückte er sich, hob eine Handvoll Blätter auf und fragte: „Wo sind mehr Blätter, in meiner Hand oder im Wald?“ Die Mönche, die bei ihm waren, antworteten: „Natürlich sind in deiner Hand nur wenige Blätter, aber im Wald gibt es sehr, sehr viele Blätter.“ Der Buddha sagte, „In gleicher Weise könnte man das, was ich weiß, mit den Blättern des Waldes vergleichen. Was ich euch lehre, ist mit den Blättern vergleichbar, die ich in meinen Händen halte. Und warum lehre ich euch nur so wenig? Weil es die Dinge sind, die euch helfen werden, glücklich zu sein, und wahren Frieden und Befreiung von der Unzufriedenheit zu finden.“ Die anderen Sachen sind vielleicht wahr, aber sie sind nicht unmittelbar hilfreich, um spirituelle oder psychische Leiden zu heilen.

Der Buddha verwendete eine weitere Analogie: das Gleichnis vom verwundeten Krieger: Ein Krieger wurde auf dem Schlachtfeld von einem vergifteten Pfeil getroffen. Der Arzt kommt und will gerade den Pfeil herausziehen, da sagt der Krieger: „Oh nein, zieh den Pfeil nicht heraus, bevor du den Namen des Mannes weißt, der auf mich geschossen hat. Ich muss auch wissen, aus welchem Dorf er kommt. Und nicht nur das, ich muss die Namen seiner Eltern wissen und all seiner Großeltern. Ich muss auch wissen, aus welchem Holz der Pfeil gemacht ist. Ich muss wissen, woraus die Spitze des Pfeils besteht und wie sie auf dem Schaft des Pfeiles befestigt ist. Ich muss wissen, von welchem Vogel die Feder des Pfeils stammt. Ist es eine Gänsefeder? Eine Pfauenfeder? Eine Hühnerfeder? Oder die Feder einer Ente?“ Der Buddha führt diese lange Aufzählung an, damit wir verstehen: Bis der Arzt all die Fragen beantwortet hat, wird der Krieger sicher tot sein. Das Wichtigste ist, so sagte er, den Pfeil herauszuziehen und die Wunde zu verbinden. Das ist der Schwerpunkt in der buddhistischen Tradition: der Versuch, das zentrale Element der Unzufriedenheit, die Qualität des Dukkha, anzugehen.

Einer der Beinamen, den der Buddha im Laufe der Zeit erhalten hat, lautet „der Arzt der Welt“, denn die zentrale Einsicht und das Bezugssystem, das er lehrte und das als die Vier Edlen Wahrheiten bekannt ist, in der

Tradition einer klassischen indischen medizinischen Diagnose formuliert worden. Diese Formulierung beginnt mit der Natur des Symptoms. Bei dieser besonderen Form der psychischen oder spirituellen Erkrankung ist das Symptom Dukkha, die Erfahrung der Unzufriedenheit; das ist die Erste Edle Wahrheit. Das zweite Element in dieser diagnostischen Formulierung ist die Ursache dieses Symptoms, das der Buddha als selbstbezogenes Begehren, Gier, Hass und Täuschung beschrieben hat. Das sind die Gifte, über die Matthieu gesprochen hat, die negativen leidvollen Emotionen, Gewohnheiten und Qualitäten, in denen der Geist sich verfängt und die das Herz vergiften. Das ist die Zweite Edle Wahrheit. Das dritte Element ist die Prognose und die gute Nachricht, dass die Krankheit heilbar ist. Das ist die Dritte Edle Wahrheit: Die Erfahrung der Unzufriedenheit kann beendet werden; wir können uns davon befreien. Das vierte Element – die Vierte Edle Wahrheit – ist die Methodologie der Behandlung: der Weg zur Heilung dieser Wunde. Dieser Weg wird vielfach als der Achtfache Pfad bezeichnet, und er kann in drei grundlegenden Elementen zusammengefasst werden: Erstens, verantwortungsvolles Handeln oder Tugend, das heißt, ein moralisches und ethisches Leben führen. Zweitens, geistige Sammlung, Meditation und Geistestraining. Und drittens, die Entwicklung einsichtsvollen Verstehens oder Weisheit in Übereinstimmung mit der Wirklichkeit. Diese drei Elemente sind die grundlegende Behandlung für diese psychische, spirituelle Erkrankung der Unzufriedenheit.

Ich möchte hervorheben, dass der Buddha nicht behauptet hat, ein Monopol auf die Wahrheit zu besitzen. Einmal fragte ihn jemand: „Ist es wahr, dass du der Einzige bist, der versteht, wie die Dinge wirklich sind, und dass alle anderen spirituellen Lehren falsch und alle anderen Pfade fehlerhaft sind?“ Er sagte: „Nein, das habe ich nie gesagt.“ Es geht nicht darum, wie die Lehren beschrieben werden, welche Sprache oder welchen Symbolismus man verwendet. Es ist einfach die Anwesenheit oder Abwesenheit dieser drei zentralen Qualitäten: ethisches Verhalten, geistige Sammlung und Weisheit. Wenn ein spiritueller Pfad diese drei Elemente enthält, dann wird er sicher zu der Möglichkeit und Verwirklichung von Freiheit, Frieden, Harmonie mit sich selbst und von Leichtigkeit im Leben führen. Wenn der Pfad diese Elemente nicht enthält, kann er nicht zu Leichtigkeit, Frieden und Befreiung führen.

Ich bin sehr froh, dass Father Thomas hier ist und die christliche kontemplative Tradition repräsentiert. Das stimmt mit dem ökumenischen Geist Seiner Heiligkeit überein, der zutiefst anerkennt, dass die buddhistische Tradition nicht behauptet, allein den wahren Weg zu kennen. Stattdessen schätzen wir alle Wege – ob wir sie nun als Religionen, Psychotherapien oder anders bezeichnen –, die unserem Leben eine Qualität des Glücks bringen und uns und anderen ermöglichen, friedvoller und erfüllter zu leben.

Die Worte „Unzufriedenheit“ oder „Dukkha“ weisen auf zwei Erfahrungsdimensionen hin. Der Buddha beschreibt sie sehr klar. Die erste besteht darin, dass die Erfahrung physischen und emotionalen Schmerzes unentrinnbar ist. Sie ist in unserem menschlichen Leben unausweichlich und der Tatsache geschuldet, dass wir einen Körper und einen Geist haben. Wir können das als das natürliche Leiden oder einfach als Schmerz bezeichnen. Der Hauptfokus des Buddha richtete sich auf ein zweites Element, das wir als zusätzliches Leiden bezeichnen: das, was der Geist zu der negativen Erfahrung hinzufügt. Wenn wir körperlichen Schmerz spüren oder irgendeine Schwierigkeit haben, dann sind der Verdruss, der Widerstand, die Verbitterung und die Angst, die wir um diese Erfahrung erschaffen, die zweite Form des Leidens.

Der Buddha verwendete eine weitere Analogie: das Getroffensein von einem Pfeil. (Nebenbei bemerkt, der Buddha war ein heldenhafter Kämpfer, deshalb finden sich in seinen Lehren viele militärische Ausdrücke.) Der Buddha sagte, dass die Erfahrung physischen Schmerzes wie das Getroffensein von einem Pfeil ist. Setzen wir diesem physischen Schmerz Widerstand entgegen und empfinden Groll darüber, ist das so, als würden wir von einem zweiten Pfeil getroffen.

Wenn wir nicht weise sind, ist der einzige Weg, den wir kennen, um mit dem Schmerz umzugehen, dass wir davor flüchten. Wir beschäftigen unseren Geist mit etwas Angenehmem, was zum blinden Verfolgen sinnlicher Freuden führt. Aber das trägt nur zu einem noch tieferen Gefühl von Stress und Verunsicherung bei.

Ein weiterer wichtiger Punkt ist, dass wir nicht nur als Reaktion auf negative oder schmerzvolle Erfahrungen Probleme haben und zusätzliches Leiden erfahren. Wir erleben mit Sicherheit immer wieder verschiedene Arten von natürlichem emotionalem Schmerz. Wenn wir zum Beispiel einen geliebten Menschen verlieren oder, was viele von Ihnen vielleicht kennen, wenn Sie einen akademischen Text zur Veröffentlichung einschicken, der dann aber von der Fachzeitschrift Ihrer Wahl abgelehnt wird. Aus solchen Erfahrungen kann Trauer entstehen. Aber wir können selbst aus angenehmen Erfahrungen Leiden schaffen. Wir können etwas haben, das sehr schön und begehrenswert ist, etwas, das wir unbedingt wollen und gewählt haben – wie diesen Text in dieser wunderbaren Zeitschrift zu veröffentlichen. Aber dann vergehen fünf, zehn oder zwanzig Jahre und nach und nach bildet sich eine Depression: „Damals, in den achtziger Jahren, war ich richtig gut, aber was habe ich seitdem gemacht?" Die Sache, die uns erfreut hat – bekannt zu werden –, wird nun zum Messer, das sich zwanzig Jahre später in die Wunde bohrt. Selbst angenehme Erfahrungen enthalten in sich den Samen der Unzufriedenheit, wenn wir nicht weise mit ihnen umgehen.

Schmerz, die erste Art des Leidens oder der Unzufriedenheit, ist endemisch und unvermeidbar. Die zweite Art ist vollkommen überwindbar, wie der Buddha in seiner Lehre nahegelegt hat, weil er es aus eigener Erfahrung wusste. Das ist die gute Nachricht der Dritten Edlen Wahrheit: zusätzliches Leiden kann enden. Selbst wenn wir eine schmerzvolle Erfahrung gemacht haben – sei sie physisch oder emotional, seien es Kopfschmerzen oder ein großer Verlust –, können das Herz und der Geist trotzdem vollkommen damit im Frieden sein. Es kann als vollkommen in Ordnung erfahren werden, ohne Kampf dagegen, ohne Widerstand und ohne Verbitterung. Dabei werden kein Leiden und keine Unzufriedenheit geschaffen. Das ist ein Kernelement des spirituellen und psychologischen Trainings im Buddhismus.

Um an die Ausführungen von Matthieu anzuknüpfen, könnte man sagen, dass Meditation als die Verfeinerung von innewohnenden Fähigkeiten definiert werden kann, die wir schon besitzen. Manchmal kann das Wort „Meditation" mit so vielen Vorurteilen beladen sein, die wir aus verschiedenen Fernsehsendungen, Magazinen, Nachrichten oder Klatsch aufgenommen haben. Aber aus der klassischen buddhistischen Perspektive geht es bei der Meditation nicht darum, eine besondere Erfahrung zu machen oder eine geheimnisvolle Vision zu haben oder besondere Fähigkeiten zu erwerben. Es geht eher um die Arbeit mit einigen inneren Fähigkeiten, die der Geist besitzt, so die Fähigkeiten, die Aufmerksamkeit zu fokussieren und die Natur der Erfahrung selbst zu untersuchen und zu kontemplieren. Diese beiden Fähigkeiten sind uns natürlich gegeben und Meditation entwickelt sie so, wie wir einen Samen kultivieren, dem wir die Bedingungen für Wachstum und Gedeihen schaffen. Das sind Sinn und Wesen der Meditation.

Um ein Beispiel zu geben: In einer weit verbreiteten Meditationsform nehmen wir ein einfaches, natürliches Objekt wie den Rhythmus unseres eigenen Atems, wie er sich von Moment zu Moment entfaltet, was beruhigend ist und relativ leicht zu spüren. Wenn wir uns hinsetzen, die Augen schließen und unsere Aufmerksamkeit auf unseren Atem richten, wird der Atem mit der Zeit und mit Übung zu etwas, das wir als Meditationsobjekt bezeichnen. Der Geist ist nun trainiert, sich auf diesen einfachen, nicht aufregenden Stimulus auszurichten. Die Qualität der Aufmerksamkeit kann entwickelt werden, damit der Geist immer leichter im gegenwärtigen Moment ruht und bei dem Objekt verweilt. Je mehr wir die Aufmerksamkeit auf die Gegenwart trainieren, desto mehr werden wir mit der Gewohnheit brechen, von inneren Zwängen und Ablenkungen verwirrt zu werden. Denn der Geist schafft ständig Szenarien für die Zukunft, schreibt die Vergangenheit neu, verliert sich in ablenkenden Gedanken oder unaufhörlichen Geschichten. Die meisten von uns hier haben schon Zeiten erfahren, in denen wir dachten, dass nichts den Geist beruhigen kann. Er macht einfach immer weiter und weiter und weiter. Die Fähigkeit, sich in der Meditation zu fokussieren, hat viel mit dem Erlernen von zwei Dingen zu tun: wie wir denken, wenn wir uns dafür entscheiden, und wie wir nicht denken, wenn wir uns dafür entscheiden.

Die zweite Fähigkeit, das Element der Untersuchung oder Erforschung, unterstützt eine Qualität des Verstehens. Wir lernen zu sehen, wie der Geist funktioniert: seine Gewohnheit des Reagierens, wie er vor dem Schmerzvollen flüchtet, dem Angenehmen nachjagt und gelangweilt, gereizt oder ruhelos mit dem Neutralen wird. Indem wir diese Gewohnheiten erkennen und sie durch die Fähigkeit des Fokussierens wirklich verstehen, lernen wir, uns nicht in die zwanghaften Kreisläufe hineinziehen zu lassen, die damit einhergehen.

Eine mir hier passend erscheinende Analogie ist ein Fotoapparat. Wenn wir einen Fotoapparat in die Hand nehmen und ihn halten, ist das mit den Qualitäten des verantwortlichen Verhaltens und der Tugend vergleichbar: das eigene Leben weise in die Hand nehmen und darin halten. Das Fokussieren der Linse ist wie die Entwicklung der Konzentration. Den genauen Bildausschnitt für das Foto, das wir machen wollen, zu wählen, ist das Element der Weisheit. Wenn wir dann wirklich das Foto machen, bringt das die Freude mit sich, ein schönes Bild eingefangen zu haben – diese freudvolle Erfahrung, den Moment in dieser Weise festzuhalten: „Ja! Das ist es!" Das ist ähnlich wie die Einsicht und Transformation, die sich zeigen, wenn wir die Welt in einer anderen, emotional ausgeglicheneren Weise sehen.

Ich möchte nun auf ein weit verbreitetes Missverständnis in Bezug auf Meditation zu sprechen kommen. Wir denken bei Meditation oft an Entspannung oder Wegdriften, eine Art von Entspannungsmodus, in dem wir uns zurücklehnen und denken: „Jetzt werde ich mich entspannen." Das ist fast synonym mit Wegdösen oder sich in einen halbbewussten Zustand begeben. Wir mögen aber auch die Stimulation, wenn wir erregt, interessiert und aufgeregt sind – die Spannung einer Achterbahn oder eines furchterregenden Films. Einige der anderen Vorträge werden Forschungen thematisieren, die den kurzfristigen Stress untersuchen, der mit dieser Qualität der Stimulation, die wir so mögen, einhergeht.

Eines der Merkmale buddhistischer Meditation, die wir für uns selbst vielleicht überraschenderweise entdecken können, ist folgendes: Entspannung und Aufregung schließen sich nicht aus. Wenn der Geist wirklich wach ist, vollkommen aufmerksam auf den gegenwärtigen Moment gerichtet, mit einem klaren, unerschütterlichen Fokus – ob wir uns nun auf den Atem fokussieren oder nicht –, kann er gleichzeitig vollkommen friedvoll und hoch energetisch sein. Diese beiden Erfahrungen schließen sich nicht aus. Sie sagen vielleicht, „Moment mal. Das entspricht aber nicht meiner Erfahrung." Das ist in Ordnung; für jeden von uns ist die persönliche Erfahrung die letztendliche Wahrheitsinstanz. Aber ich schlage Ihnen hier vor, Ihren Unglauben, wenn möglich, etwas zurückzustellen. Vielleicht ist es möglich. Schauen Sie selbst.

In der buddhistischen Tradition sind die Qualität der Leichtigkeit des Seins und das Verstehen der Natur unseres Lebens der Standard für vollkommene geistige Gesundheit. Wir nennen dies Befreiung oder Erleuchtung. In der buddhistischen Tradition sind wir so lange nicht vollkommen geistig gesund, bis wir vollkommen erleuchtet sind. Die uns so vertrauten Bedingungen unseres Geistes werden in der buddhistischen Psychologie als unzureichend gesunder Geisteszustand gesehen: das zwanghafte Fliehen vor dem Schmerzvollen, das Nachjagen hinter dem Angenehmen und die Langeweile mit dem Neutralen. Diese Bewältigungsstrategien, die wir vielleicht für normal oder ein Zeichen geistiger Gesundheit halten, sind im buddhistischen Verständnis nicht gesund. Es ist interessant, die Modelle der buddhistischen und der westlichen Psychologie miteinander zu vergleichen.

Den letzten Punkt, den ich hier ansprechen möchte, ist die Beziehung zwischen unseren physischen und psychischen Aspekten. Besonders die Art und Weise, wie der Geist sich auf physischen Schmerz bezieht und auf die Wirkung, die dieser Schmerz auf den Geist und den Körper haben kann. Nehmen wir das Beispiel der Sitzmeditation. In einer gewöhnlichen Meditationspraxis in dem Kloster, in dem ich lebe, sitzen wir für 45 Minuten. Wenn wir in einer körperlichen Haltung mit gekreuzten Beinen sitzen, vollkommen still für eine dreiviertel Stunde, kann es leicht sein, dass wir Schmerzen in den Knien oder anderen Teilen des Körpers erfahren. Wenn diese schmerzhafte Empfindung sich im Körper zeigt, kann das erste Reaktionsmuster folgendes sein: „Ich versuche, mich auf meinen Atem zu konzentrieren. Dieser Schmerz in meinem Knie steht mir im Weg. Ich wünschte, er würde weggehen. Oh je, ist das eine Meniskusverletzung? Ich werde wohl eine Knieoperation brauchen. Oh mein Gott, sie werden mich hier mit einer Trage rausbringen müssen." Der Körper verspannt sich und Gefühle der Aversion, Angst und Sorge formen sich um die schmerzvolle Erfahrung wie ein Fliegenschwarm um ein Stück Fleisch.

Wenn wir erkennen, dass sich hier negative Reaktionsprozesse zusätzlichen Leidens um diese Empfindung formen, werden wir bemerken, dass wir mindestens zwei Möglichkeiten haben, damit umzugehen. Dabei können wir die Prinzipien anwenden, die ich soeben beschrieben habe. Erstens, könnten Sie sich geistig entspannen und zum Beispiel erkennen, dass das nur ein Gefühl des Schmerzes in Ihrem Knie ist und dass Sie heute wohl keine Operation brauchen. Es ist nur ein unangenehmes Gefühl, das vor einigen Minuten aufgetaucht ist; es wird wohl momentan nicht vollkommen lebensbedrohlich sein. Sie können wahrscheinlich für die nächsten fünf Minuten damit leben, ohne dass es Ihnen schadet. Kein Grund, sich Sorgen zu machen, kein Grund, ängstlich zu sein. Entspannen Sie sich, lassen Sie los und besänftigen Sie Ihren Geist.

Die zweite Möglichkeit ist die körperliche Entspannung: Weil wir blind auf die schmerzhafte Empfindung reagiert haben, sind Knie, Hüftgelenke und Rücken verspannt. Wenn wir den Körper und auch unsere Haltung gegenüber der Erfahrung sehr unangenehmer Empfindungen entspannen, erfahren wir zwei Wirkungen. Die erste Wirkung ist, dass das subjektiv erfahrene Ausmaß des Schmerzes tatsächlich zurückgeht. Wenn es eine Sechs auf einer Skala von Eins bis Zehn war, dann fällt es durch die Entspannung des Körpers auf, sagen wir, eine Drei. Obwohl es nun immer noch ein Schmerz der Ebene drei ist, können wir erkennen, dass es kein Problem sein muss, wenn wir unsere Geisteshaltung gegenüber dem Schmerz entspannen. Das ist der Schlüssel. Nun ist in uns vollkommener Frieden, vollkommene Stille und Leichtigkeit, obwohl der Schmerz anwesend ist.

Nehmen Sie das bitte als einen Vorschlag. In der buddhistischen Meditation ist es ganz sicher eine weit verbreitete Erfahrung und ich habe es selbst erlebt. Ein wichtiges Element dabei ist, zu erkennen, dass wir Schmerz auf einer physischen Ebene erfahren können, aber trotzdem vollkommen in Frieden damit sein können. Besonders hilfreich ist das, wenn wir diese Erkenntnis auch auf den emotionalen Schmerz anwenden.

Sie können zum Beispiel die Trauer spüren, dass Ihr Text nicht veröffentlicht wurde oder wenn Sie als Arzt zusehen müssen, wie ein Patient stirbt, den Sie so gut wie möglich behandelt haben, oder was immer es sein mag. Selbst bei solchen emotionalen Schmerzen kann vollkommene innere Ruhe sein. Es gibt eine Möglichkeit, mit unangenehmen Erfahrungen umzugehen, sie zu kennen und sie sein zu lassen, so dass wir selbst in der Lage sind, mehr in Harmonie mit diesen verschiedenen Dimensionen des Lebens zu sein.

Matthieu Ricard: Vielen Dank, Ajahn Amaro, für diese Einführung in einige grundlegende Aspekte des Bezugssystems, das wir während dieses Dialogs weiter diskutieren werden. Aufbauend auf diesem Fundament werden wir uns nun anschauen, wie Meditation und der dafür grundlegende Aspekt der Achtsamkeit uns helfen und unser tägliches Leben verändern können. Seit vielen Jahren hat Jon Kabat-Zinn zu verstehen versucht, wie mehr Achtsamkeit in unserer Lebensweise Menschen, die physisch oder mental leiden, helfen kann. In seinem Vortrag wird er einige Aspekte seiner Arbeit ausführen, vor allem in Bezug auf die achtsamkeitsbasierte Meditation.

Jon Kabat-Zinn

Einige klinische Anwendungen der Achtsamkeitsmeditation in Medizin und Psychiatrie: Das Beispiel der achtsamkeitsbasierten Stressreduktion (MBSR)

Seit 1979 ist die achtsamkeitsbasierte Stressreduktion (MBSR) in der allgemeinen Medizin und Psychiatrie weithin akzeptiert, angewendet und studiert worden. Dieser Vortrag beschreibt den Ansatz der MBSR, Achtsamkeit, diesen grundlegenden Kern der buddhistischen Meditation, in einer säkularen Form medizinischen Patienten im Westen zugänglich zu machen. Gleichzeitig soll dabei aber die universelle Dimension des Dharma im Herzen dieser Praxis beibehalten werden. Ergebnisse zweier klinischer Studien werden präsentiert, eine über die Rate positiver Hautveränderungen bei Psoriasis, die andere über die emotionalen Prozesse in Gehirnregionen des Cortex und damit einhergehende Wirkungen auf die Immunfunktion. Zudem werden Ausrichtungen in der heutigen und zukünftigen Forschung angesprochen.

~

Im Herzen von MBSR steht ein Experiment: Wir wollen die Essenz der buddhistischen Meditationspraxis, so wie wir sie verstehen, Menschen zugänglich machen, die sie nicht durch einen traditionellen buddhistischen oder spirituellen Weg finden würden, die aber trotzdem von Leiden und Dukkha geplagt sind. Leiden ist ein universelles Phänomen. Unser Geist ist im Grunde gleich. Unsere Körper sind im Grunde gleich. Deshalb könnte es doch für viele Menschen hilfreich sein, wenn es einen Weg gäbe, den

Buddhadharma zu übersetzen. Dabei sollte er nicht seine essentielle Dimension verlieren, aber so zugänglich werden, dass er von Menschen, die nicht besonders an Buddhismus oder Meditation interessiert sind, gehört, angewandt oder verkörpert werden kann. Das war die Herausforderung und, wenn Sie so wollen, das Experiment.

Wir haben das MBSR-Programm besonders für Menschen entwickelt, die glauben, dass sie nicht meditieren können. Denn das ist ja auch nur eine Idee oder Meinung. Oft haben die Menschen sehr merkwürdige Ideen über Meditation.

Ich werde eine Methode beschreiben, die wir als achtsamkeitsbasierte Stressreduktion bezeichnen. Ich möchte die Begründung und Motivation dahinter vermitteln und erklären, wie wir den Begriff „Achtsamkeit" verstehen und anwenden und wie dieser Ansatz sich mittlerweile verbreitet hat und heute in die Medizin integriert wird. Ganz kurz werde ich eine Ergebnisstudie über die Wirkung des Geistes auf den Körper beschreiben. Und obwohl ich darauf in meinem Vortrag nicht eingehen werde, möchte ich zu einer Diskussion über die Merkmale und Standards einladen, die notwendig sind, damit sich diese Übersetzungsarbeit mit Integrität vollzieht.

Ajahn Amaro sprach über die Vier Edlen Wahrheiten in einer im Grunde medizinischen Weise: eine Diagnose von Dukkha, eine Ursache oder Ätiologie, eine Prognose und eine Behandlung. Ich habe viele Verbindungen zwischen Medizin und Meditation gefunden. Und in unserer Sprache klingen diese Worte auch sehr ähnlich und wie unser alter Freund David Bohm in seinem wunderbaren Buch *Die implizite Ordnung*[15] beschrieben hat, kommen die Worte Meditation und Medizin auch aus der gleichen indoeuropäischen Wurzel. Diese Sprachwurzel bedeutet „etwas messen", im platonischen Sinne, nach dem alles sein richtiges oder rechtes inneres Maß hat. Medizin ist die Wiederherstellung des rechten inneren Maßes oder des rechten inneren Gleichgewichts, wenn es gestört ist. Meditation hingegen ist die direkte Wahrnehmung des rechten inneren Maßes in allen Phänomenen.

So wie es im Buddhismus Gelöbnisse gibt, wie das Gelöbnis des Bodhisattva, alle fühlenden Wesen zu retten, sprechen auch die Ärzte ein formelles Gelöbnis, den Hippokratischen Eid. Es ist das Gelöbnis, die eigenen persönlichen Sorgen und Interessen hintanzustellen und den Sorgen und Interessen des Patienten Priorität zu geben. Das wichtigste Prinzip des Hippokratischen Eides ist: „Erstens, füge niemandem Schaden zu." Niemandem Schaden zufügen ist ein tiefgreifender ethischer Standpunkt, der ein gewisses Maß an Selbstlosigkeit beinhaltet. Somit haben Medizin und Meditation in ihren traditionellen Erscheinungsformen in der Tat einiges gemeinsam.

Krankenhäuser sind natürliche Zufluchtsorte für leidende Menschen. Deshalb bezeichnen wir sie manchmal als „Dukkha-Magneten". Gibt es einen besseren Ort, um einen universellen Dharma-Ansatz zu entwickeln und anzubieten? Einen geeigneteren Ort, um das Leiden zu verringern und zu untersuchen, wie das klinisch effektiv geschehen kann?

Wir nennen unsere Arbeit Stressreduktion, weil jeder damit etwas anfangen kann: „Stress – ja, klar; das verstehe ich. Ich muss meinen Stress reduzieren." Interessanterweise verwenden einige buddhistische Gelehrte, die aus dem Pali ins Englische übersetzen, mittlerweile das Wort „Stress" statt „Leiden" als Übersetzung für Dukkha.

Stress kann entweder akut oder chronisch sein. Die Medizin behandelt akuten Stress sehr gut, sei es in der Notfallambulanz oder in der psychiatrischen Notaufnahme. Darum geht es nicht in einer Klinik für Stressreduktion. Die Klinik für Stressreduktion ist für Menschen, die langfristige chronische Probleme haben, welche von der Medizin nicht vollkommen behandelt werden konnten. In der Tat fallen viele Menschen in der einen oder anderen Weise durch die Löcher des Gesundheitssystems und auf ihre gesundheitlichen Probleme wird nicht zu ihrer vollen Zufriedenheit eingegangen. Das verstärkt noch zusätzlich das Dukkha, das sie erfahren. Die Klinik für Stressreduktion kann in kritischen Lebensphasen als ein Zufluchtsort für Menschen mit chronischen medizinischen Problemen und chronischem Stress wirken.

Wenn Menschen sich sehr gestresst fühlen, sagen sie oft: „Das bringt mich um." Nun gibt es wissenschaftliche Beweise dafür, dass dem wirklich so ist. Bei bestimmten Arten des Leidens nimmt, so hat sich gezeigt, die Geschwindigkeit, mit der sich die Telomere verkürzen, zu. Telomere sind Teile der DNA am Ende der Chromosomen. Sie wirken bei der Zellteilung mit, und wie schnell sie degenerieren, scheint mit der Geschwindigkeit zusammenzuhängen, in der wir biologisch altern. Damit wird Stressreduktion zu einem potentiell wichtigen Mittel, um Menschen zu helfen, in ihrem Leben Ausgeglichenheit und Wohlbefinden wiederherzustellen. Es ist eine Ergänzung zu dem, was die Ärzte für sie tun können.

Weil wir unsere Arbeit achtsamkeitsbasierte Stressreduktion nennen, ist es nur angemessen zu fragen, was Achtsamkeit eigentlich ist. Nach Ajahn Amaros hervorragendem Vortrag muss ich nicht mehr allzu viel dazu sagen. Wie Sie wissen, wird Achtsamkeit oft als das Herz der buddhistischen Meditation bezeichnet. Und wie Eure Heiligkeit vielfach hervorgehoben hat, wird in allen ostasiatischen Sprachen, so auch im Tibetischen, für Geist und Herz das gleiche Wort benutzt. In den MBSR-Programmen versuchen wir hervorzuheben, dass das Wort „Achtsamkeit" *(mindfulness)* auch „Achtsamkeit des Herzens" *(heartfulness)* bedeutet. Unsere Arbeitsdefinition für Achtsamkeit ist „nicht urteilendes Gewahrsein von Moment zu Moment, das durch absichtsvolle Aufmerksamkeit im gegenwärtigen Augenblick kultiviert wird". Güte und Selbstmitgefühl sind dabei ein innerer Bestandteil dieser Aufmerksamkeit.

Ich werde nun kurz das MBSR-Programm skizzieren. Ich muss dabei nicht ins Detail gehen, weil es schon vielfach ausführlich beschrieben wurde. Wir versuchen eine Umgebung zu schaffen, in der die Menschen lernen können, in ihrem Leben langsamer zu werden – oder sogar innezuhalten. In dieser Umgebung können sie sich damit vertraut machen, wie man den Körper beruhigen kann und wie man beobachten kann, was im Körper und Geist vor sich geht. Sie können eine bestimmte Vertrautheit mit dem gegenwärtigen Moment, so wie er ist, kultivieren. Wenn sie beginnen, in dieser Art aufmerksam zu sein, sind viele Menschen überrascht, weil sie entdecken, dass sie bisher nicht im gegenwärtigen Moment gelebt haben. Meistens leben wir in der Zukunft, wir machen uns Sorgen oder planen. Oder wir leben in der Vergangenheit und erinnern uns an Dinge, die früher einmal geschehen sind, und lassen uns davon oft ziemlich verunsichern. In den westlichen Gesellschaften kann das Innehalten an sich schon eine radikale Tat sein. Ich glaube, dass dieses Innehalten und das

Öffnen des eigenen Bewusstseinsfeldes letztendlich ein radikaler Akt des Selbstmitgefühls und der Weisheit ist. Manchmal entdecken wir allein in der Handlung des Innehaltens zum ersten Mal im Leben die Fähigkeit für Gewahrsein und Wachsamkeit.

Zwischen 1979 und heute, 2005, haben über 16.000 Patienten das MBSR-Programm in der Klinik für Stressreduktion am University of Massachusetts Medical Center absolviert. In der Klinik findet das in Form eines achtwöchigen Kurses statt. Die Menschen kommen einmal in der Woche in die Klinik für eine Seminareinheit mit 25 oder 30 anderen Menschen; in der sechsten Woche findet ein eintägiges Retreat im Schweigen statt. Wir nutzen Audio-Aufnahmen, um die Menschen in verschiedene Meditationen zu führen. Wir haben ein gut ausgearbeitetes Kurrikulum, das die Teilnehmer zur Mitarbeit motiviert und viele sorgfältig angeleitete Meditationsübungen beinhaltet. Die Anleitung soll den Teilnehmern ein inneres Verständnis dafür vermitteln, was wir mit dem nicht urteilenden Gewahrsein von Moment zu Moment meinen und wie es sich in der formellen Praxis und im Alltag ausdrückt.

Übrigens, ich habe mich oft gefragt, ob Sie jemals das Fahrradfahren gelernt haben?

S. H. der Dalai Lama: Ja.

Jon Kabat-Zinn: Ich frage Sie, weil es oft nicht einfach ist, kleinen Kindern das Fahrradfahren zu lehren. Aber wenn man es gelernt hat, kann man es sein Leben lang. Manchmal beginnen Kinder mit Stützrädern, die nach und nach höher geschraubt werden, und wenn das Kind das Fahrradfahren beherrscht, werden die Stützräder abgebaut. In gewissem Sinne sind die geführten Meditationen wie Stützräder, die wir benutzen, bis wir gelernt haben, wie wir selbst Achtsamkeit und achtsame Aufmerksamkeit kultivieren können. Um zu der Analogie des Fahrrads zurückzukehren: Wir können dann weitermachen und für die Tour de France trainieren oder das Fahrrad einfach wie ein gewöhnlicher Mensch benutzen. Das hängt von der eigenen Motivation ab.

Wie Ajahn Amaro sagte, beginnt Meditationstraining oft mit der auf den Atem gerichteten Aufmerksamkeit. Aber bei der MBSR beginnen wir mit dem Essen als Objekt der Aufmerksamkeit, weil die Menschen nicht erwarten, dass das Essen Teil des Meditationstrainings ist. Dadurch wird die Meditationspraxis viel normaler, alltäglicher, aber auch etwas überraschender. Wie das Atmen, so ist auch das Essen sehr nah an der alltäglichen Erfahrung der Menschen, aber für viele von uns ist es mit starken emotionalen Problemen belastet. Wir alle kennen die Erfahrung des Essens, aber meistens essen wir eher unachtsam. Bei der MBSR beginnen wir damit, eine Rosine sehr, sehr achtsam zu essen. Wir nehmen uns dafür vielleicht zehn Minuten Zeit; als Erstes riechen wir an der Rosine, untersuchen sie visuell und spüren sie in der Hand, dann schmecken wir sie und spüren den Speichel im Mund. Auf diese Weise kultivieren wir das Gewahrsein für ein Objekt, das uns sehr vertraut ist, auf das wir aber normalerweise nicht besonders gut achten. Viele Menschen sagen, dass sie bis zu diesem Beispiel des achtsamen Essens noch nie eine Rosine geschmeckt haben. Das ist eine entscheidende Entdeckung: Wenn wir aufmerksam sind, eröffnet sich uns die Welt. Sie leuchtet in neuen Erfahrungsdimensionen.

Nach der Rosinenmeditation fahren wir fort und richten die gleiche Qualität der Aufmerksamkeit auf andere Aspekte unserer Erfahrung von Moment zu Moment: Atmen, Körperempfindungen, Klänge hören, alle Arten von Wahrnehmungen durch die Augen, Ohren, die Nase, den Mund und den Körper. Dann schließen wir den ganzen Bereich der Gedanken und Emotionen mit ein. Dadurch kultivieren wir eine Vertrautheit mit der Weite des Gewahrseins – ein Gewahrsein, das alle Objekte der Aufmerksamkeit halten kann. Und als Nächstes bringen wir diese Aufmerksamkeit in den Alltag. Somit wird unser Leben zur eigentlichen Meditationspraxis, und es geht nicht so sehr darum, wie gut wir auf einem Meditationskissen sitzen können. Im Grunde sprechen wir über Gewahrsein. Die verschiedenen Objekte, auf die wir unsere Aufmerksamkeit richten können, sind wichtig, aber am Wichtigsten ist das Aufmerksamsein, das Gewahrsein oder die Achtsamkeit.

Austausch und Erforschen spielen in jeder Seminareinheit eine wichtige Rolle. Wir sprechen zusammen über unser Leben und besonders darüber, wie sich unsere Meditationspraxis von Woche zu Woche entwickelt. Wenn es angemessen erscheint, rezitieren wir auch manchmal Gedichte im Seminar, um in den Teilnehmern die Begeisterung für bestimmte mentale und emotionale Qualitäten oder Gefühle zu entfachen. Später hörte ich, dass Thupten Jinpa diesen Prozess als „Befeuchten des Herzens" bezeichnet. Ein gutes Gedicht geht oft direkt ins Herz des Themas und kann Dinge in Worten ausdrücken, die anders schwer auszusprechen sind. MBSR enthält auch ein ganzes Spektrum formeller Meditationspraktiken, die die Menschen zu Hause üben: einen Body-Scan, den man gemeinhin auf dem Rücken liegend übt, Sitzmeditation, achtsamen Hatha-Yoga und Gehmeditation.

MBSR hat eine starke einstellungsbezogene und ethische Grundlage. Wir halten keine Vorträge über Ethik und Moral, aber wir sind entschlossen, diese Qualitäten so gut, wie wir können, zu verkörpern. Unsere Absicht ist es, im Seminarraum ein Gefäß zu schaffen, in dem die Schönheit anderer Menschen und ihre Integrität und Würde als Menschen wahrgenommen werden können. Es soll ein Gefäß für Güte, Mitgefühl und ein Gefühl der Dankbarkeit für das Leben sein, trotz all unseren Schwierigkeiten und allem Dukkha. Wir wollen Interesse und Neugier kultivieren und eine Orientierung entwickeln, in der wir nichts erreichen müssen. Amerikaner sind sehr getriebene Menschen, sie wollen immer irgendwo anders hinkommen. Das Erlernen der Meditation erfordert, dass wir nirgendwo hinkommen wollen, sondern vielmehr, dass wir dort ankommen, wo wir schon sind. Deshalb ist es so wichtig, nichts erreichen zu müssen. Es erfordert Geduld und eine nicht urteilende Haltung und die Bereitschaft, einen Anfänger-Geist anzunehmen, der die Dinge frisch betrachtet.

Das sind die Dinge, die wir lehren, und das Umfeld, das wir im Seminarraum und im Herzen schaffen. Ajahn Amaro brachte das Beispiel der Erfahrung von Schmerzen in den Knien. Zu uns kommen viele Menschen mit chronischen Schmerzen. Wenn man die Menschen einlädt, ihre Aufmerksamkeit auf den Schmerz zu richten, sagen die meisten nicht: „Wunderbar! Warum bin ich da nicht selbst drauf gekommen?" Sie sagen, „Ich möchte meine Aufmerksamkeit nicht auf den Schmerz richten; ich möchte mich davon ablenken“ oder „Ich will weg von meinem Schmerz, ich will flüchten und mich ablenken.“ Und wir sagen: „Ja, ich verstehe das, aber hat das in der Vergangenheit funktioniert? Nur als ein Experiment, können Sie mit einem Zeh ins Wasser gehen? Können Sie einfach nur das sensorische Element der Empfindung spüren, die Sie Schmerz nennen, nur für einen Moment?“ Oft merkt man dann, dass es auch ein ganzes Universum von Gedanken um diese Empfindung herum gibt: „Ich hasse das. Das bringt mich um. Wie lang wird das nur dauern? Meine ganzes Leben wird zerstört.“ All diese Aussagen sind lediglich Gedanken, aber die Menschen beziehen sich darauf, als wären sie die Wahrheit über sie selbst und ihre unmittelbare Verfassung.

Zudem gibt es noch den ganzen emotionalen Anteil am Schmerz: Wut, Frustration, Gereiztheit, den eigenen Körper nicht mögen, sich betrogen fühlen. Wenn wir diese Emotionen im Gewahrsein halten, ohne sie so sehr zu beurteilen, können wir den zweiten Pfeil herausziehen. Dann müssen wir auch keine weiteren Pfeile auf uns selbst abschießen. Wir lernen, eine bestimmte Art des Gleichmuts im Angesicht unangenehmer Erfahrungen zu kultivieren. Wenn Sie sich selbst sagen hören: „Das bringt mich um“, könnten Sie stattdessen fragen: „Bringt mich das jetzt um?“ Die Antwort könnte sein: „Nein, aber vielleicht im nächsten Moment!“ Doch erinnern Sie sich, bei der Achtsamkeit versuchen wir, in *diesem* Moment zu bleiben. Mit dem nächsten Moment werden wir uns im nächsten Moment beschäftigen. In dieser Weise lernen wir, achtsamer auf jede stressvolle Situation zu *antworten*, statt in einer sehr konditionierten, unachtsamen, automatischen Weise zu *reagieren*. Körperlich unangenehme Erfahrungen sind nur ein Beispiel.

Aus dieser Praxis können mit der Zeit Momente entstehen, in denen wir in der Tat Freiheit und Frieden erfahren, hier in unserem Körper, unserem Geist, unserem eigenen Leben. Menschen, die behaupten, sie könnten nicht gut meditieren, erhalten einen Geschmack dieser Freiheit, wenn wir es interessant genug machen und ein sicheres Gefäß schaffen. Durch die Praxis und die unmittelbare Erfahrung der Seinsdimension ahnen sie, was möglich ist. Und wie Ajahn Amaro gezeigt hat, trifft das auch auf psychisches Leiden zu. Wir beginnen zu erkennen, dass es einen Wert hat, wenn wir unsere Aufmerksamkeit auf die Gedanken, Emotionen und Impulse richten und sogar die Qualität des Gewahrseins selbst und auch die Emotionen beobachten. Diese Entdeckung eröffnet uns eine neue Dimension des Seins und Wissens, einen neuen Weg, unser Leben zu leben, der ausgeglichener ist und weniger selbstbezogen. Wir sehen, dass es nicht nur um „mich" geht: *mein* Schmerz, *meine* Wut, *meine* Frustration. Das „mein" kommt hinzu. Wer spürt eigentlich den Schmerz? Im MBSR-Programm machen die Menschen spontan die Erfahrung, sich nicht mehr so stark mit ihren geistigen und körperlichen Zuständen zu identifizieren. Das ist eine Form der Offenheit und Freiheit. Nehmen wir das Beispiel eines Lastwagenfahrers, der mit chronischem Schmerz in die Klinik kam. Er sagte:

Nein, der Schmerz ist nicht weg. Er ist immer noch da, aber wissen Sie, wenn ich ihn zu stark spüre, setze ich mich einfach irgendwo an den Straßenrand und nehme mir 10, 15, 20 Minuten Zeit, übe meine Meditation und das scheint dann zu helfen. Und wenn ich so mindestens 15 oder 30 Minuten oder noch länger sitzen bleiben kann, dann kann ich weitermachen und muss vielleicht drei, vier, fünf, sechs Stunden lang nicht daran denken, vielleicht auch den ganzen Tag lang nicht, das hängt vom Wetter ab.

Die potentielle Wirkung dieses Trainings auf jede Schmerzsymptomatik besteht darin, dass wir der Erfahrung selbst begegnen müssen. Dabei ist es egal, ob es sich um einen körperlichen oder emotionalen Schmerz oder eine andere medizinische Symptomatik handelt. Normalerweise halten wir uns zurück; wir wollen nicht Teil der Erfahrung sein. Im Achtsamkeitstraining kommen wir damit in Berührung. Wir *wenden uns dem zu,* was uns am meisten abstößt, statt uns *davon abzuwenden.* Wir kommen sozusagen zu Sinnen, buchstäblich und metaphorisch. Und als Folge dessen entsteht in der Regel eine veränderte Beziehung zu der Erfahrung und zum Leiden, wenn Schmerz ein Teil davon ist.

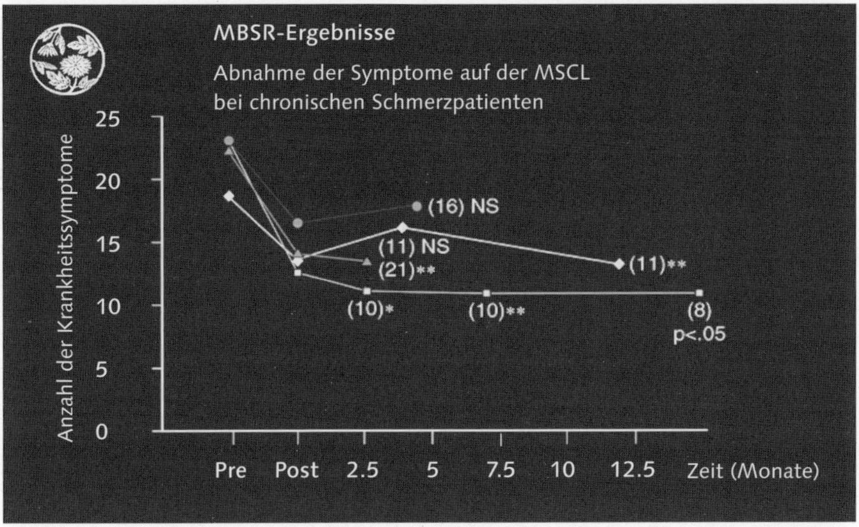

Abbildung 2. Anzahl der Krankheitssymptome im Verlauf der Zeit, vor und nach MBSR und bei Folgeerhebungen innerhalb eines Jahres. MSCL steht für Medical Symptom Checklist (Checkliste medizinischer Symptome). NS = not significant (unauffällig); p = probability of being random (Zufallswahrscheinlichkeit); * = p = 0,01; ** = p = 0,003.17

Nun kommen wir zu der Frage, ob Achtsamkeit wirklich die physische oder pathologische Natur des Schmerzes selbst beeinflusst. Wir haben während eines achtwöchigen Trainingskurses eine Studie mit Patienten durchgeführt, die seit langem chronische Schmerzen ohne Verbesserung der Symptome hatten, und dabei zeigte sich eine Reduktion der medizinischen Symptome.[16] Die Wirkung des achtwöchigen MBSR-Trainings hielt bis zu einem Jahr an.[17] In Folgestudien hielt die Wirkung bis zu vier Jahre an.[18] Natürlich war das genau das, was wir erhofft hatten: ein kurzes, anfängliches Training in Meditationspraxis durch MBSR führt zu einem Handeln mit größerer Weisheit und mehr Selbstmitgefühl, man könnte auch sagen Liebe, und die Praxis wird im Idealfall ein Leben lang fortgesetzt. Der Übende profitiert davon, selbst inmitten von Schmerz und Dukkha. Es wird so sehr ein Teil des Lebens der Menschen, dass sie manchmal sagen: „Am Anfang dachte ich, ich übe Meditation. Nun fühlt es sich mehr so an, als würde die Meditation mich üben."

Wie Matthieu und Ajahn Amaro gesagt haben, ist Meditation keine Entspannungstechnik. Es ist überhaupt keine Technik, sondern vielmehr eine Weise des Seins und Erkennens, die auf der Grundlage einer tiefen Erforschung der Natur des Selbst beruht und Befreiung von der Engstirnigkeit der Selbstbezogenheit ermöglicht. Oft sagen Menschen nach einigen Wochen des Programms: „Moment mal, hier geht es gar nicht um Stressreduktion; hier geht es um mein ganzes Leben!" Das ist ein Moment der Offenbarung.

Seit 1990 haben sich die MBSR-Programme ausgebreitet, erst langsam, dann immer schneller, in den USA, Kanada und in der ganzen Welt. Heute gibt es eine große globale Gemeinschaft von professionellen Anwendern, die diese Arbeit in Krankenhäusern, Kliniken und anderen Einrichtungen etablieren. Viele achtsamkeitsbasierte Interventionen, die sich an MBSR ausrichten, wurden entwickelt. Sie werden zum Beispiel von Zindel Segal und John Teasdale etwas über die achtsamkeitsbasierte kognitive Therapie oder MBCT hören.

Eine andere Bewegung, die mit der MBSR-Arbeit zusammenhängt, zeigt sich im tiefen Engagement unserer beiden gastgebenden Institutionen, der Johns Hopkins University und des Georgetown University Medical Center, in einem neuen Forschungsgebiet, das als integrative Medizin bekannt ist. Dabei werden Medizinstudenten und Angestellten die Prinzipien der Geist-Köper-Medizin vermittelt. Zudem erhalten auch die Patienten eine integrative Behandlung. Es gibt heute 29 medizinische Hochschulen[19] und viele von ihnen sind heute hier vertreten, die Teil des Consortium of Academic Health Centers for Integrative Medicine (Konsortium akademischer Gesundheitszentren für integrative Medizin) sind. Ich denke, wir können sagen, dass Achtsamkeit ein zentraler Teil ihrer Arbeit ist. Integrative Medizin ist eine neue Disziplin innerhalb der Medizin, die hilft, die achtsamkeitsbasierten Interventionen in den Mainstream zu bringen – neben anderen, wissenschaftlich abgesicherten Ansätzen. Damit wird die Medizin wieder an ihre hippokratischen Wurzeln, aber auch an ihre Möglichkeiten im 21. Jahrhundert erinnert. Das ist eine sehr positive Entwicklung, um das Gesundheitswesen und die Medizin neu zu strukturieren und die „Pflege“ wieder in die „Gesundheitspflege“ zu integrieren.

Ich möchte zum Abschluss nur zwei Studien erwähnen. Richard Davidson wird die zweite vorstellen, die wir gemeinsam durchgeführt haben. Es ist eine kleine randomisierte MBSR-Studie, die wir in einem Unternehmen durchführten. Dabei haben wir untersucht, wie das Gehirn und das Immunsystem sich verändern, wenn Menschen ihre Emotionen regulieren, wenn sie unter Stress bei der Arbeit oder in ihrer Lebenssituation stehen.[20] Wie Sie sehen werden, erhielten wir einige aufregende und vielversprechende Ergebnisse.

Die Studie, die ich nun vorstelle, untersuchte, ob Meditation den Heilungsprozess bei Psoriasis beeinflusst. Psoriasis ist eine Hauterkrankung mit einer unkontrollierten Zellproliferation der Epidermis, der Wachstumsschicht der Haut.[21] Psoriasis kann den ganzen Körper bedecken und Stress kann sie verstärken. Unter starkem emotionalem Stress flammt sie auf, und sie tendiert dazu, schwächer zu werden, wenn man nicht unter Stress steht. Die ultraviolette Strahlung im Sonnenlicht hat sich als sehr heilsam erwiesen; in nördlichen Klimazonen wird die Psoriasis deshalb mit ultravioletter Lichttherapie behandelt. Die Patienten stehen in einer Lichtbox, nackt, damit ihre Haut freiliegt, aber ihr Kopf und ihre Augen sind geschützt. Patienten gehen bis zu vier Monate lang drei Mal die Woche zu einer solchen Behandlung und nach und nach wird ihre Haut reiner.

Das ist nicht wie ein Tag am Strand, sondern eher so, als würde man in einem Toaster geröstet. Die ursprüngliche Idee der Studie bestand darin, dass es vielleicht hilfreich wäre, wenn man die Patienten während dieser Behandlung in Achtsamkeitsmeditation anleiten würde. Denn die Patienten werden dort nackt und unter stressvollen Umständen der ultravioletten Strahlung ausgesetzt. Vielleicht würden sie größeren Gleichmut entwickeln und weniger Stress erfahren und weniger oft die Behandlung abbrechen. Dann kam uns die Idee, dass es ein gutes Experiment wäre, um eine noch tiefere Frage zu stellen: Kann der Geist selbst die Heilungsrate beeinflussen, zusätzlich zu der Wirkung der UV-Strahlung? Um unser Experiment in diese Richtung auf die Spitze zu treiben, nahmen wir eine Visualisierung mit auf, bei der die UV-Strahlung die schnell wachsenden Zellen der Epidermis verlangsamte.

Wir haben diese Studie zwei Mal durchgeführt, weil wir beim ersten Mal den Resultaten misstrauten.[23] Die Patienten sind jedes Mal nicht lange in der Lichtbox – ein paar Minuten, was sich bis zum Ende der Behandlung auf ungefähr 15 Minuten steigert. Wir haben herausgefunden, dass die Meditierenden eine viel schnellere Heilungsrate hatten als die Nicht-Meditierenden. Alle anderen Bedingungen waren gleich. Die statistische Analyse zeigte, dass sie eine ungefähr vier Mal schnellere Heilungsrate hatten als diejenigen, die zwar die Lichtbehandlung erhielten, aber nicht meditierten.

Die Schlussfolgerung daraus ist, dass etwas im Geist geschieht, was den Heilungsprozess in der Haut sehr stark beeinflusst. Das muss bis zur Ebene der Gene wirken, wo die Zellvermehrung kontrolliert wird. Der Einfluss könnte durch das Nervensystem, das endokrine System, das Immunsystem, Entzündungsreaktionen oder eine Kombination dieser Elemente entstehen – wir kennen die Mechanismen nicht. Psoriasis ist kein Hautkrebs, aber sie hat einige der Gene mit dem Hautkrebs gemeinsam, deshalb hat diese Studie interessante Implikationen für die Krebsbehandlung. Es war zudem eine Studie zur Kosteneffizienz, weil schnellere Gesundung der Haut weniger Behandlungen und niedrigere Kosten bedeutet. Zudem ist es ein Beispiel für integrative Medizin, weil die meditative Intervention in die allopathische Behandlung integriert wurde.

Zusammenfassend kann man sagen, dass achtsamkeitsbasierte Interventionen wie MBSR und damit verwandte Ansätze ein Versuch sind, zentrale buddhistische Meditationspraktiken und -prinzipien in die Medizin und die Psychiatrie zu bringen. Und das innerhalb eines Bezugssystems, das trotzdem so nah wie möglich am Dharma ist. Dadurch kann das Spektrum der medizinischen und psychologischen Modelle für das Verstehen von Krankheit erweitert werden und Menschen, die an chronischen Erkrankungen und an mit Stress einhergehenden Problemen leiden, können mit mehr Mitgefühl und Weisheit behandelt werden.

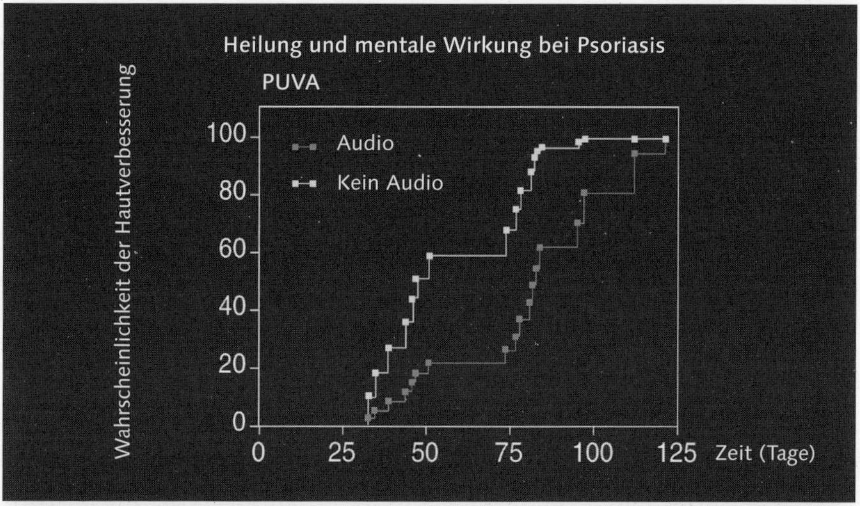

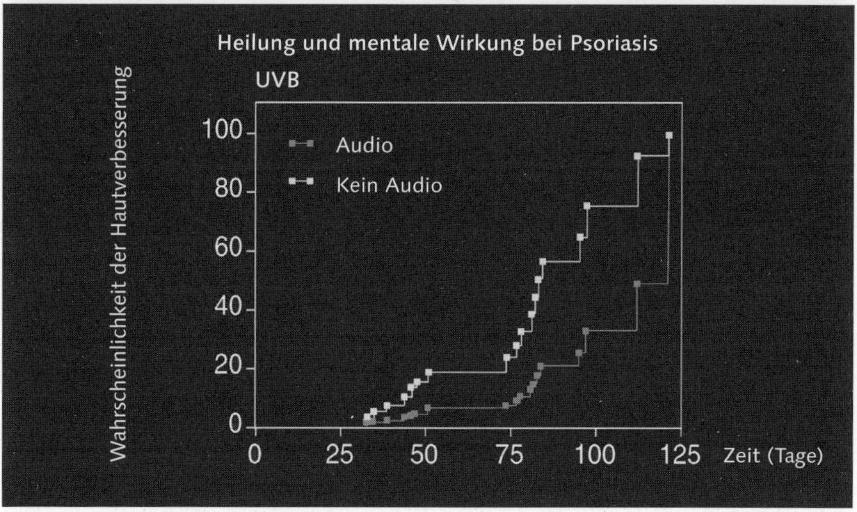

Abbildung 3. Geschätzte Wahrscheinlichkeit der Hautverbesserung im Verlauf der Zeit für Testpersonen in der Gruppe mit geführter Meditation (Audio) und der Kontrollgruppe (ohne Audio). PUVA = photochemotherapy with UVA (UV-Lichttherapie); UVA = UV-Lichttherapie im Wellenlängenbereich B.[22]

In der Medizin bringt der Hippokratische Eid eine heilige Beziehung zwischen Arzt und Patient zum Ausdruck. Aber es kann keine heilige Beziehung sein, wenn das ärztliche Personal so beschäftigt und gestresst ist, dass es nicht wirklich präsent ist und zuhört. Wir trainieren heute Medizinstudenten darin, während ihrer Begegnungen mit Patienten achtsamer und zugewandter zu sein.

Wir stimmen alle darin überein, dass die Wissenschaft von der Verbindung zwischen Geist und Körper erst ganz am Anfang steht. Trotzdem gibt es seit etlichen Jahren vielversprechende Ergebnisse, die das Interesse in verschiedenen Bereichen der Wissenschaft und Medizin zu wecken und auszuweiten beginnen. Sie werden in einigen der folgenden Präsentationen mehr darüber hören, neben Diskussionen über mögliche Wege und weitere Handlungsweisen.

Zum Schluss möchte ich sagen, dass die Arbeit, die ich hier beschrieben habe, von einer Gruppe von Menschen an der University of Massachusetts entwickelt wurde. Es ist eine Art Sangha, deren Mitglieder seit vielen Jahren eine ernsthafte Dharma-Praxis üben.

Matthieu Ricard: Die Präsentationen von Ajahn Amaro und Jon Kabat-Zinn haben gezeigt, dass Meditation auf verschiedene Weisen in unseren Alltag integriert werden kann. Meditation ist praktisch und grundlegend, es ist keine exotische Übung. Wir haben etwas darüber gehört, wie Meditation die Qualität unserer Erfahrung verbessern kann, aber was ist die Korrelation zwischen langfristiger Praxis und Veränderungen in unserem Gehirn? Und wie verhält es sich mit verschiedenen Meditationsformen: der einsgerichteten Aufmerksamkeit, der Kultivierung von Mitgefühl oder der offenen Präsenz des Gewahrseins? Wie zeigen sie sich in bleibenden Veränderungen im Gehirn? Was können wir daran untersuchen? Das wird uns Richard Davidson erklären.

Richard Davidson

Geist-Körper-Interaktion und Meditation

Viele periphere biologische Systeme existieren in einem Netzwerk neuronaler und endokriner Verbindungen, die den Einfluss des Gehirns auf die periphere biologische Funktion beeinflussen. Die Verbindungen zwischen Körper und Gehirn verlaufen in den meisten dieser Systeme in beide Richtungen. Diese anatomische und funktionelle Anordnung ermöglicht es dem Geist, den Körper zu beeinflussen und umgekehrt. Meditation ist eine Form des mentalen Trainings, die die freiwillige Veränderung von Mustern neuronaler Aktivität umfasst, und sie kann durch diese Mechanismen eine Wirkung auf die periphere Biologie haben. Diese Präsentation bietet Beispiele aus neuen und fortlaufenden Studien über neuronale, immunologische und endokrine Veränderungen, die durch Meditation produziert werden. Damit können mögliche Mechanismen aufgezeigt werden, durch die Meditation zu einer besseren mentalen und physischen Gesundheit beitragen kann.

~

Ich werde mich hier auf drei große Themen fokussieren. Erstens, Menschen unterscheiden sich darin, wie glücklich sie innerlich sind, und sie unerscheiden sich auch in anderen positiven Eigenschaften wie beispielsweise Mitgefühl. Zweitens, die Fähigkeit der Menschen, ihre Emotionen zu regulieren, spielt eine große Rolle bei der Ausformung der Unterschiede, wie glücklich, widerstandsfähig oder mitfühlend Menschen sind. Der dritte Punkt liegt wirklich an der Schnittstelle unserer jeweiligen Denktraditionen: Glück und Mitgefühl können als Resultate von Fertigkeiten gesehen werden, die durch mentales Training gefördert werden.

Die meisten Menschen können kaum vorhersagen, was sie glücklich machen wird. Wissenschaftler haben Unterschiede zwischen Menschen gefunden in Bezug darauf, was sie als „Sollwert" *(set point)* des Glücks annehmen. Diese Unterschiede bei Individuen sind mit verschiedenen Mustern der Hirnfunktion und der peripheren Biologie verbunden.

Aber der Mensch ist mit der Fähigkeit ausgestattet, freiwillig seine Emotionen zu regulieren, und diese Kompetenz scheint erlernt werden zu können. Ich hebe hier die Bedeutung des mentalen Trainings hervor, wobei es darum geht, Glücklichsein und Mitgefühl nicht nur als Charaktereigenschaften, sondern als Fertigkeiten zu sehen. Wenn es Fertigkeiten sind, deutet das daraufhin, dass der Geist und das Gehirn in einer Weise transformiert werden können, die sich auch auf den Körper auswirkt. Das wird der Inhalt meiner Ausführungen heute sein.

Ich möchte damit beginnen, uns alle daran zu erinnern, dass in den Vereinigten Staaten Glück oder zumindest das Streben danach, nicht nur ein Zustand oder eine Eigenschaft ist, sondern ein Grundrecht.

S. H. der Dalai Lama: Nicht nur in Amerika.

Richard Davidson: In der Tat gibt es viele Länder, die dieses Grundrecht ernster nehmen, als wir es tun. Ich möchte uns nur daran erinnern, dass es in der amerikanischen Unabhängigkeitserklärung heißt: „Wir halten diese Wahrheiten für selbstverständlich: dass alle Menschen gleich geschaffen sind; dass sie von ihrem Schöpfer mit gewissen unabdingbaren Rechten ausgestattet sind, darunter das Recht auf Leben und Freiheit sowie das Streben nach Glück."

Der erste Punkt, den ich ansprechen möchte, ist folgender: „Wie formbar sind Glück und Wohlbefinden? Beeinflussen soziale und ökonomische Umstände unsere Intensität der Glückserfahrung? Und was sagen uns die Antworten auf diese Fragen über das Glück?

Es wurde eine Studie durchgeführt, bei der mittels Befragung Daten von Zehntausenden Menschen erhoben wurden.[24] Eine Frage, die wir untersucht haben, war, ob eine Ehe uns Glück garantieren kann. Die Daten zeigen, dass es eine Zunahme des Glücks gibt, wenn Menschen heiraten. Aber bemerkenswerterweise kehren die Menschen nach einigen Jahren wieder zu ihrem Ausgangswert zurück. Fünf Jahre später ist der Glücksgrad tatsächlich niedriger als der Wert, der am Anfang gemessen wurde.

Die nächste Frage war, ob Witwenschaft zu Unglücklichsein führt. Beim Beginn der Witwenschaft sehen wir eine deutliche Abnahme des Glücks, aber bemerkenswerterweise kommt es zu einer Art Sollwert zurück. Ich möchte hier betonen, dass es sich um tatsächliche Daten handelt – ich habe sie nicht erfunden.

Die dritte Frage bezog sich auf etwas, von dem unsere Kultur besonders abhängig ist: ob wir uns mit Geld Glück kaufen können. Wenn wir uns das Bruttoinlandsprodukt der Vereinigten Staaten im Verlauf von 50 Jahren anschauen, im Zusammenhang mit dem Prozentsatz von Menschen, die sich als sehr glücklich einschätzen, zeigt sich ein interessantes Bild: Das Bruttoinlandsprodukt steigt stetig und zeigt eine sehr starke Wirtschaft, aber der Prozentsatz der Menschen, die sich als sehr glücklich einschätzen, ist im Grunde der gleiche und nimmt sogar etwas ab. Es ist egal, welchen Indikator für Glück wir benutzen, sie zeigen alle den selben Effekt.

Was sagen uns all diese Erkenntnisse? Kann Glücklichsein gesteigert werden oder bleiben wir bei unserem jeweiligen Sollwert? Was sind die darunter liegenden Mechanismen des Gehirns und wie beeinflussen sie vielleicht den Körper? Können wir das Gehirn durch mentales Training verändern und dadurch den Geist und den Körper positiv beeinflussen?

Die meisten Wissenschaftler akzeptieren die Vorstellung, dass Emotionen von einem verteilten neuronalen Schaltkreis bestimmt werden. Verschiedene Teile des Gehirns arbeiten dabei zusammen, dazu gehören auch Bereiche im Cortex und im Subcortex. Der Cortex ist der Teil des Gehirns, der sich im Laufe der Evolution am weitesten entwickelt hat. Obwohl in der Vergangenheit oft davon ausgegangen wurde, dass er vor allem bei Wahrnehmung und Denken eine Rolle spielt, zeigt die moderne Forschung ganz klar, dass er auch eine wichtige Bedeutung bei den Emotionen hat. Die Bereiche des Subcortex, wie die Amygdala und das ventrale Striatum, spielen dabei ebenfalls eine wichtige Rolle und sind mit Regionen des Cortex verbunden, besonders mit dem präfrontalen Cortex. Die emotionsbezogenen Schaltkreise befinden sich in einer Kommunikation mit dem Körper, die in beide Richtungen verläuft und das autonome Nervensystems, das endokrine System und das Immunsystem einschließen. Das deutet daraufhin, dass Veränderungen im Gehirn unvermeidlich auch den Körper beeinflussen. Und andersherum wird auch das Gehirn beeinflusst, wenn sich der Körper verändert.

Eure Heiligkeit, als wir 2004 beim Mind and Life-Treffen über Neuroplastizität zusammen waren, sprachen wir darüber, wie das Gehirn sich in Reaktion auf Erfahrung und Training verändern kann. Es gibt gute Hinweise darauf, dass musikalisches Training das Gehirn substantiell beeinflussen kann.[25] Auch das Erlernen neuer motorischer Fertigkeiten wie Jonglieren kann das Gehirn beeinflussen.[26] In seiner Präsentation in Dharamsala zeigte uns Michael Meaney, dass das Verhalten einer Mutter gegenüber ihren Kindern sich sehr stark auf deren Gehirn auswirkt.[27] Wir wissen auch, dass Neurogenesis, also das Wachstum von neuen Neuronen im Gehirn, durch Stress beeinträchtigt werden kann. Andererseits vermag sportliches Training die Neurogenese fördern. Einige neue Ergebnisse aus unserem Labor deuten daraufhin, dass das Training der emotionalen Regulierung möglicherweise auch die funktionale Aktivität des Gehirns beeinflusst.[28] In einer Studie haben wir den Teilnehmern das Foto eines Babys mit einem Tumor im Gesicht gezeigt und baten sie, sich zu wünschen, dass dieses Baby geheilt werden und von Leiden frei sein möge.[29] Es zeigte sich, dass es ihr Gehirn veränderte, wenn Menschen diese Haltung einnahmen. Der Teil des Gehirns, der als Amygdala bezeichnet wird, ist wichtig bei der Erkennung von Bedrohungen und besonders von negativen Emotionen. Dieser Bereich des Gehirns wird umgeformt, wenn Menschen ihre Emotionen zum Positiven transformieren und Mitgefühl ausdrücken.

Die Menschen unterscheiden sich in ihren Fähigkeiten, ihre Emotionen gemäß der eigenen Absicht zu regulieren. Diejenigen, die besser dazu in der Lage sind, zeigen weniger Aktivität in der Amygdala. Dafür weisen sie mehr Aktivität in einem Gebiet auf, das als ventromedialer präfrontaler Cortex bezeichnet wird und an der Regulierung von Emotionen und der Entscheidungsfindung beteiligt ist.

Wir haben auch eine Verbindung zwischen dem endokrinen System und der Art und Weise, wie Menschen ihre negativen Emotionen regulieren können, gefunden. Wenn wir uns die durchschnittliche Kurve der normalen Veränderungen des Kortisolspiegels im Laufe des Tages anschauen – ein Hormon, das in der Reaktion auf Stress eine Schlüsselrolle spielt –, sehen wir am Morgen einen höheren Spiegel. Und im Laufe des Tages geht dieser nach unten und ist am Abend vor dem Schlafengehen am niedrigsten Punkt.

S. H. der Dalai Lama: Warum ist der Kortisolspiegel am Morgen im Allgemeinen höher und verringert sich im Laufe des Tages?

Richard Davidson: Das hat mit der Regulierung der Körpertemperatur und anderer Körpereigenschaften zu tun. Es gibt bestimmte energetische Prozesse am Morgen, die durch den Anstieg des Kortisols gefördert werden.

Wenn wir uns aber verschiedene Menschen ansehen, beobachten wir große Unterschiede bei den individuellen Mustern des täglichen Kortisolspiegels. Manche Menschen zeigen eine geringere Abnahme des Kortisols am Abend. Es stellte sich sogar heraus, dass es ein Problem ist, wenn sich der Kortisolspiegel am Abend nicht senkt. Je mehr er es aber tut, desto positiver scheint die Wirkung auf die allgemeine Gesundheit zu sein.

Wir haben herausgefunden, dass Menschen, die ihre Emotionen gut regulieren und besonders gut negative Emotionen transformieren können, ein besseres Profil des Kortisolspiegels haben. Sie zeigen eine steile Absenkung am Abend. Besonders Menschen, die mehr Aktivität im ventromedialen präfrontalen Cortex aufweisen, während sie negative Emotionen regulieren, haben am Abend einen niedrigeren Kortisolspiegel.

Eine sehr generelle Hypothese besagt, dass einige Meditationsformen den Schaltkreis zur Regulierung des Kortisols im Gehirn stärken, der im Gegenzug die Dynamik der emotionalen Reaktion im Subcortex moduliert. In unserer Arbeit mit langjährigen buddhistischen Meditationsübenden[30] haben wir herausgefunden, dass Meditation mit einem deutlichen Anstieg der elektrischen Aktivierungsanzeichen im Gehirn assoziiert ist. Das zeigt sich besonders im präfrontalen Cortex in einer schnellen, als Gammafrequenz bekannten Schwingung, die für Aspekte der Regulierung von Emotionen wichtig ist. Das entspricht der Idee, dass Meditation nicht einfach nur Entspannung ist. Wir sehen bei langjährigen Meditationsübenden auch eine zunehmende Synchronie zwischen dem präfrontalen Cortex und anderen Regionen des Gehirns. Bei dieser Idee der Synchronie hat Wolf Singer Pionierarbeit geleistet und er wird heute Nachmittag zu uns sprechen. Auch Francisco Varela hat die Synchronie in seiner Arbeit benutzt.

Der Anstieg der Gammafrequenz ist bei langjährigen Übenden viel stärker als bei Kontrollpersonen, die erst seit einer Woche meditierten, bevor wir sie getestet haben.

Es gibt zudem eine faszinierende Verbindung zwischen der Klarheit oder Luminosität, von der Übende während der Mitgefühlsmeditation berichten, und der Stärke des Gammasignals. Wir haben die Übenden gebeten, einen Knopf zu drücken, um die Intensität der wahrgenommenen Klarheit anzuzeigen, wenn es eine Veränderung in der subjektiven Erfahrung von Klarheit gab. Als Wissenschaftler ist es sehr faszinierend für mich zu sehen, dass Menschen mit wenig Meditationsübung nicht sehr gut darin sind, über die Qualitäten ihres Geistes zu berichten. Die langjährig Praktizierenden hingegen haben eine größere Fähigkeit, ihre subjektiven Erfahrungen genauer zu beschreiben. Die Verbindung zwischen den Berichten und den Gehirnsignalen ist vielleicht tatsächlich deshalb stärker, weil ihre Berichte über die Erfahrungen verfeinerter sind. Das Signal im Gehirn, das mit diesen Berichten der Klarheit verbunden ist, ist besonders im präfrontalen Cortex konzentriert.

Im Labor verwenden wir einen ganz einfachen Ansatz, bei dem die Übenden für kurze Zeitperioden meditieren. Wir unterbrechen diese Meditationsperioden mit einem neutralen Zustand, damit wir die Veränderungen im Gehirn zwischen beiden Zuständen erfassen können. Bis jetzt haben wir die Daten von elf Langzeitmeditierenden und zwölf Kontrollpersonen, die gerade erst mit der Meditation begonnen haben, gesammelt.

Die Kontrollpersonen waren Menschen, die sich für Meditation interessieren, und ihnen wurden die gleichen Mitgefühlsübungen gelehrt, die von den Langzeitmeditierenden praktiziert wurden. Matthieu beschrieb die Meditation, die praktiziert wurde, folgendermaßen:

Wir haben für dieses Experiment versucht, einen Zustand zu generieren, in dem Liebe und Mitgefühl den ganzen Geist durchdringen, ohne andere Überlegungen, Begründungen oder diskursive Gedanken. Das wird manchmal als reines Mitgefühl bezeichnet oder als unabhängiges Mitgefühl (in dem Sinne, dass es sich nicht auf bestimmte Objekte fokussiert, um Liebe oder Mitgefühl zu erzeugen), oder als alles durchdringendes Mitgefühl.

Als wir die funktionelle Magnetresonanztomografie verwendeten, um das Gehirn zu beobachten, während die Menschen diese Meditation übten, machten wir einige bemerkenswerte Entdeckungen. Viele Bereiche des Gehirns zeigten während der Mitgefühlsmeditation eine stärkere Aktivität als im neutralen Zustand.

Wir haben herausgefunden, dass die Mitgefühlsmeditation die Antwort des Gehirns auf den Einfluss von unangenehmen Klängen veränderte. Als wir die Aufnahme einer schreienden Frau nur für einige Sekunden laufen ließen, zeigten die Übenden einen bemerkenswerten Zuwachs der Aktivität in der Insula. Die Insula ist der Teil des Gehirns, der entscheidend ist für die Kommunikation mit dem Körper. Sie gibt dem Rest des Gehirns Informationen über den Zustand des Körpers. Verschiedene viszerale Organe übermitteln Informationen an die Insula. Die Insula ist zudem an der Empathie beteiligt. Eine andere Hirnregion, der mediale präfrontale Cortex, spielt eine Rolle bei der auf das Selbst bezogenen Verarbeitung von Informationen. Dieser Bereich des Gehirns wird aktiviert, wenn Menschen über sich selbst nachdenken. Wenn Sie einem Menschen beispielsweise ein Adjektiv anbieten und fragen, ob es ihn beschreibt, dann wird dieser Bereich des Gehirns sehr aktiv. Diese Hirnregion, die mit dem Selbst assoziiert wird, vermindert ihre Aktivität, wenn Menschen Mitgefühl generieren, was ein sehr selbstloser Zustand ist.

Die letzte Frage, auf die ich hier eingehen möchte, befasst sich damit, ob diese Unterschiede in der Tat das Ergebnis von Training sind.

Ein Skeptiker könnte sagen, dass diese Langzeitmeditierenden schon von Anfang an so gewesen sind. In der Wissenschaft müssen wir immer an die Skeptiker denken. Ein Ergebnis, das auf diese Frage antwortet, ist die Beziehung zur Länge der Praxis. Je länger jemand praktiziert hat, desto stärker sind viele dieser Effekte.

Ein zweites Ergebnis kommt aus den randomisierten Kontrollstudien, die wir mit Jon Kabat-Zinn durchgeführt haben und die vorher erwähnt wurden.[31] Die Frage war hier, ob mit dem kurzfristigen Training in achtsamkeitsbasierter Stressreduktion, das Jon vorgestellt hat, positive Effekte erreicht werden können. Wir haben die Testpersonen nach dem Zufallsprinzip auf zwei Gruppen verteilt: Die einen erhielten die achtsamkeitsbasierte Intervention und die anderen waren Teil der Kontrollgruppe, die zwei Monate wartete, bevor sie das Training begann.

Die Tests zeigten bei denjenigen, die das Meditationstraining absolviert hatten, eine Zunahme an Aktivität im linken präfrontalen Cortex. Die Kontrollgruppe zeigte dagegen eine Zunahme der Aktivität im rechten Teil des präfrontalen Cortex.

Wir gaben auch der gesamten Gruppe eine gewöhnliche Grippeimpfung und schauten uns dann die Anzahl der Antikörper an, die als Antwort auf die Impfung produziert wurde. Das sollte uns ein Gefühl dafür geben, wie gut ihr Immunsystem funktioniert. Die Gruppe der Meditierenden zeigte im Vergleich zur Kontrollgruppe einen stärkeren Anstieg in der Menge der als Reaktion auf die Impfung produzierten Antikörper.

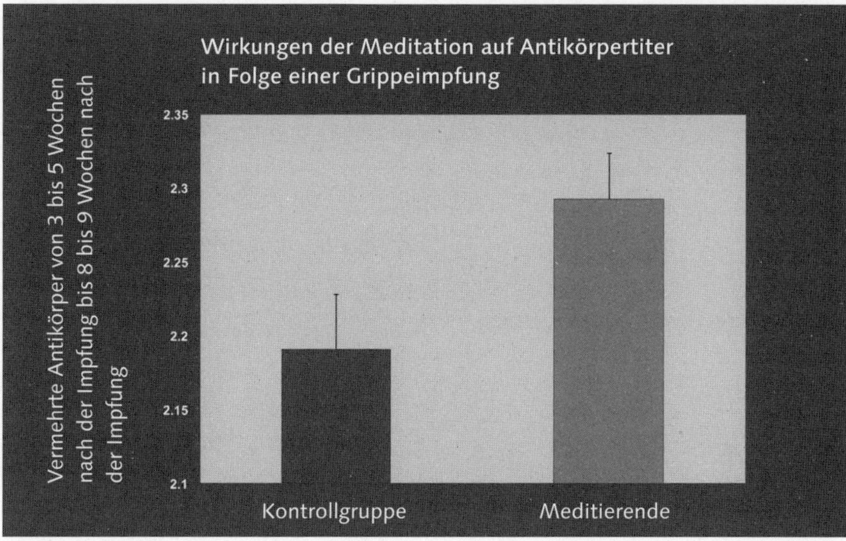

Abbildung 4. Antikörpertiter als Reaktion auf eine Grippeimpfung bei Meditierenden, die einen MBSR-Kurs absolviert hatten, und einer Wartelistenkontrollgruppe.[32]

Als Zusammenfassung und Abschluss möchte ich sagen, dass äußere Faktoren nur einen begrenzten Effekt auf unsere Erfahrung von Glück haben. Die Menschen unterscheiden sich in ihrer emotionalen Disposition. Obwohl diese affektiven Ausprägungen relativ stabil sind, glauben wir, dass sie verändert werden können. Profile der Hirnfunktion, die mit positiven emotionalen Eigenschaften assoziiert werden, stehen mit nachgeschalteten Wirkungen auf das endokrine System und das Immunsystem in Verbindung, die bestimmte Formen der körperlichen Gesundheit unterstützen könnten. Meditation hat demonstrierbare Wirkungen auf das Gehirn und stellt vielleicht eine der wenigen Möglichkeiten dar, wie sich ein rein mentales Training nachweislich auf die Hirnfunktion ausgewirkt.

Ich möchte mit einem Zitat von Albert Einstein enden:[33]

Der Mensch ist ein Teil des Ganzen, das wir „Universum" nennen, ein in Raum und Zeit begrenzter Teil. Er erfährt sich selbst, seine Gedanken und Gefühle als abgetrennt von allem anderen – eine Art optische Täuschung des Bewusstseins. Diese Täuschung ist für uns eine Art Gefängnis, da sie uns auf unsere eigenen Vorlieben und auf die Zuneigung zu wenigen Nahestehenden beschränkt. Unser Ziel muss es sein, uns aus diesem Gefängnis zu befreien, indem wir den Horizont unseres Mitgefühls erweitern, bis er alle lebenden Wesen und die gesamte Natur in all ihrer Schönheit umfasst. Niemand kann das vollkommen erreichen, aber das Streben nach solch einer Errungenschaft ist selbst schon ein Teil der Befreiung und eine Grundlage für innere Sicherheit.

1. Sitzung

Dialog

Zusätzlich zu S. H. dem Dalai Lama und den Vortragenden, Übersetzern und dem Moderator sind die Diskussionspartner für diese Sitzung Father Thomas Keating und Sharon Salzberg.

~

Matthieu Ricard: Die verschiedenen Themen, die in dieser Sitzung heute Morgen angesprochen wurden, zeigen uns, dass Meditation nicht nur ein Hobby ist oder eine Möglichkeit, die Zeit totzuschlagen. Meditation hat in der Tat tiefe Wirkungen auf unser Wohlbefinden, indem sie beeinflusst, wie wir mit inneren Bedingungen des Glücks umgehen, statt verzweifelt zu versuchen, unsere äußeren Bedingungen zu kontrollieren.

Wir möchten Eure Heiligkeit bitten, das Gesagte zu kommentieren, und wir werden mit einigen Fragen von Jon beginnen.

Jon Kabat-Zinn: Eure Heiligkeit, die erste Frage, die ich habe, ist folgende: Wurden in der tibetischen medizinischen Traditionen spezifische Meditationsübungen erfolgreich angewendet, um bestimmte medizinische Erkrankungen oder mentale Störungen zu behandeln?

S. H. der Dalai Lama: Das weiß ich nicht. Meine Ärzte haben mich nie eine Meditation gelehrt. Es kann natürlich Situationen geben, in denen ein Arzt die Patienten eine besondere Form der Meditation lehrt.

Jon Kabat-Zinn: Als Zweites möchte ich fragen, ob die Erfahrung reinen Gewahrseins selbst körperlich oder geistig heilend wirkt.

S. H. der Dalai Lama: Das ist ein komplexes Thema. Wenn wir etwas erfahren, was in der buddhistischen Tradition als natürlicher Geisteszustand oder reines Gewahrsein bezeichnet wird, ist die Aufmerksamkeit von jedem emotionalen oder körperlichen Schmerz, den wir sonst vielleicht empfinden, abgelenkt. In diesem Zustand des Gewahrseins ist der Geist abgelenkt, deshalb gibt es in diesem Moment möglicherweise eine Art Heilung oder eine Erfahrung von Freiheit. Aber die Frage ist dann: Kehrt der Schmerz zurück, wenn man wieder aus diesem Zustand herauskommt? Vielleicht. In diesem Fall wirkt der Zustand als eine Art Ablenkung oder als Beruhigungsmittel.

Wenn man sich aber andererseits direkt auf den Schmerz oder das Leiden fokussiert, könnte ein anderer Effekt auftreten. Wenn Ihre Herangehensweise zum Beispiel auf der Erkenntnis beruht, dass Dukkha eine Bedingung Ihrer Existenz ist, und auf der Einsicht, dass die Erfahrung des Schmerzes selbst vorübergehend ist und sich verändert, dann hat das möglicherweise einen viel positiveren Effekt. Wie einige der Vortragenden erklärt haben, kann sich die Intensität des Schmerzes sehr stark verändern. Auch die Identifikation mit dem Schmerz und das Festhalten, das damit einhergeht, sind veränderbar. Eines der Merkmale des Mitgefühls ist beispielsweise, dass es sofort unser Herz nach außen hin, für ein viel weiteres Feld öffnet. Allein das wird eine Wirkung haben, weil es das Festhalten am eigenen selbstbezogenen Fokus löst.

Was Einstein in dem Zitat sagt, das Richie eingebracht hat, ist ganz sicher wahr. Wenn wir einen Weg finden, um diesem Gefängnis der Selbstbezogenheit zu entkommen und uns der Menschheit, der wir alle angehören, zu öffnen, wird das ganz sicher eine Wirkung haben.

Jon Kabat-Zinn: Danke, Eure Heiligkeit. Meine dritte Frage ist folgende: Können wir eine sinnvolle Unterscheidung zwischen dem Buddhadharma auf der einen Seite und dem universellen Dharma auf der anderen Seite treffen?[34] Oder sind sie im Grunde gleich in Bezug auf die Kultivierung von Gewahrsein, Mitgefühl und Weisheit?

S. H. der Dalai Lama: Die Bedeutung dieser positiven Emotionen und Qualitäten bezieht sich auf alle spirituellen Traditionen. Wir versuchen, mit Hilfe von Wissenschaftlern universelle spirituelle Werte zu vermitteln. Ein Teil unserer Arbeit hier besteht darin, dass wir Wege finden, um die Werte zu bestätigen, die von den großen spirituellen Traditionen seit Tausenden von Jahren gelehrt wurden. Das sind allgemein menschliche Werte.

Matthieu Ricard: Es scheint sehr angemessen, an dieser Stelle Father Thomas Keating zu bitten, einige seiner Gedanken aus einer anderen großen kontemplativen Tradition mit uns zu teilen. Wie sehen Sie den Weg der Kontemplation, besonders im Hinblick darauf, dass altruistische Liebe und bedingungsloses Mitgefühl nicht nur unsere zweite Natur, sondern unsere erste Natur werden?

Father Keating: Mir scheint, dass heute Morgen drei verschiedene Themen angesprochen wurden. Als Erstes wurde hervorgehoben, dass das Mind and Life Institute etwas geschaffen hat, was es bisher noch nicht gegeben hat: einen ernsthaften und offenen Dialog zwischen der wissenschaftlichen Gemeinschaft, oder zumindest einem Teil davon, und der Religion. Dieses Institut wurde von Seiner Heiligkeit selbst unterstützt, und ich möchte Ihnen für die Initiative danken, diesen Dialog, der so enorm wichtig ist, begonnen zu haben. Seit vielen Jahren nehme ich am buddhistisch-christlichen Dialog teil, und es ist wunderbar, nun den Dialog mit anderen intelligenten, wenn auch nicht religiösen Menschen in der wissenschaftlichen Gemeinschaft zu erweitern. Sie werden herausfinden, dass Mystiker doch nicht so dumm sind. Ich bin sicher, dass wir die Erfahrung machen werden, dass auch Wissenschaftler sich auf einem spirituellen Weg befinden, ob sie es nun wissen oder nicht. Einfach nur geboren zu sein bedeutet, auf einem spirituellen Weg zu sein.

Der zweite Punkt umfasst das Thema „Meditation", wie es in Jons wunderbarer Präsentation angesprochen wurde. Die buddhistische Meditation hebt die Klarheit des Geistes hervor: Achtsamkeit. Es ist sehr gut, um Anfänger einzuführen und um Menschen den erfahrungsmäßigen

Aspekt der spirituellen Praxis nahezubringen, wenn wir diesen von den Glaubenssystemen trennen. Wir sprechen hier nicht nur über Religionen oder über eine äußere Praxis, sondern über die Spiritualität der Religionen, und das ist etwas anderes. Ich denke, die innere Praxis der Religion oder Spiritualität hat eine Wirkung auf die Gesundheit und führt zu den Effekten, die Sie im Gehirn zu sehen beginnen. Wir fühlen uns also völlig in Übereinstimmung mit unseren buddhistischen Brüdern und Schwestern und, in der Tat, mit allen anderen spirituellen Traditionen der Welt. Wir hoffen, dass unsere Diskussionen diese Werte in die Erfahrung der Einheit einbringen können, die so wichtig ist für den Prozess der Globalisierung und dessen Beitrag zum Weltfrieden. Die neue Physik sagt zum Beispiel Dinge, die mystischer sind als Aussagen, die Sie in einer Sonntagspredigt hören können. Ich habe die Aussage eines Physikers gelesen, der sagte, dass wir keinen Gedanken denken können, ohne – gleichzeitig – das ganze Universum zu beeinflussen! Vielleicht ist es nur ein kleiner Einfluss, aber die Idee legt nahe, dass es eine außergewöhnliche Allverbundenheit gibt oder eine gegenseitige Abhängigkeit von allem in der Schöpfung. Das hat einen enormen Effekt auf die Religionen und die Wissenschaft, auch in Bezug darauf, wie wir einander und den Rest der Welt sehen.

Der dritte Punkt hängt mit dem zusammen, was wir über die physischen Korrelate der Erfahrung des kontemplativen Gebets gehört haben, wenn es auf der Ebene des Gehirns untersucht wird. Es wäre interessant zu hören, was Kontemplationsübende über diese Ergebnisse denken. Statt dass Sie mit uns Experimente durchführen, könnten wir mit Ihnen experimentieren? Lassen Sie uns untersuchen, ob Ihre Ergebnisse mit unseren Erfahrungen übereinstimmen. Mit anderen Worten, das ist der Beginn des Ernstnehmens innerer oder mystischer Erfahrungen. Ich denke, dass dieses Wissen über die diskursiven oder analytischen Fähigkeiten des Gehirns hinausgeht und die intuitiven Fähigkeiten des Gehirns ernst nimmt – was wir in religiösen Kreisen als die menschliche Seele oder den menschlichen Geist *(spirit)* bezeichnen. Das wird ein großer Beitrag zur Entwicklung des Wissens in allen Aspekten sein.

Mir scheint also, dass wir dank der Initiative des Mind and Life Institute und Seiner Heiligkeit kurz vor einem großen Sprung im menschlichen Selbstverständnis stehen. Das betrifft auch unserer Verantwortung im Umgang mit dem Rest der Schöpfung. Unsere eigene Gesundheit oder Transformation ist der Anfang dieses Prozesses.

Matthieu Ricard: Sharon, Sie praktizieren und lehren nicht nur Einsichtsmeditation oder Achtsamkeit, sondern auch Metta oder die Kultivierung von liebender Güte und Mitgefühl. Der Zugang dazu ist die Identifizierung des Wunsches nach Wohlbefinden in uns selbst als Weg, um sich anderen mehr zu öffnen. Wie kann dieses Element Ihrer Meinung nach mit allem, was bisher gesagt wurde, verbunden werden?

Sharon Salzberg: Als Erstes möchte ich sagen, dass ich erstaunt war, als Richie sagte, dass ein Teil des Gehirns das Selbstgefühl repräsentiert. Ich überlegte, ob es wohl ein Gerät gibt, das einen Tag lang messen könnte, wie oft dieser Teil des Gehirns aufleuchtet? Das wäre wahrscheinlich ein Schock.

Ich möchte noch einmal auf den ersten Punkt zurückkommen, den Ajahn Amaro angesprochen hat, dass die Konzepte und Ideen, die hier präsentiert werden, keine Dogmen sind. Sie müssen nicht blind geglaubt werden, sondern in der Praxis angewendet werden, damit wir selbst sehen können, ob sie wahr sind. Ich habe das immer als eine atemberaubende Vision des menschlichen Potentials gesehen: Wenn wir bereit sind, unsere eigene Erfahrung zu untersuchen, können wir erkennen, dass wir nicht gefangen sind. Für mich war das einer der kraftvollsten Kommentare.

Ajahn Amaro sprach auch über die die verschiedenen Arten des Leidens: natürliches Leiden oder Schmerz und hinzugefügtes oder zusätzliches Leiden. Ich denke, dass die erste Form des Leidens manchmal schrecklich ist. Es kann einfach unerträglich sein. Was in diesen Momenten gebraucht wird, ist vielleicht ein ganz anderes Mittel, um Ausgeglichenheit oder ein Gefühl der Heilung wiederherzustellen. Aber oft ist für die meisten von uns die Unterscheidung zwischen dem Schmerz und dem, was wir daraus machen, entscheidend. Diesen Unterschied zu kennen ist nicht nur in gewisser Weise die Essenz des spirituellen Lebens, sondern auch der Unterschied zwischen Verlust und Verzweiflung, zwischen einer schwierigen Situation und Hoffnungslosigkeit, zwischen unglücklichen Umständen und Verbitterung. Das ist eine unglaublich wichtige Unterscheidung. Hier kommen für mich Übungen wie Achtsamkeit und Liebende Güte ins Spiel, weil wir zu so viel Positivem fähig sind, nicht nur für uns selbst, sondern auch in Beziehung zu anderen. Oft denken Menschen, dass Meditation zu Passivität führt, dass man selbstzufrieden und unbekümmert wird. Wenn wir mit diesem hinzugefügten Leiden in irgendeiner Weise umgehen können, haben wir mehr Energie, um auf die direkte Erfahrung des Schmerzes oder die Umstände, die ihn ausgelöst haben, zu achten. Wir können versuchen, einen Weg zu finden, um dazu eine neue Beziehung herzustellen, für uns selbst und für andere.

Ich habe eine Frage, die mir kam, als ich Richies Foto des Kindes mit dem Krebsgeschwür sah. Es war so schwer anzuschauen. Ich frage mich, ob die Art und Weise, wie wir mit unserem eigenen Leiden umgehen oder wie wir gelernt haben, es zu sehen, auch beeinflusst, wie wir das Leiden anderer sehen. Im Sinne des gesunden Menschenverstandes oder der Logik erscheint mir das durchaus möglich zu sein. Wenn wir gewohnt sind, mit Angst, Leugnung, Abneigung oder Verachtung zu reagieren, statt mit Güte, mag es sein, dass wir auch das Leiden und den Schmerz anderer so sehen. Ich frage mich, ob diese Zusammenhänge schon erforscht wurden?

Richard Davidson: Das ist eine interessante Frage. Es gibt gewisse Hinweise darauf, dass die Persönlichkeit der Wahrnehmenden die Art und Weise, wie sie auf solch ein Bild reagieren und es interpretieren, beeinflusst. Aber es gibt keine Forschungen, die sich speziell auf Ihre Frage fokussieren, in der es darum geht, in welchem Maß die Haltung der Güte von Menschen sich selbst gegenüber eine Wirkung darauf hat, wie sie auf solche Bilder oder Begegnungen in der Welt reagieren.

Matthieu Ricard: Einige Studien zeigen, dass es zwei grundlegende Muster des Altruismus gibt. Das eine ist auf einen selbst bezogen: Wir fühlen

Schmerz, wenn wir das Leiden eines anderen Menschen sehen, und können es nicht aushalten. Deshalb wollen wir etwas tun, um diesen Schmerz zu lindern. Aber echter Altruismus ist mehr. Er ist eine tiefe Fürsorge für andere, die sich in der Tat darin zeigt, dass die Hirnbereiche, die mit dem Selbst zusammenhängen, weniger Aktivität zeigen.

Alan Wallace: Richie, meine Aufmerksamkeit wurde ähnlich wie bei Sharon davon geweckt, dass Sie über den Bereich des Gehirns sprachen, der mit dem Selbst assoziiert wird, und dass dieser weniger Aktivität aufweist, wenn sich Mitgefühl zeigt. Ich möchte etwas mehr Klarheit in dieses, mir wichtig scheinende Thema bringen. Was meinen wir genau, wenn wir „das Selbst" sagen? Ich möchte drei Möglichkeiten vorschlagen. Das eine ist das Selbst, das im kartesianischen Verständnis von Körper und Geist getrennt ist; es ist der unbewegte Beweger, der den Körper und den Geist steuert und reguliert. Im Buddhismus wird dieses Selbst verneint. Haben wir also die neuronalen Korrelate eines kartesianischen Selbst gefunden?

Eine zweite Möglichkeit ist die Empfindung einer persönlichen Identität, die wir alle haben. Sie können wahrnehmen, dass ich zu Ihnen spreche; ich nehme wahr, dass Sie jetzt auf mich reagieren. Jemand ruft meinen Namen und ich sage, „Ja, was kann ich für Sie tun?" Dieses Empfinden einer persönlichen Identität existiert sicher. Beziehen sich die neuronalen Korrelate auf dieses Selbst?

Die dritte Möglichkeit ist das, was die Buddhisten Selbstliebe, Selbstzentriertheit oder umgangssprachlich einfach Selbstsucht nennen: „Mein Wohlergehen ist am Wichtigsten, also sei vorsichtig! Ich muss genug für mich bekommen!" Das ist nicht das Gleiche wie die vorherigen beiden Modelle. Für welches haben Sie das neuronale Korrelat gefunden?

Richard Davidson: Eigentlich für keines davon. Wenn Menschen ein Adjektiv genannt wird, wie zum Beispiel „fröhlich", und sie gefragt werden, ob dieses Adjektiv sie beschreibt, fängt ein sehr komplexer Prozess an, den wir nicht wirklich in allen Details verstehen. Die Person beginnt zu prüfen, ob Aspekte, die sie als Teil ihrer selbst ansieht, wirklich in dem

Adjektiv reflektiert werden. Im Experiment zeigt sich, dass der mediale Cortex aktiviert wird, wenn man einen Menschen fragt, ob ein bestimmtes Adjektiv für ihn selbst charakteristisch ist. Wenn man ihn fragt, ob das Adjektiv auf seinen Freund John zutrifft, wird der mediale Cortex nicht aktiviert, obwohl er die gleiche Arbeit mit dem gleichen Stimulus leistet. In diesem Prozess wird er also aktiviert, wenn der Geist, oder zumindest ein ungeübter Geist, über sein Selbstbild nachdenkt.

Alan Wallace: Es ist also nicht das kartesianische Selbst und nicht die Selbstbezogenheit, sondern wer wir zu sein denken, unser Gefühl einer persönlichen Identität.

Richard Davidson: Ja, es steht wohl am ehesten damit in Verbindung.

Father Keating: Mich würde interessieren, welche Rolle Schweigen in Ihrer Forschung über mentales Training spielt. Haben Sie irgendwelche Daten darüber, wie das Gehirn aussieht, wenn alle Gedanken zum Schweigen gekommen sind?

Richard Davidson: Ich möchte Matthieu bitten, über den Aspekt des Schweigens zu sprechen, weil er ein sehr wichtiger Kollege und Forschungsteilnehmer war und ein Training absolviert hat, wie es die meisten von uns nicht durchlaufen haben.

Matthieu Ricard: Nun, welches Schweigen meinen Sie? Bedeutet Schweigen die Abwesenheit des diskursiven Denkens – das mentale Geplapper, das immer vorhanden ist, wenn wir mit Überlegungen, der Interpretation der Außenwelt, Nachdenken über die Vergangenheit oder Vorstellungen über die Zukunft beschäftigt sind? Natürlich kann diese Kettenreaktion der Gedanken einen verdunkelnden Aspekt haben, wenn sie automatisch geschieht. Dieses Nachdenken und diese mentalen Konstruktionen zum Schweigen zu bringen kann ein meditativer Zustand sein. Irgendwie finden wir ein gesteigertes Gewahrsein der Klarheit und Stabilität hinter dem

Strom oder dem Schleier der Gedanken und ihres Inhalts. Das ist aber in keiner Weise Schweigen im Sinne von Dumpfheit, Schläfrigkeit, Dunkelheit oder Unklarheit. Man könnte es das Schweigen der mentalen Konstruktionen nennen, aber es ist überhaupt kein Schweigen des Gewahrseins. So würde ein Praktizierender diese Zustände erfahren.

Father Keating: Aus der Perspektive der christlichen Meditation, die wir normalerweise als Kontemplation bezeichnen – die beiden Worte sind auf dieser Ebene des Gesprächs austauschbar –, heben wir die Absichtlichkeit des Schweigens hervor. Das heißt, das Schweigen als eine Absicht hat eine wichtige Wirkung auf den Prozess der Meditation, ob wir nun Gedanken, Gefühle, äußere Klänge oder etwas anderes erfahren. Wenn wir darin geübt werden, den Fluss der Gedanken sein zu lassen, führt uns das in tiefere Ebenen der inneren Stille und des Friedens. Auf dieser Ebene scheinen wir einen tieferen Aspekt der menschlichen Natur zu berühren oder zu erfahren als das gewöhnliche psychische Gewahrsein. Das wird normalerweise als die spirituelle Ebene unseres Wesens bezeichnet oder, in den Worten der ewigen Philosophie, als die intuitive Bewusstseinsebene und noch darüber hinausgehende Ebene. Das mentale Training, das Sie in verschiedenen Einrichtungen überall im Lande begonnen haben, ist ein wunderbarer Beitrag zum Überwinden menschlichen Leidens. Diese Arbeit könnte vielleicht durch die Einführung von Aspekten der Absichtlichkeit noch verstärkt werden. Durch die Absichtlichkeit können wir negative Gedanken und Gefühle willentlich loszulassen.

Die christliche Meditation betont zudem die Achtsamkeit des Herzens *(heartfulness)*. Mit anderen Worten, es gibt eine absichtsvolle, affektive Bewegung des spirituellen Willens auf die Ziele hin, die wir erreichen wollen. Johannes vom Kreuz beschreibt es in den Begriffen einer Beziehung zu Gott – Gott bedeutet hier die letztendliche Wirklichkeit oder was immer Ihr Name für die letztendliche Wirklichkeit sein mag. Gott ist die jüdisch-christliche Form, um dieses Geheimnis auszudrücken. Es ist die Beziehung mit der letztendlichen Wirklichkeit, die unsere menschliche Gesundheit ausmacht, weil die Quelle unseres Seins uns auch fortwährend erhält. Offensichtlich würde ein Leben in Übereinstimmung mit unserer inneren Natur zu Gesundheit führen.

Johannes vom Kreuz sagt, dass die Gesundheit des Menschen vor allem davon abhängt, dass er immer in der Gegenwart der letztendlichen Wirklichkeit lebt. Das ist eine Art Meta-Achtsamkeit *(supermindfulness),* in der wir nicht nur gegenüber den Sinnesobjekten achtsam sind, was in gewisser Weise eine einführende Übung ist. Diese Meta-Achtsamkeit bezieht sich auf die größere Wirklichkeit, aus der all diese Sinneserfahrungen entstehen. Eine andere Möglichkeit ist, es als Gewahrsein für den Grund unseres Seins zu bezeichnen. Die Beziehung zur letztendlichen Wirklichkeit ist die letztendliche Quelle von Sicherheit, Liebe und Freiheit. Das sind wir wirklich, selbst wenn wir es nicht erkennen. Hören Sie oft genug mit dem Denken auf, wird dies nach und nach den Hintergrund bilden oder eine Art vierte Dimension in der dreidimensionalen Welt, in der wir leben. Und es ist der Sinn der Religion, Menschen in diesen Raum zu führen, und es könnte auch der Sinn der Medizin sein.

Jon Kabat-Zinn: Ihre Ergänzungen sind genau richtig. Aufmerksamkeit und Absicht arbeiten wunderbar zusammen, um die Möglichkeit des Erwachens zur Wirklichkeit der eigenen Erfahrung zu fördern, die wir als Seinsgrund – oder Grundlosigkeit des Seins – bezeichnen könnten. Dann gibt es keine Unterbrechung in der Kontinuität der Erfahrung zwischen dem sinnlichen Bereich und dem Bereich des Gewahrseins an sich, der wirklich grenzenlos ist. Genau darauf wies Albert Einstein in seiner Aussage hin.

Bei der MBSR gehen wir davon aus, dass das Schweigen oder die Stille, über die Sie gesprochen haben, der Bereich des Gewahrseins an sich ist. Es ist in jedem Moment zugänglich. Die Frage ist, ob wir durch eine geschickte Anwendung von Aufmerksamkeit und Absicht den Organismus so einstimmen können, dass er mehr und mehr die Fähigkeit kultiviert, in jedem Bereich mit diesem donnernden Schweigen in Berührung zu sein.

Matthieu Ricard: Wir haben einige der langfristigen Wirkungen der Meditation gesehen und sogar die Veränderungen, die durch einen achtwöchigen Kurs erreicht werden können, aber wir brauchen natürlich Studien über einen längeren Zeitraum, über Monate und Jahre. Ich denke, Alan könnte etwas über ein Projekt sagen, das solch eine langfristige Studie umsetzen soll.

Alan Wallace: Cliff Saron ist unter den Zuhörern. Er ist der wissenschaftliche Forschungsleiter im sogenannten Shamatha Project. Ich habe vor Kurzem erfahren, dass ich zum kontemplativen Forschungsleiter ernannt worden bin – eine neue Kategorie. Wir möchten eine einjährige Langzeitstudie mit dreißig Menschen durchführen, die in einem Retreat-Setting leben und acht bis zehn Stunden pro Tag meditieren. Der Hauptschwerpunkt wird auf dem Training der Aufmerksamkeit, der Entwicklung größerer Klarheit und der Stabilität der Aufmerksamkeit liegen, zusammen mit der Kultivierung des Herzens. Ich liebe den Ausdruck „Achtsamkeit des Herzens". Ein absolut entscheidendes Element des Trainings wird die Kultivierung dessen sein, was die Buddhisten als die Zustände göttlichen Verweilens bezeichnen oder die unermesslichen Qualitäten der liebenden Güte, des Mitgefühls, der empathischen Freude und des Gleichmuts.

Unser letztendliches Ziel ist ein einjähriges Projekt, aber wir werden es etwas bescheidener beginnen, wobei die erste Stufe ein dreimonatiges Forschungsprojekt mit den höchsten Standards wissenschaftlicher Genauigkeit ist. Wir haben ein hervorragendes Team an der University of California in Davis und wir planen, im nächsten September damit zu beginnen.[35]

Father Keating: Das wird sicher ein wunderbares Experiment. Gleichzeitig denke ich, dass das Projekt, das jetzt direkt vor uns liegt, darin besteht, diese Dinge in den gewöhnlichen Strom des alltäglichen Lebens der Menschen zu bringen, die leiden und jetzt Hilfe möchten, egal wo sie sind. Ich frage mich, ob es hilfreich sein könnte, den Unterschied zwischen Schmerz und Leiden weiter zu klären. Ich habe die Wörter hier abwechselnd gehört und eine Definition, die ich recht einsichtsvoll fand, war, dass Schmerz einfach ein normaler Teil des Lebens ist. Es ist eine essentielle Situation in einem begrenzten Universum. Leiden bedeutet, dass wir dem Schmerz

Widerstand leisten. Im Evangelium drückte Jesus in seiner Aufforderung: „Widerstehe nicht dem Bösen", aus, es wäre besser, wenn wir das nicht tun würden, dem, was wir als böse wahrnehmen, Widerstand entgegen zu bringen. Leiden ist wahrscheinlich das, was größtenteils als böse wahrgenommen wird, so wie auch der Tod. Wenn unsere Haltung dem Schmerz gegenüber wäre, dass wir ihn akzeptieren, so wie er ist, dann könnte unnützes Leiden vielleicht stark verringert werden.

2. Sitzung

Mögliche biologische Substrate der Meditation

Im letzten Jahrzehnt haben die wissenschaftlichen Erkenntnisse über die Wirkung von Stress auf das Gehirn und den Körper sehr stark zugenommen. Wir wissen auch mehr darüber, wie das Gehirn durch mentales Training neu organisiert werden kann. Dabei wurden vor allem Übungen untersucht, die Absicht bzw. Vorsatz und Aufmerksamkeit stärken und Lernen und adaptive Wege im Umgang mit Stress und Veränderung fördern. Diese Sitzung, die von Richard Davidson moderiert wird, präsentiert einige der neuesten wissenschaftlichen Forschungen zu diesen Themen. Das dient als Grundlage für die Untersuchung der Mechanismen und Wege, durch die Meditation ihre verschiedenen Wirkungen wahrscheinlich entfaltet. Die Erläuterung der biologischen Substrate von Stress und Neuroplastizität bietet ein überzeugendes Bezugssystem für die Gestaltung neuer Forschungen, die dieses Verstehen erweitern und vertiefen können.

Richard Davidson: Eure Heiligkeit, in dieser Nachmittagssitzung werden wir uns mit möglichen biologischen Grundlagen der Meditation befassen. Wir haben zwei Sprecher eingeladen, die weltbekannte Experten in verschiedenen Aspekten des Gehirns und der Biologie sind. Wolf hat seine wissenschaftliche Kariere der Untersuchung gewidmet, wie die Netzwerkorganisation des Gehirns in Synchronie höhere mentale Funktionen erzeugt. Das ist das Thema seiner Präsentation.

Wolf Singer

Synchronisation der Rhythmen des Gehirns als ein möglicher Mechanismus für die Vereinigung verteilter mentaler Prozesse

Das Gehirn ist in einer dezentralen Weise organisiert, wobei viele Funktionen über das Gehirn verteilt sind. Das Gehirn hat kein zusammenführendes Zentrum für die einheitliche Interpretation der vielen parallelen Prozesse, die sich gleichzeitig in funktionell spezialisierten Regionen ereignen. Das stellt uns vor die Frage, wie diese Subsysteme integriert werden, damit ihre einzelnen Ergebnisse zu einer einheitlichen Wahrnehmung führen. Es gibt die Theorie, dass diese Integration mindestens zum Teil durch Synchronisation von Schwingungsaktivitäten im Frequenzbereich der Beta-und Gamma-Wellen erreicht wird. Die Schwingungen der Beta-und Gamma-Frequenzen im Gehirn sind schnelle Rhythmen, die mit Aufmerksamkeit, Wahrnehmung und Lernen assoziiert werden. Diese Interpretation stimmt mit Mustern der neuronalen Aktivierung überein, die in Zuständen fokussierter Aufmerksamkeit und Meditation beobachtet wurden. Der Grund dafür könnte sein, dass Aufmerksamkeitsprozesse eine verbindende Funktion erfüllen, das Gewahrsein verstärken und zur Vereinigung verteilter Prozesse führen.

~

Ich werde über die Rolle der synchronen Schwingungsaktivität im Gehirn sprechen, ihre Beziehung zur Aufmerksamkeit und zum Bewusstsein. Zudem werde ich einige der Implikationen betrachten, die sich daraus für die Erklärung von krankhaften Störungen wie Schizophrenie ergeben könnten.

Es gibt Hinweise darauf, dass Meditationszustände mit der Synchronisation der Schwingungsaktivität im hochfrequenten Bereich im zerebralen Cortex, den sogenannten Gamma-Frequenzen um 40 Hertz, assoziiert sind. Unter bestimmten Umständen, wenn das Gehirn angemessen aktiviert ist, gibt es Gruppen-Entladungen von Neuronen und Schwingungsmuster dieser Aktivität im Bereich von ungefähr 40 Hertz.

Meine Kollegen und ich haben dieses Phänomen vor ungefähr 15 Jahren in Frankfurt entdeckt.[36] Seitdem haben wir die Idee verfolgt, dass dieses Signal für die Integration verteilter Aktivität im Gehirn notwendig sein könnte. Wir haben untersucht, ob die synchronisierte Aktivität im Gehirn Besonderheiten hat, und haben Folgendes entdeckt: Synchronisierte Aktivität hat eine viel stärkere Wirkung auf die Zellen, die diese Aktivität erhalten, als vorübergehende, unkoordinierte Aktivität. Deshalb ist das Synchronisieren von Reaktionen gleichbedeutend mit der Auswahl von Reaktionen für die weitere Verarbeitung.

Nur synchronisierte Reaktionen profitieren voneinander und werden dadurch effektiver. Deshalb ist das Synchronisieren von Reaktionen gleichbedeutend mit der Definition von Beziehungen zwischen den Neuronen, die synchron aktiv sind. Auf diese Weise ist es möglich, die Beziehungen zwischen neuronalen Reaktionen zu definieren, die über das Gehirn verteilt sind. Genaue Synchronisation der neuronalen Aktivität kann im Prinzip als ein Zeichen der Verbindung in der Signalverarbeitung dienen und dadurch auch beim Lernen von Bedeutung sein. Synchronie bestimmt, welche Neuronen kooperieren, um ihre Botschaft gemeinsam weiterzugeben.

Warum sollte das Signal der Verbindung zwischen verteilten neuronalen Reaktionen solch ein wichtiger Aspekt für die Funktion des Gehirns sein? Unsere Hypothese bezieht sich auf die Tatsache, dass wir in den westlichen Gesellschaften eine falsche Anschauung in Bezug auf die Organisation des Gehirns haben. Wir haben eine kartesianische Sichtweise. Wir denken, dass es irgendwo im Gehirn ein zusammenführendes Zentrum geben müsse, einen einzigen Ort, an dem all die Informationen zusammenkommen, um die Welt in einer zusammenhängenden Weise zu interpretieren. Hier würden wir dann Entscheidungen treffen und das wäre auch der Ort, wo das intentionale Selbst seinen Platz hat.

Die moderne Hirnforschung beschreibt aber ein völlig anderes Bild der Organisation des menschlichen Gehirns. Bereiche des zerebralen Cortex sind sehr intensiv miteinander verbunden, aber es gibt keine Hinweise darauf, dass es ein zusammenführendes Zentrum oder eine pyramidenförmige hierarchische Organisation gäbe. Verschiedene Hirnareale beschäftigen sich mit unterschiedlichen Signalen – von den Augen, den Ohren, dem Tastsinn – und sind auch mit Bereichen verbunden, die zum limbischen System gehören, das die Inhalte der bewussten Erfahrung emotional bewertet. Es gibt keinen Ort im Gehirn, wo ein Beobachter lokalisiert werden, eine Kontrollstruktur wirken oder das Selbst seinen Platz haben könnte. Es ist ein hochgradig verteiltes System, in dem viele Funktionen gleichzeitig auftreten und es gibt keinen Koordinator. Sie sind selbstorganisierend. In solch einem System wird es extrem wichtig, dass die vielen neuronalen Reaktionen, die die ganze Zeit über generiert werden, benannt werden, damit klar ist, welche Neuronen zu einem gegebenen Zeitpunkt tatsächlich kooperieren. Wir brauchen einen Code, der die Verbindungen definiert.

Aufgrund dieser verteilten Organisation wird ein Objekt im Gehirn durch viele Tausend Neuronen repräsentiert, die zur gleichen Zeit aktiv, aber über verschiedene Bereiche verteilt sind. Wenn Sie einen bellenden Hund sehen und sein Fell berühren, dann bekommen Sie ein Signal von Ihrem Tastsinn, von den Augen und den Ohren. Diese Signale werden alle gleichzeitig in verschiedenen Bereichen des zerebralen Cortex verarbeitet und kommen nie an einem einzigen Ort zusammen. Irgendwie entsteht in diesem verteilten Netzwerk die Repräsentation eines bellenden Hundes mit samtenem Fell. Deshalb ist die Idee, dass es ein einziges Zentrum gäbe, falsch. Es gibt keinen Koordinator, keinen Beobachter, keinen Platz für das Selbst.

Selbst innerhalb einer Modalität wie dem visuellen System gibt es ungefähr dreißig verschiedene Bereiche im zerebralen Cortex, die verschiedene Inhalte verarbeiten. Einige beziehen sich auf Strukturen, andere auf Farben, andere auf Emotionen und wieder andere beziehen sich auf bestimmte Aspekte der Formen, und all diese Aspekte werden gleichzeitig erfasst.

Wenn komplexe Bilder decodiert werden, muss die Aktivität von vielen verschiedenen Orten im Gehirn in sinnvoller Weise zusammengeführt werden, um beispielsweise die Wahrnehmung von einem dieser Pferde entstehen zu lassen. Man muss die richtigen Konturen zusammenführen und sie von den Konturen des Hintergrunds trennen. Das kann eine ziemliche Herausforderung sein, wie dieses Bild zeigt.

Abbildung 5. Ein Beispiel für eine Verbindungsaufgabe. Um die Figuren vom Hintergrund zu trennen und die Pferde zu erkennen, ist es notwendig, die schwarzen und weißen Oberflächen selektiv zu verbinden, die zu den einzelnen Pferden gehören, und sie von den schwarz-weißen Hintergrundsflächen zu trennen.

Weil es kein alleiniges Konvergenzzentrum im Gehirn gibt, müssen die Repräsentationen kognitiver Inhalte aus koordinierter Aktivität einer großen Anzahl von Neuronen bestehen, die über verschiedene Bereiche des zerebralen Cortex verteilt sein können. Deshalb ist es so wichtig, die Beziehungen in solch einem verteilten System zu definieren. Weil die Inhalte des Bewusstseins sich sehr schnell verändern, brauchen wir einen Code, der mit sehr hoher zeitlicher Präzision in jedem Moment definiert, welches Untersystem der Myriaden von Neuronen zu einem gegebenen Zeitpunkt zu einer zusammenhängenden Repräsentation beiträgt.

Für die Bildung verteilter Repräsentationen müssen die Neuronen zwei Botschaften gleichzeitig übermitteln. Als Erstes müssen sie durch ihre Aktivierung signalisieren, ob das Merkmal, für das sie spezialisiert sind, anwesend ist. Zweitens müssen sie die Botschaft an die anderen Neurone, mit denen sie in diesem Moment kooperieren, übermitteln, um eine zusammenhängende Repräsentation zu bilden. Es gibt viele Hinweise darauf, dass die dynamische Definition der Beziehungen durch die Synchronisation neuronaler Entladungen erreicht wird. Dieser Mechanismus scheint auch eine Schlüsselrolle bei der Koordination und Integration verteilter Hirnprozesse zu spielen.

In der wissenschaftlichen Gemeinschaft diskutieren wir momentan einige der Rollen, die diese Synchronisation innehaben könnte. (Als Erinnerung: Diese Synchronisation ist die gleiche wie die kohärenten Schwingungen, die so dramatisch verstärkt werden, wenn sich erfahrene Meditationsübende in meditative Zustände begeben.) Mögliche Rollen sind unter anderem die einfache Funktion der wahrnehmungsmäßigen Gruppierung, die Merkmale miteinander verbindet, um ein kohärentes Wahrnehmungsobjekt zu erhalten. Das ist ein Hinweis darauf, dass Synchronisation vom Gehirn benutzt wird, um die Aufmerksamkeit auf bestimmte Signale zu fokussieren, sie hervorzuheben oder effektiver zu machen. Es gibt auch Hinweise darauf, dass wir diese synchronen Schwingungsmuster selbst generieren, wenn wir die Augen schließen und uns etwas vorstellen.[37] Wenn wir uns ein visuelles Objekt vorstellen, sind die visuellen Bereiche an dieser synchronen Aktivität beteiligt, die offensichtlich auf gespeicherte Information zurückgreift.

Wir wissen, dass die synchrone Aktivität für die Integration von Subsystemen sehr wichtig ist, wie im Fall des bellenden Hundes. Dabei werden der Klang, die Berührung und das Bild des Hundes miteinander verbunden. Eine andere Funktion, die mit dem Fokus der Aufmerksamkeit sehr stark verbunden ist, ist die Lenkung von Aktivität durch ein extrem komplexes Netzwerk des Gehirns. Ein großes Problem besteht darin, dass Botschaften von einem Ort des Gehirns mit großer Genauigkeit an andere Orte gesendet werden müssen. Wie ist das möglich, wenn die Verbindungen so ineinander verwoben sind? Es gibt Hinweise darauf, dass die Natur einen Weg gefunden hat, der sehr stark der Methode gleicht, die wir nutzen, wenn wir ein Radio verwenden, um einen Sender zu empfangen. Der Sender und der Empfänger haben die gleiche Frequenz, damit sie sozusagen in einem Handschlag miteinander resonieren können. Dadurch wird die Übermittlung von Information sehr selektiv.[38] Die Synchronisation ist auch an Erinnerungsprozessen beteiligt. Bei der Kurzzeiterinnerung, wenn wir uns beispielsweise an eine Telefonnummer oder an einige Dinge für kurze Zeit erinnern wollen, entstehen Schwingungen über den Hirnbereichen, die für diese Prozesse relevant sind. Synchrone Aktivität wird auch genutzt, um langfristige Erinnerungen zu speichern, weil sie sehr gut ermöglicht, Bereiche neuronaler Reaktionen langfristig zu verändern.

Ich möchte Ihnen einige ausgewählte Beispiele der Beteiligung der Synchronie bei kognitiven Prozessen geben. Ein wichtiges Merkmal ist eine Zustandsabhängigkeit der Reaktionen-Synchronisation. Das Gehirn befindet sich nicht immer im gleichen Zustand. Es kann müde und unaufmerksam oder aufmerksam sein. Wenn man am Kopf einer aufmerksamen Person ein EEG misst, dann haben die Wellen eine kleine Amplitude und eine ziemlich hohe Frequenz. Wenn das Gehirn etwas müde und unaufmerksam wird, dann erscheinen Wellen mit einer großen Amplitude.[39]

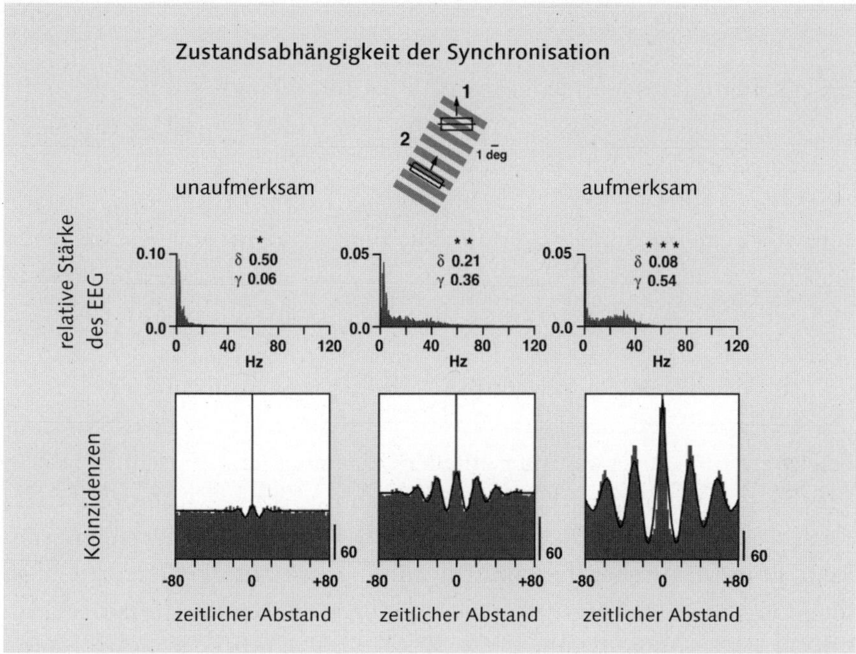

Abbildung 6. Zwei Gruppen von Neuronen im visuellen Cortex einer Katze wurden mit einem Lichtstimulus (siehe oben in der Abbildung) aktiviert und das Ausmaß von Synchronisation der betreffenden neuronalen Reaktionen wurde durch computergestützte, übergreifende Korrelogramme (die unteren Diagramme) gemessen. Gleichzeitig wurde die Verteilung der Frequenz der ständigen elektroenzephalografischen Aktivität gemessen (Histogramm in der Mitte). Wenn das Tier in einem aufmerksamen Zustand ist (die rechten Diagramme), zeigt das Elektroenzephalogramm Aktivität im hochfrequenten Bereich und die neuronalen Reaktionen sind gut synchronisiert, wie es die Modulation der Schwingung des übergreifenden Korrelogramms (im unteren rechten Diagramm) zeigt. Wenn die Aufmerksamkeit schwindet (mittleres und linkes Diagramm), nehmen im Elektroenzephalogramm die niedrigen Frequenzen zu und die Reaktionen-Synchronisation verringert sich.

Das interessante Ergebnis ist, dass diese synchrone Aktivität nur dann auftritt, wenn sich das Gehirn in einem sehr aufmerksamen Zustand befindet. Wenn das Gehirn müde und unaufmerksam wird, verschwindet sie völlig. Obwohl die Nervenzellen so wie vorher sehr aktiv reagieren, werden sie in ihrer Aktivität nicht zeitlich koordiniert. Somit kann man sagen, dass Aufmerksamkeit durch Kohärenz und Synchronisierung von Aktivität gekennzeichnet ist und nicht von Veränderungen des Ausmaßes an Aktivität. Das ist wichtig. Wenn die Meditierenden in diesen aufmerksamen Zustand eintreten, steigern sie wahrscheinlich die Koordination der verteilten neuronalen Aktivität.

Das Gleiche geschieht, wenn ein Tier oder ein Organismus eine Handlung erwartet, wenn es sich auf etwas vorbereitet. Eine Katze kann trainiert werden, Muster zu unterscheiden, die auf einem Bildschirm gezeigt werden, und dann schnell zu reagieren, wenn sich diese Muster verändern. Die Katze weiß, dass das geschehen wird, weil ein Ton das Ereignis ankündigt. Die Forscher können dann die Hirnaktivität dieser Tiere messen, während sie diese Handlung ausführen, und nach Synchronie suchen.

Wenn die Katze nicht aufmerksam ist – wenn sie frisst, was ihre Belohnung ist –, sind die Hirnwellen langsam, mit keiner guten Synchronie zwischen den verschiedenen Bereichen. Wenn aber ein Geräusch dem Tier mitteilt, sich sofort umzudrehen und schnell auf das veränderte Muster zu reagieren, verändert sich die Aktivität zwischen den kortikalen Arealen dramatisch. Plötzlich beginnen sie, in Synchronie zu schwingen. Die Katze produziert die synchrone Aktivität in der Erwartung, dass sie diese kortikalen Bereiche brauchen wird, um einer besonderen Funktion gerecht zu werden. So stimmen sich die Sender-und Empfängerneuronen auf die gleiche Frequenz ein, um eine bessere Datenflussübertragung zu ermöglichen.

Es gibt auch Hinweise darauf, dass ein wichtiger Teil der Synchronisation zwischen den Neuronen dann entsteht, wenn man etwas, das man sieht, bewusst erkennt.[40] Das kann man in einem einfachen Experiment zeigen. Einer Testperson wird ein undeutliches Muster ohne Inhalt präsentiert. Dann wird ein Wort, in diesem Fall „Katze“, gezeigt, gefolgt von einem weiteren undeutlichen Muster, gefolgt von einem abschließenden

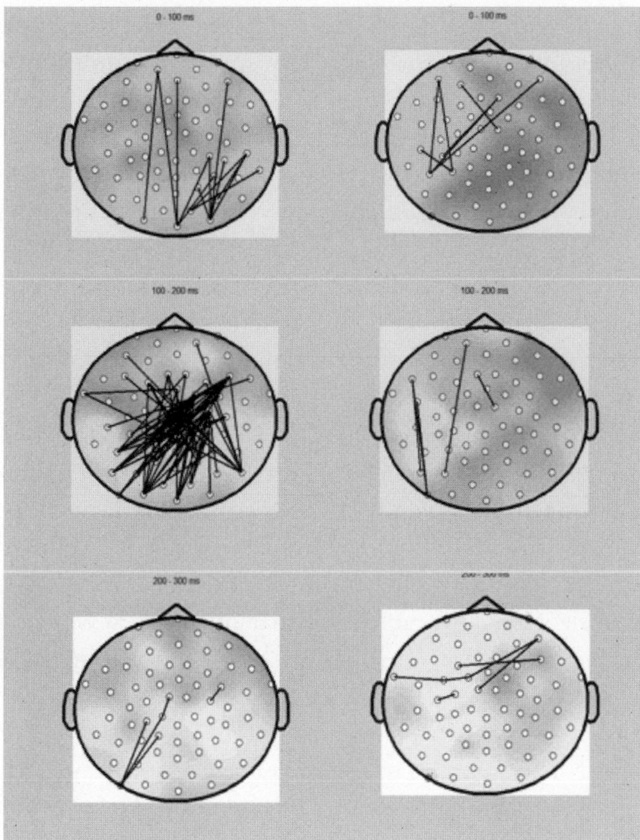

Abbildung 7. Unterschiede in der Phasenverbindung von schwingungsmäßiger Hirnaktivität, aufgenommen an verschiedenen Orten des zerebralen Cortex, wobei ein Stimulus bewusst wahrgenommen wird (linke Abbildungen) oder einfach nur verarbeitet wird, ohne die Ebene des Bewusstseins zu erreichen (rechte Abbildungen). Die schwarzen Linien verbinden die Aufnahmeorte, die eine bedeutsame Synchronisation und Phasenverbindung aufweisen. Beachten Sie das weit verteilte Netzwerk, das sich im bewussten Zustand in synchronen Schwingungen befindet.

Wort, entweder „Katze" oder „Hund". Danach fragen wir die Testpersonen, ob sie das erste Wort gesehen haben und ob es das gleiche Wort war, wie das, was am Ende des Experiments gezeigt wurde. Es gibt drei mögliche Ergebnisse: Die Testperson sieht das erste Wort, erinnert sich bewusst daran und erkennt, ob es dasselbe war. Andererseits kann die Testperson das Wort auch nicht bewusst gesehen haben, es aber trotzdem unbewusst verarbeiten und die Aufgabe lösen, weil sie das Wort errät, ohne sich daran zu erinnern, es gesehen zu haben. Im dritten Fall sieht die Testperson das Wort nicht und verarbeitet es überhaupt nicht.

Wir können die Aktivität des Gehirns messen und während des Tests nach Mustern der Synchronisierung zwischen verschiedenen kortikalen Bereichen suchen. Wenn die Testpersonen das, was sie sehen, bewusst verarbeiten und sich des Gesehenen bewusst sind, gibt es einen kurzen Moment von ungefähr 200 bis 300 Millisekunden, in dem räumlich entfernte Bereiche im zerebralen Cortex ihre Aktivität im hochfrequenten Bereich synchronisieren. Dieses Phänomen sehen wir auch in der Meditation, wie wir auf der linken Seite in Abbildung 7 erkennen können. Diese Synchronisation tritt nur sehr kurz und sehr präzise auf, und dann verschwindet sie wieder. Wenn die Testpersonen das Gesehene nicht bewusst verarbeiten, gibt es keine oder nur eine geringe Synchronie, wie es auf der rechten Seite in Abbildung 7 erkennbar ist.[41] Es scheint also, dass ein Korrelat bewusster Wahrnehmung eine vorübergehende Synchronisation der neuronalen Reaktionen ist, die ein stark kohärentes Muster von Schwinungsaktivität im zerebralen Cortex hervorbringt. Viel mehr als das können wir nicht sagen. Der Inhalt des Bewusstseins ist offenbar über viele verschiedene Bereiche verteilt, wird vorübergehend durch eine Kohärenz zusammengeführt und kann nicht auf eine Lokalisation zurückgeführt werden. Es ist ein verteiltes dynamisches Muster. Es ist schwer, sich das vorzustellen, aber so scheint es zu sein.

Jetzt möchte ich noch mögliche Konsequenzen für pathologische Störungen und einige Fragen, die für die Behandlung interessant sein könnten, ansprechen. In einer einfachen Aufgabe zeigen wir einer Testperson kurz ein Muster und lassen es dann wieder verschwinden. Nach einer

Weile zeigen wir ein weiteres Muster oder dasselbe Muster und fragen die Testperson: „Haben Sie dieses Muster schon gesehen oder ist es neu?“ In diesem Beispiel muss die Testperson das Kurzzeitgedächtnis aktivieren, um sich an das erste Muster zu erinnern und dann beide zu vergleichen. Die Ausführung dieser Aufgabe korreliert mit der Synchronisation von Aktivität in der präfrontalen Region und in der parietalen Region des Gehirns – Bereichen, die mit Kurzeiterinnerung und Aufmerksamkeit verbunden sind. Sie braucht Aufmerksamkeit und ist ein bewusster Prozess.

Wir wissen, dass schizophrene Patienten mit dieser Aufgabe Schwierigkeiten haben. Zur Schizophrenie gehören Denkstörungen und Halluzinationen, was auf Schwierigkeiten bei der Verbindung und Koordination paralleler Prozesse im Gehirn hindeutet. Wir haben die Frage betrachtet, ob das auch mit einer Störung der synchronisierten Aktivität einhergeht. Man kann die Aktivität in den Hirnregionen messen, die für diese Aufgabe relevant sind.

S. H. der Dalai Lama: Gibt es auch einen Unterschied in der Geschwindigkeit der Synchronisation?

Wolf Singer: Ja. Schizophrene Patienten haben Schwierigkeiten, diese Wellen zu produzieren und sie zu synchronisieren, und sie erledigen diese Aufgabe zudem viel langsamer als Kontrollpersonen.

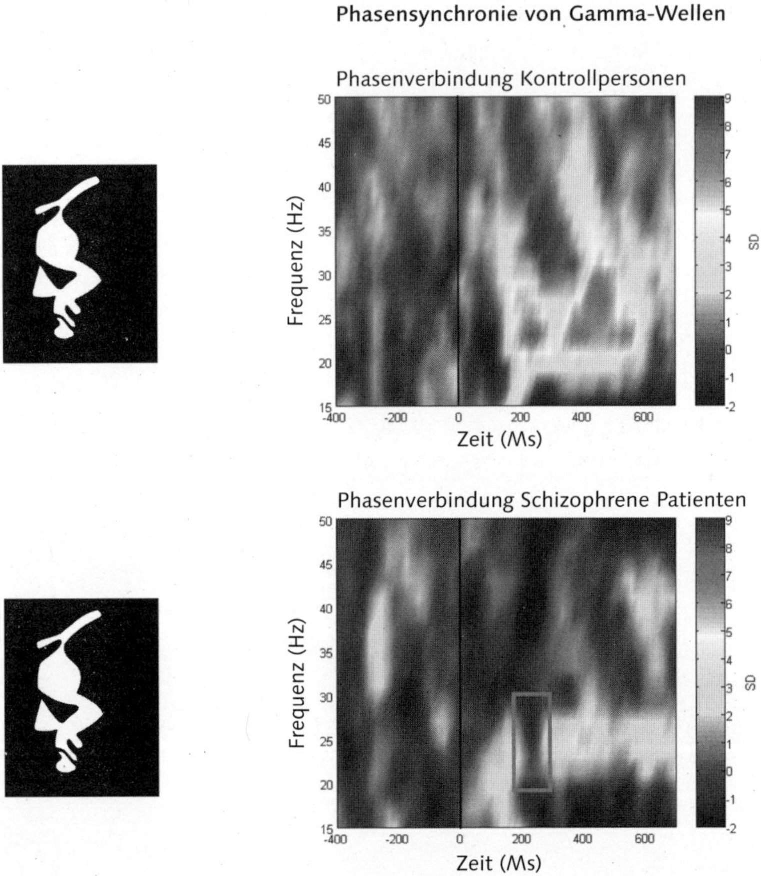

Abbildung 8. Ein Vergleich der Phasenverbindung der Schwingungsaktivität zwischen normalen Kontrollpersonen (obere Abbildung) und schizophrenen Patienten (untere Abbildung). Die Testpersonen wurden gebeten, sich zu entscheiden, ob sie ein Gesicht in einer abstrakten Zeichnung erkennen (Bild links). Bei normalen Testpersonen gab es eine starke Phasenverbindung (die Lichtpunkte im oberen Foto) und sie begann 200 Millisekunden, nachdem der Stimulus präsentiert wurde, in einer Frequenz zwischen 20 und 30 Hertz (die Seitenskalen der Fotos). Diese Reaktion gab es bei schizophrenen Patienten nicht (Rechteck im unteren Foto).

Wir maßen auch die schwingungsmäßigen Gehirnpotentiale und bestimmten ihre Synchronie in dem Moment, in dem die Testpersonen ein Bild zum ersten Mal sahen und es erkennen mussten. Bei normalen Testpersonen produziert das eine hohe Aktivität im hochfrequenten Gammabereich um 40 Hertz. Aber schizophrene Patienten zeigen diese Zunahme nicht, und sie haben auch Schwierigkeiten, die Aktivität in verschiedenen kortikalen Bereichen zu synchronisieren. Das könnte einer der Gründe sein, warum sie Probleme damit haben, ihre Gedanken zu koordinieren und ihr Verhalten kohärent zu organisieren.

Zum Abschluss noch einige zusammenfassende Gedanken: Wenn es wahr ist, dass die Synchronisation dieser hochfrequenten Rhythmen dazu dient, viele verteilte Prozesse im Gehirn zu koordinieren, dann sollte eine mentale Trainingsmethode wie die Meditation, die die Synchronisierung verstärkt, eine tiefe Wirkung auf die Hirnfunktionen haben. Herauszufinden, worin diese Auswirkungen bestehen, wird das Ziel zukünftiger Forschungen sein. Nicht alle davon sind vielleicht positiv. Manchmal ist es vielleicht besser, Dinge, die getrennt bleiben sollten, nicht miteinander zu synchronisieren. Aber die Entwicklung von mehr Synchronie könnte auch sehr effektiv sein, um Bewusstseinszustände hervorzurufen, die sich von denen unterscheiden, die wir normalerweise haben, wenn wir in abgetrennter Weise in unserer Umwelt agieren.

Richard Davidson: Robert Sapolsky ist ein führender Wissenschaftler, der die Auswirkungen von Stress auf das Gehirn untersucht. Seine bahnbrechenden Forschungen haben uns geholfen, die Mechanismen zu verstehen, durch die Stress die Hirnfunktion und -struktur verändern könnte und mittels dieser Einflüsse ausgeprägte Wirkungen auf den Körper hat. Seine Beiträge in der wissenschaftlichen und weiteren Öffentlichkeit werden in der ganzen Welt geschätzt.

Robert Sapolsky

Die Neurobiologie der adaptiven und gesundheitsschädlichen Merkmale von Stress

Wenige von uns werden an Cholera, Pocken oder Scharlach sterben. Stattdessen sterben wir an den Krankheiten unserer westlichen Lebensweise, die oft mit Stress zusammenhängen. Wenn die Stressreaktion durch einen typischen Stressauslöser für ein Säugetier (zum Beispiel ein Sprint, um vor einem Raubtier zu fliehen) im Körper mobilisiert wird, ist das ein Mittel der Anpassung. Wenn sie aber in der modernen Umgebung des westlichen Menschen aktiviert wird (das heißt, chronischer, psychosozialer Stress), dann ist sie pathologische. In dieser Präsentation wird dieser Gegensatz untersucht und es werden neue Forschungsrichtungen vorgestellt, die für das Verständnis der Neurobiologie des Stresses und des Umgangs mit Stress wichtig sind.

~

Während dieser Konferenz werden viele Experten darüber sprechen, wie wir ein ausgeglicheneres Leben führen können. Leider weiß ich nicht, wie das möglich wäre, aber ich bin ein Experte in der Untersuchung der Dinge, die geschehen, wenn wir es nicht tun: Ich untersuche die Wirkungen von Stress auf den Körper. Anthropologen interessieren sich stets dafür, was den Menschen vom Tier unterscheidet. Wir wissen heute, dass Menschen die Spezies sind, die Mikrowellen, Gesellschaftstänze und Sauberkeitserziehung erfunden hat. Aber mehr als alles andere hat der Mensch das zusätzliche Leiden erfunden: die Fähigkeit, Schmerzen und Leiden zu spüren im Zusammenhang mit dem, was war, was sein wird, was sein könnte oder was jemand anderes erfährt.

Das ist einzigartig beim Menschen, aber leider nicht einzigartig für den Menschen ist die Reaktion des Körpers auf das Gefühl zusätzlichen Leidens. Das zentrale Konzept dieser Studie ist folgendes: Wenn Sie ein Zebra sind und ein Löwe springt sie an und reißt Ihr Fleisch auf und Sie spüren Schmerz und rennen um Ihr Leben, sind die Dinge, die Ihr Körper tut, wunderbar. Es sind genau die Dinge, die Sie zum Überleben brauchen. Aber wenn Sie ein Mensch sind, der unter zusätzlichem Schmerz leidet, tut Ihr Körper genau das Gleiche, und wenn er das für lange Zeit macht, werden Krankheiten entstehen.

In gewisser Weise liegt der Grund dafür, dass wir als Spezies so viele Krankheiten bekommen, die mit Stress zusammenhängen, darin, dass wir zu klug sind. Wir können psychischen Stress erfinden. Viele Forschungen haben gezeigt, was an psychischem Stress beteiligt ist, so auch einige klassische Experimente mit Tieren in den 1960er Jahren, über die ich in dieser Präsentation sprechen werde. Und nebenbei gesagt, ich glaube, dass die Wissenschaftler, die diese Forschungen durchführten, sehr viel darüber nachgedacht haben, dass der Schmerz der Tiere bei diesen Experimenten durch die wichtigen, sich daraus ergebenden Erkenntnisse aufgewogen wurde.

In einer Studie[42] wurde einer Laborratte in gewissen Abständen ein kleiner Elektroschock gegeben. Bei einer bestimmten Anzahl dieser Schocks entwickelte die Ratte ein Magengeschwür – eine Krankheit, die mit Stress zusammenhängt. Wir wissen heute, dass für Magengeschwüre Bakterien verantwortlich sind, und vor Kurzem wurde für diese Forschungen der Nobelpreis verliehen. Aber Magengeschwüre hängen auch mit einem stressvollen Lebensstil zusammen. Durch den Stress wird es für den Magen schwieriger, die Anfänge eines Geschwürs zu reparieren. Die Ratte erlebte also genug Stress, um ein Geschwür auszubilden.

Eine andere Ratte erhielt die gleichen Schocks, ihre Realität war genau die gleiche. Aber jedes Mal, wenn die zweite Ratte einen Elektroschock bekam, konnte sie zu einer anderen Ratte auf der anderen Seite des Käfigs gehen und diese beißen. Die zweite Ratte bekam kein Geschwür. Somit sehen wir, dass Ratten nahe Verwandte des Menschen sind.

S. H. der Dalai Lama: Weil die Ratte die Möglichkeit hat, ihren Schmerz auszudrücken?

Robert Sapolsky: Genau. In meinem Umfeld sagen wir, dass sie vermeidet, ein Geschwür zu bekommen, indem sie ein Geschwür weitergibt. Eine dritte Ratte bekam die Schocks, hatte aber ein Stück Holz, auf dem sie mit ihren Zähnen beißen konnte. Auch sie bekam kein Geschwür. Auch sie hatte eine Möglichkeit, ihren Schmerz auszudrücken.

Eine vierte Ratte bekam ebenfalls die Elektroschocks, aber vor jedem Schock ging ein Licht an und warnte sie. Die Information, dass der Schock kommen würde, wie schlimm er sein und wie lange er dauern würde, verhinderte auch ein Geschwür.

S. H. der Dalai Lama: Die Ratte war darauf vorbereitet.

Robert Sapolsky: Genau. In der nächsten Version des Experiments wurde eine Ratte trainiert, einen Hebel zu drücken, um die Schocks zu vermeiden; und dann wurde der Hebel außer Kraft gesetzt. Das Drücken des Hebels half nichts mehr, aber die Ratte saß da und machte weiter und sie bekam kein Geschwür. Sie spürte eine gewisse Kontrolle. Und schließlich, wenn die Ratte in einem Käfig mit einer anderen Ratte war, die sie kannte und mochte, dann saßen sie zusammen und putzten einander und sie bekam kein Geschwür aufgrund der Schocks.

Das sind also die Bestandteile von psychischem Stress. Wenn wir keine Möglichkeit haben, unsere Frustration auszudrücken, wenn wir spüren, dass wir keine Kontrolle haben und keine Möglichkeit, vorauszusagen, was geschehen wird, dann wird zusätzliches Leiden stressvoll. Das ist auch der Fall, wenn wir ein Ereignis so interpretieren, dass sich unsere Lage verschlechtern wird oder wenn wir keine Schulter haben, an der wir uns ausweinen können.

Heute wissen wir, wie der Körper darauf reagiert. Um das zu verstehen, müssen wir erkennen, was der Körper tut, wenn wir ein Zebra sind, das vor einem Löwen flieht. Als Erstes müssen wir wissen, wie wir Energie mobilisieren. Wir brauchen in dem Moment keine Energie in unseren

Fettzellen für eine Handlung im nächsten Frühjahr, sondern genau jetzt muss sie in unsere Muskeln gehen, damit wir rennen können. Wir müssen diese Energie so schnell wie möglich an unsere Muskeln übermitteln, deshalb schlägt unser Herz schneller und der Blutdruck steigt. All das basiert auf der Logik, dass unsere Überlebenschancen steigen, wenn die Energie in zwei statt in drei Sekunden in unseren Muskeln ist.

Es ist auch sinnvoll, dass wir alle langfristigen „Bauprojekte" im Körper einstellen. Das ist nicht die Zeit, um an der Renovierung unserer Leber zu arbeiten. Wenn wir um unser Leben rennen und der Löwe einen Schritt hinter uns ist, ist das kein guter Zeitpunkt für den Eisprung. Während des Stresses hören wir mit der Verdauung, dem Wachstum und dem Reparieren des Körpers auf. Wir stoppen die Fortpflanzung und unser Immunsystem. Das alles können wir später wieder tun, wenn wir noch am Leben sind.

All das ist wunderbar für ein Zebra, das um sein Leben rennt, weil es eine Umgehensweise seines Körpers mit Angst und Schmerz ist. Aber unser Körper tut aufgrund von psychischem Leiden für Tage, Monate und Jahre das Gleiche. Wenn wir unentwegt Energie mobilisieren, wird unser Körper sie nie speichern können. Unsere Muskeln werden schwach, wir erkranken leichter an Diabetes, was sich heute zu einer globalen Katastrophe auswächst. Wenn unser Blutdruck steigt, während wir vor einem Löwen weglaufen, ist das eine gute Sache. Wenn ein Stau dazu führt, dass unser Blutdruck steigt und dies oft genug geschieht, werden wir eine Herzerkrankung entwickeln und die Blutgefäße werden durch Arteriosklerose geschädigt werden. Wenn unser Verdauungssystem ständig seine Funktion einstellt, haben wir ein größeres Risiko für Geschwüre oder Darmentzündungen. Es gibt eine schlimme, merkwürdige Erkrankung, die Stresskleinwüchsigkeit oder psychogene Kleinwüchsigkeit genannt wird, bei der Kinder unter so viel Stress stehen, dass ihr Körper aufhört zu wachsen. Bei weiblichen Säugetieren werden unter viel Stress die reproduktiven Kreisläufe länger oder hören ganz auf. Bei männlichen Säugetieren sinkt der Testosteronspiegel und man hat vielleicht Probleme mit der Erektion.

Wenn wir ständig unter Stress stehen, wird unser Immunsystem unterdrückt, und somit werden wir anfälliger für Infektionskrankheiten. Das neue Forschungsfeld der Psychoneuroimmunologie basiert auf der Vorstellung, dass unser Gehirn eine Wirkung darauf hat, wie unser Körper mit Krankheiten umgeht. Wie sehen hier zwei Seiten einer Geschichte. Ein normales Säugetier wird schnell sterben, wenn es unter Stress stehend die adaptive Stressreaktion nicht schnell genug mobilisieren kann. Doch viele Krankheiten entstehen in einem Menschen durch chronischen psychischen Stress.

Ich möchte mich hier kurz auf die positiven, kurzfristigen Wirkungen von Stress auf das Gehirn fokussieren und dann auf die langfristigen Wirkungen eingehen, die besonders interessant sind. Für eine kurze Zeit, ein oder zwei Stunden, tut der Stress wunderbare Dinge für das Gehirn. Mehr Sauerstoff und Glukose werden dem Gehirn zugeführt. Der Hippocampus, der an der Erinnerung beteiligt ist, arbeitet besser, wenn wir für kurze Zeit unter Stress stehen.[43] Unser Gehirn gibt in den ersten Stadien von Stress mehr Dopamin ab, das eine große Rolle in der Erfahrung von Freude spielt; es fühlt sich wunderbar an und unser Gehirn arbeitet besser.

Aber leider geschieht genau das Gegenteil, wenn der Stress zu lang anhält – vier Stunden oder vier Jahre. Weniger Glukose gelangt zum Gehirn. Die Neuronen im Hippocampus funktionieren nicht so gut. Neuronen haben lange Fortsätze, um mit anderen Neuronen zu kommunizieren, und bei längerfristigem Stress schrumpfen diese. Wie wir schon gehört haben, schafft das Gehirn im Hippocampus neue Neuronen, aber bei Stress wird die Neurogenese gestört. Bei einem gewissen Maß an Stress sterben die Neuronen sogar ab; mein Labor an der Stanford University untersucht genau dieses Phänomen.[44] Zudem findet bei einem hohen Maß an Stress eine verminderte Ausschüttung von Dopamin statt, das, wie schon erwähnt, mit Freude zusammenhängt. Als Ergebnis dessen spüren wir keine Freude mehr, und das spielt eine Rolle bei der Depression.[45] Erstaunlicherweise verbessert Stress die Funktion der Amygdala – des Gehirnteils, der an Angst und Sorgen beteiligt ist. Die Neuronen dort bilden neue Verbindungen und die Amygdala wird größer und als Folge dessen werden wir noch stärker in der Angst gefangen.[46] Und der frontale Cortex, der uns hilft, Entscheidungen zu treffen und unsere Emotionen zu kontrollieren, funktioniert während chronischen Stresses nicht gut und die dazugehörigen Neuronen verkümmern.[47] Das sind extrem schädliche Prozesse, die im Gehirn bei chronischem Stress geschehen können.

Es wäre einfach, wenn wir sagen könnten: „Ach so! Wir dürfen keinen Stress in unserem Leben haben!“ Aber das ist Unsinn. Für kurze Zeit tut der Stress wunderbare Dinge für das Gehirn und wir fühlen uns gut. Wir geben Geld aus, um auf einer Achterbahn Angst zu empfinden. Die Frage ist also: Wann ist Stress gut? Guten Stress nennen wir Stimulation, wenn es eine Herausforderung gibt, die wir lösen wollen. Wie wird Stress stimulierend?

Thubten Jinpa: Wir fragen uns gerade, was das passende Wort für „Stress“ in tibetisch ist.

Alan Wallace: Mit anderen Worten, wie definieren wir es? Gibt es zwei Arten, physisch und mental? Oder steht das Wort für beide? Wir müssen das hier etwas auseinandernehmen, weil das Wort Stress nicht ins Tibetische übersetzbar ist.

Robert Sapolsky: Kurzfristiger Stress kann physisch oder mental sein. Wichtig ist, dass der Stress nicht zu lange dauert und nicht zu stark ist. Nicht von ungefähr dauert eine Achterbahnfahrt drei Minuten und nicht drei Wochen lang.

Psychologisch betrachtet, sehen wir Stimulation als Herausforderung. Wir sind vielleicht in der Lage, diese Herausforderung zu bestehen. Die Art und Weise, wie Dopamin wirkt, ist sehr interessant. Heute Morgen sprach Richie darüber, dass in den Vereinigten Staaten Glück ein unveräußerliches Recht ist. Ich denke, für unser Gehirn ist es sinnvoller, wenn uns das *Streben* nach Glück garantiert wird. Es stellt sich heraus, dass Dopamin nicht im Gehirn ausgeschüttet wird, wenn wir eine Belohnung bekommen, sondern wenn wir denken, dass wir bald eine Belohnung bekommen. Es geht um die Erwartung und deshalb wird die Erwartung selbst zur Freude für das Gehirn.

In einer wunderbaren Studie wurde ein Affe trainiert, einen Hebel zu drücken, um eine Belohnung zu bekommen.[48] Dann wurden die Umstände so verändert, dass er die Belohnung nur halb so oft bekam. Nachdem er den Hebel gedrückt hatte und wartete, ob er die Belohnung bekommen würde, erreichte sein Dopamin die höchsten Werte, die je im Gehirn eines Affen gemessen wurden. Mit anderen Worten, wenn wir die Idee des „Vielleicht" einführen, wird es so viel erfüllender. Wenn wir absolut sicher sind, ist es langweilig. Wenn es überhaupt keine Möglichkeit gibt, werden wir hilflos und depressiv. Fünfzig Prozent ist genau der Punkt, an dem es eine Herausforderung gibt, die uns aber nicht einengt, und dann sehen wir die größte Ausschüttung von Dopamin im Gehirn.

Das mag sich merkwürdig anhören. Ich habe vorher gesagt, dass ein Mangel an Kontrolle sehr stressvoll ist. Hier fühlt sich ein Mangel an Kontrolle wundervoll an und unser Dopamin steigt. Was ist der Unterschied? Die Forschung zeigt, dass ein Mangel an Kontrolle ein schrecklicher Stressauslöser ist, wenn dieser Mangel an Kontrolle in einer Situation auftritt, die als grausam und bedrohlich wahrgenommen wird. Wenn der Mangel an Kontrolle in einer Situation auftaucht, die als gut und sicher wahrgenommen wird, fühlt sich ein Mangel an Kontrolle wunderbar an. Eine der größten Herausforderungen besteht darin zu verstehen, wie wir Situationen, die sich bedrohlich anfühlen, besser und sicherer machen können.

Das führt uns zu einem letzten Punkt: Warum gehen einige von uns besser mit Stress um? Warum ist etwas für eine Person Stress und für eine andere Stimulation? Stress ist seit ungefähr 70 Jahren Teil der Medizin und es hat ungefähr 69 Jahre gedauert, um die Medizin davon zu überzeugen, Stress ernst zu nehmen. Die große Herausforderung von nun an besteht darin zu verstehen, warum wir uns in unserem Umgang mit Stress so sehr voneinander unterscheiden, Das wird uns zeigen, wie wir zusätzliches Leiden in Stimulation wandeln können.

2. Sitzung

Dialog

Zusätzlich zu S. H. dem Dalai Lama und den Sprechern, Übersetzern und dem Moderator sind unter den Diskussionspartnern für diese Sitzung Matthieu Ricard, Esther Sternberg und Alan Wallace.

~

Richard Davidson: Wolfs Forschung deutet daraufhin, dass es keine Konvergenzzone im Gehirn gibt, die der Sitz von Emotion, Bewusstsein oder von einem Selbst wäre. Vielmehr scheinen diese komplexen psychischen Funktionen aus der koordinierten Aktivität vieler Hirnregionen zu entstehen. Diese Erkenntnisse der modernen Neurowissenschaft weisen daraufhin, dass es kein alleiniges Zentrum des Selbst oder anderer psychischer Prozesse gibt. Eure Heiligkeit, können Sie kommentieren, inwieweit die buddhistischen Anschauungen in Bezug auf den Geist mit diesen Erkenntnissen übereinstimmen oder sich davon unterscheiden?

S. H. der Dalai Lama: In gewisser Weise scheint das Verständnis, das sich in der Neurowissenschaft bezüglich der Bildung kognitiver Funktionen entwickelt, Ähnlichkeiten mit dem buddhistischen Verständnis zu haben, demzufolge es keine zentrale Autorität gibt, keine einzelne Instanz, die für kognitive und mentale Aktivität verantwortlich ist. Aber der Buddhismus macht einen Unterschied zwischen den sinnlichen Erfahrungen auf der einen Seite und den mentalen Erfahrungen wie Gedanken und Emotionen auf der anderen Seite. Die sinnlichen Erfahrungen haben sehr enge Verbindungen mit den Sinnesorganen. Wenn Sie zum Beispiel ein beschädigtes Auge haben, kann die visuelle Erfahrung nicht von anderen sinnlichen

Modalitäten übernommen werden. Die Situation ist komplexer im Bereich der mentalen Erfahrungen wie Gedanken und Emotionen. Die Idee, dass verschiedene Gedanken, die mit bestimmten Inhalten oder Erfahrungen verbunden sind, seien sie kognitiv oder emotional, in ganz besonderen Teilen des Gehirns lokalisiert sind, widerspricht der buddhistischen Anschauung.

In der buddhistischen Erkenntnistheorie oder Psychologie gibt es keine Diskussion über die Rolle des Gehirns an sich, sei es bei den Emotionen oder der kognitiven Aktivität. Selbst in den Vajrayana-Texten, die die Funktion des Nervensystems erwähnen, gibt es kein Konzept darüber, dass das Gehirn eine zentrale Rolle bei den kognitiven Aktivitäten spielt. Nur in den klassischen medizinischen tibetischen Texten wird die zentrale Rolle des Gehirns bei der menschlichen Erfahrung erkannt. Wie auch immer, die Idee, dass die mentale Erfahrung, einschließlich der kognitiven Funktionen und der emotionalen Erfahrung, Ausdrucksform einer viel größeren Koordination verschiedener Regionen des Gehirns ist, scheint intuitiv attraktiver zu sein als die Idee, dass jede spezifische Funktion des Geistes ganz direkt einem bestimmten Ort im Gehirn zugeordnet werden kann.

Wolf Singer: Ich finde es interessant, dass unsere westlichen Philosophien und Zivilisationen zu einem anderen Schluss gekommen sind. Die kartesianische Sicht könnte nicht verschiedener von der Sichtweise sein, die Sie gerade beschrieben haben. Die Frage ist: „Warum hat es sich so entwickelt?" Beim Mittagessen haben wir über diese Frage gesprochen und es wurde vermutet, der Grund liege darin, dass die westliche analytische Wissenschaft jahrhundertelang von linearen Modellen und Maschinen dominiert war. Dadurch entstand die Idee eines Gehirns, das in einer sehr deterministischen Weise wie ein komplexes Uhrwerk funktioniert. Aber wir erfahren unser Gehirn als kreativ, offen gegenüber der Zukunft und absichtsvoll. Weil lineare Systeme, die sich wie Uhrwerke verhalten, keines dieser Merkmale haben, müssen wir einen „Beweger" postulieren, um zu erklären, warum Gehirne sich so verhalten. Aufgrund der gewohnten, mechanistischen Interpretation der Welt, die unser Denken seit der Aufklärung als die Grundlage der klassischen Physik dominiert hat, ist die kartesianische Interpretation die einzige Möglichkeit, um die deterministische Sicht mit der tatsächlichen Erfahrung zusammenzubringen.

S. H. der Dalai Lama: In gewisser Weise berührt diese Frage eher eine philosophische und metaphysische Ebene, die für diese Diskussion vielleicht nicht so relevant ist. Wenn wir über Aspekte des Bewusstseins wie Kognition und Emotion nachdenken, ist aus der Perspektive des alten indischen Denkens die wichtigste Eigenschaft ihre erfahrungsmäßige oder empirische Natur. Im Kontext der Neurowissenschaft hingegen werden alle Funktionen des Geistes im Allgemeinen als Funktionen des Gehirns gesehen. Das sind zwei verschiedene Formen von Sprache. Vielleicht berührt Ihre Frage diesen tieferen metaphysischen Punkt.

Ein Teil der kulturellen Einflüsse rührte in der Vergangenheit von der Wirkung des religiösen Denkens auf die Philosophie her. Die Idee der Seele gibt es in vielen Kulturen. Wir erfahren auch ein Gefühl des Selbstseins in unserem alltäglichen Leben: „Ich tue das … Ich tue das für mich … Ich sehe dich", und so weiter. Wir alle besitzen dieses instinktive Gefühl des Selbstseins. Wenn wir herauszufinden versuchen, worauf dieses Selbstgefühl wirklich beruht, nehmen wir meist an, dass es der Kern unseres Wesens sei. Dabei vernachlässigen wir die Tatsache, dass wir nicht festlegen können, was es ist oder wo es ist. Wir fühlen, dass es das zentrale Organisationsprinzip, die Essenz unserer Existenz ist.

Im Buddhismus gibt es viele Diskussionen darüber, wie sich dieser Modus der Wahrnehmung unserer selbst entfaltet. Es gibt nicht dieses ewige, bleibende Prinzip, das wirklich „ich" wäre, als ein wahres Selbst. Die Idee, dass es eine Seele oder ein Selbst gäbe, über und jenseits der physischen und mentalen Elemente, aus denen unsere Erfahrung besteht, ist fehlgeleitet. Das ist gemeint, wenn im Buddhismus über die Negation oder Abwesenheit der Selbstheit gesprochen wird. Für Buddhisten ist also die neurowissenschaftliche Erklärung, dass Sie trotz aller Anstrengungen keinen identifizierbaren Konvergenzpunkt für das Selbst oder die Seele innerhalb des komplexen Netzwerks der Neurone des Gehirns finden können, eine faszinierende Bestätigung der Selbstlosigkeit.

Wolf Singer: Für uns ist es eine sehr verstörende Entdeckung.

Esther Sternberg: Eure Heiligkeit, ich möchte an Ihre Frage anschließen, die Sie Robert Sapolsky über das Konzept von gutem Stress und schlechtem Stress gestellt haben. Ich möchte das noch etwas herausarbeiten und fragen, ob uns Meditation wirklich auf der Stresskurve weiterbringt. Bei der Stressreaktion gibt es eine umgekehrte U-förmige Kurve. Wenn wir vollkommen entspannt sind, vor uns hin dösen und fast einschlafen, sind wir nicht auf dem Gipfel unserer Leistungsfähigkeit. Man ist dann überhaupt nicht mit irgendeiner Leistung beschäftigt. Die Hirnzentren und Hormone, die an der Stressreaktion beteiligt sind, müssen aktiviert werden, um uns auf den Gipfel der U-Kurve zu bringen, der unsere höchste Leistungsfähigkeit repräsentiert. Als beispielsweise Wolfs Power Point- Präsentation zu Beginn seines Vortrags nicht funktionierte, veranlasste ihn das dazu, wirklich seine höchste Leistungsfähigkeit zu erreichen, weil er etwas gestresst war. Aber wenn er zu gestresst gewesen wäre, wäre seine Leistungsfähigkeit stark gesunken oder er wäre aufgrund der Überaktivität seiner Stressreaktion vollkommen erstarrt.

Aus allem, was ich heute Morgen gehört habe und nach der Lektüre Ihres Buches *Die Welt in einem einzigen Atom: Meine Reise durch Wissenschaft und Buddhismus*[49], das wirklich sehr zum Nachdenken anregt, scheint es nicht so zu sein, dass uns die Meditation in diesen entspannten Zustand versetzt. Sie scheint unsere fokussierte Aufmerksamkeit zu steigern, damit wir auf den Gipfel der U-förmigen Kurve gelangen. Vielleicht moduliert die Meditation in Wirklichkeit unsere Stressreaktion und bringt sie auf einen optimalen Punkt, damit die Nervenzellen im Locus caeruleus optimal aktiviert werden – nicht zu viel und nicht zu wenig. Der Locus caeruleus ist der Teil des Gehirns, der für Wachsein und fokussierte Aufmerksamkeit zuständig ist und uns zu höchster Leistungsfähigkeit bringt. Ich frage mich, ob das ein Teil dessen ist, was bei der Meditation geschieht?

S. H. der Dalai Lama: Einige Meditationsformen sind sehr schwierig. Einer meiner besten Freunde war ein sehr guter Meditierender, der versuchte, die Einsgerichtetheit des Geistes zu kultivieren. Er hatte mehrere Jahre in einem chinesischen Gefängnis durchleben müssen und er erzählte mir, dass diese Meditation wirklich schwieriger sei, als ein Gefangener zu sein. Worauf er hindeutete, war, dass er ständig gewahr und aufmerksam sein musste, ohne seine Aufmerksamkeit auch nur für einen Moment zu verlieren. Eine ständige Wachsamkeit war nötig.

Ein Faktor, den wir hier auch berücksichtigen müssen, ist die Intensität und Qualität der Motivation der Meditierenden. Im traditionellen buddhistischen Kontext sind Meditierende hoch motivierte Menschen, die eine tiefe Wertschätzung für das Bezugssystem des buddhistischen Pfades und ein Verständnis für dessen Ursachen und Wirkungen haben: Wenn ich das tue, wird jenes geschehen. Sie verstehen die Natur des Pfades und sein Ziel. Es gibt eine tiefe Anerkennung dafür, dass das eigene Streben nach Glück wirklich in der Transformation des eigenen undisziplinierten Geisteszustands in einen disziplinierten Zustand liegt. Diese Individuen beachten die Gesamtheit dieses Kontextes. Wenn sie also Meditation üben, haben sie ein sehr starkes Gefühl der Hingabe, der Freude und eine sehr starke Motivation und dauerhaften Enthusiasmus. Aber wenn Sie einfach einem Kind sagen, es solle mit dem Meditieren beginnen, dann gibt es keinen Anreiz und keine Inspiration dafür.

Robert, Sie haben gesagt, dass Stress in kleinen Dosen sogar den Dopamin-Spiegel anheben kann, was anscheinend bei der Ratte zu einem stärkeren Gefühl des Wohlbefindens und der Freude führt. Ich frage mich, ob es ein analoges Geschehen in der Meditation gibt, besonders beim Training der einsgerichteten Aufmerksamkeit oder Samâdhi, das nicht auf den Buddhismus beschränkt ist. Wenn man sich stufenweise darin übt, die Aufmerksamkeit zu entwickeln, entsteht eine Qualität, die als Geschmeidigkeit oder Formbarkeit von Körper und Geist wahrgenommen. Oft wird sie von einem Gefühl des Wohlbefindens, vielleicht sogar der Glückseligkeit begleitet. Wenn man einen tiefen Samâdhi-Zustand erreicht, ist das sehr intensiv spürbar, aber sogar auf dem Pfad gibt es zunehmend Wellen dieser Art von Geschmeidigkeit, die zusammen mit Formen der Glückseligkeit auftreten. Das könnte ein interessanter Forschungsbereich sein, um aus einer neurophysiologischen Perspektive zu sehen, was einige der unerwarteten Ereignisse sind, die aus solch einem absichtsvollen Training erwachsen.

Matthieu Ricard: Stress hat normalerweise eine negative Bedeutung, aber der positive Aspekt – wenn jemand aktiv versucht, das eigene Leben zu retten – ist eine unmittelbare Reaktionsfähigkeit, die Mobilisation von Fähigkeiten, die sehr klar auf die Situation reagieren können. Stress beinhaltet auch die Idee von unaufhörlichem Nachdenken, von Hoffnungen, Ängsten und Erwartungen. Wie können wir einen verstärkten Zustand der Wachsamkeit mit einem sehr ruhigen und entspannten Geisteszustand verbinden? Wenn man in einem klaren und strahlenden Gewahrsein des gegenwärtigen Augenblicks verweilt, kann es passieren, dass die Hoffnungen und Ängste, Gedanken und Erwartungen von selbst verschwinden. Das ist ein sehr leuchtender Geisteszustand, erfüllt von Gleichmut. Deshalb können wir verstehen, wie fokussierte Aufmerksamkeit zum Beispiel ein sehr wacher und aktiver Zustand sein kann, ohne den negativen Aspekt dessen zu beinhalten, was wir normalerweise Stress nennen.

Robert Sapolsky: Das berührt eine klassische Erkenntnis der Endokrinologie. Oft denken wir, dass wir Stresshormone freisetzen, wenn Stress anwesend ist. Wenn kein Stress anwesend ist, werden diese Hormone nicht abgesondert oder es wird nur ein weinig davon ausgeschüttet. Man ist im Grundzustand. Es war eine lang gepflegte Tradition in diesem Bereich, diesen Grundzustand für sehr langweilig zu halten. Nun wird aber klar, dass der Grundzustand ein sehr aktiver, fokussierter, metaphorisch gesprochen muskulärer Prozess der Vorbereitung auf Stress ist. In den Begrifflichkeiten dieses Forschungsgebiets hat dieser Grundzustand zulassende Wirkungen, die es der Stressreaktion erlauben, so optimal wie möglich zu sein. Das ist eine wundervolle endokrine Analogie der Vorstellung, dass Meditation, ein Zustand des Friedens, nicht die Abwesenheit von Herausforderung ist. Es ist nicht die Abwesenheit von Wachsamkeit und energetischer Anstrengung. Es ist am ehesten ein Fokussieren der Wachsamkeit in Vorbereitung. Das stimmt vollkommen mit der Sicht der Endokrinologie überein.

Alan Wallace: Ich habe eine Frage an Robert. In der buddhistischen Ethik wird uns gesagt, wir sollten uns zurückhalten, wenn wir den Wunsch spüren, in verletzender oder missbräuchlicher Weise zu sprechen, vielleicht weil uns jemand verletzt oder beleidigt hat, oder wenn wir uns sogar durch einen körperlichen Angriff rächen wollen. Ist der Geist durch mentales Leiden verdunkelt, würde die buddhistische Ethik sagen: „Jetzt ist nicht der richtige Augenblick, um zu handeln. Lass es vorüberziehen und handle, wenn der Geist wieder ausgeglichener ist." Aber Ihre Ratten hatten ein geringeres Risiko, durch die Elektroschocks an einem Geschwür zu erkranken, wenn sie sich durch das Beißen einer anderen Ratte Erleichterung verschaffen oder zumindest auf einem Stück Holz herumbeißen konnten. Ich frage mich, was die Implikationen für uns Menschen sind, wenn wir durch sehr unangenehme Situationen geschockt werden. Wäre es aus einer neurobiologischen Perspektive besser, wenn wir im übertragenen Sinne jemanden beißen oder zumindest an einem Stück Holz knabbern würden? Gibt es andere Möglichkeiten für uns, den Schmerz nicht zu internalisieren und ein Geschwür zu entwickeln, uns also mental oder körperlich krank zu machen? Wie sehen Sie die Verbindung dieser beiden Perspektiven?

Robert Sapolsky: Damit berühren Sie eines der deprimierendsten Merkmale von Säugetieren – ein Merkmal, das es bei allen Spezies gibt. Die beste Möglichkeit, um die Stressreaktion zu verringern, besteht darin, sie an jemandem auszulassen, der kleiner und schwächer ist. Das sehen wir nicht nur bei Ratten, sondern Studien haben es auch bei nicht-menschlichen Primaten gezeigt. Bei Pavianen zum Beispiel sind 50 Prozent der Aggressionen auf eine dritte Partei verschobene Aggressionen, also auf einen unschuldigen Zuschauer.[50] Ein Männchen, das einen Kampf verliert, jagt ein jüngeres Männchen, das wiederum ein Jungtier beißt, das ein erwachsenes Weibchen jagt, das wiederum einen kleinen Pavian schlägt. Fast jeder fühlt sich nachher besser.

Beim Menschen ist das damit vergleichbar, dass in Zeiten von ökonomischem Stress die Vergewaltigungsrate an Kindern und bei Paaren ansteigt. Eine der größten Herausforderungen für uns als Organismen, die mit Problemen der Balance zu tun haben, ist folgende: Wie können wir sie in der am wenigsten schädlichen und am wenigsten selbstbezogenen Weise wiedergewinnen?

Richard Davidson: Robert, denken Sie, dass unsere Fähigkeit der Regulierung von Emotionen und Aufmerksamkeit einige potentiell einzigartige Möglichkeiten für uns Menschen als Spezies enthält? Zu einem großen Teil ist es doch genau diese Regulierung und die sie unterstützenden Systeme des Gehirns, auf die sich das mentale Training richtet, mit dem wir uns hier beschäftigt haben.

Robert Sapolsky: Ja, und ich denke, dies ist die Rechtfertigung dafür, dass wir hier heute zusammensitzen: das von Ihnen hier vorgestellte Modell, welches besagt, dass Meditation die Fähigkeit des frontalen Cortex für die Regulierung von Emotionen verstärkt.

Matthieu Ricard: Ein besonderer Aspekt ist die Fähigkeit des Geistes, sich selbst anzuschauen. Statt instinktiv auf eine Stimulation oder eine Empfindung zu reagieren, können wir den Geist sich selbst betrachten lassen, damit starke Emotionen sich auflösen können.

Robert Sapolsky: Psychologen sind sehr an der moralischen Entwicklung von Kindern interessiert und haben viele verschiedene Stufen beschrieben, die Kinder erreichen können. Aber es stellt sich heraus, dass die Stufe, die Individuen als Kinder erreicht haben, nicht sehr viel darüber aussagt, wie jemand als Erwachsener eine schwierige moralische Herausforderung löst: Wer wird wirklich aus einer Menge heraustreten und das Richtige tun?

Stattdessen zeigen Studien, dass diejenigen, die das tun, Menschen sind, die in einer Umgebung aufgewachsen sind, wo das richtige Tun während der Kindheit immer wieder hervorgehoben wurde: „Das musst du tun." „Das musst du tun." „Das musst du tun." Es wird in gewisser Weise automatisch. Wir sitzen nicht als Dreißigjährige da und sagen, „Was wären die Konsequenzen, wenn ich jetzt nicht auf die Lektionen meiner Sauberkeitserziehung achten würde?" Wir haben sie vollkommen verinnerlicht.

Oder denken Sie an die Geschichten über Menschen, die etwas Außergewöhnliches tun. Der Mann, der in den Fluss springt, um ein Kind zu retten, spricht nicht davon, dass er vorher darüber nachgedacht habe, was geschehen werde, wenn wir eine Gesellschaft hätten, in der Menschen diese Dinge nicht füreinander tun würden. Diese Menschen sagen immer: „Bevor ich darüber nachdenken konnte, war ich im Fluss." Es ist automatisch geworden – nicht instinktiv, aber ein Pfad hat sich als Instinkt eingeprägt. Ich denke, je mehr wir das zu unserem Imperativ machen, desto mehr können wir unser limbisches System überwinden.

Wolf Singer: Ich möchte zum Thema der Meditation zurückzukommen. Wir haben heute Morgen gelernt, dass Meditation wenig mit Entspannung zu tun hat. Es geht dabei vielmehr um elektrografische Reaktionen, die mit einem Zustand hoher Aufmerksamkeit assoziiert werden. Meditation ist eine starke innere Aktivierung des Gehirns. Es ist erstaunlich, dass das immer mit positiven und nicht mit negativen Vorstellungen verbunden ist. Diese Sicht geht davon aus, dass sich das Gehirn in seinem Grundzustand in positive Zustände begibt. Das ist überraschend, weil wir wissen, dass das Gehirn zwei Systeme hat, wie Yin und Yang, die für positive und negative Emotionen verantwortlich sind. Aber irgendwie ist alles, was ich bisher über die Inhalte meditativer Zustände gehört habe – und das entspricht auch meiner eigenen Erfahrung –, auf der angenehmen Seite angesiedelt. Warum ist das so? Warum ist es nicht der Fall – oder ist es der Fall? –, dass uns ein meditativer Zustand in eine Panikattacke führt, weil wir zum Beispiel die falschen Zentren im Gehirn aktivieren? Warum ist es immer auf der positiven Seite? Ist das so? Oder nicht?

Matthieu Ricard: In der Tat ist das sehr ermutigend. Wenn wir sehr wütend werden und etwas tun, das andere verletzt, sagen wir ein paar Stunden später: „Ich war nicht ich selbst" oder „Ich war außer mir." Diese unmittelbare Erkenntnis besagt, dass es für uns, obwohl wir in dieser Weise handeln, eine Art Abweichung ist. Wenn wir andererseits eine sehr uneigennützige und spontane Handlung der liebenden Güte oder Großzügigkeit tun, fühlen wir irgendwie instinktiv, dass dies mehr mit unserer tieferen Natur übereinstimmt. In diesem Sinne könnten wir behaupten, dass ein ungestörter Geisteszustand friedlicher und positiver ist, während Hass und Eifersucht schädliche Geisteszustände sind. Seine Heiligkeit sagt oft, dass Mitgefühl und altruistische Liebe mehr mit unserer wahren Natur übereinstimmen als die schädlichen Emotionen, die aus unseren mentalen Konstrukten entstehen.

Esther Sternberg: Das war zum Teil das, was ich mit meinem vorherigen Kommentar über die umgekehrte U-förmige Kurve ansprechen wollte. Aber die Aussage, die ich aus all dem, was ich bisher über Meditation gehört habe, mitnehme, besteht nicht so sehr darin, dass es ein positiver Zustand ist. Wichtiger erscheint mit, dass es ein sehr aktiver Zustand ist und in einigen Fällen ein Zustand, der sehr schwer zu erreichen ist. Vielleicht denken wir immer noch in einem neurobiologischen Sinne viel zu vereinfachend.

Es gibt noch andere Stresszentren im Gehirn. So wie es auch viele Zentren gibt, die mit dem Bewusstsein in Verbindung stehen und mit all den sensorischen Signalen, die wir wahrnehmen. Es gibt viele Zentren im Gehirn, die mit fokussierter Aufmerksamkeit verbunden sind. Und viele Zentren, die unsere Fähigkeit zu fokussierter Aufmerksamkeit stören. Heute Morgen sprach Ajahn Amaro darüber, wie es ist, mit schmerzenden Knien in einer Haltung mit gekreuzten Beinen zu sitzen, und über die störenden Gedanken, die uns davon abhalten, unsere Aufmerksamkeit zu fokussieren. Es gibt einen Teil des Gehirns, tief im Hirnstamm, der als Barrington Nukleus bezeichnet wird und der Signale von den Eingeweiden erhält, die unsere Gedanken stören. Von dort werden Signale an den Locus caeruleus und dann zum Stresszentrum des Gehirns, dem Hypothalamus, gesendet, denn wenn unser Darm diese Signale sendet, müssen wir handeln. Wir müssen sozusagen den Darm leeren und das hat Vorrang in der Hierarchie des Körpers, worauf er seine Aufmerksamkeit richten muss. Wir erhalten immer Signale von unseren Organen und auch aus der Außenwelt und es gibt eine hierarchische Konkurrenz unter den Signalen, auf die das Gehirn achten soll. Meditation scheint ein sehr aktiver Prozess zu sein, unser Gehirn dazu zu bringen, die Aufmerksamkeit auf etwas anderes als diese störenden Signale zu richten. Vielleicht spielt Synchronisation eine Rolle dabei, all diese verschiedenen Zentren dazu zu bewegen, miteinander zu kommunizieren.

S. H. der Dalai Lama: Das ist ein sehr komplexes Thema. Viele Gehirnsignale sind sehr dringlich und deutlich, wie zum Beispiel biologische Körpersignale, wenn wir auf die Toilette gehen müssen oder hungrig sind. Obwohl die individuelle Aufmerksamkeit unterschiedlich sein mag, sind diese Signale im Allgemeinen sehr kraftvoll.

Meditation wirkt aber in dem Bereich, den die Buddhisten den mentalen oder geistigen Bereich nennen. Wenn wir davon sprechen, die Aufmerksamkeit zu kultivieren oder zu verfeinern, sprechen wir in Wirklichkeit von diesem Bereich. Meditation wirkt mehr auf der Ebene des zusätzlichen oder psychischen Leidens als bei körperlichem Schmerz und Leiden. Im Allgemeinen ist es sehr schwer für eine geistige Aktivität wie Meditation einen Schmerz auf der körperlichen Ebene vollkommen zu eliminieren. Aber es ist für einen Meditierenden möglich, manchmal den körperlichen Schmerz zu überwinden, als Ergebnis einer willentlichen oder absichtsvollen geistigen Aktivität. Das ist nicht notwendigerweise das Gleiche, wie den Schmerz tatsächlich zu beseitigen. Der Schmerz mag da sein, aber wir könnten ihn in solch einem aufmerksamen Geisteszustand weniger spüren.

Esther Sternberg: Das stimmt in der Tat sehr gut mit der Physiologie überein. Diese Zentren tief im Gehirn, die die Signale von den Eingeweiden empfangen, sind fast unmöglich zu beherrschen, wenn sie sehr stark auf sich aufmerksam machen. Aber sie können von höheren Gehirnregionen unterdrückt werden, wenn die körperliche Situation nicht zu dringend ist. Die buddhistische Philosophie stimmt sehr gut mit dem überein, was wir darüber wissen, wie diese Regionen des Hirnstamms von höheren Hirnregionen, vom Cortex und dem bewussten Gehirn, reguliert werden.

Richard Davidson: Ich möchte diesen Moment nutzen, um zu einigen Fragen aus dem Publikum überzugehen. Eine Reihe von Fragen bezieht sich auf ganz praktische Themen, wie zum Beispiel Meditation verwendet werden kann, um bestimmte psychische Störungen zu beeinflussen oder zu behandeln. In einer Frage werden wir gebeten, darauf einzugehen, ob Meditationspraxis das posttraumatische Stresssyndrom beeinflussen kann, um Überlebenden von Krieg, Folter und schlimmer Gewalt zu helfen. Ich möchte das noch etwas erweitern und fragen, ob es bestimmte Situationen gibt, in denen Meditation nicht ratsam oder möglicherweise schädlich ist.

S. H. der Dalai Lama: Wenn wir die Unterschiedlichkeit in den geistigen Voraussetzungen der Menschen in Betracht ziehen, ist es sehr schwer zu verallgemeinern, dass Meditation immer effektiv ist. Man muss das wirklich von Fall zu Fall entscheiden. Allgemein gesagt glaube ich, dass die grundlegende Lebenseinstellung eines Menschen sehr dazu beiträgt, wie jemand mit traumatischen Erfahrungen umgehen kann. In einem der vorangegangenen Mind and Life-Dialoge wurde erwähnt, wie wenig posttraumatische Symptome unter Tibetern auftraten, die einem Trauma ausgesetzt waren. Ich erzähle oft die Geschichte eines engen Freundes und Kollegen, eines Mönchs aus dem Namgyal Kloster, der viele Jahre in einem chinesischen Gefängnis in Tibet verbracht hat. Eines Tages berichtete er mir, dass er während seiner Jahre im Gefängnis manchmal starke Angstgefühle hatte. Ich fragte ihn, worum es bei dieser Angst ging. Er sagte, es sei die Angst gewesen, das Mitgefühl gegenüber den Chinesen zu verlieren. Das ist also ein Mensch mit einer deutlich anderen Lebenseinstellung! Es scheint, diese Einstellung hat sehr dazu beigetragen, dass dieser Mensch der Gefangenschaft und den damit verbundenen Qualen standhalten konnte.

Im Allgemeinen ist es von großem Vorteil, wenn man sich im Vorhinein vorbereiten und ein vorbeugendes System entwickeln kann. Hat man das Trauma bereits erfahren, ist es schwer, dem entgegenzuwirken. Ich weise deshalb immer auf die Wichtigkeit richtiger Erziehung hin, die schon in früher Kindheit beginnen sollte. Wenn Menschen dann im späteren Leben Schwierigkeiten durchleben, könnte eine gewisse Art der inneren

Stärke sie davor bewahren, von äußeren Schwierigkeiten zu sehr aus dem Gleichgewicht gebracht zu werden. Das können wir tun. Es ist möglich.

Manchmal begegne ich Menschen, selbst unter meinen Bekannten, die mir sagen, dass sie starke Angstgefühle haben. Sie bitten mich um Hilfe, dazu gehören auch Segnungen. Aber wenn ich sie frage, was denn genau das Problem sei, ist es meist ein ganz kleines Problem, wirklich nichts Ernstes. Ich denke, diese Klagen kommen aus einem Mangel an innerer Stärke... Und wenn dem so ist, habe ich selbst jede Menge Klagen!

Matthieu Ricard: Ich habe von einer Studie mit Kindern in buddhistischen Gemeinschaften in Bangladesch gehört, die oft von Stürmen und Überflutungen betroffen sind. Die Forscher fanden ein auffällig geringeres Maß an posttraumatischem Stress im Vergleich zu Kindern anderer Gemeinschaften. Ich denke, es hat etwas mit der Kultur zu tun. Anders als in einer sehr individualistischen Kultur, in der man sich immer Sorgen darum macht, was einem selbst geschehen könnte, sind diese Sorgen vielleicht geringer, wenn die eigenen Gedanken nicht so selbstbezogen sind. Als Folge dessen fühlt man sich nicht so verwundbar und hat das Vertrauen, dass man über innere Ressourcen verfügt, auf das zu reagieren, was einem begegnet.

Esther Sternberg: Das bringt uns zu Roberts Anmerkung über die Kontrolle zurück. Wenn man ein Gefühl der Kontrolle über den Stress hat, dem man ausgesetzt ist, hilft das wahrscheinlich dabei, sich vor Krankheiten wie der posttraumatischen Belastungsstörung zu schützen. Das Beste ist, wenn diese Kontrolle aus inneren Ressourcen erwächst und nicht so sehr auf äußere Ressourcen angewiesen ist.

S. H. der Dalai Lama: Das ist richtig.

Richard Davidson: Ich möchte noch eine weitere Frage aus dem Publikum stellen, die sich auf dieses Thema bezieht. Die Frage lautet: „Haben Robert Sapolskys Bemerkungen über Stress reduzierendes Verhalten

Implikationen für die Gestaltung gesunder und heilsamer Umgebungen? Gibt es buddhistische Lehren über die physische Umgebung für Achtsamkeit und Mitgefühl."

Thubten Jinpa: Seine Heiligkeit gibt die Frage an die zwei Buddhisten weiter.

Alan Wallace: Im Buddhismus gibt es eine große Betonung der Gemeinschaft. Es wird gesagt, dass Buddhas Begleiter Ananda, der von der Bedeutung der Gemeinschaft für die eigene spirituelle Praxis beeindruckt war, sagte: „Ehrwürdiger, es scheint, dass die Sangha die Hälfte der Praxis ist." (Sangha steht für die Gemeinschaft.) Und der Buddha antwortete: „Sage das nicht, Ananda, die Sangha ist das Ganze der Praxis."

Damit wird hervorgehoben, dass wir nicht in Isolation praktizieren. Die Betonung des Ichs, des Selbst, des Individuums, die in westlichen Gesellschaften so stark ist, stellt in der buddhistischen Kultur kein Ideal dar. Stattdessen ist es dort extrem wichtig, Umgebungen zu kultivieren. Das bezieht sich sowohl auf menschliche Gemeinschaften als auch auf die harmonische Beziehung zu unserer allgemeinen Umgebung. Wenn es in diesem Kontext eine Bedrohung gibt – sei es die Invasion einer feindlichen äußeren Macht oder eine Bedrohung in Form einer Naturkatastrophe –, bereitet uns eine harmonische Beziehung zu den Menschen in unserer Umgebung und der allgemeinen Biosphäre besser darauf vor, mit dem Stress umzugehen, ohne ein posttraumatisches Stresssyndrom zu entwickeln. Wir können mit größerem Mitgefühl und größerer Weisheit antworten und einfach auf die Wirklichkeit reagieren.

Um das mit einer Anekdote zu unterstreichen: Ich war sehr beeindruckt, als ich 1971 nach Dharamsala zog, nur zwölf Jahre, nachdem die meisten Tibeter angekommen waren. Sie waren immer noch Flüchtlinge, aber ich traf die harmonischste, freudvollste und warmherzigste Gemeinschaft, der ich in meinem Leben begegnet war. Und das bezog sich nicht nur auf die Mönche, Nonnen, Heiligen, Yogis und großen Lehrer. Es war nicht Utopia – ich möchte das hier nicht idealisieren –, aber ich kann einfach aus meiner eigenen Erfahrung sagen, dass es in dieser Gemeinschaft ein Gefühl der Harmonie gab, die wahrscheinlich mit der Seltenheit von posttraumatischem Stress bei diesen Menschen in Zusammenhang steht. Zum Teil ist es sicher spirituell, aber zum Teil auch kulturell.

Richard Davidson: Die soziale Umgebung, eine Sangha, ist sozusagen eine vorbeugende Medizin?

Alan Wallace: Ja.

Esther Sternberg: Die soziale Umgebung kann durch die äußere Umgebung entweder gefördert oder behindert und eingeengt werden. Ich bin Teil eines Projekts des American Institute of Architects und der Academy of Neuroscience for Architecture, das Architekten und Neurowissenschaftler zusammenbringt, um herauszufinden, ob es Aspekte des bebauten Raums gibt, die eine Stressreaktion eher auslösen oder bei ihrer Verringerung helfen können.

Alan Wallace: Ich denke, es ist wunderbar, diese Forschungen anzustellen, aber gleichzeitig erinnert es mich an einen meiner Lehrer, der ein sehr reicher Aristokrat mit viel Landbesitz in Tibet gewesen war. Natürlich verlor er bei der chinesischen Invasion alles. Er floh mit seiner Frau nach Indien und lebte in einer kleinen Hütte, die drei Männer innerhalb eines Tages für hundert Dollar gebaut hatten. Er war ein angesehener Lehrer der tibetischen Medizin und ein außergewöhnlich gebildeter Mann und ich hatte das Privileg von ihm Unterweisungen in das Geistestraining zu erhalten. Er sagte mir, dass er in Tibet, als es ihm gut ging, in seiner spirituellen Praxis eher locker und bequem gewesen sei. Aber seitdem er alles verloren habe – und viele seiner Familienmitglieder waren gestorben, wurden ermordet oder von Katastrophen heimgesucht –, habe er viel tieferen Seelenfrieden und größere Entschlossenheit in seiner spirituellen Praxis gefunden. Er strahlte ein Gefühl des Friedens, der Ruhe und der Freude aus, aber seine räumliche Umgebung war eine armselige Hütte.

Richard Davidson: Wolf, können Sie eine Zeit voraussehen, in der die Wissenschaft die Mittel hervorbringt, um die Meditationspraxis zu bereichern? Ich denke, es wäre sowohl für die Wissenschaftler als auch für die Kontemplationsübenden hilfreich, auf diese Frage einzugehen.

Wolf Singer: Für uns war es eine große Überraschung zu sehen, dass es so klare elektrografische Korrelate für bestimmte meditative Zustände gibt. Das sagt uns etwas darüber, wie das Gehirn durch Konzentration auf sich selbst einwirken kann, und es klärt für Meditierende wahrscheinlich auch, was sie da eigentlich tun. Wir können ihnen nun sagen, dass sie offensichtlich ihre Aufmerksamkeit nicht auf periphere sensorische Modalitäten fokussieren, was wir alle tun. Sie aber richten ihre Aufmerksamkeit nach innen, um zentrale Repräsentationen auf einer höheren Ebene zu aktivieren. Es wäre interessant zu sehen, ob es einen schnelleren Weg geben könnte, diese Übungen zu lernen, indem man Methoden des Biofeedback benutzt. Vielleicht wäre das möglich, weil wir nun die Signatur bestimmter meditativer Zustände kennen, und es mag noch andere Zustände mit anderen Signaturen geben. Es könnte hilfreich sein, ein äußeres Kriterium zu haben, das uns herauszufinden hilft, in welchem Zustand wir uns gerade befinden. Ich weiß aus Erfahrung, dass es zu Beginn des Trainings sehr unsicher ist, ob man sich auf dem richtigen Weg befindet. Wir wissen, dass man Hirnzustände in einer sehr spezifischen Weise generieren kann, wenn man einen Indikator hat, das heißt ein Messinstrument, das die Kohärenz misst, die man in jedem Frequenzbereich erreicht hat.

Ich möchte Ihnen hier ein Beispiel geben, das ich einfach faszinierend finde. Mittels der Magnetresonanztomografie bestimmen sie einen willkürlich gewählten Punkt im Gehirn. Es könnte die Amygdala sein, ein Teil des Cortex oder des Thalamus – es ist eigentlich egal. Sie messen dort die Aktivität, spielen das der Testperson vor und bitten sie, diese Aktivität zu steigern. Die Testpersonen liegen da und versuchen es. Nach einer Weile finden sie heraus, dass das, was sie tun, sich auf das Messgerät auswirkt. Nach einigen Sitzungen werden sie so gut darin, durch neuronale Aktivität willentlich den Blutfluss in bestimmten, eingegrenzten Regionen ihres Gehirns zu erhöhen. Und das in solch einem Ausmaß, dass sie einen Cursor kontrollieren oder Pingpong mit jemandem spielen können, der in einem anderen Scanner liegt.[51] Die Testpersonen wurden aber noch nicht darüber befragt, was sie fühlen, wenn sie das tun. Wenn sie die Aktivität in der Amygdala erhöhen, würde man beispielsweise erwarten, dass einige Emotionen aufsteigen oder sich der innere Zustand verändert. Ich denke, wir könnten so viel über diese Zustände lernen und auch darüber, wie das Gehirn sich durch die Verbindung von physiologischen Parametern mit Selbsteinschätzungen kontrollieren kann.

Matthieu Ricard: Ich denke, wir können viel lernen, wenn wir Meditation unter verschiedenen Bedingungen untersuchen. Wie es in einem tibetischen Sprichwort heißt: „Es ist sehr leicht zu meditieren, wenn du mit vollem Bauch in der Sonne sitzt.“ Gerade vorgestern erst haben wir im Labor von Robert Ekman und Paul Levenson im Fachbereich Psychologie der University of California in Berkeley das „Schreckexperiment“ durchgeführt. Dabei hören Sie den Klang eines Gewehrschusses in Ihren Ohren und normalerweise besteht die instinktive Reaktion darin zu springen. Wir haben uns verschiedene Meditationsübungen angeschaut, die diese impulsiven Reaktionen vielleicht verringern könnten. Es schien, dass der Zustand einer offenen Präsenz, in dem unser Geist weit wie der Raum ist und in dem wir wissen, dass die Explosion sich wie ein kleiner Zwischenfall anfühlen wird, uns dazu bringen kann, nicht zu springen.

Aber wir versuchten weiterhin, die Bedingungen zu verändern, und beschäftigten uns mit anderen mentalen Zuständen. Ein Zustand war das Versunkensein in Gedanken: die Erinnerung an eine Reise und was währenddessen geschehen war. Wenn die Explosion geschieht, wenn der Geist vollkommen in Gedanken versunken ist, führt das zu einem maximalen Sprung. Im Zustand offener Präsenz, wenn man im gegenwärtigen Moment ist, sehr klar, lebendig und ohne Anspannung, muss man nicht plötzlich in den gegenwärtigen Moment zurückgebracht werden und springt deshalb nicht. Wenn wir als Mönche oder Nonnen in einer

Einsiedelei leben, sind wir normalerweise mit solchen Situationen nicht konfrontiert. Solche Experimente können also sowohl Kognitionswissenschaftlern als auch Meditierenden zeigen, dass das Versunkensein in die eigenen mentalen Konstrukte die Schreckreaktion bei einem plötzlichen Ereignis verstärken wird.

Robert Sapolsky: Die Wissenschaft kann auch hilfreich sein, indem sie die Skeptiker sozusagen durch die Hintertür hereinbringt. Ich habe viel Zeit mit Meyer Friedman verbracht, dem Kardiologen, der in den 1950er Jahren die Verbindung zwischen einem bestimmten feindseligen Persönlichkeitstyp, der als Typ A bekannt ist, und der Gefahr einer Herzerkrankung entdeckt hat.[52] Er war wie ein Vater für mich und sprach immer über seine neuen Patienten, und wenn es jemandem besser ging, sagte er: „Ich bin glücklich, dass dieser Mensch so viel freundlicher geworden ist." Er sagte nicht, „Ich bin so glücklich, dass dieser Mensch ein viel gesünderes Herz hat." Schließlich fragte ich ihn eines Tages: „Okay, worum geht es hier? Ist dein Job die Verhinderung von Herzinfarkten oder die Rettung der Welt?" Sofort antwortete er: „Die Welt retten. Wenn Menschen sich um ihre Herzklappen sorgen müssen, um freundlicher miteinander umzugehen, ist das völlig in Ordnung für mich." Das kam übrigens von einem Mann, der seinen ersten Herzinfarkt mit fünfzig Jahren hatte und der seinen letzten Patienten eine Woche vor seinem Tod im Alter von 92 Jahren behandelte. Er hörte also wirklich auf das, was er selbst sagte, und praktizierte es auch.

Richard Davidson: Eine andere, häufig gestellte Frage hat mit dem Placebo-Effekt und der Meditation zu tun. Von klinischen Interventionen ist bekannt, dass sie oft einen Placebo-Effekt haben. Die Frage ist, ob es auch in der Meditation einen Placebo-Effekt gibt.

Matthieu Ricard: Auf Meditation bezogen ist ein Placebo wie ein Lutscher des Optimismus. Wir essen etwas, das keine aktive Substanz enthält, aber wir werden plötzlich hoffnungsvoller, sogar überzeugt, dass es unsere Krankheit heilen wird. Studien haben gezeigt, dass Placebos eine positive Wirkung auf die Gesundheit haben. Aber wir müssen nicht unbedingt solch einen Trick anwenden. Wir können unsere Einstellung direkt verändern und eine positive Geisteshaltung annehmen mit der gleichen Wirkung auf den Körper, ohne dass wir eine blaue oder gelbe Pille schlucken müssen, in der gar nichts enthalten ist. Wir verstehen, dass die Transformation des Geistes eines der besten Dinge ist, die man tun kann, um das Ausmaß von Stress zu verringern und das Immunsystem zu stärken. Es ist viel vernünftiger, dieses Ergebnis durch das Training des Geistes zu erreichen als durch die Einnahme eines Placebos.

Esther Sternberg: Das Wort „Placebo" ist mit vielen negativen Bedeutungen besetzt. Oft wird es von dem Wort „nur" begleitet, wie bei: „Es ist nur ein Placebo-Effekt." In der Tat ist der Placebo-Effekt sehr wirkungsvoll, und er ist nicht „nur" im Geist angesiedelt. Das ist damit verbunden, dass diese höheren mentalen Prozesse manchmal kraftvoll genug sind, um drängende Körperempfindungen zu unterdrücken. Wie Sie sagten, können wir nicht den Schmerz wegnehmen, aber wir können tatsächlich den Schmerz verringern, indem wir Signale die Wirbelsäule hinuntersenden.

Ja, wir müssen über das Placebo ganz anders nachdenken: als einen sehr kraftvollen Effekt. Ich habe nicht die Fachkenntnis, um sagen zu können, ob Meditation das absolute Placebo ist. Aber ich nehme an, dass die Fähigkeit der Aufmerksamkeitsfokussierung weg vom Schmerz ein wichtiges Element des Placebos ist.

Richard Davidson: Einer der Hauptunterschiede zwischen der Reaktion auf Placebos und der Meditation besteht darin, dass Meditation ein Element der Praxis beinhaltet, die Aneignung einer Fertigkeit. Wir können die äußeren Umstände verändern, um eine Placebo-Reaktion auszulösen, aber dies betrifft nicht die gleichen Gehirnbereiche, die nötig sind und transformiert werden, wenn eine echte Praxis geübt wird. Aus neurowissenschaftlicher Perspektive würde ich erwarten, dass Placebo-Reaktionen viel flüchtiger wären als die Wirkungen der Meditation, die bleibender sein müssten.

Esther Sternberg: Aber es könnte sein, dass sich einige Elemente von Placebo und Meditation überschneiden. Zum Placebo-Effekt gehören zum Beispiel erlernte Erwartungen. Es ist Konditionierung. Es handelt sich vielleicht um eine passivere Form des wiederholenden Lernens als bei der Meditation, aber umfasst trotzdem eine wiederholte Beschäftigung mit etwas, von dem Sie erwarten, dass es Sie heilen wird. In manchen Fällen erwarten Sie auch, dass es Ihren Zustand verschlechtert. Beim Placebo gibt es ein Element des Lernens, ein Akt des Denkens, obwohl wir uns dessen vielleicht nicht bewusst sind.

S. H. der Dalai Lama: Nur so aus Neugier: Wirkt der Placebo-Effekt auch bei akuten Krankheiten?

Richard Davidson: Ich denke nicht, dass die Daten hier bisher eine klare Sprache sprechen. Einige Studien legen nahe, dass Placebos auf bestimmte akute Krankheiten reagieren. Es gibt beispielsweise gute Hinweise darauf, dass akute Asthmareaktionen durch ein Placebo gelindert werden können.[53]

S. H. der Dalai Lama: Es ist auch möglich, dass Menschen, die nicht so krank sind, aber glauben, dass sie krank seien, einen negativen Placebo-Effekt erfahren können.

Richard Davidson: Eure Heiligkeit, ich möchte diese Sitzung mit einer Frage beenden, die jemand aus unserem Publikum gestellt hat: Wie können wir Menschen unterstützen, die durch die ständigen Bilder der Gewalt im Fernsehen abgestumpft oder überfordert sind? Wie können wir ihnen helfen, einen Bewusstseinswandel hin zu einer wacheren, mitfühlenderen Seinsweise zu entwickeln? Auch in Anbetracht der Tatsache, dass dieses Wacherwerden damit verbunden ist, dass wir sowohl den Schmerz als auch die mögliche Glückseligkeit spüren, die mit Mitgefühl einhergehen?

S. H. der Dalai Lama: Hoffentlich tragen solche Dialoge dazu bei. Ich denke, dass Menschen, die positive Dinge wie Mitgefühl ablehnen, diese oft als religiöse Angelegenheit betrachten. Diejenigen, die sich nicht sehr für Religion oder Glauben interessieren, lehnen auch diesen Wert ab. Deshalb versuche ich oft, deren Nützlichkeit durch einen säkularen Ansatz zu vermitteln. Ich denke, hierbei sind wissenschaftliche Entdeckungen sehr wirkungsvoll. Wir reden nicht über Gott oder Buddha, sondern einfach über die empirischen Befunde von normalen Menschen. Ich denke, das ist sehr gut.

Der wichtigste Zweck unserer Dialoge seit nunmehr über zwei Jahrzehnten und die letztendliche Motivation dafür liegen darin, die Menschheit mehr mit Gewahrsein bekannt und vertraut zu machen. Dabei wäre es sehr hilfreich, wenn Menschen mehr von den Zusammenhängen, die die Wissenschaft, und hier vor allem die medizinische Wissenschaft, zwischen positiven mentalen Zuständen und besserer Gesundheit und gesteigertem Wohlbefinden entdeckt, erführen. Sie haben zum Beispiel den Arzt erwähnt, der selbst einen Herzinfarkt erlitten hatte und dann später vielen Patienten half und der auch die Korrelation zwischen extremer Selbstbezogenheit und der Anfälligkeit für Herzerkrankungen festgestellt hat. Aus der Wissenschaft kommen sehr starke, überzeugende Hinweise, und das muss kommuniziert werden.

Wenn Sie ein besseres Verständnis für diese Tatsachen entwickeln, die heute durch eine viel mehr wissenschaftliche Befunde gestützt werden, wird Ihr Vertrauen in den Wert dieser menschlichen Qualitäten zunehmen. Sie werden ernsthaft danach streben, sie zu kultivieren. Dieses Streben wird Sie zu einem freudvolleren und glücklicheren Leben führen.

3. Sitzung

Klinische Forschung 1: Meditation und mentale Gesundheit

Mit der Entwicklung von MBSR, gefolgt von MBCT (achtsamkeitsbasierte kognitive Therapie), haben meditative Übungen ein vielversprechendes Potential für die Behandlung von Angst und Depression gezeigt. In dieser Sitzung, von Jon Kabat-Zinn moderiert, werden die experimentellen Belege für die Effektivität der MBCT bei der Senkung von Rückfallraten bei chronischer Depression betrachtet. Weiterhin wird diskutiert, wie Achtsamkeit im Gehirn wirken könnte, um depressive Kognition, Affekte und Verhaltensweisen zu regulieren. Die verschiedenen Elemente, aus denen die Praktiken und Ansätze der Meditation bestehen, werden aus einer kontemplativen Perspektive betrachtet. Und es werden kulturübergreifende Themen in Bezug auf Inhalt und Kontext angesprochen und wie sie dazu beitragen können, dass meditationsbasierte Interventionen in westlichen und östlichen Settings synergetisch optimiert werden können.

Jon Kabat-Zinn: Ich glaube, es war Ajahn Amaro, der gestern sagte, dass es beim Verweilen in einem tieferen Verstehen der wahren Natur des Geistes und bei unserer natürlichen Fähigkeit zu Empathie und Mitgefühl schlicht und ergreifend um geistige Gesundheit geht. Allan Wallace und Matthieu Ricard haben beide auf diesen Punkt hingewiesen. Richard Davidson schloss seinen Vortrag mit einem Zitat von Einstein, das mit folgendem Satz begann: „Der Mensch ist ein Teil des Ganzen, das wir ‚Universum' nennen, ein in Raum und Zeit begrenzter Teil."[54] Einstein spricht dann im Weiteren über „eine optische Täuschung des Bewusstseins" (Anmerkung der Herausgeber: Das ganze Zitat finden Sie auf Seite …). Es könnte in Bezug auf unser Thema – die Erforschung von Meditation und mentaler Gesundheit – interessant für Sie sein, zu wissen, dass Einsteins Aussage kein abstrakter Versuch war, etwas über das Leiden zu sagen. Er schrieb diese Worte als Antwort auf den Brief eines Rabbi, der ihn um Rat gebeten hatte. Dieser Rabbi fragte, wie er mit seiner neunzehnjährigen Tochter über den Tod ihrer Schwester sprechen sollte, ein „unschuldiges, sechzehnjähriges Mädchen". Als Antwort auf diese Frage nach dem Tod und der Größe dieses Verlustes schrieb Einstein mit seinem überaus weiten Geist und Herzen: „Der Mensch ist ein Teil des Ganzen, das wir ‚Universum' nennen." Das Wort „ganz" hängt natürlich mit dem Wort „Gesundheit" und auch mit dem Wort „heilen" zusammen, und wie Father Thomas wissen wird, auch mit dem Wort „heilig". Diese Bedeutungsströme sind in gewisser Weise alle untrennbar.

Wir sollten uns noch einmal daran erinnern, wie grundlegend Leiden ist. Es ist so schwierig, sich vom zweiten Pfeil des zusätzlichen Leidens zu befreien, wie es Ajahn Amaro so gut beschrieben hat – ganz zu schweigen vom Umgang mit dem ersten Pfeil des körperlichen Schmerzes und der Tatsache unerwünschter Ereignisse. Diese Ebene des Leidens, mit der Kliniker und Meditationslehrer arbeiten, ist manchmal entsetzlich. Wir alle müssen damit umgehen, weil wir einen Körper haben und Menschen sind. Die Dichterin Naomi Shihab Nye spricht in ihrem Gedicht „Güte" von der Größe des Moments, „wenn man die wahre Größe der Kleider sieht".[55] Mit anderen Worten, wenn man die volle Dimensionalität der Condition humaine, von Dukkha, der Ersten Edlen Wahrheit, erkennt.

Wir sind sehr glücklich, dass wir als unseren ersten Sprecher Dr. Zindel Segal begrüßen dürfen, der den Morgen Firestone Lehrstuhl für Psychotherapie an der University of Toronto innehat und auch Leiter der Cognitive Behavioral Therapy Clinic am Centre for Addiction and Mental Health in Toronto ist. Zindel ist eine weltweit anerkannte Autorität auf dem Gebiet der kognitiven Therapie und der Störung von Gedankenprozessen bei Depressionen.

Zindel Segal

Achtsamkeitsbasierte kognitive Therapie und die Rückfallprävention bei chronischer Depression

Die Entwicklung wirkungsvoller Behandlungen in Bezug auf affektive Störungen hat vielen depressiven Patienten Erleichterung gebracht, aber die Erhaltung des Wohlbefindens und die Rückfallprävention sind ständige Herausforderungen. Die klinische Anwendung der Achtsamkeit macht die Patienten mit Geisteszuständen bekannt, die oft affektive Störungen kennzeichnen. Gleichzeitig werden sie dazu eingeladen, eine neue Beziehung zu diesen Zuständen zu entwickeln. Gedanken werden als Ereignisse gesehen, unabhängig von ihrem Inhalt und ihrer emotionalen Aufladung. Man muss nicht mit ihnen diskutieren, sie reparieren oder verändern, sondern sie können in einem weiteren Gewahrsein gehalten werden. Die wachsende empirische Basis für diesen Ansatz deutet auf eine 50-prozentige Rückfallprävention bei vorher depressiven Patienten hin.

~

In meinem Vortrag werde ich mich auf eine spezifische Anwendung unserer Arbeit fokussieren, bei der Achtsamkeit und Meditation verwendet werden, um Menschen zu helfen, die unter Depression leiden, und um sie davor zu bewahren, dass sie wieder in ihr Leben tritt. Ich werde darüber sprechen, was wir mit dem Begriff „klinische Depression“ meinen und wie diese behandelt wird. Zudem werde ich erklären, warum sie die Tendenz hat, ins Leben der Menschen zurückzukehren, obwohl sie davon genesen sind. Wir glauben, dass Achtsamkeitstraining eine sehr wichtige Rolle in der Rückfallprävention bei Depression spielen kann. Ich möchte Ihnen auch über einige Forschungen berichten, die wir durchgeführt haben, um zu bewerten, wie effektiv dieser Ansatz wirklich ist.

Depression ist zu einem sehr weitreichenden Problem geworden. Sie wurde als Schnupfen unter den mentalen Störungen bezeichnet, weil sie neben Angst zu den am häufigsten erwähnten emotionalen Beeinträchtigungen gehört, die von Menschen erfahren werden. Die Depressionsrate in den USA liegt bei ungefähr 10 Prozent der Bevölkerung zu irgendeinem Zeitpunkt ihres Lebens, was ungefähr 30 Millionen Menschen entspricht.[56] Die Weltgesundheitsorganisation sagt voraus, dass innerhalb der nächsten fünf oder zehn Jahre Depression direkt hinter den Herzerkrankungen in Bezug auf ökonomische und persönliche Kosten an zweiter Stelle stehen wird.[57] Es ist also ein sehr großes Problem mit einer beträchtlichen Auswirkung auf die Gesellschaft.

Es ist wichtig zu verstehen, dass wir hier nicht über das Spektrum von Emotionen sprechen, die wir alle fühlen, wenn wir traurig sind. Klinische Depression ist ein Problem, das medizinische Aufmerksamkeit verdient, weil es wirklich das Leben der Menschen zutiefst beeinträchtigt. Um die Diagnose Depression zu stellen, müssen verschiedene Merkmale über längere Zeit vorhanden sein. Die Menschen müssen für mindestens zwei Wochen täglich trauriger Stimmung sein. Sie haben ihr Interesse und ihre Freude an Aktivitäten in einer ihr Leben sehr beeinträchtigenden Weise verloren. Sie haben Schwierigkeiten, zur Arbeit zu gehen, sich um ihre Kinder zu kümmern und ihren Verantwortlichkeiten nachzukommen. Depression stört zudem den Schlaf, den Appetit und die Konzentration, was besonders wichtig ist, wenn wir die Menschen lehren wollen, wie sie Achtsamkeit oder andere Meditationsformen nutzen können. Gedanken an den Tod und an Selbstmord sind oft ein sehr großes, mit Depression verbundenes Problem.

Depression hat eine Art eigene Richtung oder einen eigenen Weg, der zu ihr hinführt. Menschen, die merken, dass sie depressiv werden, können, wenn sie behandelt werden, beginnen, sich aus der Depression herauszuziehen. Wenn diese Verbesserung anhält, können sie genesen. Aber selbst nach der Behandlung gibt es immer noch ein großes Risiko, dass die Symptome wiederkehren. Den Menschen geht es vielleicht gut und dann bekommen sie eine kleine depressive Episode oder sie entwickeln schnell eine neue depressive Episode. Es ist fast so, als würde die Depression irgendwie an ihnen haften bleiben. Je öfter sie depressiv waren, desto wahrscheinlicher ist es, dass sie erneut darunter leiden werden.

In der Behandlung der Depression hat es Fortschritte gegeben. Der am weitesten verbreitete Ansatz besteht darin, den Menschen Antidepressiva als Medikation zu verabreichen. Medikamente gegen Depression sind wirkungsvoll und man kann sie leicht vielen Menschen verabreichen. Aber es gibt auch Psychotherapie bei Depression, wobei die Betroffenen mit jemandem über ihre Probleme reden und durch diesen Gesprächsprozess lernen, mit ihren Emotionen umzugehen und sich selbst zu regulieren, um sich aus der Depression herauszuziehen. Medikamentöse Behandlung und Psychotherapie sind die wichtigsten Ansätze bei Depression. Beide sind gleichermaßen effektiv, was bedeutet, dass sich die Menschen auf verschiedene Weisen selbst helfen können.

In einer Studie, die Menschen fünfzehn Jahre lang begleitete und zu einem Zeitpunkt begann, an dem es ihnen gut ging, erkrankten sie immer wieder, wenn sie einmal unter Depression gelitten hatten.[59] Also selbst wenn es ihnen fünf Jahre lang gut gegangen war, hieß das noch nicht, dass sie es überstanden hatten. Das ist ein Hinweis darauf, wie sehr es zu einer effektiven Behandlung der Depression gehört, Menschen sowohl dabei zu helfen, dass es ihnen gut geht, als auch, dass ihr Wohlbefinden zu einem bleibenden Zustand wird. Dabei gibt es ein Paradox: Man muss Menschen, denen es gut geht, davon überzeugen, sich weiterhin um sich selbst zu kümmern. Aber manchmal ist das nicht das, worauf sie ihre Energie richten wollen, wenn sie sich wohl fühlen.

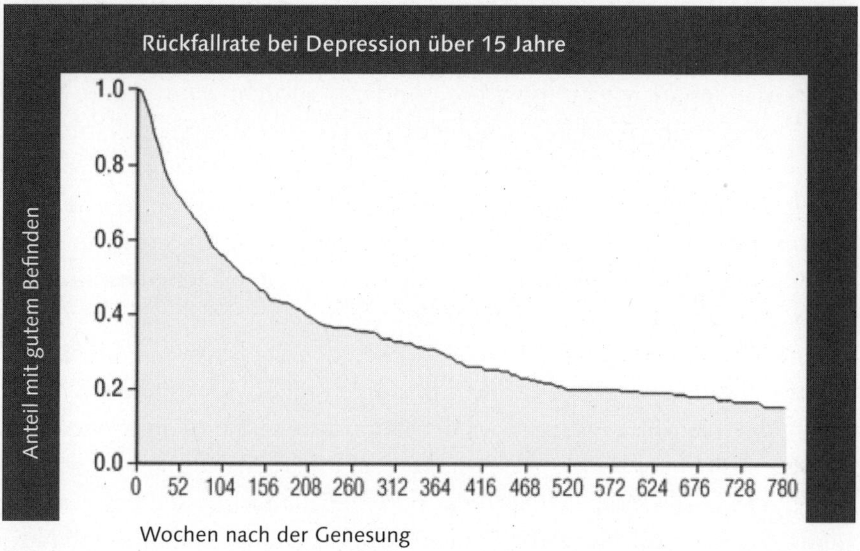

Abbildung 9. Das Risiko für Depression besteht weit über die Genesung hinaus.[58]

Wir haben versucht herauszufinden, wie wir helfen können, Depression zu verhindern, indem wir die Faktoren besser verstehen, die dazu führen könnten, dass die Krankheit wiederkommt. Es gibt einige Dinge, von denen wir wissen, dass sie einen Rückfall beeinflussen. Wie oft man in der Vergangenheit depressiv war, ist ein starkes Anzeichen dafür, ob man wieder depressiv werden wird. Wenn Sie in einer Familie geboren wurden, in der ein Elternteil, ein Onkel oder eine Tante, eine Schwester oder ein Bruder depressiv ist, steigt die Wahrscheinlichkeit, dass Sie, wenn sie depressiv sind, einen Rückfall erleiden. Einschneidende Verluste sind ein weiterer Auslöser für Depression.

Diese drei Faktoren können durch professionelle Intervention nicht verändert werden. Wir können nicht viel tun, um Verluste zu verhindern und um zu bestimmen, in welcher Familie jemand geboren wird. Aber es gibt einen, seiner Natur nach psychischen Faktor, bei dem wir Menschen lehren können, besser damit umzugehen. Das hat mit den kognitiven Reaktionen auf traurige Stimmungen zu tun. Der reaktive Geist von Menschen, die depressiv waren, wird besonders deutlich, wenn sie sich zeitweise traurig fühlen. Der Psychologe und Philosoph William James hat dazu Folgendes gesagt: „Gedanken tendieren deshalb dazu, ihre vorhergehenden und gewohnten Assoziationen aufzuwecken … Die Erregung bestimmter Bereiche … im Gehirn, zieht eine Art Empfindlichkeit … nach sich … So lang, wie diese anhält, sind diese Bereiche empfindlich dafür, dass ihre Aktivitäten von Ursachen erweckt werden, die sie zu anderen Zeiten nicht erregt hätten.“[60] Das bedeutet also, wenn Menschen depressiv waren, braucht es unter Umständen nicht viel, um sie wieder in ein Denken zurückzuwerfen, das der Depression ähnelt – auch wenn sie sich eigentlich wohl fühlen.

Eine Möglichkeit, das zu untersuchen, besteht darin, Menschen im Labor in zwei verschiedenen Stimmungszuständen zu testen und zu schauen, wie reaktiv der Geist in beiden ist. Wenn wir Menschen, die nie depressiv waren, testen, sei es in einer normalen Stimmung oder wenn wir sie dazu bringen, dass sie sich zeitweise, sagen wir für fünf oder zehn Minuten, traurig fühlen, dann verändert sich ihr Level von depressivem Denken nicht signifikant. Er kann sich sogar etwas verringern, wenn wir sie traurig machen. Aber für Menschen, die eine depressive Episode hatten, wird es eher das depressive Denken verstärken, wenn man sie zeitweise traurig macht.[61]

Inwieweit Menschen, die sich von einer Depression erholt haben, in dieser Weise reaktiv sind, wenn sie sich traurig fühlen, sagt in der Tat etwas darüber, ob die Depression in den nächsten achtzehn Monaten wiederkehren wird. Es ist so, als würde die Traurigkeit sie zu einer Sichtweise ihrer selbst zurückbringen, die für die Depression kennzeichnend ist.

Wenn wir die Traurigkeit im Leben der Menschen eliminieren könnten, würden sie vielleicht nicht mehr depressiv werden, aber natürlich ist das nicht möglich. Stattdessen versuchen wir, ihnen zu helfen, klug mit der Traurigkeit umzugehen, wenn sie sich zeigt. Ich werde einige der Denkweisen beschreiben, die bei Menschen in einer traurigen Stimmung entstehen und offenkundig zu einem hohen Rückfallrisiko beitragen. Diese

Geisteszustände stellen sich automatisch ein. Die Patienten haben sehr wenig intentionale Kontrolle über ihre Aufmerksamkeit und diese Stimmungen wiederholen sich sehr oft. Diese Geisteszustände sind oft vermeidend und unterdrückend, und sie sind nützlich, um Dinge auf Abstand und außerhalb unseres Gewahrseins zu halten. Sie beinhalten sehr viel Nachgrübelei und auf das Selbst und die eigene Identität bezogenes Denken. Einige Einstellungen, die diese Geisteszustände kennzeichnen, drücken sich in folgenden Aussagen aus: „Um glücklich zu sein, muss ich erfolgreich und wohlhabend sein", „Fehler zugeben ist ein Zeichen von Schwäche" und „Wenn andere mich um Rat fragen, fühle ich mich wichtig."

Wenn Menschen traurig sind, geben ihnen diese Denkweisen einen Plan, wie sie sich verhalten sollten, eine Möglichkeit, ihre Energie auszurichten. Gleichzeitig gehen sie so auch das Risiko eines Fehlschlags in diesen Bereichen ein, was dann dazu führt, dass sie sich am Boden zerstört und sehr verloren fühlen. Wenn diese Menschen erneut Traurigkeit erfahren, fragen sie sich oft immer wieder: „Was sagt das Gefühl der Traurigkeit über mich? Warum bin ich so traurig? Wie kann ich diese Traurigkeit verändern?" Es gibt dabei einen starken Fokus auf das Selbst und die Energie dafür wird von anderen, möglicherweise angemesseneren Denk- und Handlungsweisen abgezogen.

Einige Menschen sehen dieses Nachdenken als eine Form emotionaler Weisheit an, aber diese Wahrnehmung ist nicht angemessen. Patienten, die in der Vergangenheit depressiv waren, haben viel stärker das Empfinden, dieses Denken habe einen positiven Effekt, als Menschen, die nie depressiv waren. Aber wenn Menschen, die in einer traurigen Stimmung sind, die Strategie des Nachgrübelns anwenden, sind sie in Wirklichkeit weniger effektiv in der Lösung der Probleme, mit denen sie konfrontiert werden. Das sieht man auch im Vergleich zu Menschen, die grübeln, aber sich nicht traurig fühlen.[62] Diese Verwundbarkeit von Menschen, die eine Depression hatten, möchten wir in der Behandlung berücksichtigen. Wir wissen, dass die kognitive Therapie in der Prävention der Depression wirkungsvoll ist. Eine neue Studie folgte ein Jahr lang vormals depressiven Patienten, denen es nun gut ging, um zu sehen, ob sie einen Rückfall erlitten.[63] Eine Gruppe erhielt ein Placebo, eine andere Gruppe bekam ein Antidepressiva und die dritte Gruppe wurde mit kognitiver Therapie behandelt. Die Therapie war genauso effektiv wie das Medikament, und beide waren effektiver als das Placebo. Wir wissen also, dass die kognitive Therapie bei der Depression präventiv wirkt.

Kognitive Therapie beugt einem Rückfall unter anderem vor, indem sie Menschen lehrt, die Arten von Gedanken zu identifizieren, die ihnen durch den Kopf gehen. Sie können dann prüfen, ob sie ihren Glauben an die Wahrheit dieser Gedanken verändern können. Sie haben zum Beispiel Gedanken wie: „Ich bin ein wertloser Mensch", „Ich tauge nichts" oder „Ich bekomme nie einen Job." Sie schreiben diese Gedanken auf ein Blatt Papier, untersuchen die Situation, durch die sie ausgelöst wurden, und die Emotionen, die im Gewahrsein präsent sind, und bewerten dann die Belege für diese Sätze. Gibt es einige Gründe, warum ich in der Lage sein könnte, einen Job zu finden? Gibt es einige Gründe, warum ich keinen Job finde? In dieser Weise untersuchen sie die Gedanken und prüfen sie. Das ist ein sehr traditioneller Ansatz der kognitiven Therapie.

Meine Kollegen John Teasdale, Mark Williams und ich haben nun die gleiche Vorgehensweise benutzt, aber mit dem Verständnis, dass die kognitive Therapie die Menschen in Wirklichkeit etwas anderes lehrt als die Identifizierung und Bewertung von Gedanken. In der kognitiven Therapie lernen die Patienten tatsächlich, in einer sehr achtsamen Weise auf ihre Gedanken und Gefühle zu reagieren. Wenn Sie Ihre Gedanken aufschreiben, lernen Sie, wie Sie sich aus einem Geisteszustand in einen anderen begeben können. Sie lernen, wie Sie ihre Aufmerksamkeit von den Gedanken abziehen können und zu erkennen beginnen, dass sie nicht notwendigerweise wahr sein müssen und nicht notwendigerweise das Selbst repräsentieren. Sie lernen auch, wie Sie sich schwierigen Gefühlen und Emotionen zuwenden können, indem Sie sie aufschreiben. Sie müssen sagen: „Ja, das geschieht mir. Ich werde es aufschreiben." Und dann arbeiten Sie daran, die Glaubwürdigkeit der Gedanken zu verändern.

Wir glauben, dass Menschen damit geschickte Mittel erlernen, um auf ihre Gedanken und Gefühle zu reagieren, wenn sie depressiv sind. Die

Herausforderung besteht darin, wie wir das Patienten vermitteln können, die momentan nicht in einer depressiven Stimmung sind. Ihre Depression ist vielleicht weg, aber sie müssen trotzdem diese emotionale Weisheit erlernen, um mit urteilenden und hoffnungslosen Gedanken umzugehen, wenn diese ihnen in den Kopf kommen.

Meine Kollegen und ich haben die achtsamkeitsbasierte kognitive Therapie entwickelt, die in Wirklichkeit eine Integration der kognitiven Therapie und der achtsamkeitsbasierten Stressreduktion ist, die Jon Kabat-Zinn und seine Kollegen entwickelt haben. Wir haben versucht, beide Ansätze zu verbinden, damit Menschen unabhängig von ihrer Stimmung Möglichkeiten einüben, wie sie auf emotionale Erfahrungen reagieren können. Dadurch können sie eine Neugier für ihre Erfahrungen entwickeln und von einem automatischen Geisteszustand zu einem absichtsvollen Geisteszustand gelangen. Sie werden unmittelbare Erfahrungen machen, statt nur darüber nachzudenken. Sie werden lernen zu erkennen, wann sie ihre Erfahrungen beurteilen oder wann sie versuchen, sie zu manipulieren. Durch die Kultivierung von Achtsamkeit können sie sich entscheiden, dem Moment mit Nicht-Tun und im Seinsmodus zu begegnen. Das ist der Ansatz, den wir in unserem Buch *Der achtsame Weg durch die Depression*[64] beschrieben und in unseren klinischen Studien ausgewertet haben, um zu sehen, ob unsere Theorie wirklich einen klinischen Vorteil hat.

Achtsamkeitsbasierte kognitive Therapie besteht darin, den Menschen zu helfen, achtsamer zu werden. Sie werden systematisch darin trainiert, ihre Aufmerksamkeit zum gegenwärtigen Moment zurückzubringen und ihre Erfahrung von Moment zu Moment zu betrachten. Sie müssen nicht mehr auf das hören, was ihnen ihr Verstand über die Vergangenheit und Zukunft sagt. Sie werden ihres Körpers mehr als Ort gewahr, an den sie ihre Aufmerksamkeit zurückbringen und wo sie die Veränderungen im Fluss der Empfindungen wahrnehmen können. Sie untersuchen angenehme und unangenehme Ereignisse aus der gleichen Perspektive und sie beginnen, mit Gedanken und Gefühlen als mentalen Ereignissen zu arbeiten, die nicht notwendigerweise wahr sind und mit denen man sich nicht so stark identifizieren muss.

Das erreichen wir, indem wir sie einladen, im Rahmen einer Gruppe formelle Meditationsübungen zu praktizieren. Dazu gehören der Body-Scan, achtsame Dehnübungen, Yoga und Achtsamkeit auf den Atem, Körper, Klänge oder Gedanken. Gleichzeitig kultivieren sie den offenen Fokus des offenen Gewahrseins. Sie üben dann diese Achtsamkeitsmeditationen zu Hause mit Audioaufnahmen. Wir nutzen auch Aktivitäten des täglichen Lebens, um den Menschen zu helfen, im Handeln achtsam zu sein. Zu diesen Aktivitäten gehört die Entwicklung von Dingen, die sie für sich selbst tun können und die ein Gefühl der Freude oder Könnerschaft hervorrufen. Zudem erlernen sie die Anwendung geschickter Mittel, um sich vor einem Rückfall zu schützen. Die Teilnahme an unserem Programm garantiert keineswegs, dass sie nicht wieder krank werden. Aber die Anerkennung dieser Möglichkeit und die Vorbereitung darauf kann die Wirkung eines Rückfalls begrenzen. Wir nutzen auch ständiges Erforschen und Dialoge, um die Symptome und kleineren Erfahrungen von Depression zu untersuchen. Dadurch können die Menschen lernen, eine andere Beziehung zu diesen Ereignissen zu entwickeln, als sie ihr Verstand ursprünglich eingenommen hat. Bei der informellen Praxis bestärken wir die Menschen, all die vorher erwähnten Ansätze während ihres Arbeitstages und ihrer Freizeit anzuwenden, damit sie diese Strategien und Praktiken in ihren Alltag integrieren. Es ist keine besondere Sache, die sie am Wochenende zu Hause für vierzig Minuten tun, sondern etwas, das sie jeden Moment tun, wenn sie aufmerksam genug sind.

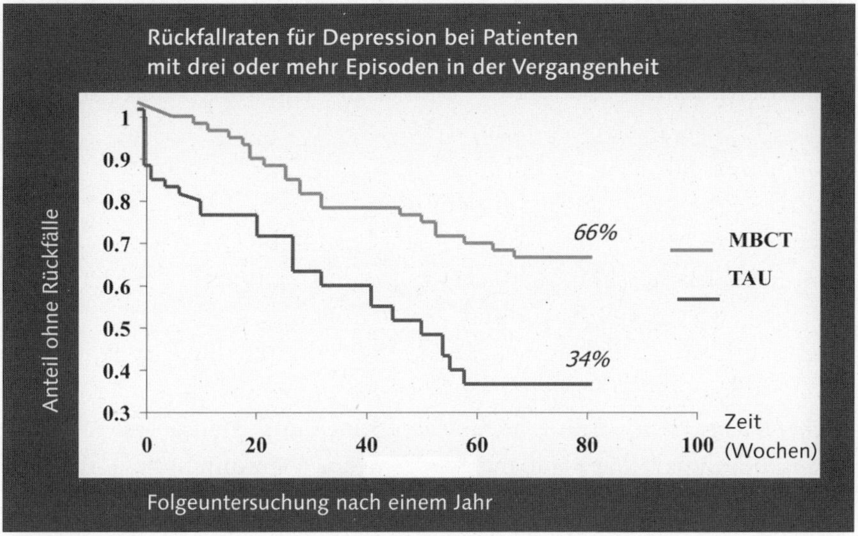

Abbildung 10. Übung in der Achtsamkeitsmeditation reduziert das Risiko eines depressiven Rückfalls um 50 Prozent.[65] TAU = treatment as usual (gewöhnliche Behandlung).

Wir haben ermittelt, ob die Behandlung tatsächlich eine positive Wirkung auf diese Patienten hatte. In unserer ersten Studie fanden wir heraus, dass unter den Patienten, die zu diesem Zeitpunkt nicht mit Antidepressiva behandelt wurden, diejenigen, die an unserem Programm teilnahmen, ihr Rückfallrisiko um 50 Prozent senken konnten. Diesen Wert verglichen wir mit den Patienten, die die gewöhnliche Behandlung erhielten. Von den Menschen in der MBCT-Gruppe ging es 66 Prozent weiterhin gut, verglichen mit 34 Prozent der Menschen, die eine gewöhnliche Behandlung erhielten.[66]

Zu Beginn der Studie erhielt niemand Medikamente. Danach konnten sich die Patienten entscheiden, ob sie zur Medikation zurückkehrten. Am Ende der Studie taten das mehr Menschen, die die gewöhnliche Behandlung erhalten hatten, als solche mit achtsamkeitsbasierter kognitiver Therapie. Die Wirkungen waren besonders stark bei Menschen, die mindestens drei schwere Episoden von Depression erlebt hatten. Je häufiger die Depression wiederkehrte und je länger die Menschen gelitten hatten, desto größere positive Wirkungen hatte diese Behandlung auf sie. Das ist an sich schon interessant.

John Teasdale und Helen Ma führten eine vergleichbare Studie durch und sie kamen zu ähnlichen Ergebnissen. Die MBCT-Gruppe erreichte einen besseren Schutz vor Rückfällen: 64 Prozent blieben nach einem Jahr von Rückfällen verschont, im Gegensatz zu nur 22 Prozent der Menschen, die eine gewöhnliche Behandlung erhalten hatten.[67]

Zusammenfassend kann ich sagen, unser Ansatz sollte Rückfälle reduzieren, indem er den Patienten vermittelte, wie sie sich von einer grüblerischen, reaktiven, von ihren traurigen Stimmungen ausgelösten Denkart lösen können. Wir glauben, dass die Menschen durch diese Therapie nicht lernen, wie sie ihre Gedanken verändern, sondern wie sie ihre Beziehung zu ihren Gedanken sowie zu ihren Gefühlen und Empfindungen verändern können. Dieser Ansatz ist ideal für Menschen, die sich von einer Depression erholt haben, weil sie nicht traurig sein müssen, um ihn zu praktizieren. Sie können ihn mit jedem mentalen Inhalt praktizieren, weil es in Wirklichkeit um die Beziehung geht, die sie versuchen zu entwickeln. Die Daten, die wir gesammelt haben, legen nahe, dass es einen 50 Prozent höheren Schutz vor Rückfällen für Menschen gibt, die diesen Ansatz anwenden.[68]

Jon Kabat-Zinn: Eure Heiligkeit, ich möchte Ihnen nun unsere zweite Sprecherin für heute Morgen vorstellen, Dr. Helen Mayberg. Helen arbeitete lange Zeit an der University of Toronto und in den letzten vier Jahren war sie an der Emory University in Georgia tätig. Helen ist Neurologin und Neurowissenschaftlerin mit einem großen Interesse an Depression. Erstmals begegnete ich Helens Arbeit in einem Artikel über sie in der *New York Times*. Was sie getan hat, ist so erstaunlich, dass ich fast vom Stuhl fiel, als ich davon las. Es ist ein großes Privileg, Dr. Mayberg hier bei uns zu haben.

Helen Mayberg

Wege der Besserung: Neuronale Substrate der kognitiven und achtsamkeitsbasierten Interventionen bei der Behandlung von Depression

Bildgebende Verfahren in der Neurologie haben gezeigt, das sowohl nichtpharmakologische als auch pharmakologische Behandlungsformen der Depression das Gehirn verändern, obwohl sie es in unterschiedlicher Weise verändern. In dieser Präsentation werden Forschungsergebnisse aus Studien unter Verwendung der Positronenemissionstomografie (PET) und der funktionellen Magnetresonanztomografie (fMRT) über funktionale Hirnveränderungen beschrieben, die mit dem Abklingen der Depression in Verbindung stehen. Diese Untersuchungen beziehen sich auf die Ergebnisse verschiedener Behandlungen mit einer Betonung von Verbesserungen durch kognitive behaviorale Therapie. Die Unterschiede zwischen kognitiven und pharmakologischen Interventionen werden im Kontext eines vorläufigen Modells der Depression diskutiert, das auf der Verwendung dieser Studien mit bildgebenden Verfahren basiert. Zudem werden in diesem Vortrag Überlegungen zu den Implikationen dieser Arbeit für das Verstehen der Wirkung der Achtsamkeitsmeditation als einer Intervention bei der Behandlung von Depression formuliert.

~

Als Neurologin möchte ich einen Dialog darüber beginnen, wie Achtsamkeit, kognitive Therapie und Medikamente auf die Gesundheit des Gehirns wirken.

Wenn ich das Gehirn untersuche, verstehe ich Depression als einen Zustand extremen Ungleichgewichts zwischen Körper und Geist und auch dem Selbst. Wie ich von meinen Freunden hier gelernt habe, ist die schwere Depression in vielerlei Hinsicht ein Ausdruck der Ersten Edlen Wahrheit. Sie ist eine extreme Form des Leidens. Dieses Ungleichgewicht kann verschiedenen Bereichen des Gehirns zugeschrieben werden. Wir können bildgebende Verfahren der Neurologie verwenden, um zu verstehen, wo diese Orte sind. Hierbei denke ich an die Zweite Edle Wahrheit. Wir sehen, dass das Leiden eine Ursache hat; wir können genauer hinschauen, um diese Ursache zu finden.

Von meinem Freund Zindel Segal haben wir gehört, dass es verschiedene Behandlungen der Depression gibt. Wir können untersuchen, wie verschiedene Behandlungsansätze im Gehirn wirken, um die Ausgewogenheit im Geist-Körper-System wiederherzustellen. Wie bei der Dritten Edlen Wahrheit kann das Leiden, das Menschen mit schwerer Depression erfahren, ein Ende haben; wir können Wege finden, die aus dem Leiden herausführen. Wir können untersuchen, wo Meditation im Gehirn wirken könnte, um die Erholung von einer schweren Depression zu unterstützen und einen Rückfall zu verhindern. Noch wichtiger aber ist, dass wir nach Möglichkeiten suchen können, wie das Wohlbefinden verbessert werden kann, nachdem die Balance wiederhergestellt ist. Ich entschuldige mich dafür, dass ich die Vier Edlen Wahrheiten in Bezug auf Krankheit verwende, aber ich denke, dass es sich hier um ein Kontinuum handelt.

Auch ich verehre William James sehr, aber aus einem etwas anderen Grund. Er definierte Depression in einer Weise, die mir als Neurologin geholfen hat, einen Anhaltspunkt für die Untersuchung zu finden, wo im Gehirn die Depression lokalisiert sein könnte. Er beschrieb diesen intensiven Schmerz des Leidens als „einen positiven und aktiven Schmerz, eine Art psychischer Neuronalgie, die im gesunden Leben völlig unbekannt ist“.[69] Aber er sagte noch etwas anderes: Neben diesem aktiven qualvollen Zustand, in dem der Geist schmerzt, ist der Geist gleichzeitig auch betäubt. Wie ist das möglich? Auch das weist daraufhin, dass es im Gehirn ein Ungleichgewicht gibt. Der Geist spürt einen Schmerz, ist aber gleichzeitig betäubt. Wie kann das sein und wie können wir das untersuchen?

In meinem Labor haben wir unter Verwendung unterschiedlicher bildgebender Verfahren die Wirkung verschiedener Behandlungsformen auf das Gehirn untersucht. In einer Studienreihe nahmen wir PET-Scans von einer Reihe von Patienten, die mit Medikamenten[70], kognitiver behavioraler Therapie[71] und neuerdings auch tiefer Gehirnstimulation[72] behandelt wurden.

Zunächst wollten wir verstehen, wo das Leiden im Gehirn lokalisiert ist – nicht nur das Extrem der Depression, sondern wo im Gehirn sich normale Traurigkeit befindet. Ein Weg, um das zu untersuchen, ist die Erinnerung an ein trauriges Ereignis in der Vergangenheit, die nochmalige Erfahrung des Leidens. In diesem Zustand führten wir dann einen Scan durch.[73] Was geschieht mit dem Gehirn, wenn man solch einen Schmerz spürt?

Wir sehen, dass bestimmte Bereiche des Gehirns sehr aktiv werden, wenn ein Mensch diese Art des mentalen Schmerzes spürt. Dazu gehört eine Gruppe von Hirnarealen, wobei die aktivste der subgenuale zinguläre Cortex (Bereich 25) ist. Von diesen Regionen weiß man aus anderen Studien, dass sie an der Reaktion auf chronischen Stress und der Regulierung von Energie, Schlaf, Appetit, Libido und verschiedenen Reaktionen des Hormon-und Immunsystems beteiligt sind. Ähnlich wie bei den Ergebnissen, die Robert Sapolsky gestern vorgestellt hat, werden bestimmte Hirnsysteme nicht nur als Reaktion auf körperlichen Stress, sondern auch als Reaktion auf emotionalen Stress, wenn man beispielsweise in einer schlechten Stimmung ist, aktiviert.

Obwohl bestimmte Bereiche des Gehirns, wie der zinguläre Cortex 25 stark aktiviert werden, sehen wir gleichzeitig die Deaktivierung oder das Herunterschalten anderer Hirnregionen. Dazu gehören besonders die Regionen, die an der aktiven Kognition beteiligt sind. Es scheint, dass bei Traurigkeit das emotionale Gehirn hochgeregelt wird und das kognitive Gehirn vorübergehend heruntergeregelt wird, und das in einer sehr koordinierten Art und Weise. Wie Wolf Singer gestern sagte, es wird eine

Kohärenz erzeugt, eine koordinierte Reaktion über verschiedene Regionen hinweg. Das Gehirn ist so organisiert, dass es weiß: Wenn etwas in einer Region geschieht, reagieren andere Regionen. Wenn wir in einem Zustand des emotionalen Schmerzes sind, lenkt uns das Gehirn vom Denken ab – es sei denn, wir haben irgendeine Strategie, um mit dieser Art des Leidens umzugehen.

Ich werde nun einen Schritt weiter gehen, vom gesunden Leiden, das Teil des Lebens ist, zum ungesunden Leiden der Depression. Depression ist ein Zustand, in dem man nicht mehr die Kontrolle hat, egal wie sehr man es versucht. Bei einigen depressiven Patienten sieht das Gehirn genauso aus wie das im Zustand normaler, vorübergehender Traurigkeit bei gesunden Menschen. Bei anderen Patienten zeigt sich ein etwas anderes Muster. Das ist vielleicht durch die Tatsache erklärbar, dass nicht alle depressiven Patienten die gleichen Symptome haben. Einige Patienten sind sehr langsam und reagieren fast nicht auf die Umgebung. Man kann kaum mit ihnen Kontakt aufnehmen. Bei anderen Patienten ist der denkende Teil des Gehirns überaktiv, wie uns Zindel sagte. Viele meiner Patienten leiden einfach nur sehr. Sie denken nicht einmal daran, sich aus dem Loch herauszuziehen. Wir können also sehen, dass das Gehirn bei verschiedenen Menschen sehr unterschiedlich sein kann, und diese Unterschiede geben uns einen Hinweis darauf, wie sich das Gehirn verändern wird, wenn Menschen genesen.

Aber wie kann das Gehirn unter der Überschrift einer einzigen psychiatrischen Diagnose, in diesem Falle der Depression, verschiedene Zustände zeigen? Das Gehirn reagiert auf negative Herausforderungen in der Welt, und wenn ein Auslöser aktiviert wird, dann verändert sich das Gleichgewicht des Systems. Das Gehirn liegt nicht einfach nur da und nimmt es, wie es kommt; es reagiert. Wir versuchen, uns selbst, so gut wir können, zu helfen. Das Gehirn korrigiert vielleicht zu viel, wenn es versucht, denkend einen Weg aus dem Schmerz herauszufinden. Aber manchmal korrigiert dieses Korrigieren nichts. Es ist einfach nur ein sehr schmerzhaftes, überstrapaziertes Denken und führt nicht zum Gleichgewicht. In diesem Zustand können viele Patienten nicht einmal damit beginnen, sich selbst zu helfen.

Wie können wir dem Gehirn helfen, in einen Zustand des Gleichgewichts zurückzukehren und diesen zu erhalten? Wir nennen es „Krankheit" und nicht einfach nur „Leiden", aufgrund der Tatsache, dass es sich nicht selbst korrigieren kann, vielleicht auch nicht durch Übung. Wir versuchen also zu verstehen, wo Behandlungen im Gehirn wirken, weil uns das vielleicht helfen kann zu verstehen, wie wir das Gehirn trainieren können, diesen Punkt durch andere Mittel zu erreichen.

Es gibt mehr als einen Weg der Genesung im Gehirn. Ich werde Ihnen zwei Möglichkeiten zeigen, wie wir das Gehirn durch übliche Behandlungsformen bei Depression verändern können. In der ersten Studie, die wir zusammen mit Zindel Segal und Sidney Kennedy in Toronto durchgeführt haben, behandelten wir sehr depressive Patienten mit der kognitiven behavioralen Therapie.[74] Wenn die Menschen sich von einer sehr starken Depression erholen, wird die Aktivität im präfrontalen Cortex – dem denkenden Gehirn – heruntergeregelt. Das erscheint natürlich, weil die kognitive Therapie die Patienten lehrt, nicht mehr so viel nachzugrübeln. Wir sehen auch, dass die Bereiche des Gehirns, die sehr auf das Selbst bezogen sind, ihre Aktivität reduzieren. Wie Sie von Zindel gehört haben, steht hinter dieser Therapie die Idee, dass es nicht nur um „mich" geht. Es ist nicht nur „mein" Schmerz. Ich kann darüber nachdenken, aber in einer größeren Perspektive, und werde dadurch weniger selbstbezogene Aufmerksamkeit auf die Empfindung und auf mich selbst richten. Interessanterweise nimmt gleichzeitig die Aktivität im vorderen zingulären Cortex zu. Das ist ein Bereich, der für Empathie wichtig ist. Dies weist auf die Möglichkeit hin, dass ein Gleichgewicht dadurch wiederhergestellt wird, indem man sich weniger auf sich selbst fokussiert, sondern mehr auf andere. Das wird nicht unbedingt bei der Behandlung mit kognitiver Therapie beabsichtigt, aber auf der Ebene des Gehirns scheint das der neue Gleichgewichtszustand zu sein, der dabei entsteht.

Bei der Behandlung mit Medikamenten ist die Geschichte aber eine ganz andere. Medikamente wirken auf die gleichen Hirnareale, aber diese werden auf andere Weise verändert. Das Gleichgewicht wird durch eine andere Strategie wiederhergestellt. Die Aktivität in bestimmten Bereichen des Gehirns nimmt ab, besonders im subgenualen zingulären Cortex (Bereich 25), dem Bereich, der in unserer vorhergehenden Studie mit intensiver Traurigkeit assoziiert wurde. Eine Interpretation dieses Ergebnisses besagt, dass die Abnahme der Aktivität im subgenualen zingulären Cortex den frontalen Cortex aktiviert und den denkenden Geist entspannt. Interessanterweise scheint die kognitive Therapie auf den medialen frontalen Cortex und den vorderen zingulären Cortex zu zielen (Bereiche des Gehirns, die für Selbstwahrnehmung, Einsicht und Aufmerksamkeit für andere wichtig sind und damit weniger selbstbezogen sind). Die Medikamente hingegen beeinflussen Regionen des Gehirns, die mit der Vermittlung der Stressreaktion und des Körperzustands assoziiert werden (im Hirnstamm, den Basalganglien, dem Hippocampus und dem subgenualen zingulären Cortex).[75] Die Aktivität in diesen Hirnregionen nimmt ab, die nach unserem Wissen den körperlichen Zustand des Leidens regulieren, und im Gegenzug wird das mentale Gleichgewicht wiederhergestellt. Das bestärkt meine frühere Aussage. Wenn man in normaler, gesunder Weise leidet, nimmt die Aktivität in den Hirnbereichen zu, die für den Körper zuständig sind, und das denkende Gehirn – der Cortex – wird herunterreguliert. Bei Medikamenten geschieht genau die entgegengesetzte Dynamik bei der Erholung von einer Depression. Die körperlichen Zustände werden herunterreguliert und der Cortex wird freier; die Betäubtheit verschwindet.

Dieses Gleichgewicht, das sich in die eine oder andere Richtung bewegt, zeigt, dass diese Regionen sehr stark miteinander verbunden sind. Ob wir es in dieser sehr einfachen Weise untersuchen oder durch den verfeinerten Tanz verschiedener Hirnregionen, die miteinander interagieren, wie es Wolf Singer beschrieben hat: Wir haben die Hirnareale identifiziert, die das Substrat für das Ineinandergreifen der Emotionen und des Denkens bilden.

Wir kennen auch einige sehr depressive Patienten, die nicht auf Gesprächstherapie, Medikamente oder Elektroschocktherapie ansprechen. Sie haben jede mögliche Behandlungsform ausprobiert. Ein Patient beschreibt diesen Zustand der ständigen Krankheit als „eine nagende Agonie in der Magengrube; eine schmerzvolle Selbstverachtung, die all deine

Energie aufbraucht, wodurch du deine Aufmerksamkeit auf nichts anderes richten kannst". Es ist ein mentaler Schmerz, aber für ihn scheint er im Bauch lokalisiert zu sein. Gleichzeitig ist sein Geist leer. Das ist sehr interessant. Medizinisch gesprochen hat er kein Problem mit seinem Bauch oder seinem Herzen. Aber für viele Patienten wird die Depression zu einer Versklavung durch den Körper, bis zu dem Punkt, an dem der Geist keinerlei Klarheit mehr hat. Sie haben nur noch den Schmerz, das Leiden und der Rest ist vollkommen leer.

Wir haben mit einer Gruppe dieser sehr kranken Patienten etwas ziemlich Radikales gemacht. Wir glauben, dass die Ursache des Problems im subgenualen zingulären Cortex liegt, dem Bereich des Gehirns, der aktiv wird, wenn gesunde Menschen traurig werden. Wir haben ein kleines Loch in den Schädel gebohrt und ein winziges Kabel hineingeführt, bis zu diesem Punkt im Gehirn, je eines auf jeder Seite, um den Schmerz auszuschalten. Der Patient ist bei dieser Operation wach. Wir verbinden die Drähte mit einer Batterie und stimulieren oder unterbrechen die Aktivität in diesem Bereich des Gehirns. Die Idee dabei ist, die elektrische Verbindung zu unterbrechen, der diese anhaltende negative Rückkoppelung erzeugt.[76] Als wir das mit dem Patienten taten, den ich eben beschrieben habe, sagte er, dass der Schmerz plötzlich zu verschwinden schien. Das war sehr überraschend und sehr dramatisch. Aber noch wichtiger für die Hypothese des Experimentes war, dass sein Denken plötzlich wieder lebendig wurde. Als das Gefühl des Schmerzes langsam abklang, interessierte er sich sehr dafür, was im Operationssaal vor sich ging. Er war drei Stunden mit uns im Operationssaal, aber nur nach dieser akuten Stimulation wurde er sich bewusst, dass es hier Dinge gab, auf die er seine Aufmerksamkeit richten konnte. Die Versklavung des Geistes durch den Körper, die dadurch verursacht wurde, dass verschiedene Teile des Gehirns miteinander kämpften, hatte sich verändert. Ein anderer Patient, dessen Zustand sich besserte, nachdem er zwei Monate lang mit dieser Stimulation behandelt wurde, sagte uns: „Die wichtigste Veränderung, die ich spüre, ist, dass es sich nicht so anfühlt, als wäre etwas hinzugefügt worden. Nein, etwas wurde weggenommen. Dieses schwere, runterziehende Gefühl war in irgendeiner Weise immer da. Und nun ist es weg."

Aber das ist keine Rückkehr zu vollkommener Gesundheit; wie es der zweite Patient sehr klar beschrieben hat: „Statt in einem sehr tiefen Tal zu sein, stehst du nun auf einem Felsvorsprung. Du siehst dich um und erkennst, dass es immer noch 300 Meter bis zum Ziel sind, aber du bist nicht länger im Loch gefangen. Nun liegt es in deiner Hand." Er sagt, dass es nun für ihn möglich ist, aktiv daran teilzunehmen, dass nichts mehr gegen ihn kämpft, und er nun daran arbeiten kann, seine Gesundheit zu verbessern.

Wir wissen aus beiden Studien mit bildgebenden Verfahren und anderen neurowissenschaftlichen Experimenten, dass die Interaktionen zwischen diesen Hirnbereichen nicht zufällig sind. Wir wissen, wie sie anatomisch verbunden sind, und wir können sehen, dass an der Art und Weise, wie verschiedene Regionen sich verändern, unterschiedliche Systeme oder Gruppierungen des Gehirns beteiligt sind. Es ist wie ein Tanz zur Wiederherstellung des Gleichgewichts. Scheinbar werden Hirnregionen, die den Zustand des Körpers kontrollieren, mit Regionen, die das Denken und wie wir uns auf andere, auf die Welt oder auf unsere Sinne beziehen kontrollieren, ins Gleichgewicht gebracht. Aber hierbei ist ganz wichtig, dass es dabei nicht nur um Körper und Geist geht, sondern auch darum, wie diese Prozesse in Selbstwahrnehmung und Einsicht einfließen. Verschiedene Behandlungsformen arbeiten mit verschiedenen Kombinationen dieser Regionen.

Trotz der Tatsache, dass viele unserer Schlussfolgerungen aus Tierversuchen herrühren, möchte ich daraufhinweisen, dass Ratten keine Menschen sind. Obwohl sie viele ähnliche Triebe und Körperreaktionen haben, sind Ratten anders geprägt als Menschen, besonders in Hinblick auf Selbstwahrnehmung und Einsicht. Ratten haben in der Tat keine Hirnregionen, die mit denen vergleichbar sind, die es unserer Ansicht nach Menschen erlauben, sich selbst und ihre Beziehung zur Außenwelt und zu anderen Menschen zu verstehen. Ratten haben einen Frontallappen, aber nicht mit den gleichen Bestandteilen und Verbindungen. Das ist eine Möglichkeit zu verstehen, was uns zu Menschen macht; was uns zum Beispiel die Fähigkeit für Mitgefühl gibt als ein Teil des Weges zur Heilung.

Es hilft uns, wenn wir verstehen, welche Grenzen die Untersuchung von Ratten haben, was wir untersuchen und was wir nicht untersuchen können. Sie erfüllen eine wichtige Aufgabe für das Verstehen vieler Fragen, aber nicht aller Fragen.

Ich möchte zum Ende meines Vortrags darauf zurückkommen, wo hier die Achtsamkeit ihren Platz haben könnte. Jeden Tag werden wir mit vielen Herausforderungen konfrontiert. Zindel sprach über weitverbreitete Auslöser, die zum wiederholten Auftreten der Depression führen können. Aber wir können auch Herausforderungen begegnen, die zwar zu Leiden führen, aber uns nicht notwendigerweise auf den Weg der Krankheit bringen. In beiden Fällen wird das Gehirn diese unausgewogenen Zustände aufnehmen. So sind wir einfach beschaffen. Achtsamkeit und andere Meditationsformen sind vielleicht hilfreich, dass diese Art von Ungleichgewicht nicht zu weit geht. Das könnte dabei helfen, Leiden zu spüren und es gleichzeitig zu mäßigen. Zudem könnten Achtsamkeit und andere Meditationsformen auch die Wiederherstellung des Gleichgewichts unterstützen.

Was aber noch wichtiger ist und über die Wiederherstellung des Gleichgewichts hinausgeht, auf das wir uns als Ärzte fokussieren, ist das wirkliche Ziel: das Wohlbefinden wenn möglich über den Normalzustand hinaus zu steigern. Als Ärzte sind wir froh, wenn wir Menschen wieder auf einen geraden Weg bringen; leider erreichen wir das oft nicht. Wir müssen uns mit Weniger als den optimalen Ergebnissen zufriedengeben, weil dies das Beste ist, was wir tun können. Für jemanden, der an Krebs erkrankt ist, müssen wir uns damit begnügen, ihm ein paar Jahre mehr zu schenken, statt einer Heilung. Bei vielen geistigen Störungen und neurologischen Erkrankungen ist die Erhöhung der Lebensqualität des Patienten genug und die Grenze dessen, was wir für ihn tun können. Aber tatsächlich ist unser Ziel immer mehr als das. Im Falle der Depression ist unser Ziel die Genesung vom depressiven Zustand. Aber wenn sich der Patient dann besser fühlt, wird er hoffentlich über das hinauswachsen, was wir als „normal" bezeichnen würden. Hoffentlich werden unsere Behandlungen in der Lage sein, ein stabiles Wohlbefinden zu fördern, das es wiederum ermöglicht, das Ungleichgewicht zu verringern, wenn das Leiden sein Gesicht zeigt.

3. Sitzung

Dialog

Zusätzlich zu S. H. dem Dalai Lama und den Vortragenden, Übersetzern und dem Moderator sind die Diskussionspartner in dieser Sitzung Jan Chozen Bays, Jack Kornfield und John Teasdale.

~

Jon Kabat-Zinn: Wir haben gerade einen außergewöhnlichen Bericht darüber gehört, dass es in manchen Fällen möglich ist, eine Art des Leidens zu verringern, von der gedacht wurde, dass sie sich vollkommen unserem Einfluss entzieht. Wir beginnen, immer tiefere Ebenen der Funktionsweise des Gehirns zu verstehen und wie sich bestimmte Bereiche in verschiedenen Situationen der Krankheit und des Leidens tatsächlich verhalten. Eure Heiligkeit, haben Sie eine Vorstellung, wie uns kontemplative Übungen nicht nur in den Normalzustand zurückbringen, sondern zu höheren Ebenen des Wohlbefindens führen können, so wie es Helen angemerkt hat?

S. H. der Dalai Lama: Genau genommen ist das Ziel der buddhistischen Übungen die Erlangung dessen, was der Buddha als Befreiung bezeichnete. Die buddhistischen kontemplativen Praktiken mögen eine Wirkung im Bereich der Gesundheit haben. Der Grund dafür ist, dass der größte Teil unseres Leidens, besonders psychisches und emotionales Leiden, von etwas herrührt, was als eine verzerrte Beziehung zur Welt verstanden werden kann, eine verzerrte Weise des Sehens und Seins. Viele der Übungen haben das Ziel, diese Form der Verzerrung oder Täuschung zu überwinden oder aufzulösen. Der Prozess, Buddhismus zu praktizieren, und der Wunsch nach Befreiung durch die Ausübung der Praktiken mögen als Nebenprodukt auch eine Verbesserung der Gesundheit haben. Aber über die Einzelheiten, wie diese Übungen auf die Gesundheit wirken, weiß ich nichts.

Jon Kabat-Zinn: Bitten wir Dr. John Teasdale von der Cambridge University in England um seinen Kommentar. John ist einer der weltweit führenden Experten in der kognitiven Modulation des zwanghaften Grübelns, der Depression und der affektiven Störungen. Zusammen mit Zindel Segal und Mark Williams hat er die achtsamkeitsbasierte kognitive Therapie entwickelt. John absolviert auch eine Ausbildung zum Meditationslehrer in der Vipassana-Tradition des Theravada-Buddhismus – er steht also in bemerkenswerter Weise in zwei Welten.

John Teasdale: Eure Heiligkeit, ich möchte die Frage ansprechen, wie wir die achtsamkeitsbasierte kognitive Therapie effektiv den vielen Menschen vermitteln können, für die sie eine positive Wirkung haben könnte? Die klinischen Tests, die wir durchgeführt haben, zeigen, dass diese Behandlung für die Menschen sehr hilfreich sein kann.[77] Bei der Verbreitung dieses Ansatzes unter den potentiell Millionen von Menschen, die davon profitieren könnten, stellt sich die Frage, wie wir die Effektivität der Behandlung und ihre Integrität bewahren können? Wie wir auf diese Herausforderung reagieren, wird sehr klar unser Verständnis dessen reflektieren, was in der achtsamkeitsbasierten kognitiven Therapie geschieht, um die positiven Wirkungen zu erreichen. Ich möchte zwei sehr voneinander abweichende Sichtweisen über das, was da geschieht, genauer betrachten.

Eine Sichtweise besagt, dass wir die Menschen eine Methode lehren. Wir vermitteln ihnen eine Reihe von Fertigkeiten, damit sie ihre Aufmerksamkeit regulieren, sich in einer bestimmten Weise fokussieren, diesen Fokus halten und sich dann möglicherweise von unnützen Denkweisen lösen können, wie beispielsweise dem zwanghaften Grübeln oder Nachdenken. Wir lehren sie, wie sie ihre Aufmerksamkeit auf etwas Neutraleres richten können, zum Beispiel den Atem oder Körperempfindungen. Wenn wir von dieser Sichtweise ausgehen, dass es sich dabei um eine Methode zum Erlernen bestimmter Fähigkeiten handelt, dann gibt es wahrscheinlich nicht so viele Schwierigkeiten, diesen Ansatz zu verbreiten. Das ist eine ziemliche direkte Aufgabe und wir können dabei Audio-Aufnahmen von geführten Meditationen und andere unterstützende Mittel verwenden, die schon verfügbar sind.

Aber es gibt noch eine andere Sichtweise, die sich von dieser stark unterscheidet: Jenseits der positiven Wirkungen des Trainings bestimmter Fähigkeiten gehen die Patienten durch wichtige Veränderungen in ihrem Verstehen der Natur ihres Leidens. Sie verändern ihre Sicht bezüglich unangenehmer und schmerzhafter Erfahrungen und diese Veränderung der Sichtweise führt zu einer Veränderung ihrer Beziehung zu diesen Erfahrungen. Sie lernen, sich auf emotionalen Schmerz und Traurigkeit in einer Weise zu beziehen, dass sie nicht mehr so sehr in dem zusätzlichen Leiden steckenbleiben, über das wir schon mehrfach gesprochen haben. Aus dieser Perspektive besteht die Aufgabe der Meditation innerhalb des Programms nicht nur in der Vermittlung von Fertigkeiten zur Regulierung der Aufmerksamkeit. Sie ist vielmehr eine Möglichkeit, diese andere Sicht und diese neue Beziehung zu verkörpern und zu untersuchen.

Diese verfeinerte Sicht hat komplexere Implikationen für die Verbreitung der Behandlung. Sie ist auch subtiler und es braucht vielleicht mehr Geschicklichkeit und Verstehen aufseiten der Anleitenden. Besonders weil viele der Veränderungen, über die wir gesprochen haben, auf einer inneren Ebene geschehen und vom ganzen Sein der Anleitenden beeinflusst werden.

Ungeachtet unserer individuellen Meinungen, ob die einfachere oder subtilere Sicht der Wirkungsweise der MBCT die richtige ist, sind Meinungen und Gedanken keine Tatsachen, wie wir unseren Patienten immer wieder sagen. Wenn wir die weite Verbreitung dieser Behandlung ernst nehmen, brauchen wir mehr empirische Befunde, um herauszufinden, welche dieser Sichtweisen die angemessenere ist.

Therapeuten, die mit der kognitiven behavioralen Therapie arbeiten, haben drei Forschungsstrategien entwickelt, um die Wirkungsweise der Behandlung zu untersuchen. Die erste Strategie besteht darin, die tatsächlichen Prozesse zu identifizieren, die Veränderung vermitteln, und die Variablen, die die Wirkungen der Veränderung unterstützen. Im Falle der achtsamkeitsbasierten kognitiven Therapie betrachten wir vielleicht die Veränderungen im Gehirn, welche die Wirkungen zeigen, die Helen so brillant beschrieben hat. Auf psychischer Ebene haben wir bereits einige Hinweise darauf, dass die achtsamkeitsbasierte kognitive Therapie dadurch wirkt, dass sie Achtsamkeit und Selbstmitgefühl stärkt.[78]

Eine zweite Strategie wird als Demontage oder Analyse der Bestandteile beschrieben. Im Grunde beginnen wir damit, das ganze Paket auseinanderzunehmen. Wir nutzen vielleicht nur den Bestandteil der achtsamkeitsbasierten kognitiven Therapie, der mit dem Training von Fertigkeiten zu tun hat, und entfernen die komplexe Verpackung. Dabei bleiben dann schließlich nur noch die Methoden der Aufmerksamkeitsregulierung übrig und wir testen, ob wir trotzdem die gleichen Wirkungen erreichen.

Die dritte Strategie ist potentiell die radikalste. Wir versuchen, die wirkungsvollen Bestandteile in diesem komplexen Paket zu finden, wobei viele aus traditionellen Meditationsanleitungen stammen. Aber wir beginnen von vorn und fangen von Grund auf neu an. Wir gehen von der Annahme aus, dass die traditionellen Anleitungen, die über Jahrtausende zu einem ganz bestimmten Zweck entwickelt wurden, vielleicht ein nicht so angemessenes Instrument sind, uns das Wissen zu vermitteln, das wir heute brauchen. Wir erfinden das Rad nicht wirklich neu, aber wir erfinden den pneumatischen Reifen, damit wir eine effizientere, fokussierte und wirkungsvollere Möglichkeit haben, um unsere Ziele zu erreichen. Es ist so, als würden wir sagen: Ja, wir haben enorm von den Traditionen profitiert, aber vielleicht ist es die Rolle unserer Generation, die Dinge zu verändern und einige neue Methoden einzuführen.

S. H. der Dalai Lama: Ich frage mich, ob es wirklich notwendig ist, ein Modell im Gegensatz zu den anderen zu wählen. Die Strategie der achtsamkeitsbasierten kognitiven Therapie könnte im Kontext verschiedener Patienten unterschiedlich gesehen werden. Für einige Menschen liegt das Problem viel tiefer. Wenn die grundlegende Ausrichtung eines Menschen, die Art und Weise, wie er das Leben versteht und sich auf andere bezieht, dysfunktional ist, dann wird eine Methode nötig sein, die diese grundlegende Art der Beziehung zur Welt verändert. Für andere entsteht das Problem eher als Folge von zwanghaftem Nachdenken – gewohnheitsmäßigen, unkontrollierten Denkprozessen. Hier könnte der Ansatz mehr auf die Vermittlung einer Technik hin orientiert sein, wie sich Menschen, von diesen Denkprozessen lösen können.

John Teasdale: Ich denke, Ihre Bemerkung trifft genau den Punkt. Innerhalb der kognitiven behavioralen Tradition wird meist folgende Frage gestellt: Welche Intervention wird für welchen Menschen in welchem Kontext effektiv sein? Wir erkennen, dass verschiedene Menschen unterschiedliche Bedürfnisse haben. Wenn wir nun Unterscheidungskriterien entwickeln könnten, für welche Art von Menschen welcher Ansatz der angemessenste ist, und die Methoden dann daran anpassen, bietet das vielleicht die größte Effektivität. Die andere Möglichkeit besteht darin, einen stufenweisen Ansatz zu verwenden. Wir würden damit beginnen, alle die grundlegenden Methoden zu lehren, und diejenigen, denen schon das hilft, können diese Methoden anwenden. Dann fügen wir die subtileren Veränderungen im Verstehen und in der Beziehung für diejenigen hinzu, die noch etwas mehr brauchen.

S. H. der Dalai Lama: Die Herausforderung beim zweiten, komplexeren Modell besteht darin, dass eine Sensibilität notwendig ist, welche Art von Inhalt man zur Verfügung stellen muss, weil man ja versucht, die grundlegende Lebenseinstellung eines Menschen zu verändern. So zum Beispiel, wenn eines der großen Probleme, die den Geisteszustand eines Menschen beeinflussen, das Festhalten an einer Form der Dauerhaftigkeit ist oder eine Identifikation damit. Dann hilft nur ein tieferes Erkennen der Tatsache, wie kurzlebig und flüchtig mentale Ereignisse sind. Sie kommen und gehen. Das kann als eine universelle Wahrheit erkannt werden, die keine religiöse Dimension hat und die sehr hilfreich sein kann.

Wenn sich das Festhalten eines Menschen aber vor allem auf ein starkes Selbstgefühl richtet, kann die buddhistische Lehre des Nicht-Selbst sehr wirkungsvoll sein. Aber wenn man die buddhistischen Lehren Menschen näher bringen will, die keine Verbindung zum Buddhismus haben, stellen sich sensible Fragen in Bezug auf Religion und Spiritualität.

Ihre dritte Strategie wirft eine wichtige Frage auf in Hinblick darauf, ob die traditionellen Lehren der Meditationspraxis im heutigen Kontext angepasst werden müssen. Weil das wichtigste Ziel der traditionellen buddhistischen Meditationspraktiken darin besteht, Fehlhaltungen des Geistes zu überwinden und mit destruktiven Emotionen wie Wut und Feindseligkeit umzugehen, brauchen diese zweitausend Jahre alten Übungen keine Modifikationen. Das Problem ist das gleiche und auch die Lösung oder die Therapie ist die gleiche. Aber das ist nicht der Kontext unserer aktuellen Diskussion. Wir versuchen hier, Aspekte der traditionellen Meditationspraktiken zu finden, die im Bereich der Medizin angewendet werden können. Und dabei ist die neue wissenschaftliche Forschung in der kognitiven behavioralen Therapie wirklich wertvoll. Wir können dadurch sehen, welche Elemente dieser Praxis effektiver für bestimmte gesundheitliche Zwecke adaptiert werden können.

Jon Kabat-Zinn: Das ist vielleicht ein guter Zeitpunkt, um unsere anderen Gesprächspartner mit einzubeziehen. Wir haben absichtlich verschiedene Dharma-Lehrer aus den unterschiedlichen buddhistischen Traditionen gebeten, an dieser Diskussion teilzunehmen. Darunter sind zwei wunderbare Lehrer, die viele von Ihnen kennen: Jan Chozen Bays und Jack Kornfield.

Jan Chozen Bays ist sowohl Zen-Lehrerin als auch Kinderärztin. Sie arbeitet darüber hinaus mit Menschen mit posttraumatischen Belastungsstörungen nach verschiedenen Formen von Missbrauch in der Kindheit. Sie ist also sehr vertraut mit der Dimension des Leidens, das in der Depression zum Ausdruck kommt. In gewisser Weise übernehmen die westlichen Dharma-Lehrer auch die Rolle von Therapeuten. Wie Ajahn Amaro gestern sagte, wird der Buddha auch als Arzt der Welt bezeichnet. Jan, ich denke, es könnte sehr interessant sein, im Lichte von John Teasdales Fragen über Ihre Erfahrungen zu sprechen. Sie begegnen vielen Menschen mit mentalen gesundheitlichen Problemen aus allen Bevölkerungsschichten. Finden Sie, dass Ihr Ansatz der Mediationspraxis in diesem Kontext angemessen ist, oder haben Sie den Eindruck, dass er in gewisser Weise modifiziert werden muss, um das Herz des Menschen in der Tiefe zu erreichen?

Jan Chozen Bays: Meine Erfahrung ist, dass viele Menschen, die zur Zen-Praxis kommen, depressiv sind und lange Meditationsretreats als eine Art Selbstbehandlung nutzen. Am Ende des Retreats fühlen sie sich viel besser, aber wenn sie wieder nach Hause kommen, fallen sie in die Depression zurück. Wenn ich als Ärztin Menschen behandle, die depressiv sind, empfehle ich ihnen oft, ein Medikament auszuprobieren. Sie machen sich dann vielleicht Vorwürfe, weil sie Medikamente nehmen müssen, aber ich sage ihnen dann, dass es wie bei Diabetes sei. Wenn meine Bauchspeicheldrüse kein Insulin mehr hat, ist das nicht mein Fehler. Wenn mein Gehirn Probleme in den elektrischen Schaltkreisen oder in der chemischen Zusammensetzung hat, ist das nicht mein Fehler. Wenn diese Menschen dann Medikamente nehmen, haben sie manchmal genügend Energie, um zu meditieren. Sie finden wieder etwas Hoffnung und mentale Klarheit. Die vorübergehende Erleichterung des Leidens durch Medikamente kann sie inspirieren, sich auf den Weg der Befreiung zu begeben. Dieser kombinierte Ansatz von Medikation und Meditation kann sehr gut sein.

Depression ist kein neues Problem. Im Pali-Kanon spricht Mara mit dem Buddha in der Stimme, die wir als den inneren Kritiker bezeichnen. Als der Buddha sich nach einem langen Tag der Meditation zur Entspannung hinlegt, erscheint ihm Mara und sagt: „Du bist so faul! Warum strengst du dich nicht mehr für die Befreiung an?“ Und der Buddha sagt: „Weißt du, ich lege mich hin und meditiere.“ Und dann geschieht genau das Entgegengesetzte: Als sich der Buddha in seiner Meditation sehr anstrengt, erscheint ihm Mara und sagt: „Du strengst dich zu sehr an! Du solltest dich entspannen. Du solltest dein Leben genießen, so wie es ist.“ Diese kritischen, verächtlichen, zweifelnden Stimmen im Innern des Menschen sind sehr alt und auch der Buddha hat sie erlebt.

Im Buddhismus wird der innere Kritiker als kritischer Zweifel bezeichnet und er kann unsere spirituelle Praxis zerstören. Jede religiöse Tradition kennt andere Formen des inneren Kritikers. Der katholische innere Kritiker sagt: „Du könntest sündigen und es noch nicht einmal merken!“ Der protestantische innere Kritiker sagt: „Du strengst dich nicht genügend an. Streng dich an!“, bis auch das wiederum zum Problem wird. Der jüdische innere Kritiker sagt: „Deine Mutter ist unzufrieden! Du machst etwas falsch.“ Wenn mich jemand fragt, was der buddhistische innere Kritiker sagt, denke ich, es ist Folgendes: „Also, das war kein erleuchteter Gedanke! Das war kein mitfühlendes Verhalten.“

Es ist sehr hilfreich, etwas Abstand von diesen selbstkritischen Energien zu bekommen. Ich verstehe Depression als ein Steckenbleiben in der Ersten Edlen Wahrheit. Die Menschen stecken im Leiden fest und können nicht zu der positiven Botschaft weitergehen, dass es eine Erlösung vom Leiden gibt. Der Buddha definierte die Hölle als physisches und mentales Leiden ohne Aussicht auf Erlösung. Wenn der Mensch keine Hoffnung mehr hat, ist er in der Hölle. Medikamente, elektrische Stimulation oder achtsamkeitsbasierte kognitive Therapie können den Menschen etwas Hoffnung geben, damit sie zur Zweiten, Dritten und Vierten Edlen Wahrheit weitergehen können.

Ich habe auch herausgefunden, dass jeder Aspekt des Geistes einen Kern von Wahrheit in sich trägt, selbst wenn er neurotisch geworden ist und uns krankmacht. Es gibt ein kurioses Forschungsergebnis, dass Menschen mit Depression besser darin sind, Glücksspiele vorherzusagen. Ist das nicht interessant? Wenn wir pessimistisch sind, sind wir realistischer, zumindest in Bezug auf Glücksspiele … wie auf das Leben. Wenn wir das Körnchen Wahrheit aus der Depression nehmen und es reinigen könnten, würde diese Wahrheit besagen, dass es menschliches Leiden tatsächlich gibt und wir realistisch diesbezüglich sein und ihm mit einer gewissen Geduld begegnen sollten. Menschen mit Depression haben oft eine geduldige Ausdauer. Wenn diese beiden Eigenschaften des Realismus und der Geduld verfeinert würden, könnten sie in der Meditationspraxis und im Alltag sehr nützlich sein.

Ich mache mir auch Sorgen wegen der Medien, denn ich denke, dass der menschliche Organismus darauf angelegt ist, nur ein begrenztes Maß an Leiden aufzunehmen. Für Zehntausende Jahre lebten wir in kleinen Stämmen oder Dörfern mit vielleicht ein-oder zweihundert Menschen. Aber heute werden wir von den Medien mit so viel menschlichem Leiden bombardiert. Um damit umgehen zu können und ein Leben der Freiheit und des Glücks zu leben, brauchen wir außergewöhnliche Hilfe, eine außerordentliche Medizin. Ich denke, dass der Buddhadharma diese Art Hilfe bietet und heute sehr wichtig ist.

Jon Kabat-Zinn: Jetzt sollten wir vielleicht etwas von Jack Kornfield hören, einem sehr anerkannten und angesehenen Mediationslehrer in der Theravada-Tradition. Jack, wir freuen uns, dass Sie mit Ihrer Stimme und Ihrer Weisheit zu diesem Dialog beitragen. Sie haben sehr viel Erfahrung mit Menschen, die aus verschiedenen Gründen zum Dharma kommen und die auch so etwas wie eine umfassende mentale Gesundheit suchen. Was ist der Weg dorthin und was sind Ihrer Erfahrung nach die Hindernisse?

Jack Kornfield: Ich wurde als klinischer Psychologe ausgebildet und habe diese Tätigkeit auch ausgeübt und gleichzeitig arbeite ich als Meditations-und Dharma-Lehrer. Ich hoffe, besonders aus der kontemplativen Perspektive zu unserem Dialog beitragen zu können. Natürlich können diese Bereiche nicht voneinander getrennt werden. Für viele Menschen, die eine Dharma-Übung und Anleitung in der Kontemplation suchen, ist es auch wichtig, dass Trauma, Depression, zwanghafte Sorgen oder Angst geheilt werden. Diese Probleme zeigen sich als ein natürlicher Teil der Meditationsübung.

In der Neurowissenschaft gibt es eine ständige Verfeinerung der Erkenntnisse. Wir sprechen nicht mehr nur einfach über das Gehirn. Heute können wir die Beziehungen zwischen vielen Strukturen, Bereichen und Dimensionen des Gehirns und seiner Aktivität untersuchen. Parallel dazu brauchen wir eine wachsende Verfeinerung in Bezug auf Meditation. Ich möchte unterstreichen, dass es nicht die „Meditation" gibt. Es gibt viele unterschiedliche meditative Übungen. Es gibt nicht nur einen meditativen Zustand. Es gibt Dutzende Achtsamkeitstrainings: Achtsamkeit auf den Körper; auf physische Elemente; die Sinne, die Gefühle, Gedanken, die Identität und Beziehungen. Und daneben noch die Übungen der gerichteten und ungerichteten Achtsamkeit. Es gibt hunderte Formen von Konzentrationsübungen: Visualisierungen, Mantren, Entwicklung positiver Emotionen, Kontemplationen usw. Damit sich unsere Wissenschaft entwickeln kann, müssen wir genau wissen, welches spezifische mentale Training wir untersuchen. Wir müssen auch unterscheiden, ob wir die Zustände untersuchen, die davon verursacht werden, oder die langfristigen charakterlichen Veränderungen.

In der buddhistischen Psychologie wird mentale Gesundheit einfach als eine Abnahme ungesunder Geisteszustände und eine Zunahme gesunder Geisteszustände definiert. Im Abhidharma werden 52 mentale Zustände beschrieben. Einige sind von einer negativen Qualität bestimmt, einschließlich Hass, Anhaftung, Eifersucht, Verwirrtheit, Rigidität, Abhängigkeit und Sorgen. Auf der anderen Seite stehen Eigenschaften, die die menschliche Gesundheit kennzeichnen, wobei Achtsamkeit eine der wichtigsten ist. Dazu gehören aber auch Flexibilität, Klarheit, Liebe, Furchtlosigkeit und Leichtigkeit. Das buddhistische Geistestraining oder sozusagen die damit verbundene Behandlung bringt uns aus einem nicht optimalen Zustand – dem Verfangensein in Verwirrung, Abhängigkeit, Rigidität usw. – in einen Normalzustand. Mit fortschreitender Übung erleben wir eine Zunahme gesunder Zustände und schließlich einen Zustand außergewöhnlicher mentaler Gesundheit, einen Zustand des Wohlergehens und der inneren Freiheit. Wir müssen die spezifischen Übungsmethoden für jede dieser verschiedenen Fähigkeiten untersuchen und wie sich Menschen gegenseitig helfen können, sie zu üben.

Zusätzlich zur inneren Übung ist ein weiteres Prinzip der buddhistischen Psychologie die Anwendung kollektiver Praktiken, die in einem unterstützenden Beziehungsnetz von einem Wesen zum anderen kommuniziert werden. Meine Freundin, die Schriftstellerin Anne Lamott, sagte einmal zu mir: „Mein Geist ist wie eine schlechte Wohngegend. Ich versuche, nicht allein dort hinzugehen.“ Mentale Gesundheit ist nicht in Isolation möglich. Die Verbindung zur Sangha oder Gemeinschaft und der kollektive Aspekt menschlicher Transformation sind Teil dessen, was mentale Gesundheit möglich und nachhaltig macht.

Nun möchte ich über Identifikation sprechen. Zindel sprach darüber, die starken Identifikationen mit negativen Gedanken und Gefühlen zu lösen. In der buddhistischen Psychologie gibt es zwei Arten der Identifikation. Die eine besteht darin, eine Erfahrung als eine Erfahrung des Ichs oder Selbst anzunehmen: „meine Gedanken", „mein Auto", „mein Land". Die andere ist, wie im Abhidharma beschrieben, eine vergleichende soziale Identifikation: „Ich bin besser oder schlechter als …" Die Schaffung der Identität ist ein Geheimnis und auch entscheidend wichtig für das Verstehen menschlicher Freiheit. Als Wissenschaftler wird es wichtig für uns sein zu untersuchen, wie sich Identifikation verändern kann. Es gibt eine ausgedehnte Reihe von Übungen in der buddhistischen Psychologie, um die Identifikation vom Körper, von den Emotionen, von Schmerz und von sozialen Konditionierungen zu lösen. In der Entwicklung des neuen Feldes der kontemplativen Neurowissenschaft wird es revolutionär sein, wenn wir Identifikation untersuchen: wie wir Identifikation mit dem Selbstgefühl konstruieren und wie diese verändert, gewandelt und aufgelöst werden kann.

Bei der Anwendung buddhistischer Psychologie auf die Heilung gibt es vier wichtige Dimensionen, auf die wir achten müssen und die sich auf die vier Grundlagen der Achtsamkeit beziehen. Die erste Grundlage ist die Achtsamkeit auf den Körper. Trauma, Depression und Angst werden in der Aufmerksamkeit auf den Körper gehalten und zeigen sich darin. Wenn Menschen ihre Depression oder ein Trauma beschreiben, frage ich vielleicht: „Wie erfahren Sie das in Ihrem Körper?" Ihre körperliche Aufmerksamkeit kann anfangen, Erinnerungen und Emotionen in achtsamer Weise freizugeben, und das führt zu Transformation und Erleichterung. Dann muss sich die heilende Aufmerksamkeit manchmal auf die zweite Grundlage der Achtsamkeit richten: angenehme, unangenehme und neutrale Gefühle. Welche Gefühle sind es? Wie werden sie innerlich erfahren? Wie gehen Menschen mit Verwundbarkeit, Trauer, Wut oder Angst um und wie kann das verändert werden? Manchmal liegt der Fokus auf der dritten Grundlage der Achtsamkeit: den Gedankenprozessen, kognitiven Diskussionen und der Beziehung zum Geschichten erzählenden Verstand, sei diese nun Kontraktion, Identifikation, Glaube daran oder Loslösung davon. Die vierte Grundlage ist die Achtsamkeit auf den Dharma, wodurch die Aufmerksamkeit auf die Gesetze und Prinzipien der Erfahrung gerichtet wird. Auf dieser Ebene der Achtsamkeit sehen wir die Prozesse der Konditionierung, der Unpersönlichkeit, der Unbeständigkeit und Leerheit. Wir nehmen eine größere Perspektive ein. Wenn wir die Achtsamkeit weiter wissenschaftlich untersuchen, müssen wir wissen, auf welche dieser verschiedenen Dimensionen wir uns beziehen. Wir müssen anerkennen, dass Heilung und Transformation nicht vollkommen wirksam werden können, wenn eine dieser Dimensionen ausgelassen wird. Wenn man sich nur auf den Körper bezieht oder nur auf das kognitive Denken, ohne die anderen Grundlagen einzuschließen, kommt man nicht wirklich zur Integration oder Befreiung.

Im buddhistischen Verständnis ist ein weiteres zentrales Prinzip die Betonung der Qualität der Absicht oder Motivation als Schlüssel zu den zukünftigen Resultaten unserer Erfahrung. Motivation kann sehr subtil sein. In der buddhistischen Psychologie wird Absicht in Millisekunden und sogar Mikrosekunden beschrieben. Eine gut geübte Aufmerksamkeit kann die Absicht identifizieren und ihre Beziehung zu den parallel verlaufenden mentalen Prozessen der Sinneswahrnehmung, des Wiedererkennens, der Erinnerung, Kognition und Reaktion verfolgen. Es gibt interessante Möglichkeiten zu untersuchen, wie Absicht wirkt. Ich würde gern eine Studie sehen, die zum Beispiel neurobiologisch die gleiche Handlung untersucht, wenn sie mit unterschiedlichen Absichten ausgeführt wird. Oder eine Studie der Veränderungen im Gehirn, wenn wir unsere Absichten üben und transformieren.

Wolf sprach über Schwingungen und Synchronisationen im Gehirn. Es gibt eine damit übereinstimmende innere Übung, die uns helfen könnte, diese Dimension zu verstehen. In bestimmten Klöstern gibt es ein intensives Meditationstraining, bei dem wir unsere Welt als Schwingungen wahrzunehmen lernen. Wenn die Aufmerksamkeit auf dieser Ebene sehr weit entwickelt wurde und der Geist sich konzentriert, dann wird Klang erst im Ohr und dann im Herzen als eine Abfolge von Schwingungen erfahren. Man kann sogar spüren, wenn man zu denken beginnt. Es ist wie ein kleiner Rülpser, der gleich aufsteigt. Es ist sozusagen die Schwingung eines Vorgedankens, die darauf hinweist, dass gleich ein Gedanke aus dem Unbewussten oder dem Verstand auftauchen wird. Es wäre interessant, Testpersonen zu untersuchen, die gelernt haben, absichtsvoll ihre inneren Schwingungen zu synchronisieren oder in irgendeiner Weise mit den schwingungsmäßigen Aspekten des Bewusstseins zu arbeiten.

Wenn wir über Liebe oder Mitgefühl für jemanden sprechen, vermischen wir diese Zustände oft. Aber es gibt viele Formen des Mitgefühls – liebende Güte, Freude, Dankbarkeit, Vergebung und Gleichmut – und jede hat andere Tiefen und andere Übungen. Ich würde gern eine Studie sehen, die sie differenziert. Was geschieht, wenn man depressive Menschen eine Meditation der Freude lehrt, im Gegensatz dazu, wenn man sie eine Meditation der Freundlichkeit oder eine mentale Übung der Dankbarkeit lehrt? Wir könnten diese verschiedenen kontemplativen Übungen untersuchen, um herauszufinden, welche davon in verschiedenen Situationen am effektivsten ist.

Father Keating hat über die Stille und das Schweigen gesprochen. In der buddhistischen Tradition beschrieb einer meiner Lehrer 21 Ebenen der Stille, einschließlich der Stille der Dunkelheit, der leuchtenden Stille, wobei der Körper oder der Raum sich mit Licht füllt, und Stille mit oder ohne Inhalt. Diese Zustände sind vielleicht auch mit Hirnzuständen und Charaktereigenschaften assoziiert, die wir untersuchen, unterscheiden und von denen wir lernen können. Am Wichtigsten dabei ist, dass sie auf umfassende innere Möglichkeiten hindeuten. Die westliche Psychologie hat sich so auf die Pathologie und die Heilung von Krankheiten fokussiert, dass wir unser menschliches Potential vernachlässigt haben. Ich würde gern Forschungen sehen, die hier weitergehen und die extremen Zustände mentalen Wohlbefindens und letztendlich die Natur des Bewusstseins selbst untersuchen. Aus der kontemplativen Praxis gibt es viel über das Bewusstsein zu lernen. In der Meditation können wir unsere Aufmerksamkeit vom Inhalt der Erfahrung auf das Bewusstsein selbst richten. Wir können das Bewusstsein erforschen, und lernen, wie wir die Identität vom Bewusstsein lösen können, um zu einer Art Freiheit jenseits aller Zustände zu kommen.

In der Arbeit von Zindel, Jon, Richie und anderen können wir schon viele Früchte aus den ersten Jahren der Forschungen sehen, bei denen Neurowissenschaft mit dem kontemplativen Wissen des Buddhismus zusammengebracht wurden. Ich glaube, dass die Untersuchung dieser anderen Dimensionen der kontemplativen Tradition ein kraftvolles neues Verständnis des Geistes und der mentalen Gesundheit eröffnen wird.

Alan Wallace: Ich hatte das überaus große Privileg, jahrelang mit dem Leibarzt Seiner Heiligkeit, Dr. Yeshe Dhonden, zusammenzuarbeiten. Allgemein gesagt – und ich denke, das trifft auf den tibetischen Kontext zu und war auch im klassischen Indien ähnlich – lag die Behandlung der Menschen, wenn sie körperliche Probleme oder mentale Erkrankungen hatten, vor allem in den Händen des Arztes. Für Depression und verschiedene andere Formen des mentalen Ungleichgewichts wurden Kräutermixturen verabreicht. In vielen Situationen, während der Tausenden von Stunden, die ich für Dr. Yeshe Dhonden übersetzt habe, riet er Menschen, die mit schweren psychischen Problemen zu ihm kamen, nicht zu meditieren, weil die Meditation vielleicht ihre Probleme verstärken könnte.

In einem traditionellen Kontext würde sich ein Arzt bei einem Patienten, der psychisch jenseits des Normalzustands liegt, auf die traditionelle tibetische Medizin – oder im klassischen Indien auf die ayurvedische Medizin – verlassen, um so gut wie alles zu heilen, worüber wir hier bei dieser Konferenz gesprochen haben. Ich stimme vollkommen mit Seiner Heiligkeit überein, dass es angemessen ist, achtsamkeitsbasierte Therapien in einer Weise zu adaptieren, wie sie bisher noch nicht angewendet wurden. Um das zu tun, brauchen wir Einfallsreichtum, Kreativität und ein neues Denken.

Aber ich möchte nun hier das Gebiet der Kreativität und weiteren Forschung verlassen und zu Ihrer Beschreibung, Helen, von Teilen des Gehirns zurückkommen, die mit Depression korrelieren und die sie als das Substrat der Zweiten Edlen Wahrheit bezeichnet haben. Ich wäre erstaunt, wenn irgendeine Form des Leidens, das wir erfahren, kein neurophysiologisches Korrelat hätte, kein unmittelbar vorhergehendes Ereignis, das die tatsächliche Erfahrung des Leidens ausgelöst hat. In der buddhistischen

Weltsicht wird es immer eine biologische Ursache geben, die zu menschlichem Leiden, zu menschlicher Freude usw. führt. Aber es wäre irreführend, das mit der Zweiten Edlen Wahrheit gleichzusetzen – der Ursache des Leidens. Es gibt Situationen, in denen das sehr angemessen ist; beispielsweise bei einer Hirnverletzung oder einem schweren chemischen Ungleichgewicht. In diesen Fällen ist es wahrscheinlich, dass die Veränderung der eigenen Weltsicht, der eigenen Haltung oder die Praxis der Meditation nichts nützen wird. Manchmal wird der physische Auslöser alles außer Kraft setzen, was Gesprächstherapie oder Meditation tun kann. In solch einem Fall ist die Physis die wichtigste Ursache dieses bestimmten Leidens in diesem klinischen Setting.

Für Myriaden anderer Formen der Depression oder des mentalen Ungleichgewichts besteht die Hauptursache nicht in einer Verletzung des Gehirns. Es gibt wahrscheinlich Hunderttausende von Menschen in Pakistan, die momentan depressiv sind. Sie haben eine unglaubliche Tragödie erlebt (im Jahre 2005 ereignete sich dort eine Erdbebenkatastrophe, Anm. d. Ü.). Bei jedem von ihnen könnten wir einen Hirn-Scan durchführen und Wolf könnte die Synchronisation lokalisieren und wir könnten vielleicht die Bereiche des Gehirns finden, in denen die Ursache liegt. Aber wenn wir ihnen sagten, dass sie aufgrund ihres Gehirns leiden, wäre das keine angemessene Antwort. Obwohl dort eine Ursache liegen mag, besteht die Behandlung darin, ihnen Nahrung zu bringen, ihnen beim Wiederaufbau ihrer Häuser und beim Trauern um ihre nahen Angehörigen zu helfen usw. Das ist ein Beispiel, wo die Hauptursache der Depression nicht in neuronalen Mustern, sondern bei Umweltfaktoren liegt.

In manchen Fällen mag es die Haltung, das Selbstkonzept oder die Weltsicht eines Menschen sein, die zum Auslöser der Mechanismen im Gehirn werden. Es könnte die Erziehung eines Menschen sein oder die Umgebung, in der jemand aufgewachsen ist. Ich möchte hier noch einmal auf William James, einen meiner Helden, zurückkommen. In den 1860er Jahren absolvierte er seine medizinische Ausbildung in Harvard. Er wurde Arzt, bevor er all die anderen großartigen Dinge in seinem Leben tat, die jenseits seiner medizinischen Ausbildung lagen. Aber während dieser Ausbildung wurde er gedrängt zu glauben, dass das Gehirn allein dafür verantwortlich sei, was im Geist geschieht, und dass der Geist keine übergeordnete Wirkung auf das Gehirn ausüben könne. Davon fühlte er sich vollkommen entmutigt. Er sagte, er habe das Gefühl, selbst kein Handelnder zu sein, sondern dass über ihn hinweg gehandelt würde. Er verfiel in eine tiefe, anhaltende Depression, die ihn buchstäblich katatonisch machte. Das wurde von dieser Weltsicht ausgelöst, die seine ganze Identität auf Gehirnfunktionen reduzierte, und das zu einer Zeit, in der man eigentlich gar nichts über die Funktion des Gehirns wusste. Wenn er also über Depression spricht, dann kennt er sie aus der eigenen Erfahrung. Er konnte sich aus dieser tiefen Depression nur dadurch befreien, dass er seine Weltsicht veränderte. Im Jahre 1870, da war er 28 Jahre alt, notierte er in seinem Tagebuch, er habe nach der Lektüre eines Essays des französischen Philosophen Charles Renouvier für sich erkannt, dass der freie Wille keine Illusion sei und dass er seinen Willen nutzen könne, um seinen mentalen Zustand zu verbessern. Er musste nicht Sklave eines vorbestimmten biologischen Schicksals sein, wie es ihm in seiner medizinischen Ausbildung beigebracht worden war. Er schrieb: „Mein erster Akt des freien Willens sei, dass ich an den freien Willen glaube." Von dieser Zeit an unternahm er aktive Schritte, um seine Probleme mit psychologischen Mitteln zu lösen.[79]

Helen Mayberg: Ich möchte zunächst einen Punkt in meiner Präsentation korrigieren. Mein nicht ganz nachzuvollziehender Versuch, die Depression und deren Behandlung mit den Vier Edlen Wahrheiten zu verbinden, war wahrscheinlich keine so gute Idee. Meine Verwendung von Metaphern bringt mich oft in Verlegenheit und das war wohl ein Beispiel dafür.

Was Sie sagen, ist im Grunde wahr. Wir könnten auch philosophisch darüber diskutieren: Woher wissen wir, was wir wissen? Was ist die Ursache und was ist die Wirkung? Was ist die Henne und was ist das Ei? Ist der Geist außerhalb des Gehirns? Aber ich bin wohl nicht die richtige Gesprächspartnerin für solch eine Diskussion. Als Neurologin bin ich ziemlich konkret. Ich habe versucht darzustellen, dass es eine Korrelation mit einem mentalen Zustand gibt, nicht mit einer Ursache. Das war mein

Fehler, als ich dies fälschlicherweise auf die Zweite Edle Wahrheit bezog, also die Ursache des Leidens. Es geschieht eine Einprägung im Gehirn, die uns ein Signal gibt.

„Depression" ist ein problematisches Wort. Wir glauben alle, wir wüssten, was es bedeutet, weil wir es so schnell verwenden: „Oh, ich bin so deprimiert; ich habe eine Laufmasche im Strumpf." Gleichzeitig nehmen wir an, dass die Beschreibung einer schweren Psychopathologie schon eine Definition enthält, weil wir eine beschreibende Bezeichnung gefunden haben. Dann gehen wir einen Schritt weiter, machen eine Bildaufnahme des Gehirns und können die Depression „sehen" und gehen deshalb davon aus, dass sie real ist.

In meiner Arbeit und im Zusammenhang mit diesen Gesprächen, wie wir sie jetzt führen, ist mir eines immer klarer geworden: Wenn sich das Gehirn in klar voneinander unterscheidbaren Zuständen befindet – und das *Diagnostic and Statistical Manual of Mental Disorders*[80] sagt, dass sie zur gleichen Pathologie gehören –, müssen wir vielleicht eingestehen, dass unsere Definition der Psychopathologie zu allgemein ist. Wir müssen die Natur des Leidens neu definieren, um zu verstehen, dass es vielleicht eher ein Zustand von Dukkha ist, statt einer Krankheit mit einer physischen Ursache, die so konkret wie eine Hirnverletzung ist.

Damit möchte ich nicht leugnen, dass Psychopathologie wirklich existiert oder dass die Patienten, die ich behandle, nicht an einer Erkrankung des Gehirns leiden. Ich glaube fest, dass dem so ist. Aber ich begegne auch Patienten, die sich durch fokussierte Aufmerksamkeit und die Aneignung neuer Fertigkeiten selbst aus der Krankheit befreien können. So wie es auch William James gelang, als er beschloss, seine Aufmerksamkeit von außen nach innen zu richten. Die Fähigkeit, die Aufmerksamkeit zu fokussieren, bedeutet, dass sich das Gehirn in einem anderen Zustand befindet. Vielleicht müssen wir sie als verschiedene Definitionen von Krankheit verstehen. Was ich von Ihnen allen hier gelernt habe, ist, dass wir diese Unterscheidungen vielleicht noch stärker hervorheben müssen. Dadurch können wir uns darauf fokussieren, wie wir mit uns selbst in einer Welt umgehen, in der es natürliche Ebenen von Leiden gibt. Das hilft uns aber auch, Menschen, die von ihrem Gehirn her nicht die Fähigkeit besitzen, in diese Richtung zu gehen, nicht zu stigmatisieren. Das sind zwei voneinander unabhängige Dinge.

Jon Kabat-Zinn: Ich habe hier eine Frage aus dem Publikum an Sie, Helen: „Ermöglicht die Verschiedenartigkeit oder Heterogenität der Systeme im Gehirn, die einer ‚einzigen Form von Krankheit' wie Depression zugrunde liegen und die man mit bildgebenden Verfahren sichtbar machen kann, die Voraussage, wann die Tiefenstimulation des Gehirns oder die kognitive Therapie oder medikamentöse Therapie angewendet werden sollte?"

Helen Mayberg: Ich hoffe, die Person, die diese Frage gestellt hat, wird meinen Antrag auf einen Zuschuss bearbeiten, den ich letzte Woche noch einmal eingesandt habe! Ich denke, wir verschwenden viel Zeit in der klinischen Medizin, indem wir miteinander darüber streiten, welche unserer Theorien die stärksten sind. Sobald wir festgestellt hatten, dass die Heterogenität in den Gehirn-Scans echt war, und als wir erkannten, dass wir nicht einfach dumm waren und nicht wussten, wie wir unsere Daten analysieren sollten, wurden wir in die Lage versetzt, ganz andere Fragen zu stellen. Heterogenität gibt es wirklich. Das bedeutet, dass unsere Definition der klinischen Depression nicht adäquat sein kann oder zumindest nicht genau genug. Wir können dann die Daten daraufhin anschauen, ob die Unterschiede in den Gehirn-Scans darauf hinweisen, welche Menschen am besten auf welche der Behandlungsmöglichkeiten ansprechen werden. Im Moment sieht es so aus, als ob das der Fall ist.[81] Wir sehen also einen Zustand des Gehirns als Reaktion auf einen Auslöser und in meiner Arbeit wird dieser Bereich, der zinguläre Cortex 25, zum Nexus des Problems. Wie der Rest des Gehirns auf solch einen Auslöser reagiert, als Funktion unserer frühen Lebenserfahrungen, unserer Gene und unseres Temperaments, deutet daraufhin, dass uns das Gehirn nicht die Krankheit zeigt. Das Gehirn versucht vielmehr, das Gleichgewicht wiederherzustellen. Das können wir durch verschiedene Informationen und Behandlungen unterstützen.

Denken Sie an die Metapher einer Herzerkrankung. Wir wissen alle, dass man nicht rauchen sollte und dass ein hoher Cholesterinspiegel ein Risikofaktor ist. Wir sollten Sport treiben und nicht zu viele Cheeseburger essen. Aber wenn Sie dann einen Herzinfarkt haben, ist es einfach zu diagnostizieren, dass ihr Herzmuskel geschädigt ist. Zu diesem Zeitpunkt haben sie es nicht mehr mit Eventualitäten zu tun. Stattdessen werden spezifische Untersuchungen durchgeführt, um die Natur Ihres Problems zu bestimmen und die entsprechende Behandlung daran anzupassen. Wenn zum Beispiel ein Herzkranzgefäß verstopft ist, muss es geöffnet werden. Jemand anderes, bei dem fünf Herzkranzgefäße verstopft sind, wird eine andere Art der Behandlung brauchen. Das Herz selbst sagt uns, wie wir es behandeln sollten. Sicher würden Sie gern versprechen, dass Sie mehr Sport treiben und weniger Cheeseburger essen – aber nur, wenn Sie überleben und die Operation hatten, die Sie brauchen. In der Kardiologie gibt es kein Problem, durch Untersuchungen zu klären, wie man die kurzfristige und langfristige Rückkehr zur Gesundheit optimieren kann. Beim Gehirn müssen wir den gleichen Ansatz verwenden, weil wir einen Punkt erreichen, an dem die Identifizierung des Signals im Gehirn möglicherweise sehr hilfreich sein kann. Der Zustand des Gehirns ist die Reaktion, nicht die Ursache. Das Gehirn gibt uns ein Signal, wie wir die Rückkehr zur Normalität optimieren können. Das möchten wir nun mit einer Reihe von Experimenten untersuchen.

Jack Kornfield: Ein ähnlicher diagnostischer Prozess wird sowohl in der Lehre der Meditation als auch in der Einsichtstherapie gebraucht. Wenn ein Meditationsübender zu einem Lehrer kommt, spricht er über besondere und einzigartige Schwierigkeiten, Traumata, Probleme mit Lebensumständen oder Unsicherheiten mit seinem Verstand und in seiner Persönlichkeit. Geschickte Lehrtätigkeit erfordert einen subtilen Prozess der Beurteilung, welche Intervention aus den vielen Übungen am hilfreichsten für diesen Menschen sein wird. Für Menschen mit starker Neigung zu Selbstkritik und vielen selbstverurteilenden Gedanken wird ein notwendiger Teil der Meditationsanleitung darin bestehen, sie zu lehren, wie sie mit diesen Gedanken umgehen können. Wenn wir auf dieses Problem nicht eingehen, können sie alle möglichen anderen Übungen praktizieren, aber diese selbstkritischen Gedanken werden immer wiederkehren: „Du machst es nicht richtig." Als Folge dessen werden die anderen Übungen, die sie praktizieren, ziemlich uneffektiv sein.

Jan Chozen Bays: Ich möchte vorschlagen, dass wir uns eine Intervention genauer ansehen, die ich Medienfasten nenne. Wie ich schon gesagt habe, sind wir als Organismus nicht dafür geschaffen, das Leiden der ganzen Welt aufzunehmen. Das können wir nur, wenn wir Bodhicitta und verschiedene Praxismethoden üben, die uns helfen, dieses umfassende Leiden aufzunehmen. In meiner eigenen Arbeit mit Kindesmissbrauch habe ich gemerkt, dass ich als Ausgleich für das Leiden, mit dem ich in Berührung kam, die Stunden verringern musste, die ich mit Opfern von Kindesmissbrauch zubrachte, und meine Stunden der Meditationspraxis erhöhen musste.

Ich habe das Medienfasten mit einigen meiner Schüler ausprobiert und es war sehr hilfreich. Entweder nähren oder verletzen wir das Gehirn mit dem, was wir durch unsere Sinne aufnehmen. Wenn wir so viel mehr Leiden und menschliche Grausamkeit aufnehmen, wenn wir zum Beispiel unsere jungen Männern das Töten lehren und damit das wichtigste Gebot aller Religionen brechen, dann tun wir dem gesamten menschlichen Organismus etwas Schlimmes an. Im Kloster sehe ich kein Fernsehen, aber wenn ich in Hotels bin, schon. Mein Mann sagt oft: „Schalt ihn bitte aus!", aber es hilft mir zu verstehen, wovon alle anderen reden. All die Gewalt, die durch das Fernsehen in unseren Geist und in unser Herz strömt, ist wirklich eine schreckliche Nahrung, besonders für Kinder. Und dann lehren wir unsere jungen Männer, die Zwanzig-und Dreißigjährigen, die die zukünftige Welt prägen werden, das absichtsvolle Töten ... Sobald wir mit Absicht einen anderen Menschen töten können, werden wir natürlich auch lügen, stehlen, Menschen quälen und den Besitz anderer zerstören können. Von da an geht es abwärts. Ich denke also, dass das Gegenmittel des Medienfastens eine sehr kraftvolle Behandlung für unsere individuelle und kollektive mentale Gesundheit sein kann.

Mich beschäftigt noch ein anderes Thema. Wir sind sehr gut in der Behandlung von Krankheiten wie Depression durch unsere Erforschung von Medikamenten und durch die kognitive behaviorale Therapie und die Gehirnstimulation. Es ist wunderbar, dass die moderne Medizin das tun kann, aber es führt zu einer subtilen Erwartungshaltung, dass alles Leiden letztendlich durch Technologie und medizinische und biochemische Mittel gelindert werden kann. Ich denke, wir müssen zwischen der relativen Linderung des Leidens und der letztendlichen Linderung des Leidens unterscheiden. Die relative Linderung des Leidens ist richtigerweise Aufgabe der Medizin und deren Wert dürfen wir nicht unterschätzen. Sie ist eine große Errungenschaft, auch aus dem Grund, weil sie uns Menschen schließlich ermöglichen kann, zu dem überzugehen, was wir vielleicht als die letztendliche Linderung oder Überwindung des Leidens bezeichnen können, und das ist der spirituelle Weg.

Helen Mayberg: Ich möchte das unterstützen, was Sie hier einbringen. Die Patienten, die wir mit tiefer Gehirnstimulation behandelt haben, halfen mir am ehesten, diese Dynamik zu verstehen. Durch die Stimulation haben wir ihnen geholfen, an den Punkt zu kommen, an dem sie wieder am Leben teilnehmen können und ein Gewahrsein haben, das sie vorher nicht hatten. Ich würde nicht so weit gehen zu sagen, dass die Stimulation die Quelle des Gewahrseins ist, aber sie bringt den Rest des denkenden Gehirns, des selbst-bewussten Gehirns in ein Gleichgewicht, und diese Patienten erkennen, dass sie selbst aktiv werden müssen. Als Ärzte können wir dafür sorgen, dass unsere Patienten wissen, wir leiten sie auf einem Weg an und helfen ihnen, an einen bestimmten Punkt zu kommen. Aber dann geben wir sie an andere Lehrer weiter, die sie auf dem Weg weiterbringen. So lindern wir das Leiden aus medizinischer Perspektive und verbessern auch das Wohlbefinden aus einer spirituellen Perspektive. Die Patienten müssen die Erwartung haben, dass wir sie in den Normalzustand zurückbringen können.

Jack Kornfield: Ich würde es begrüßen, wenn das nächste *Diagnostic and Statistical Manual of Mental Disorders* über die Pathologie hinaus erweitert werden würde. Die neueste Bearbeitung sollte einen ganzen Bereich über das menschliche Potential und über hohe Stufen des Wohlbefindens beinhalten. Wir sollten unseren Blick weiten, sowohl individuell als auch kollektiv. Was ist eine weise Gesellschaft und was ist ein weiser Mensch in einer weisen Gesellschaft? Es gibt Möglichkeiten des tiefen inneren Friedens, der Freude, Kreativität und Freiheit – bemerkenswerte Dimensionen mentaler Gesundheit, auf die all unsere gemeinsame Arbeit hindeutet.

Zindel Segal: An das anknüpfend, was Jack gesagt hat, möchte ich noch hinzufügen, dass wir emotionale Probleme oft als Episoden bezeichnen. Etwas beginnt, wir erleben eine schwierige Zeit und dann endet es und wir sind wieder der, der wir sind. Wenn wir den tatsächlichen Lebensweg von Menschen betrachten, dann gibt es viele Episoden, die beginnen und enden. Einige Menschen mit Depression können sich aber nie ganz davon befreien und werden immer kleinere Schwierigkeiten damit haben.

Wir sehen heute, dass es keine Episoden sind, sondern chronische Probleme, die eine andere Behandlung brauchen, als dass nur eine Episode beendet wird. Wir können die Menschen darin unterstützen, ihr ganzes Leben lang Wege der Selbstfürsorge zu praktizieren. Sie können ein mentales Training üben, auch dann, wenn sie keine Symptome spüren. Sie können Veränderungen in ihrer Lebensweise vornehmen, wie beispielsweise vermehrt Sport treiben, auch dann, wenn sie nicht unbedingt abnehmen müssen. Das sind Beispiele, wie wir Verantwortung für unser eigenes Wohlbefinden übernehmen können. Meditationsübung ist ein wichtiger Teil dessen, neben anderen Ansätzen, die auch förderlich sind, wenn keine akute Krankheit vorhanden ist.

Jon Kabat-Zinn: Das bezieht sich auf das, was Alan über die Veränderung der Haltung gesagt hat. Unser ganzes Leben in Bezug auf sportliches Training oder Ernährungsweise kann sich verändern. Dann heißt es nicht: „Ich mache jetzt eine Diät", sondern: „So esse ich einfach und das sind die Dinge, mit denen ich mich selbst nähre." Dazu gehört auch die

Nahrung, die wir durch unsere Augen und Ohren, durch das Fernsehen, die Zeitung und unsere Beziehungen aufnehmen.

John Teasdale: Ich sehe eine Spannung zwischen dem, was wir vielleicht als Meditationslehrer tun – wenn wir den Luxus haben, dass Menschen zu uns kommen, die wir persönlich kennen –, und was wir auf der Ebene der öffentlichen Gesundheit bedenken müssen. Wenn wir die Idee ernst nehmen, dass potentiell Millionen von Menschen von diesen Methoden profitieren könnten, dann haben wir diesen Luxus nicht. Wie können wir mit dieser Spannung kreativ arbeiten? Sicher ist ein Weg Jons Ansatz der achtsamkeitsbasierten Stressreduktion, bei dem man in der Tat für alle das gleiche Programm benutzt.

Jon Kabat-Zinn: Mit kleinen Modifikationen für jeden.

John Teasdale: Ja, aber im Grunde ist es ein Modell. Mir scheint, dass es eine Spannung ist, mit der wir sehr fruchtbar leben können. Es wäre hilfreich, wenn wir es irgendwie schaffen, an der Fülle und Weisheit aus der Arbeit mit Einzelnen festzuhalten, und dies in einer Weise anzupassen, so dass Millionen von Menschen davon profitieren können.

Jon Kabat-Zinn: Das Schöne an Dialogen wie diesen ist, zu sehen, dass verschiedene Ansätze nötig sind, um mit der innewohnenden Heterogenität von Erkrankungen – oder Zuständen des Geistes und Gehirns innerhalb einer Erkrankung – umzugehen. Wie Seine Heiligkeit sagte, eines der besonderen Merkmale unserer Spezies besteht darin, dass wir alle so unterschiedlich sind und trotzdem so ähnlich.

Die Frage ist also, ob wir tatsächlich Interventionen gestalten können, die von den Übenden ständig selbst neu angepasst werden können, wenn sie sich auf dem Weg zu einem höheren Wohlbefinden entwickeln? In meiner Erfahrung bieten MBSR und MBCT diese Möglichkeit und kombinieren somit das Allgemeine und das Spezifische. Dadurch können sie auf einer breiten Ebene der öffentlichen Gesundheit funktionieren und potentiell

Millionen von Menschen helfen. Können wir als klinisch Arbeitende und als Lehrer eine Sensibilität entwickeln, die über die normale, grundlegende Sensibilität hinausgeht? Können wir dadurch eine tiefere Weise des Seins und Sehens entwickeln, die mit ähnlichen Fähigkeiten und Qualitäten in anderen Menschen, beispielsweise in unseren Patienten, resoniert? Und können wir dabei sowohl ihr Leiden als auch ihren Genius oder ihre wahre Natur erkennen, ihre Fähigkeit, etwas in sich selbst zu erkennen, das schon in Ordnung und immer schon ganz ist?

Jan Chozen Bays: Eines der ersten Bücher, die über die Verwendung von Medikamenten bei Depression erschienen, war *Listening to Prozac.*[82] Als ich dieses Buch las, beeindruckte mich vor allem eine Patientin, die ihr ganzes Leben lang depressiv gewesen war, bevor sie die Medikamente einnahm. Sie durchlebte eine Veränderung und sagte zu ihrem Arzt: „Das bin ich wirklich. Jetzt bin ich wirklich ich." Und ich dachte, woher weiß sie das? Viele Menschen machen diese Erfahrung während der Meditation: „Ja, das ist mein wahres Wesen, das bin ich wirklich!"

Das machte mich neugierig. Wenn wir unsere Methodik so entwickeln würden, dass die Menschen ihren mentalen Zustand durch Medikation verändern könnten oder indem sie auf einem Stimulator auswählen könnten, in welchem mentalen Zustand sie sein möchten, dann stellt sich die Frage: Was würden sie wählen? Würden sie sich entscheiden, etwas traurig zu sein, weil ihnen das bekannt ist? Würden sie den neutralen Zustand wählen, weil er ausgeglichen ist? Oder würden sie den glücklichen Zustand wählen? Eine Psychiaterin erzählte mir, dass sie ihren Patienten erlaubt, ihre Medikation selbst zu verändern, und sie entscheiden sich für das Glücklichsein. Das stimmt mit der Aussage Eurer Heiligkeit überein, dass jeder nach Glück sucht.

Zwischenprogramm

Vorbereitung auf die 4. Sitzung

Zwischen der Sitzung am Morgen und am Nachmittag besuchte S. H. der Dalai Lama den Präsidenten der Vereinigten Staaten im Weißen Haus. In dem Zwischenprogramm, das von Richard Davidson moderiert wird, hält Alan Wallace einen Vortrag über die buddhistische Wissenschaft des menschlichen Aufblühens (flourishing), der menschlichen Entfaltung, und fokussiert sich dabei auf drei Themen: soziale Entfaltung in Beziehung zur Gesellschaft und der Umwelt, psychische Entfaltung durch Kultivierung der vier Aspekte mentaler Ausgeglichenheit und spirituelle Entfaltung durch erfahrungsmäßige Einsicht in das Wesen des Gewahrseins selbst [„Flourishing" ist zu einem zentralen Konzept oder Ziel der positiven Psychologie geworden und bezeichnet die Dimension menschlichen Seins jenseits bloßen Funktionierens oder Existierens. Im Folgenden wird er durch den deutschen Begriff „Entfaltung" wiedergegeben.]. Danach wird das Gespräch eröffnet, um Fragen aus dem Publikum zu beantworten.

~

Richard Davidson: Uns erwartet heute Nachmittag ein wunderbares Geschenk. Alan Wallace, Mitglied des Leitungsgremiums des Mind and Life Institute war für mehr als ein Jahrzehnt buddhistischer Mönch, bevor er in die USA zurückkehrte und an der Stanford University Religionswissenschaften studierte. Seit Beginn der Mind and Life-Dialoge ist Alan ein wichtiger Mitwirkender. Er war Mitarbeiter, Partner, Übersetzer und immer jemand, der uns in unserer Forschung inspiriert, herausgefordert und provoziert hat.

Alan kannte die Mönche, die in den Hügeln um Dharamsala lebten und die wir zu Beginn unserer Arbeit vor mehr als zehn Jahren mit Francisco Varela besuchten, sehr gut aus seiner Zeit als Mönch in Indien. Ohne das Vertrauen, das diese Menschen Alan entgegenbrachten, hätten wir nie mit dieser Forschungsarbeit beginnen können. Mit einer tiefen Verbeugung der Dankbarkeit bitte ich nun Alan, über die buddhistische Wissenschaft der menschlichen Entfaltung zu sprechen.

Alan Wallace

Die buddhistische Wissenschaft der menschlichen Entfaltung

Die traditionelle Meditationspraxis des Buddhismus hat sich nicht entwickelt, um vorübergehenden Schmerz und zeitweises Leiden zu überwinden, sondern um ein eudämonistisches oder tiefes, glückliches Wohlbefinden zu kultivieren. Das wird in integrativer Weise getan, durch die Transformation der eigenen Wirklichkeitssicht, durch meditative Übungen und die Kultivierung einer ethischen, altruistischen Lebensweise. Dabei kultiviert man durch Ethik soziales Wohlbefinden, durch Meditation psychisches Wohlbefinden und durch kontemplative Einsicht spirituelles Wohlbefinden. In der modernen Welt wird Wissenschaft oft als die einzige Möglichkeit dargestellt, Wissen über die natürliche Welt zu sammeln. Obwohl die Wissenschaft große Erfolge in Bezug auf die objektive Welt von Materie und Energie vorzuweisen hat, haben buddhistische Theorien und Praktiken der Meditation viel dazu beizutragen, das Wesen und die Möglichkeiten des Bewusstseins zu verstehen und die Entfaltung des Menschen zu unterstützen.

~

Wenn wir bisher über die Wissenschaft der Meditation gesprochen haben, meinten wir insbesondere die wissenschaftliche Untersuchung der Meditation. Wir sprachen über ihre Wirkung auf das Gehirn und die Gesundheit, die klinischen Anwendungen bestimmter Meditationsformen, der Achtsamkeitspraxis und ihrer vielen positiven Effekte in unzähligen Bereichen. Es könnte aber die Frage aufkommen: „Was ist eigentlich mit den Buddhisten? Wie nutzen sie die Meditation?" Wir konnten auf dieser Konferenz schon erfahren, dass Meditation traditionell nicht dazu verwendet wurde, um klinische Depression oder körperliche Leiden zu heilen. Ich möchte hier nun über eine buddhistische Wissenschaft der Meditation sprechen, was Seine Heiligkeit der Dalai Lama oft als eine buddhistische Wissenschaft des Geistes beschrieben hat, besonders in Hinblick auf ihre Rolle beim Erreichen immer tieferer Erfahrungen der menschlichen Entfaltung.

Ich spreche dabei aus einer ganz bestimmten Tradition. Der Buddhismus ist 2500 Jahre alt und wurde in vielen verschiedenen Kulturen assimiliert – in Korea, Afghanistan, der Mongolei, Südostasien usw. Ich kann unmöglich für all diese vielen Schulen sprechen, deshalb spreche ich über die buddhistische Wissenschaft der Meditation im Besonderen aus der Nalanda-Tradition heraus, einer Strömung des Buddhismus, die Seine Heiligkeit vielfach als für die moderne Welt sehr relevant bezeichnet hat.

Nalanda war eine große Klosteruniversität, die ihre goldene Zeit vor ungefähr 1000 bis 1500 Jahren erlebte. Im fünften Jahrhundert war sie beispielsweise eine etablierte Universität mit etwa zehntausend Studenten, einem Kollegium von etwa eintausend Lehrern und einer zentralen Bibliothek mit elf Stockwerken. Es konnten dort fünf größere und fünf kleinere Wissensbereiche studiert werden, nicht nur Buddhismus, sondern verschiedene spirituelle, philosophische und erkenntnistheoretische Traditionen, Meditation, Poesie und darstellende Kunst und vieles mehr. Die Liste der Studienfächer war lang. Es war wirklich eine lebendige Universität und ein Anziehungspunkt für Studenten aus ganz Asien.

Vom 8. Jahrhundert bis zum 13. Jahrhundert kamen auch Generationen von Tibetern nach Nalanda. Sie überquerten den Himalaja, um die indische buddhistische Zivilisation kennen zu lernen. Sie brauchten ungefähr 500 Jahre, um sie nach Tibet zu bringen. Als dieser Prozess abgeschlossen war, ereignete sich in Indien eine Art Genozid und all diese Klöster wurden zerstört. Die Nalanda-Tradition wurde seitdem jahrhundertelang in Tibet bewahrt und weiterentwickelt. Die heutige Tragödie in Tibet war ein Rückschlag, aber die entsprechenden Klöster wurden wieder aufgebaut, einige in Indien, doch zu meiner Freude konnten einige auch wieder in Tibet aufgebaut werden. Ich möchte meine Ausführungen mit einem Zitat des Dalai Lama beginnen: „Ich glaube, dass der Sinn unseres Lebens die Suche nach

Glück ist. Ob man an Religion glaubt oder an die eine oder andere Religion glaubt, wir suchen alle etwas Besseres im Leben. Ich denke, dass sich unser Leben in Richtung Glück bewegt."[83] Nicht nur der Dalai Lama teilt diese Sicht. Sie ist ein Merkmal der buddhistischen Tradition als Ganzes und wir finden sie auch im Christentum und anderen spirituellen Traditionen: der Sinn des Lebens liegt im Streben nach Glück. Das ist ein ziemlich glücklich machender Gedanke. Dann stellt sich aber die Frage, welche Art von Glück wir meinen. Wenn Augustinus, Thomas von Aquin, der Buddha, der Dalai Lama und so viele andere große Heilige der Menschheitsgeschichte davon sprechen, dass Glück der Sinn des Lebens ist, was meinen sie damit? Es gibt bei diesem Thema eine Übereinstimmung zwischen dem klassischen Griechenland, dem Buddhismus und der modernen Psychologie. Sie unterscheiden alle das, was man im Feld der positiven Psychologie als hedonistische Freude oder hedonistisches Wohlbefinden beschreibt. Das Streben nach Glück in diesem Sinne kann als Streben nach angenehmen Stimuli verstanden werden. Was uns im Sinne der hedonistischen Freude glücklich macht, sind Menschen, mit denen wir gern zusammen sind, eine bestimmte Umgebung, eine Arbeit, medizinische Versorgung, eine bestimmte Menge Geld auf der Bank, die Anzahl unserer Kindern, gute Gesundheit, bei einigen Menschen auch Drogen – Stimuli, die uns in einen Zustand der Freude versetzen oder zumindest unser Leiden lindern. Es ist die Suche nach angenehmen Stimuli bei gleichzeitiger Vermeidung unangenehmer Stimuli. Das Streben nach Glück in diesem Sinne können wir mit der Jäger-und-Sammler-Phase der Zivilisation in Verbindung bringen, als die Menschen in kleinen Gruppen lebten und auf der Suche nach Nahrung umherwanderten, um Dinge zu finden, die angenehm waren. Metaphorisch gesehen ist das ein Ansatz, der besagt: Geh raus in die Welt und finde, was dich glücklich macht; und dann halte um alles in der Welt daran fest.

Ich denke nicht, dass der Dalai Lama oder ein anderer der großen Heiligen der Menschheitsgeschichte sich vor allem darauf fokussierten. Ihnen ging es um etwas, das die moderne Psychologie als eudämonistisches Wohlbefinden bezeichnet, abgeleitet vom griechischen Wort *eudaimonia*, eine Seinsweise, die uns ein wachsendes Gefühl der Erfüllung und des Sinns gibt. Ich würde das Streben nach eudämonistischem Wohlbefinden als das integrative Streben nach innerem Glück beschreiben, nach einem Wohlbefinden, das aus dem Inneren kommt, aus den Qualitäten unseres Herzens, unseres Geistes und unseres Gewahrseins. Das integrative Streben nach innerem Glück hängt nicht davon ab, dass wir angenehme Erfahrungen machen. Es ist mit dem Streben nach Wahrheit und dem Verstehen der Natur der Wirklichkeit verbunden. Es ist verbunden mit dem Streben nach Tugenden, die wir alle wertschätzen, ob wir religiös sind oder nicht, Qualitäten wie Mitgefühl, Empathie. Großzügigkeit usw.

Eudämonistisches Wohlbefinden ist nicht etwas, nach dem wir im Außen suchen könnten. Wir finden es nicht dadurch, dass wir dem richtigen Menschen begegnen, in den richtigen Umständen leben oder das großartige Haus und das schicke Auto bekommen. Wir kultivieren es, deshalb verwende ich die Ackerbau-Phase der menschlichen Zivilisation als Analogie dafür. Diese Phase ist dadurch gekennzeichnet, dass eine größere Gruppe von Menschen zusammenlebt und Zeit mit der Kultivierung der Erde verbringt, statt sich einfach nur etwas aus der Natur zu nehmen. Ein kleinerer Abschnitt Land kann dann eine größere Anzahl von Menschen ernähren.

Das Wort für Meditation, im Sanskrit *bhavana*, bedeutet „zu kultivieren". Es hat keine esoterische, mystische oder okkulte Bedeutung. Meditation heißt, dass wir unser Herz und unseren Geist kultivieren. Das Wort *citta* in Sanskrit und Pali oder *sem* im Tibetischen steht für Herz und Geist gleichermaßen. Wenn wir Mitgefühl kultivieren, kultivieren wir unser Citta. Es ist nicht von unserem Sein verschieden.

Das Wohlbefinden, das von innen kommt, ist ein Zeichen für einen ausgeglichenen, gesunden, ganzheitlichen Herz-Geist. Und das ist unabhängig von angenehmen äußeren Stimuli und selbst inmitten vollkommen neutraler Einflüsse möglich, einfach nur beim Stillsitzen in einem Raum, und wir können es selbst bei unangenehmen Stimuli erfahren.

Ist es möglich, in schwierigen Zeiten zu wachsen? Ist es möglich, ein Gefühl des eudämonistischen Wohlbefindens, ein Gefühl von Sinn und Erfüllung zu erfahren, sogar in Zeiten von Not und Krankheit? Wir haben viel darüber gehört, wie Meditation Krankheiten lindern kann, und das ist wunderbar. Aber was ist mit den Krankheiten, die nicht zu heilen sind? Was ist mit Krankheiten, die zum Tode führen, wo der Arzt sagt: „Wir können Ihnen nicht mehr helfen. Sie werden sterben." Können wir im Angesicht des Todes wachsen?

Der Sanskrit-Begriff *dharma* hat in verschiedenen Kontexten unterschiedliche Bedeutung, aber als ich einen meiner tibetischen Lehrer vor langer Zeit fragte, was Dharma bedeutet, sagte er, dass damit die Kultivierung eines bleibenden Zustands des Wohlbefindens gemeint sei. Dieser Zustand hat seinen Ursprung im Inneren. Dharma beschreibt zudem die Linderung des Leidens durch die Überwindung der inneren Ursachen des Leidens, das Streben nach echtem, eudämonistischem Wohlbefinden.

Als Nalanda vor mehr als 1500 Jahren gegründet wurde, konnte es sich schon auf eine reiche und weit entwickelte Tradition berufen. Der Buddha lebte vor 2500 Jahren; die Universität schöpfte also nicht mehr nur aus der Verwirklichung, Erfahrung und der Lehre des Buddha selbst, sondern aus den Erkenntnissen von Philosophen, Kontemplationsübenden und verschiedenen Gelehrten in den tausend Jahren nach seinem Tod. Sie schöpfte aus einer zu diesem Zeitpunkt schon alten buddhistischen Zivilisation. Es gab auch eine reiche kontemplative Tradition, die bis in die Zeit vor Buddha zurückreicht, vor allem in Bezug auf die Übung der Aufmerksamkeit. Der Buddha selbst schöpfte aus Praktiken, die schon Generationen vor ihm entwickelt worden hatten. Die Nalanda-Tradition hat also eine beeindruckende intellektuelle Tradition, die empirisch und interdisziplinär war. In ihrem Zentrum stand aber immer der Dharma, also die Kultivierung echten, eudämonistischen Glücks, oder Befreiung, wie es Seine Heiligkeit nennt.

Der Rahmen dieser fein gegliederten und vielschichtigen Praxis beinhaltet drei Aspekte. Der eine ist Theorie oder Weltsicht. Eine Theorie ist immer eine Art und Weise, die Wirklichkeit aus einer gewissen Perspektive zu betrachten, sei diese nun ein religiöser, philosophischer oder wissenschaftlicher Standpunkt. Unser Standpunkt befindet sich immer außerhalb der Theorie. Die buddhistische Theorie zum Beispiel ist eine Art und Weise der

Wirklichkeitsbetrachtung, die sich aus einer immer tieferen kontemplativen Erfahrung speist und auch die eigene empirische Untersuchung fördert.

Ein großer Teil der buddhistischen Theorie scheint der wissenschaftlichen Weltsicht sehr fremd zu sein, deshalb ist es sehr leicht, sie als eine metaphysische Sicht abzutun. Wenn wir zum Beispiel über die klinischen Anwendungen der Meditation sprechen, sagen wir: „Lassen wir die metaphysischen Fragen beiseite." Aber das Wort „metaphysisch" ist interessant, nicht wahr? Metaphysisch impliziert, dass es über das Physische hinausgeht und zudem nicht empirisch ist und nicht auf Erfahrung beruht. Diese Aussage erfolgt aber von einem Standpunkt aus; es ist keine Aussage, die aus dem Nichts kommt. Sie basiert auf den vierhundert Jahren seit der wissenschaftlichen Revolution, deren Ausrichtung vor allem physisch war. Kopernikus richtete seine Aufmerksamkeit nicht nach innen, um den Bereich des Bewusstseins zu erforschen, sondern nach außen, auf die Phänomene der Sterne und Planeten. In den ersten dreihundert Jahren war die wissenschaftliche Aufmerksamkeit fast völlig nach außen gerichtet.

Die wissenschaftliche Untersuchung des Geistes begann erst dreihundert Jahre nach Kopernikus. Zwischen 1870 und 1900 versuchten die Wissenschaftler einen empirischen Ansatz zu entwickeln, um geistige Phänomene zu verstehen, und das nannten sie Introspektion. Das war nicht besonders erfolgreich. Um das Jahr 1910 gaben sie auf, sich mit subjektiven Phänomenen zu beschäftigen, sie erkannten, dass sie darin nicht besonders gut waren. Danach begann der Behaviorismus seinen Siegeszug. Verhalten ist physisch; damit können wir umgehen. Heute haben wir die kognitive Psychologie, viele weit entwickelte Methoden, um den Geist durch das Verhalten zu untersuchen, und diese großartige Neurowissenschaft, die geistige Phänomene anhand ihrer neuronalen Korrelate untersucht. Aber die Tatsache, dass wir dreißig Jahre lang die Introspektion wissenschaftlich ausprobiert haben, nicht gut darin waren und deshalb damit aufhörten, bedeutet nicht unbedingt, dass auch andere keine Fortschritte dabei erzielt hätten.

In den 2500 Jahren der Geschichte der buddhistischen Tradition wurde nie eine Theorie des Gehirns entwickelt, ganz zu schweigen von einer Wissenschaft des Gehirns. Dafür gibt es einen guten Grund. Wenn Sie Ihre

Aufmerksamkeit schärfen, ein Experte mit zehntausend oder gar vierzigtausend Übungsstunden in der Introspektion werden und eine Dimension des Geistes nach der anderen erforschen und eine Ebene des Unbewussten nach der anderen durchdringen, dann ist das Einzige, was Sie nicht finden, das Gehirn. Wir können mittels Introspektion nicht so tief in unser Unbewusstes eindringen, auf so subtile Weise zum Wesen der mentalen Prozesse vordringen, dass wir den Hippocampus oder die Amygdala oder den limbischen Bereich oder den präfrontalen Cortex entdecken. Sie erscheinen einfach nicht. Der Buddhismus verfügt über sehr ausgefeilte, wortgewaltige Theorien über die Natur des Geistes, aber er hat keine Theorien über das Gehirn. Doch wurde der Buddhismus sehr gut in der differenzierten, disziplinierten, geübten, introspektiven Untersuchung geistiger Phänomene.

Aus buddhistischer Perspektive nehmen Seine Heiligkeit und die traditionellen Buddhisten, einschließlich der Mönche und Nonnen hier im Publikum, die Aussagen der Wissenschaftler über das Gehirn im Vertrauen an. Ich denke, das ist ein wohl verdientes Vertrauen, ein Vertrauen, das ich teile. Aber aus buddhistischer Perspektive liegt alles, was wir hier über das Gehirn gehört haben, außerhalb unserer Erfahrung, wenn wir nicht bereit sind, viele Jahre disziplinierter andauernder Beschäftigung mit der Neurowissenschaft zu investieren, bis dieses Vertrauen zu Wissen wird. Für Buddhisten ist es „meta-mental" – das ist das tibetische Wort für metaphysisch, wenn man es wieder ins Englische zurückübersetzt.

Denn was meinen wir eigentlich mit metaphysisch? Es ist das, was die Wissenschaft bisher noch nicht untersuchen konnte. Im späten 19. Jahrhundert war die Natur der Atome eine metaphysische. Chemiker und Physiker hatten ihre Theorien, aber sie waren metaphysisch, weil es keine empirischen Experimente gab, um herauszufinden, welche dieser Theorien richtig waren, beziehungsweise ob überhaupt eine davon zutraf. Die Technologie gab es noch nicht. Wir, die wir im Fischglas der westlichen Zivilisation leben, können leicht annehmen, dass das Metaphysische eine ontologische Kategorie irgendwo da draußen ist und in der Luft herumschwirrt. Ist das, was für uns metaphysisch ist, auch notwendigerweise für jeden anderen metaphysisch? Vielleicht nicht. Vielleicht wurden in 2500

Jahren direkter Untersuchung einige Entdeckungen gemacht, die metaphysisch erscheinen, aber in der buddhistischen Tradition völlig empirisch geworden sind. Sie sind nur insofern metaphysisch, dass wir sie nicht mit den Instrumenten der Technologie messen können.

Die Theorie ist das Bezugssystem, das aus der eigenen spirituellen Praxis erwächst und diese auch unterstützt. Dann gibt es einen zweiten Aspekt, die Meditation selbst. In einer buddhistischen Wissenschaft der Meditation ist dieser Aspekt das Wichtigste, das ist der empirische Test. Zur Meditation gehören Übungen der Transformation des Geistes, zur Untersuchung der Welt der Erfahrungen und zur Untersuchung der Natur des Geistes und dessen Beziehung zum Körper und zur Umgebung. Und das Dritte ist die Lebensführung. Es gibt Lebenshaltungen, die die Kultivierung des Herzens und des Geistes unterstützen und damit übereinstimmen, und es gibt Lebensführungen, die der Meditation widersprechen. Theorie, Meditation und Lebensführung sind zutiefst miteinander verwoben. Sie sind voneinander abhängig und alle drei sind unerlässlich.

Wie Ajahn Amaro schon hervorgehoben hat, besteht der Kern der buddhistischen Praxis aus drei Teilen: Ethik, Praxis oder Geistestraining und Weisheit. Ethik ist die Grundlage: eine Lebensführung, die zu sozialem und ökologischem Gleichgewicht beiträgt, damit wir in Harmonie mit den Menschen und unserer natürlichen Umwelt leben können. Ohne Ethik könnten wir nicht leben; es würde zu Anarchie, Chaos und Leid führen.

Meiner Ansicht nach ist die Ethik das Fundament jeder spirituellen Praxis und ganz sicher der buddhistischen Praxis. Auf dieser Grundlage gibt es einen ganzen Bereich von Übungen, die unter der Überschrift Samâdhi zusammengefasst werden können, was so viel bedeutet wie „fokussierte Aufmerksamkeit". Allgemeiner gesprochen hat es mit geistiger Ausgeglichenheit zu tun, mit der Entwicklung von außergewöhnlichen Ebenen geistiger Gesundheit. Dadurch ist psychisches Wachstum möglich, wir können außerordentlich gesund werden, und auf dieser Grundlage nutzen wir unsere außerordentlich gesunde, ausgeglichene, fokussierte Aufmerksamkeit für die Kultivierung von Weisheit. In dieser Kultivierung von Weisheit finden wir die tieferen Ebenen von Eudaimonia und in diesem Bereich der spirituellen Entfaltung finden wir die Befreiung, von der Seine Heiligkeit spricht.

Das ist wirklich nur ein kleiner Überblick. Jeder dieser drei Bereiche kann als eine Wissenschaft verstanden werden, die wir völlig empirisch sehen können, ohne jedes Dogma, ohne ein Glaubenssystem, das man annehmen müsste. In seinem Buch *Das Buch der Menschlichkeit* [84] hat Seine Heiligkeit mit großer Wortgewandtheit und Tiefe über eine buddhistische Wissenschaft der sozialen Entfaltung geschrieben, die sich auf ethischem Verhalten gründet. Welche Arten des Verhaltens sind im Einklang mit der ökologischen, sozialen, psychischen und spirituellen Entfaltung von uns selbst und anderen? Welches Verhalten steht im Widerspruch zum eudämonistischen Wohlbefinden von uns selbst und anderen? Dazu hat der Buddhismus viel zu sagen.

Es gibt eine buddhistische Wissenschaft der psychischen Entfaltung, außerordentlich viele Informationen über geistige Ausgeglichenheit, mit vielen Dutzenden von meditativen Übungen. Es gibt eine enorme Vielfalt an verschiedenen Formen des meditativen Trainings, einige richten sich auf Erforschung und Untersuchung, anderen geht es um Transformation oder Ausgeglichenheit. Ein Aspekt der psychischen Entfaltung ist die konative Ausgeglichenheit, was sich auf Wünsche und Absichten bezieht. Wie kultivieren wir Wünsche, die mit dem Wohlbefinden von uns selbst und anderen übereinstimmen? Wie können wir nach und nach die Wünsche, Absichten und Motivationen loslassen oder verringern, die destruktiv auf das Wohlbefinden von uns selbst und anderen wirken? Das ist an sich schon eine Wissenschaft und sie erfordert eine Art übergeordneter Willenskraft, ein Gewahrsein der verschiedenen Arten von Wünschen und Absichten, die in unserem Geist erscheinen.

Dann gibt es noch den ganzen Bereich der Ausgeglichenheit der Aufmerksamkeit, der mit der ADHD (Aufmerksamkeitsdefizit-Hyperaktivitätsstörung) beginnt und bis zu den höchsten Formen des Samâdhi reicht. In der Kultivierung dieser Ausgeglichenheit wird ein Ungleichgewicht in der Aufmerksamkeit aufgrund von Aufmerksamkeitsmangel oder Hyperaktivität überwunden. Es gibt eine außerordentlich reiche Sammlung von

Theorien und Übungen über Aufmerksamkeit, zu dem wir im modernen Westen fast gar nichts Entsprechendes haben. Da gibt es große Möglichkeiten zur Zusammenarbeit wie beim Shamatha Project zum Beispiel.

Zur psychischen Entfaltung gehört auch die kognitive Ausgeglichenheit. Gibt es Zeiten, in denen wir unsere eigenen Projektionen, Hoffnungen und ungerechtfertigten Ängste auf die Wirklichkeit projizieren und viele Schwierigkeiten erleben, weil wir unsere Projektionen mit der Wirklichkeit verwechseln? Gibt es Zeiten, in denen wir einfach nicht in der Wirklichkeit anwesend sind? Wie Jon gern sagt, wenn wir nicht Achtsamkeit üben, dann üben wir Achtlosigkeit oder Unachtsamkeit. Wenn die Wirklichkeit uns direkt ins Gesicht schaut, wir sie aber nicht sehen, könnte ein kognitives Defizit das Problem sein. Kognitive Ausgeglichenheit bedeutet, dass wir für das anwesend sind, was gerade geschieht, wir sehen es klar und deutlich.

Affektive Ausgeglichenheit ist ein weiteres sehr umfangreiches Gebiet der psychischen Entfaltung. Das bedeutet nicht, dass wir in einen gleichbleibenden, eintönigen Zustand des emotionalen Gleichgewichts gelangen, sondern vielmehr die Leichtigkeit, Widerstandskraft und den Schwung emotionaler Gesundheit erfahren. Es gibt Zeiten der Trauer und Zeiten der Freude, aber es gibt keine Zeit für Neurosen, Psychosen oder Fixierung in affektiver Unausgeglichenheit.

Schließlich gibt es noch die buddhistische Wissenschaft der spirituellen Entfaltung und ehrlich gesagt ist dies das eigentliche Anliegen des Buddhismus. Die weit entwickelten Fähigkeiten der Aufmerksamkeit des Samâdhi werden als Teleskop für den Geist verwendet. Sie werden zu einem sehr fokussierten, stabilen, klaren, lebendigen, formbaren und geschmeidigen Mittel, um den Myriaden von Phänomenen zu begegnen – potentiell allen Arten von Phänomenen aber besonders geistigen. Als Erstes entwickeln wir also das Mittel, das Teleskop der verfeinerten Aufmerksamkeit. Wir nutzen diese Fähigkeit dann, um die Natur des Bewusstseins selbst zu untersuchen, die phänomenale Erfahrung des Bewusstseins und dessen Beziehung zum Universum als Ganzem. Dadurch überwinden wir die Verzerrungen, Leiden und Unausgeglichenheiten des Geistes, aber wir kultivieren auch das volle Potential des Bewusstseins. Dabei berühren wir die tiefste Quelle unserer eigenen Entfaltung: Wir wissen, was wir wissen können, durch die direkte Erfahrung und die Kultivierung von Tugenden.

Wenn ich meine eigene Zivilisation betrachte, fällt mir auf, dass in unserer modernen Welt diese drei Bestrebungen – das Streben nach Glück, das Streben nach Wahrheit im Verstehen der Wirklichkeit und das Streben nach Tugend – oft als voneinander unabhängig gesehen werden. Die Werbeindustrie nutzt das aus. Sie verkauft uns Glück, um die Wahrheit brauchen wir uns dabei nicht zu kümmern. Die klare Implikation dabei ist, dass Glück nichts mit Tugend zu tun hat. Die Wissenschaft hat im Bereich der Wahrheit viel erreicht, widmet sich aber nicht den tieferen Fragen der menschlichen Entfaltung oder der Beziehung zur Ethik. Das kann ein Problem sein. Wenn ich versuche, mir ein sinnvolles Leben vorzustellen, erscheinen mir diese drei Qualitäten als in sich sinnvoll. Sie zu integrieren ist wichtig. Sie sind in großem Maße auseinandergefallen und ich denke, die Folgen sind katastrophal. Das 20. Jahrhundert hat ein exponentielles Wachstum von Wissen und Macht erlebt. Es war ein glorreiches Jahrhundert für Wissenschaft und Technologie und ein katastrophales in Bezug auf die Unmenschlichkeit gegenüber Menschen – und ich möchte hervorheben, dass hier vor allem Männer beteiligt waren – und die Zerstörung der Umwelt. Wie konnten wir so viel wissen und so mächtig sein und einander so schrecklich behandeln und unsere Umwelt so missbrauchen?

Wir brauchen Heilung. Für mich ist diese Zeit der Krise eine Zeit großer Möglichkeiten für die Zusammenarbeit zwischen wissenschaftlicher Untersuchung der Meditation und der kontemplativen Erforschung des Geistes. Wenn wir die großen kontemplativen Traditionen der Welt, nicht nur den Buddhismus, mit der wissenschaftlichen Tradition zusammenbringen – nicht Dogma gegen Dogma, sondern Empirismus, der sich mit Empirismus verbindet –, dann sind wir möglicherweise in der Lage, wieder Klugheit und Ganzheit zu integrieren und wiederherzustellen. Dann kann das Gehirn unserer globalen Gemeinschaft in Synchronie zusammenarbeiten, um Probleme zu heilen, die nicht mehr lokal begrenzt sind. Es sind nicht nur die Probleme Amerikas und nicht nur die Probleme Tibets. Wir arbeiten zusammen, um die Naturwissenschaften und die Geisteswissenschaften wieder zu integrieren und auch andere Formen der Polarität, die wir alle sehr wohl wahrnehmen. Dadurch heilen wir uns als Individuen, wir heilen unser Land, wir heilen unseren Planeten. Ich denke, das ist eine große Verheißung.

Zwischenprogramm

Dialog

Auf die Fragen aus dem Publikum antworten Ajahn Amaro, Richard Davidson, Jon Kabat-Zinn, Father Keating, Helen Mayberg, Matthieu Ricard, Zindel Segal und Wolf Singer.

~

Jon Kabat-Zinn: Die erste Frage lautet: „Neurofeedback, auch bekannt als EEG-Biofeedback ist ein kraftvoller Prozess der Intervention, um Affekte zu regulieren. Kann jemand von Ihnen darauf eingehen? Es ist so wirkungsvoll wie Meditation und steigert den inneren Frieden erheblich." Wolf, Sie haben über das Feedback bei der Synchronisierung des Gehirns gesprochen, vielleicht könnten Sie hier den Anfang machen und über diese Frage des Feedbacks im Zusammenhang mit dem sprechen, was wir über die Funktion des Gehirns wissen.

Wolf Singer: Wie ich gestern schon beschrieben habe, ist es möglich, die Aktivität in ausgewählten Bereichen des Gehirns nach oben zu regulieren, auch wenn die Testperson nicht weiß, welcher Bereich vom Experimentierenden ausgewählt wurde. Es ist also möglich, Hirnbereiche intuitiv zu aktivieren, durch Versuch und Irrtum. In gleicher Weise ist es möglich, das Frequenzspektrum der Schwingungsaktivität der Elektroden in ausgewählten Frequenzbereichen zu beeinflussen. Wenn man beispielsweise die Schwingungsstärke im Alpha-Frequenzbereich um 10 Hertz wieder an die Testperson rücküberträgt, dann findet die Testperson durch Versuch und Irrtum heraus, wie sie den Prozentsatz von Alpha-Wellen, die pro Zeiteinheit produziert werden, erhöhen kann.[85] Im Falle dieses Alpha-Feedbacks geht das mit inneren Gefühlszuständen einher. Die Testpersonen fühlen sich entspannt. Soweit ich weiß, wurde das noch nicht in höheren Frequenzbereichen ausprobiert, zum Teil aus technischen Gründen. Es wäre verlockend anzunehmen, dass bei einer westlichen Abkürzung zur Meditation die richtigen Frequenzen und die richtigen Elektroden ausgewählt werden und die Testpersonen lernen könnten, diese Gehirnzustände zu produzieren, ohne anstrengende Meditationsübungen zu praktizieren!

Ich zweifle daran, dass das möglich ist. Wir wissen, dass für das Lernen fokussierte Aufmerksamkeit nötig ist und zudem das Zusammenspiel mit dem inneren Belohnungssystem. Bei Experimenten mit der funktionellen Magnetresonanztomografie, bei denen Testpersonen lernen, ausgewählte Hirnzentren zu aktivieren, geschieht nicht das Erwartete. Die Testpersonen haben überhaupt keine Gefühlsreaktionen, selbst wenn sie Zentren aktivieren, von denen bekannt ist, dass sie eng mit der Erzeugung von Gefühlen verbunden sind. Es ist also eine offene Frage.

Matthieu Ricard: Es gibt aber auch eine Art des introspektiven Selbst-Feedbacks. Wenn eine Emotion aufkommt, werden wir normalerweise davon mitgerissen und sehen erst nachher die Wirkung. Aber wir können ein sofortiges Feedback bekommen, indem wir unseren Geisteszustand genau beobachten, wenn wir Mitgefühl spüren oder wenn Wut aufsteigt. Wir können sehr genau untersuchen, welchen Effekt die bohrende Eifersucht hat. In gewisser Weise ist das eine Art Feedback. Wenn wir eine Emotion als ein Phänomen durchschauen können, uns nicht damit identifizieren, sondern klar erkennen, wie die Beschäftigung damit sie entweder zunehmen oder abnehmen lässt.

Richard Davidson: Ich denke, es ist an diesem Punkt unserer Wissenschaft wichtig, demütig zu sein in Bezug auf das, was wir wissen und nicht wissen. Obwohl wir bestimmte neuronale Korrelate für bestimmte Aspekte spezifischer Meditationsübungen gefunden haben, heißt das nicht, dass diese Korrelate notwendigerweise die Schlüsselelemente der Veränderung repräsentieren, die bei der Produktion dieser Zustände auftreten. Es wäre interessant, Studien zum neuronalen Feedback durchzuführen und die damit korrespondierenden introspektiven Erfahrungsberichte aufzunehmen, aber ich bin auch demütig in Bezug auf die Komplexität unseres Forschungsgegenstands. Die Methoden, die wir benutzen, sind viel präziser als noch vor einem Jahrzehnt, aber immer noch ziemlich grob. So viel Grundlagenforschung muss durchgeführt werden, um festzustellen, welche Signale am ehesten mit der Länge der Praxis assoziiert sind und wie sehr sich ein Mensch mit der Zeit verändert und auf welche Weise er sich verändert. Diese Fragen sind immer noch ungeklärt, deshalb denke ich, wir sollten vorsichtig sein bei der vorzeitigen Anwendung von Neurofeedback-Technologien.

Ajahn Amaro: Der Grundsatz, den der Buddha für jede spirituelle Methodologie nutzte, ist folgender: „Reduziert sie das Leiden oder nicht?" Was ist die Wirkung, ungeachtet des theoretischen Hintergrunds? Deshalb ist eine meiner Grundhaltungen: „Wenn es funktioniert, ist es richtig." Ich habe nie – äußerliches – Biofeedback benutzt, aber wenn Menschen herausfinden, dass es in der Tat das Leiden verringert, sie sich harmonischer fühlen oder sie dadurch das Leben besser verstehen, dann ist es sicher gut. Die Eigenschaft, die Matthieu ansprach, wird in Pali als *vimamsa* bezeichnet. Es ist das vierte Element der *iddhipada* oder der „Vier Grundlagen des Erfolgs": Interesse, Energie, Kontemplation und Prüfung oder Feedback. Diese Art der Prüfung, wobei wir über die Folgen unserer Taten nachdenken, wird als essentiell wichtig angesehen, um bei jeder Handlung erfolgreich zu sein. Ohne Feedback, sei es innerlich oder mit kleinen blinkenden Lichtern, können wir nicht wirklich sagen, was die Folgen unserer Taten sind.

Richard Davidson: Die nächste Frage kann vielleicht am ehesten von den Kontemplationsübenden beantwortet werden. Sie lautet: „Wurden bisher irgendwelche ungewünschten Effekte der Meditation beobachtet, wie der Verlust des Selbstgefühls im negativen Sinne? Was sind die potentiellen Gefahren dieser Form von Meditation? Die Untersuchung unseres eigenen Geistes kann manchmal eine schmerzvolle Erfahrung sein."

Alan Wallace: „Meditation" ist ein recht ungenauer, sehr weit gefasster Begriff. Er bedeutet einfach, dass man mit dem eigenen Geist über längere Zeit herumprobiert, und der Geist ist wie das Nervensystem sehr empfindlich. Wenn man allein meditiert und sich einfach für sich allein auf den Weg macht, kann man Glück haben. Aber wenn man irgendeine Meditationspraxis intensiv übt, ist das so, als würde man sich auf eine Schiffsreise begeben. Wenn man nur ein Grad vom Kurs abkommt, kann man Hunderte Kilometer vom eigentlichen Ziel wegtreiben.

In den vergangenen 35 Jahren, die ich mich nun mit diesen Themen beschäftige, habe ich eine Reihe von Menschen getroffen, die in sehr tiefe psychische Schwierigkeiten geraten sind, einschließlich Psychosen. Oft geschah das, wenn sie nicht unter Anleitung eines geschickten, erfahrenen und mitfühlenden Lehrers praktizierten. Die offene und vertrauensvolle Beziehung zu einem Lehrer ist ein großartiges Sicherheitsnetz. Wenn man zehn oder fünfzehn Minuten am Tag meditiert, sind die Gefahren, Schaden zu erleiden, gering. Wenn man das aber auf zehn oder elf Stunden am Tag erweitert, sollten wir gute Anleitung und viel Kenntnis der Praxis haben.

Father Keating: Ich denke, bei fast allem gibt es ein Risiko. Wir können die Straße entlanggehen und von einem Ziegelstein am Kopf getroffen werden. Soweit ich sehen kann, ist Meditation nicht gefährlicher als jede andere Aktivität des Lebens. Ich denke, es ist gefährlicher, nicht zu meditieren. Es ist so, als würde man eine Straße voller Schlaglöcher entlangfahren: Wir können uns entscheiden, an die Seite zu fahren und zu warten, bis alle Schlaglöcher repariert wurden, oder wir können versuchen, so gut es geht auf der Straße zu fahren und die Schlaglöcher zu vermeiden.

Meditation ist voller Fehler, Kopfschmerzen und langweiliger Momente und dem Gefühl, nirgendwo hinzukommen. Anders wird es, wenn wir sie täglich üben, am besten zwei Mal am Tag. Dann wird Meditation zu einer göttlichen Therapie, die zwei Dinge bewirkt. Sie bestätigt spontan unser grundlegendes Gutsein und ist somit eine Antwort auf das ganze Spektrum an Minderwertigkeitsgefühlen, die in der westlichen Kultur so weit verbreitet sind. Zudem widmet sich die Meditation dem Unbewussten und all den unterdrückten emotionalen Überbleibseln des Lebens. Diese unterdrückten Dinge werden im Körper gelagert und führen zu vielen Problemen.

Vielleicht besteht der größte Schritt, den wir in Richtung Glücklichsein machen können, darin, dass wir erkennen, dass Glück und Vergnügen nicht das Gleiche sind. Zwischen diesen beiden gibt es einen großen Unterschied. Vergnügen ist die Erfüllung unserer instinktiven Bedürfnisse. Als kleine Kinder verwechseln wir das mit Glück, weil wir uns noch nicht für geistige oder spirituelle Möglichkeiten entscheiden können. Die Informationen, die wir bekommen, wenn wir unbewusste und unterdrückte Anteile, emotionale Traumata aus der Vergangenheit, abhängiges Verhalten und negative Motivationen ins Bewusstsein lassen und sie dadurch entleeren, sind so wichtig. Der Körper nutzt die tiefe Entspannung der Meditation als eine Erlaubnis, um das, was nicht in unserem Nervensystem oder in unseren Muskeln aufbewahrt werden sollte, zu entleeren. Das ist eine der wichtigsten Quellen von Gesundheit, die uns die Meditation eröffnet.

Matthieu Ricard: Ich habe einmal einen jungen Menschen getroffen, der sagte: „Ich möchte nicht in meinen Geist schauen, weil ich Angst vor dem habe, was ich dort finden werde.“ Das erwähnte ich in einem Gespräch mit Seiner Heiligkeit, der daraufhin sagte: „Aber es ist interessanter, als in ein Kino zu gehen! Da passiert so viel. Es ist so interessant!“

Die Menschen zögern oft, die inneren Mechanismen des Glücks und Leidens tiefer zu erforschen. Es ist überraschend, wie wenig Zeit oder Aufmerksamkeit wir dem Verstehen der Funktionsweise unseres eigenen Geistes widmen, obwohl wir von morgens bis abends mit unserem Geist zu tun haben und der Geisteszustand das ist, was die Qualität jedes Moments unseres Lebens bestimmt. Wir verwenden so viel Anstrengung und Zeit auf Ausbildung, Karriere, Schönheit, Fitness usw. und so wenig Zeit, um uns mit dem „ungezogenen Burschen“ eines Geistes zu beschäftigen, der, so könnte man sagen, den ganzen Tag so viele Probleme verursacht.

Jon Kabat-Zinn: Hier ist eine weitere Frage aus dem Publikum: „Oft ist es schwer, sehr depressive Menschen zu motivieren, allein zu meditieren, wenn man mit ihnen beispielsweise in einer Einzeltherapie arbeitet. Ist die soziale Unterstützung durch eine Sangha in der MBCT auch Teil Ihrer Arbeit? Ist das ein Grund dafür, dass Sie so gute Ergebnisse erzielen?" Das bezieht sich auf einen Punkt, den Jack Kornfield heute Morgen angeführt hat: wie verschiedene Elemente zu dem Kontext beitragen, in dem man seine eigene Erfahrung untersucht. Oder anders formuliert: Wie schaffen wir angemessene unterstützende Umgebungen, um jede Meditationserfahrung zu optimieren?

Zindel Segal: Das ist eine sehr gute Frage. Um es noch einmal zu wiederholen: Wir müssen zwischen Menschen unterscheiden, die sehr depressiv sind, und denjenigen, die aus der Depression herausgekommen sind und nach einem Weg suchen, um sich weiterhin gut zu fühlen, obwohl sie immer noch kleine Symptome der Depression erfahren. Sie gehen sozusagen auf dünnem Eis. Diese Therapien sind sehr kurz, sie umfassen nur ein achtwöchiges Training mit täglicher Praxis und dann sind sie vorbei. Die Menschen vermissen oft eine säkulare Sangha, zu der man in sehr konventioneller, einfacher Weise Zugang hat. Eine solche ist vielfach schwer zu finden.

In unserer Klinik bieten wir eine monatliche und sogar wöchentliche Gruppe für Menschen, die miteinander meditieren wollen. Aber viele Menschen möchten nicht in die Klinik zurückkommen. Sie wollen es als einen fortwährenden Aspekt ihrer eigenen Ganzheit integrieren. Das erinnert mich an die örtlichen Gesundheitszentren, die es einmal gab, wo die Menschen einfach vorbeikommen konnten. Wir brauchen etwas Ähnliches, eine Möglichkeit für die Menschen, sich verbunden zu fühlen und die Vorteile der Unterstützung zu nutzen, die Begegnungen und Meditation in der Gemeinschaft geben können. In einem größeren Umfang bezieht sich das auf die Aussagen von John Teasdale über eine weitere Verbreitung dieser Arbeit. Dazu bräuchte es aber so eine Art Hilfsmittel.

Helen Mayberg: Selbst wenn wir die Meditation einmal außen vor lassen, in der Genesung von der Depression wird, wenn die Patienten einen Punkt erreichen, wo sie anderen wieder begegnen können, die Familie sehr wichtig. So wie jeder Mensch brauchen diese Patienten ein Feedback, was ihnen bestätigt, dass sie von Menschen umgeben sind, die sie wertschätzen und sich um sie kümmern. Ein Teil der Genesung besteht in der Erkenntnis, dass wir nicht alleine sind, und diese Perspektive braucht Unterstützung, ob sie nun von einem Meditationslehrer oder einem Arzt gegeben wird.

Selbst für unsere Patienten in den Gehirnstimulatoren ist klar: Obwohl die Behandlung die Intensität der Krankheit nimmt, ist das, was die Genesung ausmacht und ermöglicht, dass sie sich in einer Gemeinschaft einbringen können, also das Feedback von anderen. Der Ansatz der Achtsamkeit ist fantastisch, weil man nicht darüber nachdenken muss, warum man krank geworden ist, um sich der fokussierten Aufmerksamkeit in einer Art und Weise zu widmen, die den eigenen Weg zur Genesung unterstützt.

Matthieu Ricard: Helen, letzte Woche in Stanford, als wir beide bei einer Konferenz über das Leiden teilnahmen, haben Sie ein Gefühl der Verbundenheit erwähnt, das wiederkehrt, wenn es den Patienten besser geht.

Helen Mayberg: Ich denke, das ist eine der dramatischsten Veränderungen, die wir beobachten können. Eine Patientin war sich der Schwere ihrer Erkrankung sehr bewusst. Es war nicht nur so, dass sie nicht schlafen, essen oder arbeiten konnte, sondern sie konnte ihre Kinder nicht spüren, wenn sie sie im Arm hielt. Einige Ärzte halten das für einen fast psychotischen Zustand. In der Tat ist die größte Entbehrung der Krankheit ihre einschränkende Wirkung auf unsere Fähigkeit, uns mit anderen zu verbinden.

Das Gewahrsein der Verbundenheit mit den Ärzten, das diese Patientin im Operationssaal erfuhr, als die Gehirnstimulation durchgeführt wurde, war sehr beeindruckend für sie, weil der Mangel an Verbundenheit ein so tiefgreifender Aspekt ihrer Krankheit war. Es war für sie wichtig, ihrer Familie mitzuteilen, dass sie das erfuhr und es in dieser frühen Phase der Genesung auch zum Ausdruck bringen konnte. Nicht alle Patienten erkennen, dass es das ist, was sie vermissen. Diese Patientin lehrte mich, wie wichtig das ist. Es geht nicht nur um uns selbst und unseren Schmerz. Es geht auch um die Freiheit, den Menschen in unserer Umgebung zu begegnen. Das ist die Essenz dessen, was wir alle suchen, ob wir krank oder gesund sind.

Matthieu Ricard: Zindel, ich weiß, dass Sie damit nicht vollkommen übereinstimmen, aber jemand hat behauptet, dass die Unfähigkeit, in der Depression Liebe zu spüren und zu geben, eines der wichtigsten Hindernisse auf dem Weg zur Heilung ist.

Zindel Segal: Ich bestreite nicht, dass das phänomenologisch sehr real ist. Ich verstehe es folgendermaßen: Die Menschen sind unentschlossen, ob sie es verdienen, Liebe von anderen zu empfangen. Deshalb distanzieren sie sich vielleicht in ihrem eigenen Geist von Menschen, die sich ihnen zuwenden oder ihnen nah sein wollen. Sich selbst genügend zu lieben, um aus dem herauszutreten, was sie sich selbst antun, das ist die größte Schwierigkeit für sie.

Matthieu Ricard: Es hat auch damit zu tun, dass man in sich selbst das Potential für Veränderung erkennt. Wenn die Menschen sich selbst hassen, wird das noch dadurch verstärkt, dass sie glauben, es gäbe keinen Raum für Veränderung. Vielleicht könnte es helfen, wenn sie erkennen, dass es tatsächlich ein Potential der Transformation gibt.

4. Sitzung

Klinische Forschung 2: Meditation und körperliche Gesundheit

Da die wissenschaftliche Forschung gezeigt hat, dass viele körperliche Erkrankungen durch psychische Prozesse geformt werden, wie zum Beispiel stressvolle Lebenssituationen und Emotionen, sind auch die Mechanismen, die diesen Interaktionen zugrunde liegen, Gegenstand wissenschaftlicher Forschung geworden. Wenn das Verständnis für diese Mechanismen wächst, werden die Begründungen für die Anwendung von Meditation als Intervention für bestimmte Formen körperlicher Erkrankungen fundierter und durch derzeitige wissenschaftliche Forschung gestützt. Bei dieser Sitzung, die von Esther Sternberg moderiert wird, geht es exemplarisch um die moderne Erforschung der Anwendung meditationsbasierter Interventionen bei kardiovaskulären Erkrankungen und medizinischen Untersuchungen, bei denen eine Immunantwort eine Hauptrolle spielt.

~

Esther Sternberg: In den vorherigen Sitzungen haben wir etwas über geistige Prozesse und Prozesse im Gehirn gehört, die in der Meditation und in mentalen Zuständen des Leidens auftreten, wie zum Beispiel bei der Depression. In der Sitzung mit Dr. Sapolsky haben wir begonnen, das Thema Stress zu berühren, und wir haben angesprochen, wie die Prozesse, die sich im Gehirn ereignen, wenn wir uns bedroht fühlen, potentiell auf den Körper und die körperliche Gesundheit wirken können. In dieser Sitzung werden wir diese Diskussion weiterführen. Wir werden uns näher damit beschäftigen, wie die Stresshormone des Gehirns, die bei Gefahr freigesetzt werden, auf die Funktion des Herzens und des Immunsystems wirken können.

Wir sind sehr froh, dass wir heute zwei Experten dieses Forschungsgebietes bei uns haben: Dr. David Sheps und Dr. John Sheridan. David wird beginnen. Er ist der Leiter der Kardiologie am University of Florida College of Medicine und wird darüber sprechen, wie sich mentaler Stress auf das Herz auswirkt.

David Sheps

Achtsamkeitsbasierte Stressreduktion und kardiovaskuläre Erkrankungen

Psychischer Stress kann den Blutzufluss zum Herzen messbar senken, wodurch sich die Gefahr für einen plötzlichen Herztod dramatisch erhöht. In diesem Vortrag wird der Verlauf einer langfristig angelegten Studie, die von den National Institutes of Health finanziert wurden, beschrieben. Dabei wurde bei Herzpatienten untersucht, wie sich achtsamkeitsbasierte Stressreduktion auf die Reaktionen im Blutfluss bei mentalem Stress und auf die Lebensqualität auswirkte. (Anmerkung der Herausgeber: Diese Studie wurde mittlerweile abgeschlossen. Aber aus verschiedenen Gründen wurden die Daten bisher noch nicht ausgewertet, deshalb waren die Ergebnisse zum Zeitpunkt der Veröffentlichung dieses Buches noch nicht bekannt.)

In meinem Vortrag beschäftige ich mich damit, wie sich die negativen Zustände des Geistes, die wir als psychischen Stress bezeichnen, auf das Herz auswirken. Ich beschreibe eine Studie, die gerade noch läuft, in der wir versuchen, die gesundheitsschädlichen Wirkungen dieser physischen Reaktion durch das MBSR-Training zu verringern. Wenn ich über die Wirkungen von Stress auf den Körper nachdenke, erinnere ich mich manchmal an eine Karikatur, die ich vor einiger Zeit gesehen habe. Sie zeigt einen Patienten, dessen Haare senkrecht nach oben stehen, und einen Arzt, der sagt: „Ich nehme an, Ihr Problem hat mit Stress zu tun." Leider wissen Ärzte meistens nicht, ob ein bestimmter Patient unter Stress steht, bis sie ihn selbst fragen. Die meisten Patienten zeigen sich nicht mit aufgestellten Haaren, es kann also sehr herausfordernd sein, Stress zu erkennen. Und so endemisch, wie Stress in unserer Gesellschaft verbreitet ist, so oft finden wir auch Herzkrankheiten. Um die Größe des Problems zu unterstreichen, sei hier erwähnt, dass über zwölf Millionen Menschen in den USA unter Erkrankungen der Koronararterien leiden und 355.000 Menschen sterben jährlich an plötzlichem Herztod aufgrund von koronarer Herzerkrankung. Das sind Statistiken aus dem Jahr 2005.

In 52 Ländern wurde eine sehr wichtige epidemiologische Fallstudie über myokardialen Infarkt oder Herzinfarkt durchgeführt, die in *The Lancet* veröffentlicht wurde.[86] Sie wurde als INTERHEART-Studie bezeichnet und hat ergeben, dass psycho-sozialer Stress mit fast 40 Prozent am Risiko für Myokardinfarkte beteiligt ist. Das trifft weltweit zu, für Männer und Frauen und für verschiedenste Menschen. Es ist also ein sehr großes Problem.

In einer Studie, bei der die Koronararterien von Patienten mit koronarer Herzerkrankung während einer Herzkatheter-Untersuchung mit Farbstoff sichtbar gemacht werden, können wir die Verengungen in den betroffenen Arterien sehen. Wenn man den Patienten bittet, in fortlaufender Abfolge sieben von einhundert zu subtrahieren, schneidet dieser kleine mentale Stress die Zirkulation vollkommen ab.[87]

Aus epidemiologischen Studien und Bevölkerungsstudien wissen wir heute, dass Stress für viele Menschen schlecht ist. Wenn eine Katastrophe wie ein Erdbeben oder ein Raketenangriff im Krieg zu hohen Stressgraden führt, finden wir in der Bevölkerung auch eine höhere Rate von Herzinfarkten und plötzlichen Todesfällen. Dieses Ergebnis wurde immer wieder bestätigt. Andere Studien zeigen, dass Herzinfarkte auch durch individuelle Wutepisoden zunehmen.

Um das im Labor zu untersuchen, setzen wir die Testpersonen entweder körperlicher Anstrengung oder mentalen Stressauslösern aus und messen dann verschiedene Werte der Herzfunktion wie zum Beispiel den Blutfluss zum Herzen, den wir als Perfusion bezeichnen. Wir können messen, ob der Patient einen Brustschmerz verspürt, ob sich unnormale Bewegungen der Herzwand erkennen lassen oder ob es Abweichungen bei der Pumpfunktion gibt, und wir können ein Elektrokardiogramm (EKG) durchführen.

Ein Stressauslöser, den wir im Labor nutzen, ist eine Aufgabe, zu der das Sprechen in der Öffentlichkeit gehört. Während wir den Blutdruck der Patienten messen und ein Elektrokardiogramm durchführen, bitten wir sie, darüber nachzudenken, wie sie auf eine negative Alltagssituation reagieren würden, wie zum Beispiel, wenn ein naher Verwandter in einem Altenheim schlecht behandelt würde. Der Patient hat zwei Minuten Zeit, um seine Aussage vorzubereiten, und dann drei Minuten Zeit, um über diese Angelegenheit zu sprechen, während wir seine Aussage filmen. Wir injizieren auch einen unschädlichen Stoff, der sich durch den Blutfluss im Herzen verteilt.

Diese Aufgabe des Sprechens in der Öffentlichkeit erzeugt eine Ischämie im Herzen, ein Zustand zu geringer Blutzufuhr zum Herzen, den wir bei 30 bis 50 Prozent der Patienten mit dokumentierter koronarer Erkrankung finden.[88] Normalerweise ist es eine stille Ischämie, die nicht mit Brustschmerz einhergeht. Selbst der Patient weiß nichts davon. Das ereignet sich unter der Herzschlaggrenze, die bei normalem Belastungstraining geprüft wird, und wird oft durch das Elektrokardiogramm im Labor nicht erkannt. Es gibt eine Reihe von Mechanismen, die diese stille Ischämie erklären könnten. Ein Grund ist der verminderte Blutfluss in den größeren Koronargefäßen. Ein anderer ist der verminderte Blutfluss in den mikroskopisch kleinen Gefäßen. Ein dritter Grund ist der vermehrte Bedarf an Sauerstoff aufgrund der großen Steigerung des Blutdrucks, der sehr oft auftritt.

Wir haben vor einigen Jahren eine Studie durchgeführt, die von den National Institutes of Health finanziert wurden, die einen ähnlichen Verlauf hatte und sich mit der psychophysischen Untersuchung der myokardialen Ischämie beschäftigte.[89] Diese Studie untersuchte Patienten, sowohl Männer als auch Frauen, die eine bekannte koronare Herzerkrankung hatten und unnormale Belastungstests zeigten. Wir maßen die Pumpreaktion der linken Herzkammer oder die Wandbewegungen als Indikator für eine stressinduzierte Ischämie und dann begleiteten wir die Patienten in der Folge, um den Verlauf ihrer Herzerkrankung zu erfassen.

Wir folgten diesen Patienten für fünf Jahre nach dem Test. Diejenigen mit einer unnormalen Herzfunktion während des Stressauslösers „öffentliches Sprechen“ hatten ein drei Mal größeres Risiko, innerhalb dieser fünf

Jahre zu sterben, als die Patienten, die eine normale Funktion oder keine Anzeichen von Ischämie während der Stresssituation zeigten.

Mentaler Stress kann also bei Herzpatienten dazu führen, dass sie eine Ischämie entwickeln, und das ist nicht gesund. Die zweite Frage ist dann: Wie können wir mit diesem Problem umgehen? Wir haben eine Studie gestaltet, die vom National Heart, Lung, and Blood Institute finanziert wurde, bei der wir die achtsamkeitsbasierte Stressreduktion angewendet haben, um den mentalen Stress bei diesen Patienten zu verringern. An dieser Studie nehmen 150 Patienten teil, die entweder MBSR üben, die normale Behandlung bekommen oder an einer Informationsgruppe teilnehmen, bei der die Patienten gleich viele Stunden Kontakt zu einem Anleiter haben wie die Mitglieder der MBSR-Gruppe. Aber statt MBSR lernen sie etwas über Risikofaktoren und erhalten weitere Informationen zu ihrer Erkrankung.

Wir haben MBSR ausgewählt, weil es ein weitverbreiteter Ansatz für die Stressreduktion ist. MBSR ist sehr gut standardisiert und vorherige Studien haben gezeigt, dass die Teilnehmer oft die positiven Ergebnisse für einen langen Zeitraum danach erhalten können. Zudem sind die Anleiter der MBSR in gleicher Weise ausgebildet, was bedeutet, dass dieser Ansatz bei gutem Erfolg dieser Studie allgemein angewendet werden kann. Wenn diese Studie beendet ist, hoffen wir auf drei Fragen antworten zu können: Erstens, verbessert das Training der Achtsamkeitsmeditation durch MBSR die Reaktion des Herzens auf Stress in Beziehung zur stressinduzierten Ischämie? Zweitens, gibt es eine Verbesserung der Herzschlagrate auf Stressauslöser des Alltags? Und drittens, verbessert MBSR die mentale Gesundheit und die allgemeine Lebensqualität? Momentan befinden wir uns mitten in dieser Studie. Wir haben noch keine Ergebnisse, aber in einigen Jahren hoffen wir, gute Informationen bereitstellen zu können.

Esther Sternberg: Nun werden wir einen Vortrag von Dr. John Sheridan hören, einem der Pioniere der Psychoneuroimmunologie und Direktor des Institute for Behavioral Medicine Research an der Ohio State University. Er wird über die Wirkungen von Stress auf das Immunsystem sprechen und auf die Frage eingehen, ob Stress uns krank machen kann.

John Sheridan

Die Interaktion zwischen neurologischen und immunologischen Systemen

Verschiedene Formen von Stress haben eine Wirkung auf spezifische Systeme des Gehirns und durch Veränderungen in diesen Netzwerken können tiefgreifende Veränderungen der Immunfunktion auftreten. In diesem Vortrag gibt John Sheridan einen Überblick über die moderne Forschung in Bezug auf die Wirkung von verschiedenen Stressarten auf spezifische Immunprozesse und die Mechanismen, durch die diese Wirkungen entstehen. Diese Forschungen können die Mechanismen erhellen, durch die Meditation die Erkrankungen des Immunsystems beeinflussen könnte.

Für mich als Wissenschaftler ist es ungewöhnlich, hier ohne den Schutz meiner Daten auf einer Bühne zu stehen, aber ich wurde gebeten einen allgemeinen Vortrag über die Arbeit zu geben, mit der ich mich in den letzten fünfzehn Jahren beschäftigt habe. Dabei habe ich untersucht, wie das Immunsystem den Körper schützt und wie sich Stress und neuronale Faktoren auf die Immunfunktion auswirken.

~

Ich werde vor allem auf drei Hauptthemen eingehen. Ich arbeite in der Welt des Körpers, weil ich mich mit dem Immunsystem beschäftige, aber das Immunsystem wird vom Gehirn kontrolliert. In den letzten Jahren haben wir herausgefunden, dass auch der Körper eine Wirkung auf das Gehirn hat, es geschieht also eine Kommunikation in beide Richtungen. Das Gehirn spricht mit dem Körper und der Körper spricht mit dem Gehirn. Das ist sehr wichtig, wenn wir uns Infektionen genauer anschauen.

Der zweite Punkt, über den ich sprechen möchte, ist die Frage, wie Stress über das Gehirn das Immunsystem beeinflusst und wie das möglicherweise zur Anfälligkeit für Infektionen führt. Wenn wir beispielsweise einen Abgabetermin haben, den wir einhalten müssen, dann finden wir vielleicht keine Zeit, um zu meditieren oder Sport zu treiben oder wir schlafen nicht genug. Aber was geschieht, wenn wir den Abgabetermin eingehalten haben? Wir kollabieren vielleicht mit einer Erkrankung, oft ist es irgendeine Infektion.

Mein dritter Punkt bezieht sich darauf, dass nicht alle Stressauslöser gleich sind. Einige haben negative Konsequenzen, einige haben positive Konsequenzen und meine Erfahrung eines Stressauslösers ist vielleicht nicht die gleiche Erfahrung, die Sie damit haben. Hier spielen verschiedene Elemente eine Rolle, aber letztendlich will ich wissen, wie die Wahrnehmung eines Menschen von seiner Umwelt sein Immunsystem beeinflusst und damit auch die Anfälligkeit für Krankheiten.

Als Immunologe bin ich daran interessiert, wie bakterielle und virale Infektionen oder Gewebeverletzungen zu Entzündungen und einer Immunreaktion führen und wie diese Reaktion die Vermehrung des Krankheitserregers stoppt und die Infektion heilt. Dieser Prozess dauert einige Tage. Im Laufe der Jahre haben wir verstanden, dass viele Faktoren beeinflussen können, wie das Immunsystem auf die Infektion reagiert. Dazu gehören auch umweltbezogene, verhaltensbezogene und psychosoziale Faktoren. Diesen Forschungszweig bezeichnen wir als Psychoneuroimmunologie. Er untersucht die Interaktionen zwischen den Bereichen des Verhaltens, der endokrinen Funktion und des Immunsystems.

Wir wissen, dass Stress eine Wirkung auf Erkrankungen hat, und wir kennen einige der Mechanismen und Verbindungen, die dabei aktiviert werden. Wir wissen auch, dass Stress das Immunsystem beeinflusst, und wir möchten diese Mechanismen besser verstehen. In Studien, die wir sowohl mit Menschen als auch mit Mäusen durchgeführt haben, untersuchten wir, welche Zellen des Immunsystems von welchen Produkten des Nervensystems und endokrinen Systems beeinflusst werden, wenn wir unter Stress stehen.

Das Immunsystem spricht mit dem Gehirn. Wenn Sie zum Beispiel eine Infektion haben, bewegen sich die Makrophagen zum Ort der Infektion. Sie veranlassen dort eine ganze Reihe neuer Gene neue Proteine herzustellen, die Zytokine genannt werden, was im Grunde Hormone sind. Diese Zytokine erreichen den Blutkreislauf und werden zum Gehirn transportiert, wo sie das Verhalten beeinflussen können. Gestern hat Robert Sapolsky davon gesprochen, dass Stressreaktionen für das Überleben notwendig sind. Was wir als Krankheitsreaktion bezeichnen, gehört auch dazu. Das Krankheitsverhalten wird von der Produktion der Zytokine angetrieben, die lokal im Körper entstehen, sich aber dann zum Gehirn bewegen.

Diese Zytokine aktivieren bestimmte Bereiche des Gehirns, einschließlich der Bereiche, die an der Reaktion auf Stress beteiligt sind. Kommunikation in beide Richtungen zeigt sich, wenn das Gehirn diese Signale erkennt und die Achse Hypothalamus-Hypophyse-Nebenniere aktiviert. Diese Achse ist ein wichtiger Teil des neuroendokrinen Systems, das viele Prozesse des Körpers reguliert, wie Verdauung, Stoffwechsel, Immunität und die Reaktion auf Stress. Schließlich setzt das Hypothalamus-Hypophyse-Nebenniere-System als Reaktion auf den Stress das adrenokortikotrope Hormon frei, das wiederum zur Freisetzung von Glukokortikoiden wie zum Beispiel Kortisol führt. Glukokortikoide sind Steroide, die zu den stark regulierenden Molekülen gehören. Diese Glukokortikoid-Reaktion spielt eine sehr wichtige Rolle bei der Erhaltung der Gesundheit. Diese Art der gegenseitigen Kommunikation – Körper zum Gehirn, Gehirn zum Körper – verändert das Muster der Glukokortikoid-Reaktion, was wiederum sehr starke Wirkungen auf die Aktivierung der Gene innerhalb der Immunzellen hat. Obwohl all diese Prozesse sehr anpassungsfähig sind, können sie von chronischem und nicht nachlassendem Stress, der für Tage oder Wochen anhält, dramatisch verändert werden.

Robert Sapolsky hat erwähnt, dass akuter Stress als ein Prozess der Aktivierung, der zum Überleben beitragen kann, stimulierend wirkt. In vielen Fällen stärkt akuter Stress das Immunsystem. Aber wenn der Stress chronisch wird, wird die Immunität oft unterdrückt. In zwei Studien mit Testpersonen haben wir untersucht, ob eine Immunreaktion von chronischem

Stress beeinflusst werden kann. Mit meinen Kollegen Janice Kiecolt-Glaser, Ronald Glaser und anderen von der Ohio State University haben wir den Stress von Pflegepersonen untersucht. Die Menschen, die einen Partner mit Alzheimer pflegten, waren im Durchschnitt 68 Jahre alt und waren mit der sehr stressvollen Pflege ihres Partners beschäftigt – 24 Stunden am Tag, sieben Tage die Woche, für drei Jahre.[90] Wir haben uns gefragt, ob diese Menschen auf eine Impfung genauso reagieren wie eine entsprechende Kontrollgruppe. Wir fanden heraus, dass 70 Prozent der Menschen in der Kontrollgruppe auf den Impfstoff mit einer vierfachen Steigerung des Antikörpertiters reagierten, was ihnen einen guten Schutz durch die Neutralisierung des Virus ermöglicht. Aber in der Gruppe der Pflegenden reagierten nur 35 Prozent so stark, was 50 Prozent weniger Individuen bedeutet, die in dieser Weise reagierten.

Zusammenfassend kann man sagen: Es scheint so, dass chronischer Stress die Fähigkeit, auf einen Impfstoff zu reagieren, beeinflusst. Wir haben diese Studie nun auch mit Hepatitis A[91], Hepatitis B[92] und einer Impfung mit Pneumonie-Streptokokken[93] durchgeführt. Wenn sich diese Beobachtungen bestätigen, können wir sagen, dass diese Menschen ein erhöhtes Risiko für Infektionserkrankungen haben.

Vor einigen Jahren hatte ich das Glück, Richard Davidson und Jon Kabat-Zinn zu treffen. Sie fragten mich, ob ich mit ihnen bei einer Studie zusammenarbeiten möchte, die den gleichen Ablauf hatte. Wir wollten herauszufinden, ob Achtsamkeitsmeditation die Antikörper-Reaktion bei Mitarbeitern steigert, die ein MBSR-Training erhielten.[94] Wir müssen diese Studien wiederholen und erweitern, aber sie weisen daraufhin, dass Meditation die Kommunikation vom Gehirn zur Peripherie bei Impfungen positiv beeinflusst.

Als Immunologe habe ich das Problem, dass das Material, das ich für meine Untersuchungen verwenden kann, sehr begrenzt ist. Ich kann Ihnen Blut abnehmen und wenn Sie bereit sind, auch eine Hautprobe, aber viel mehr ist nicht möglich. Die Herausforderung bei der Untersuchung viraler oder bakterieller Infektionen besteht aber darin, dass wir tatsächlich das ganze Immunsystem in Betracht ziehen müssen, nicht nur die Reaktion auf eine Impfung. Aber das ganze Immunsystem zu untersuchen ist viel komplizierter und wir können es nicht beim Menschen untersuchen, weil wir niemanden versuchsweise infizieren wollen. Wir haben deshalb eine Reihe von Tiermodellen entwickelt, bei denen bekannte virale und bakterielle Infektionen mit verschiedenen Stressformen in Beziehung gesetzt wurden. Diese Stressmodelle beziehen sich darauf, dass nicht alle Stressauslöser in gleicher Weise auf das Immunsystem wirken. Wir können auswählen, wie wir das Immunsystem eines Tiers durch die Anwendung eines spezifischen Stressauslösers modulieren. Und dann können wir einfach fragen, ob das Tier mehr oder weniger anfällig für Infektionen wird. Sie werden verstehen, dass wir das am Tier testen, weil wir es bei herausfordernden Lebenssituationen untersuchen müssen.

Ein Beispiel ist einfach der Stress von Gefangenschaft. Wir nehmen eine Maus, isolieren sie von ihrer Gruppe und lassen sie über Nacht in einem Rohr und am Morgen befreien wir sie wieder. Nach ein paar Nächten infizieren wir sie mit einem Grippevirus und schauen, was mit der natürlichen Aktivität ihrer Killerzellen passiert. Die natürlichen Killerzellen sind das Schlüsselelement unserer genetisch vererbten Widerstandskraft gegenüber Krankheiten. Sie spielen eine sehr wichtige Rolle bei der Abkapselung der Infektion in den ersten zwei oder drei Tagen. Nachdem wir die Tiere infiziert haben, ist die Aktivität der natürlichen Killerzellen ein guter Anhaltspunkt für die Messung der Reaktion auf die Infektion. Wenn wir diese Tiere nur für ein paar Tage während der Infektion Stress aussetzen, verringert sich die Aktivität der natürlichen Killerzellen.

Aber weil wir mit Tieren arbeiten, können wir noch etwas anderes untersuchen. Wir können herausfinden, welche der Informationswege zwischen Gehirn und Körper die Signale senden, die die Reaktion unterdrücken. Wir können die Tiere pharmakologisch behandeln, um die Glukokortikoide zu blockieren oder auch andere Signale wie Opioide oder Katecholamine. Die Katecholamine, die vom sympathischen Nervensystem als Reaktion auf Stress freigesetzt werden, sind als Flucht-oder-Kampf-Hormone bekannt. In diesem Fall verwendeten wir ein leichteres

Stressmodell, bei dem die Aktivierung des Hypothalamus-Hypophyse-Nebenniere-Systems zur Produktion von Opioiden führt.

Opioide sind Hormone, die bei der Wahrnehmung und Unterdrückung von Schmerz eine Rolle spielen, aber sie unterdrücken auch die Reaktion der natürlichen Killerzellen. Wenn wir die Opioid-Rezeptoren blockieren, können wir die volle Reaktion der natürlichen Killerzellen wiederherstellen und die Tiere werden wieder gesund. Wir haben beobachtet, dass die Blockierung der natürlichen Killerzellen zu einer schwereren Grippeinfektion führt. In diesem Modell führt die Unterdrückung der inneren Abwehr durch Stress zu einer Verstärkung der Erkrankung.[95] Die Implikation hierbei ist, dass Stress im Allgemeinen zur Anfälligkeit für eine Reihe von verschiedenen infektiösen Mikroorganismen führt.

Im Allgemeinen denken wir alle, dass Stress schlecht ist, obwohl er manchmal für das Überleben notwendig ist. Deshalb möchte ich Ihnen nun ein Modell zeigen, das soziale Interaktion verwendet und bei dem Stress zu einer positiven Wirkung führt und tatsächlich die Widerstandskraft gegenüber Krankheiten erhöht. Mäuse etablieren, wie alle Säugetiere, die in Gruppen leben, eine Hierarchie, die zu einer stabilen Familie wird. Wenn wir dann ein großes Männchen hinzugeben – für die Akademiker unter Ihnen: das ist so, als würde Ihr Dekan oder Direktor ins Büro kommen –, dann stört er das Gleichgewicht im Käfig. Wenn man dies nach dem Zufallsprinzip ein paar Nächte lang macht, ist die Störung sehr stressvoll. Die Tiere reagieren darauf, indem sie alle Stresshormone aktivieren, und sie verändern auch ihr Verhalten.

Nach einer einzigen Nacht dieser stressvollen Situation können wir schon eine Verhaltensänderung beobachten und sehen eine Zunahme der Angst. Zusätzlich zu dieser Verhaltensänderung sehen wir eine endokrine Veränderung: sehr hohe Werte für Glukokortikoide. Diese Glukokortikoide sind natürlicherweise die Substanzen, die die Immunantwort am stärksten unterdrücken, und sie unterdrücken auch die Aktivierung vieler Gene. Aber in diesem Fall unterdrücken die hohen Glukokortikoide nicht den Tumor-Nekrose-Faktor und das Interleukin-1, das sind Zytokine, die an der Entzündungsreaktion beteiligt sind. Bei diesen Tieren, die wir in dieser Weise herausgefordert haben, verstärkte das soziale Stressverhalten die Entzündungsreaktion.

Wir fordern sie dann noch zusätzlich mit E. Coli-Bakterien heraus und messen die Anzahl der Bakterien im Blutkreislauf. Die Kontrollmaus wurde die Bakterien langsam aber sicher im Laufe von Stunden wieder los, aber die Gruppe, die sozialem Stress ausgesetzt war, zeigte eine beschleunigte Reinigung von den Bakterien. Diese Tiere sind aufgrund der stressvollen Interaktion besser gegen diese bakterielle Infektion geschützt.[96] Die Implikation dessen ist, dass bestimmte soziale Stressauslöser die Widerstandskraft gegenüber bakteriellen Infektionen erhöhen. Aber wir können die Daten nicht einfach so von einer auf die andere Spezies übertragen, deshalb werde ich das nicht einfach von einer Maus auf den Menschen hochrechnen, aber es eröffnet sich doch eine ganze Welt von Möglichkeiten.

Zusammenfassend können wir sagen, dass in Menschen und Tiermodellen die beiderseitige Kommunikation zwischen Gehirn und Immunsystem eine wichtige Rolle bei der Gesundheit spielt. Nicht jeder Stress wirkt auf diese Kommunikation auf gleiche Weise, noch nicht einmal in gleiche Richtung. Einige Formen von Stress haben vielleicht sogar eine positive Wirkung. Wir werden noch lange brauchen, um die komplexen Interaktionen, die sich hier zeigen, zu verstehen.

4. Sitzung

Dialog

Zusätzlich zu S. H. dem Dalai Lama und den Vortragenden, Übersetzern und der Moderatorin gehören zu den Diskussionspartnern für diese Sitzung Jan Chozen Bays, Richard Davidson, Joan Halifax und Margaret Kemeny.

~

Esther Sternberg: Vielen Dank, John und David, für Ihre Beiträge darüber, wie all diese Hormone und Moleküle, die freigesetzt werden, wenn wir mit verschiedenen Formen von Bedrohung konfrontiert werden, sich auf den Körper, das Herz und das Immunsystem auswirken. Von John haben wir gehört, dass Stresshormone, die Glukokortikoide, die Fähigkeit der Immunzellen, gegen Infektionen anzukämpfen, verringern. Von David haben wir gehört, wie die Wirkung von Stress die Koronararterien verengen, den Blutfluss zum Herzen verringern und das Sterblichkeitsrisiko erhöhen kann. Selbst ein kleiner Stressauslöser, wie das aufeinanderfolgende Subtrahieren von Sieben aus Hundert oder das Sprechen vor einem Publikum, kann einen tiefen Effekt auf die Gesundheit haben.

Beim Mittagessen hatten wir eine sehr lebhafte Diskussion, während derer viele von uns darüber gestresst waren, ob wir gegenüber Seiner Heiligkeit das Wort „Stress“ benutzen sollten. Wenn ich es richtig verstehe, gibt es im Tibetischen kein Wort für Stress, so wie wir es hier benutzen. Ich denke, das führt uns zu einer sehr wichtigen Frage. In der westlichen Tradition sind wir sehr in einem objektiven, konkreten Denken verwurzelt und definieren Gesundheit als Abwesenheit von Krankheit. Wir haben das Gefühl, dass wir alles auf Mechanismen beziehen müssen und darauf, wie die Dinge funktionieren. Das ist wunderbar und so hat sich die Wissenschaft entwickelt, aber wie können wir einen Dialog mit Ihnen führen, wenn wir andere Begriffe verwenden? Deshalb bitte ich Sie, etwas zu der Tatsache zu sagen, dass wir hier unterschiedliche Begriffe verwenden. Wir in der westlichen Medizin beschäftigen uns mit vielen verschiedenen Arten von Stress, wie beispielsweise sozialem und körperlichem Stress. Was denken Sie über Stress? Gibt es in Ihrer Tradition so etwas wie Stress?

S. H. der Dalai Lama: Für das Wort „Stress", wie es im klinischen Sinne verwendet wird, gibt es keine exakte tibetische Übersetzung …

Thubten Jinpa: Während der gestrigen Präsentationen hatten wir eine ausführliche Diskussion, um herauszufinden, was dem Wort „Stress" im Tibetischen am nächsten kommt, aber es scheint in der tibetischen Sprache keinen Begriff zu geben, der hier passend wäre.

Esther Sternberg: Ich denke, das ist ein sehr wichtiger Punkt, denn wenn wir einen Dialog führen wollen, müssen wir zunächst einmal anerkennen, dass wir vollkommen verschiedene Sprachen sprechen, nicht nur im Sinne von Englisch und Tibetisch, sondern auch im Sinne unserer konzeptuellen Bezugssysteme. Wir werden unser Gespräch wieder auf die klinischen Anwendungen und die Behandlung von Krankheiten richten. Aber wir alle lernen von Ihnen, dass das in Ihrer Tradition nicht das Ziel ist. Ich möchte Sie bitten, etwas mehr dazu zu sagen, was in Ihrer Tradition das Ziel der Meditation ist.

S. H. der Dalai Lama: Das Ziel der spirituellen Praxis im traditionellen Kontext des Buddhismus wurde gut von Ajahn Amaro im Rahmen der drei Lehren zusammengefasst: ethische Disziplin, Kultivierung von Konzentration, wozu die Meditationspraxis gehört, und darauf aufbauend die Kultivierung von Einsicht.

Weil unser impulsives Verhalten destruktiv und schädlich ist, müssen wir zunächst einen Weg finden, um uns zurückzunehmen, und uns dieser impulsiven, destruktiven Taten enthalten. Die erste Stufe des Trainings besteht darin, dass wir bewusst eine Reihe von Gelöbnissen oder Lebenseinstellungen und -haltungen annehmen, und das ist die Übung in ethischer Disziplin.

Weil dieses impulsive, destruktive Verhalten letztlich seine Ursache in einem ruhelosen, undisziplinierten Geisteszustand hat, müssen wir einen Weg finden, um damit direkt umzugehen. Aber unser normaler Geisteszustand ist so fragmentiert und unfokussiert, dass der Geist nicht direkt mit mentalen Problemen umgehen kann. Deshalb muss man zuerst einen Grad an geistiger Stabilität entwickeln, eine Fähigkeit, sich zu fokussieren. Hier wird das zweite Training der Konzentration oder Meditation wichtig.

Wenn wir etwas Stabilität entwickelt haben, können wir auf dieser Grundlage unseren Geist nutzen. Dabei unterstützt uns die fokussierte Aufmerksamkeit, um mit den destruktiven Emotionen und gewohnheitsmäßigen Denkmustern umzugehen. Das Gegenmittel, durch das wir die negativen und destruktiven Tendenzen des Geistes überwinden, ist Einsicht.

Esther Sternberg: Wir möchten verstehen, ob wir diese Übungen, die in Ihrer Tradition so gut entwickelt wurden, auf das Problem, das wir Stress nennen, anwenden können. Ihren Ausführungen entnehme ich, dass der Ausdruck Stress sich auf etwas bezieht, das uns geschieht. Wenn Sie aber von Meditation sprechen, dann meinen Sie etwas, was wir aktiv tun, um uns selbst zu trainieren.

S. H. der Dalai Lama: Hier müssen wir verstehen, wie der Buddhismus die Essenz der Ethik versteht. Ethische Disziplin bezieht sich nicht nur darauf, von Handlungen abzusehen, die anderen unmittelbar schaden, sondern auch von potentiell schädlichen Handlungen Abstand zu nehmen. Wenn man sich auf diese Ebene des Trainings begibt, die Ebene oder das Herzstück der ethischen Disziplin, antworten wir wirklich auf unsere Umgebung. Wir schaden anderen nicht und wir versuchen, ein achtsameres Leben zu führen. Unachtsamkeit gilt als eine der Grundbedingungen, aus der viele Formen destruktiven Verhaltens entstehen.

Bei der Übung der Konzentration und besonders bei der dritten Übung der Einsicht wird es sehr speziell buddhistisch. Jede spirituelle Tradition hat in Bezug auf ihre Einsichten unterschiedliche Inhalte. Offensichtlich ist für einige Menschen der monotheistische Ansatz mit der Idee eines Schöpfergottes viel effektiver. In buddhistischen und einigen anderen Denksystemen des alten Indien gibt es diese Idee eines Schöpfergottes nicht. Damit begeben wir uns also in besondere Bereiche der spirituellen Traditionen.

Wie wir gestern schon erwähnt haben, versuchen wir uns hier auf universelles Mitgefühl und universelle Werte zu fokussieren. Wenn das Ziel sich nur auf einen bestimmten Bereich beziehen würde, gäbe es viele Komplikationen. Es wäre nicht hilfreich.

Esther Sternberg: Vielleicht machen wir unsererseits hier die Sache zu kompliziert.

S. H. der Dalai Lama: Wenn man den neurowissenschaftlichen Erklärungen zuhört, gibt es nicht nur das Gehirn, sondern so viele Teile des Gehirns, mit so vielen klugen, komplexen Namen für jeden Teil.

Richard Davidson: Genau wie im Abhidharma.

S. H. der Dalai Lama: Wahrscheinlich hat der Buddhismus im psychologischen Bereich eine ausgefeiltere Terminologie. Die moderne Wissenschaft beschäftigt sich vor allem mit physischen oder äußeren Dingen. Wir brauchen das; die moderne Wissenschaft ist sehr, sehr wichtig. Aber wir haben immer auch Erfahrungen und Gefühle. Das alte indische Denken beschäftigte sich ausführlich mit den Emotionen und dem Geist. Das ist auch nützlich; deshalb sollten wir diese beiden Dinge kombinieren, bis zu einem gewissen Punkt. Und dann können wir noch über das nächste Leben oder über Nirwana sprechen! Aber das ist eine Spezialität des Buddhismus. Ob es Himmel oder Hölle gibt, ist eine Angelegenheit der Theisten. Das geht uns nichts an. Ich denke, hier ist es besser, einen „Nichteinmischungspakt" zu schließen!

Esther Sternberg: Das ist ein schwieriges Thema. Ich möchte Margaret Kemeny bitten, hierauf zu antworten und uns zu einem Punkt der Verbundenheit zurückzubringen, den es trotz allem gibt und der mit dem Selbst zu tun hat. Zum Stress gehört eine Bedrohung für das Selbst und wie diese Bedrohung auf die körperliche Gesundheit wirken kann. Margaret Kemeny ist Professorin für Psychiatrie und Direktorin der Abteilung Gesundheitspsychologie an der University of California in San Francisco. Sie ist eine der Pionierinnen in der Psychoneuroimmunologie.

Margaret Kemeny: Eure Heiligkeit, ich möchte den Fokus hier in eine etwas andere Richtung lenken und hoffe, dass Sie daran interessiert sind, über das buddhistische Konzept des Selbst und die buddhistische Idee des sozialen Selbst zu sprechen. Wie ich es verstehe, kann man diese beiden unterscheiden. Mich würde interessieren, etwas über die buddhistische Sicht des Selbst zu hören. Denn es gibt heute viele Hinweise darauf, dass Situationen, die das Selbstgefühl bedrohen, Stresshormone und immunologische Prozesse aktivieren. Und diese wiederum haben einen negativen Effekt auf die Gesundheit, wenn sie chronisch aktiviert werden, wie John Sheridan uns das vermittelt hat. Bedrohungen scheinen für das Selbstgefühl zuverlässige und kraftvolle Auslöser dieser Prozesse und Systeme zu sein.

Wenn man Menschen in eine Situation bringt, in der sie eine schwierige Aufgabe zu erfüllen haben und von anderen bewertet werden, können diese biologischen Systeme aktiviert werden und zu Emotionen wie Angst und Sorge führen. Es kann dazu führen, dass Menschen sich schlecht fühlen und sie das Gefühl haben, dass andere negativ auf sie reagieren. Es kann auch zu Emotionen der Unsicherheit führen, wie Verlegenheit, Scham oder Demütigung.

Interessant dabei ist, dass nicht jeder Mensch diese negativen biologischen Veränderungen zeigt. Die Menschen, die sich in diesem Kontext schlecht fühlen, die sich verlegen oder gedemütigt fühlen oder sich als minderwertig erfahren, sind diejenigen, die diese biologischen Veränderungen aufweisen. Ich denke, wir sind in unserer Kultur vielleicht verwundbarer für diese Bedrohungen unseres Selbstgefühls, weil wir uns so sehr auf das

Individuum fokussieren, statt auf die Gruppe oder das Kollektiv. Ich frage mich, was die buddhistische Sicht des Selbst ist und ob die buddhistischen Vorstellungen des Selbst unser Verständnis dieser Verwundbarkeit vertiefen. Für Wissenschaftler wäre es hilfreich zu wissen, wie Meditation und kontemplative Übungen die Verwundbarkeit der Menschen in solchen Situationen verringern könnten. Es wäre also sehr hilfreich, das buddhistische Konzept des Selbst besser zu verstehen.

S. H. der Dalai Lama: Die philosophische Idee des Nicht-Selbst, die wir im Buddhismus finden, ist ein spezifisch buddhistisches Konzept. Der Grund, warum dem Verständnis des Nicht-Selbst solch eine Bedeutung beigemessen wird, liegt in der Erkenntnis, dass die verschiedenen Probleme der undisziplinierten Geisteszustände in einem falschen Anhaften an einem Selbst wurzeln. Das buddhistische Verständnis der Mechanismen, durch die wir all die Leiden unseres Geistes erschaffen, und der Probleme, mit denen wir konfrontiert werden, ist ziemlich komplex. Hier wird davon ausgegangen, dass unsere Probleme in Wirklichkeit aus Leiden des Geistes entstehen, die zu einem undisziplinierten, ruhelosen Zustand führen. Innerhalb des Spektrums dieser verschiedenen Leiden gibt es einige, die affektiver Natur sind, wie Anhaftung und Feindschaft, und die wir auf ein bestimmtes Objekt richten können. Sie beinhalten eine bestimmte Weise der Beziehung zu Objekten.

Diese Leiden finden wir auf den manifesteren Ebenen des groben Bewusstseins, aber andere Leiden werden als viel tiefer verwurzelt verstanden. Sie werden als dysfunktional bezeichnet und stehen mit unserer Verstandeskraft oder Intelligenz in Verbindung, im Gegensatz zu den Formen, die eher reaktiver und affektiver Natur sind. Ihnen zugrunde liegt eine falsche Vorstellung des Selbst oder ein Anhaften am Selbst. Deshalb wird das Verstehen von Nicht-Selbst so betont – es gibt kein Selbst, das wir als ewig und absolut definieren können.

Der Buddha spricht darüber, dass der Prozess der Überwindung dieser Leiden nicht in einem Augenblick des Erwachens zum Nicht-Selbst geschieht, wenn sozusagen alles von uns abfällt. Es geschieht stattdessen durch einen längeren, schrittweisen Prozess, bei dem viele verschiedene Faktoren zusammenkommen. Es ist ein Prozess, durch den man nach und nach sowohl intellektuelle, erworbene Leiden als auch diejenigen, die eher natürlich und angeboren sind, überwinden kann. Selbst Menschen, die Einsicht in das Nicht-Selbst hatten, können bis zu einem bestimmten Punkt immer noch diese Leiden erfahren.

Wenn wir über die Lehre des Nicht-Selbst sprechen, weisen wir nicht die Realität von Selbst und anderen zurück. Auch diejenigen, die Einsicht in das Nicht-Selbst erlangt haben, erfahren diese Unterscheidung zwischen Selbst und anderen. Basierend darauf wird man Gedanken, Gefühle usw. erfahren. Ein großartiger Gelehrter und Übender, den ich ziemlich gut kenne, und der tatsächlich eine tiefe Einsicht in *anatta* oder Nicht-Selbst erreicht hat, sagte mir einmal, dass er bei der Mediation über den Tod, was wir als Meditation über die grobe Ebene der Vergänglichkeit bezeichnen, wirklich viel Stress erfährt.

Margaret Kemeny: Nun spricht Eure Heiligkeit über „Stress", nicht wahr?

Alan Wallace: Das Wort, das Seine Heiligkeit verwendet hat und das hier mit „Stress" übersetzt wurde, deutet auf eine Herzensenergie hin, die aus dem Gleichgewicht geraten ist. Das erfordert ein wenig Erklärung, weil es sich auf die tibetische Medizin bezieht, die im Ayurveda wurzelt. Die traditionelle tibetische Medizin spricht von drei Körpersäften: Wind, Galle und Schleim. Aus der Perspektive der westlichen Medizin klingen sie vollkommen metaphysisch. Aus der Perspektive der tibetischen Medizin sind sie überhaupt nicht metaphysisch, sondern unmittelbare Inhalte der Erfahrung. Sie werden direkt mittels Puls und Urin diagnostiziert.

Es gibt verschiedene Formen dieser Körpersäfte oder Energien, die man aus der Perspektive der ersten Person selbst unterscheiden kann, und auch sehr gut ausgebildete Ärzte sind in der Lage, sie bei anderen zu erkennen. Eine bestimmte Energieform im Körper steht sehr eng mit dem Herzen in Verbindung. Sie befindet sich tatsächlich in der Mitte der Brust, bezieht sich aber auch auf das physische Herz. Starker Stress, sei er nun von außen durch ein Trauma erzeugt oder innerlich durch zu viel mentale Anstrengung – wenn man zum Beispiel zu viel studiert oder über etwas meditiert, was einem Angst macht –, kann zu einer Unausgewogenheit dieser Herzensenergie führen. Das zeigt sich dann als Angst, Depression, starker Druck, Schlaflosigkeit oder Appetitlosigkeit. Mit anderen Worten: Stress.

Esther Sternberg: Also reden wir doch über das Gleiche, aber benutzen unterschiedliche Formulierungen.

S. H. der Dalai Lama: Das ist richtig. Jeder hat die gleiche Erfahrung, ob man nun Buddhist ist oder nicht, ob man Christ oder Atheist ist. Dieser menschliche Körper macht die gleichen Erfahrungen.

Esther Sternberg: Ein weiterer Bereich, in dem wir alle die gleiche Erfahrung haben, ist das Mitgefühl und das Ziel für uns alle besteht darin, mitfühlendere Menschen zu werden. Wir bringen unser Gespräch immer wieder zu diesem Thema zurück und fragen, wie die Kultivierung von Mitgefühl die Gesundheit verbessern kann, selbst wenn diese Verbindung nicht Teil der buddhistischen Tradition ist. Ich möchte fragen, ob ein Heiler durch diese Form der Meditation Mitgefühl entwickeln kann und dadurch den Kranken eine bessere Hilfe sein kann. Und kann Mitgefühl auch ein Puffer für stressvolle Ereignisse sein, die im Gehirn geschehen?

S. H. der Dalai Lama: Das ist sehr richtig. Einige meiner Freunde glauben, dass eine moralische Ethik auf irgendeiner Form von religiösem Glauben basieren muss, aber die buddhistische Sichtweise ist, allgemein gesprochen, eine Form des Humanismus. Ausgangspunkt des Buddhismus ist eigentlich die Natur der Wirklichkeit und die Tatsache der eigenen Erfahrung – unser Menschsein. Deshalb betont die buddhistische Sichtweise Zuneigung, Mitgefühl, ein Gefühl der Teilnahme und Fürsorge für den anderen. Menschen sind Säugetiere, deren Überleben am Anfang des Lebens vollkommen von der Fürsorge anderer abhängt, und das trifft in gewissem Maße auch für andere Tiere zu. Aus diesem Grund verbinden wir mental diese Elemente von Fürsorge und Empathie und nennen dies Zuneigung. Wie könnten wir ohne Zuneigung überleben? Das hat nichts mit Religion zu tun.

Nun versuchen wir also, uns dieses Potential zu bewahren. Als Menschen haben wir die Intelligenz zu erkennen, dass Zuneigung und Mitgefühl hilfreich sind, und wir haben die Fähigkeit, sie zu kultivieren. Andere Tiere verfügen über ähnliche mentale Elemente, die sie zu Beginn des Lebens aneinander binden, wenn sie einander brauchen. Aber wenn der Zeitpunkt kommt, wo dies nicht mehr notwendig ist, ist diese Zuneigung nicht mehr da. Aber wir Menschen können sie aufgrund unserer Intelligenz aufrechterhalten und sogar stärken. Ich denke, buddhistische Konzepte, die auf der menschlichen Natur beruhen, könnten von daher für Nichtgläubige einfach zu akzeptieren sein.

Wenn wir davon ausgehen, dass der Ausgangspunkt des Buddhismus im Grunde die Tatsache der Wirklichkeit und Existenz des Menschseins ist, sehen wir, dass ein großer Teil des spirituellen Ansatzes des Buddhismus darauf abzielt, mit den Problemen dieser Existenz umzugehen. Aus buddhistischer Perspektive erfordert Moral oder Ethik nicht notwendigerweise einen religiösen Glauben als Grundlage. Vielleicht sind deshalb Aspekte der buddhistischen kontemplativen Praxis so geeignet, um im Bereich der Gesundheit adaptiert zu werden.

Esther Sternberg: Ich denke, dass das Ziel der klinischen Medizin und das Ziel des Heilers letztendlich darin bestehen, mitfühlender zu den Patienten zu sein. Wir haben gestern kurz über den Placebo-Effekt gesprochen. Die mitfühlende Interaktion zwischen Arzt und Patient hat einen sehr kraftvollen Effekt, den wir in einigen unserer modernen medizinischen Ansätze vielleicht aus den Augen verloren haben. Wir brauchen die Verwurzelung in Wissenschaft und Technologie, da wir so viele Fortschritte erreicht haben, aber wir dürfen das Mitgefühl nicht vergessen.

S. H. der Dalai Lama: Selbst in der modernen Medizin wird das heute erkannt. In seiner Präsentation hat Jon Kabat-Zinn den Hippokratischen Eid angesprochen, der eine implizite Anerkennung dieser Grundlage des Mitgefühls ist.

Esther Sternberg: Ich möchte nun Joan Halifax bitten, etwas zu diesem Thema zu sagen, weil sie in diesem Bereich eine Expertin ist. Sie ist Gründerin, Äbtissin und Lehrerin des Upaya Zen Center in Santa Fe, New Mexico, und sie arbeitet mit sterbenden Patienten. Joan, könnten Sie etwas über Ihre Anwendung dieses mitfühlenden Ansatzes bei der Vermeidung von Stress und der Erleichterung des Sterbeprozesses sagen.

Joan Halifax: Ich denke, dass die Auseinandersetzung mit der Wahrheit unserer Sterblichkeit als Mensch ein wichtiger Aspekt unserer klinischen Arbeit ist. Über die Wahrheit der Unbestimmtheit, Unsicherheit und Vergänglichkeit müssen wir tief kontemplieren. Aber zusätzlich muss die Ausbildung des Klinikers auch eine Sicht der Gesundheit beinhalten, die sich nicht nur auf den Körper und den Geist bezieht, sondern auch das Spirituelle, den sozialen Bereich und die Umwelt miteinbezieht.

Ein weiterer wichtiger Aspekt hat mit dem mentalen Training des Klinikers im Bereich der Ausgewogenheit von Aufmerksamkeit und Emotionen, der Metakognition, Resilienz und der heilsamen psychischen Qualitäten wie Empathie, Mitgefühl, Gleichmut und Altruismus zu tun. Diese Qualitäten ermöglichen es, wenn sie kultiviert und entwickelt werden, dass klinisch Arbeitende ihren Pflichten in einer Weise nachkommen, dass sie Störungen wie Burn-out, sekundären Traumata, moralischen Schmerzen und horizontalen und vertikalen Feindseligkeiten vorbeugen. Das sind alles Herausforderungen, mit denen klinisch Arbeitende konfrontiert werden, wenn sie sich in medizinischen Einrichtungen um andere Menschen kümmern. Eine der wichtigsten Fragen, die wir uns in diesem Zusammenhang anschauen müssen, ist, wie wir klinisch arbeitende Menschen darin unterrichten können, in ihrer Aufmerksamkeit und ihren Emotionen ein gewisses Maß an Ausgewogenheit zu erreichen. Meditation ist ein Weg, durch den wir dem Leiden vorbeugen können. Und eine Ausbildung, was die Bedeutung von Empathie, Mitgefühl, Gleichmut und Altruismus in der klinischen Medizin betrifft, ist wichtig für Menschen, die in diesem Bereich arbeiten. Dadurch können sie ihren Patienten angemessener begegnen und sich auch um ihr eigenes Wohlbefinden und ihre menschliche Reifung kümmern.

S. H. der Dalai Lama: Die Anerkennung und Akzeptanz der eigenen Sterblichkeit ist wirklich sehr wichtig. Die Akzeptanz, dass der Tod unvermeidlich und ein Teil des Lebens ist, wird für einen Menschen dann viel leichter anzunehmen sein, wenn es wirklich so weit ist. Wenn der Tod plötzlich in das Leben eines Menschen tritt, der noch nie darüber nachgedacht hat, schafft das eine viel größere mentale Unruhe. Wenn jemand aber andererseits zu viel über den Tod nachdenkt, wie der tibetische Mönch, den ich vorhin schon erwähnt habe, und das zu Stress führt, dann ist das auch ein unnötiges Extrem.

Joan Halifax: Es hängt vielleicht vom Alter ab.

S. H. der Dalai Lama: Manchmal denke ich, dass moderne Wissenschaftler ein bestimmtes Fachgebiet mit einem festen Fokus anschauen und versuchen, eine absolute, unabhängige Antwort zu finden. Aber das ist nicht möglich! Selbst wenn wir immer tiefer in die kleinsten Teilchen schauen, hängt deren Existenz von anderen Teilchen ab und verändert sich ständig. Wir können nichts Absolutes und Bleibendes finden. Das trifft sogar für Materie und grobstoffliche Energien zu, und der Geist ist noch so viel subtiler. Es ist sehr schwer, Phänomene, besonders mentale Phänomene, in einem isolierten Kontext zu verstehen, ohne dass man deren Beziehung zu vielen anderen Faktoren miteinbezieht. Wir müssen wirklich eine umfassendere oder integrativere Sichtweise entwickeln, statt einen absoluten Standpunkt zu finden.

Esther Sternberg: Ich bin so froh, dass Sie das gesagt haben, denn eines der Ziele, die wir nun in der akademischen Medizin haben, ist die Suche nach einem umfassenden, integrativen Ansatz. Es geht dabei nicht nur um eine Integration von verschiedenen Disziplinen, über die wir schon gesprochen haben, zum Beispiel von Neurowissenschaft, Psychiatrie, Psychologie, Immunologie und Kardiologie, sondern um eine Integration des ganzen Selbst, des Einzelnen innerhalb der umfassenderen Welt. Der Einzelne und die umfassendere Welt schließen einander nicht aus. Sie sind ein integriertes Ganzes.

S. H. der Dalai Lama: Auch wenn wir ein mentales Ereignis erfahren, muss es irgendeine physische Grundlage geben. Sie sind also miteinander verbunden.

Esther Sternberg: Als Wissenschaftler können wir die Einzelheiten untersuchen, solange wir uns unser Mitgefühl, unsere Freude und unseren Entdeckergeist erhalten, den wir alle haben. Ich denke, im Herzen sind wir alle spirituell und können beide Weltsichten verbinden.

Jan Chozen Bays, Sie arbeiten mit Opfern von Kindesmissbrauch und Menschen mit posttraumatischen Belastungsstörungen. Können Sie etwas dazu sagen, wie Meditation und Mitgefühl in solchen sehr schmerzvollen Situationen helfen können?

Jan Chozen Bays: Wenn wir täglich mit Krankheit und menschlichem Leiden arbeiten, brauchen wir selbst einen Ausgleich, und das muss ein spiritueller Ausgleich sein, eine spirituelle Medizin. Tägliche Meditation hilft beispielsweise, den Geist und das Herz zu leeren. Weil ich mit Opfern von Kindesmissbrauch arbeite und viele schreckliche Geschichten höre, muss ich jeden Tag meditieren, damit ich meinen Geist und mein Herz leeren kann, um am folgenden Tag die nächste Familie beraten zu können. Es ist absolut notwendig. Ich muss auch verstehen, dass der Elternteil, mit dem ich spreche und der ein Kind missbraucht hat, das jetzt tot oder verletzt ist, wahrscheinlich selbst ein missbrauchtes Kind war. Der

Kreislauf von Samsara wird weitergehen. Wenn ich diese Eltern als misshandelte Kinder sehen kann, die nie spirituelle Mittel erlernen konnten, um sich aus ihrem eigenen Leiden zu befreien, dann kann ich in meinem Herzen offen für sie bleiben.

Selbst wenn man nur zehn Minuten Zeit hat, um mit einem Patienten zu sprechen und vollkommen präsent mit ihm zu sein, ist es hilfreich, danach das Herz und den Geist wieder zwei Sekunden lang zu leeren, bevor man zum nächsten Patienten weitergeht. Dadurch wird es eine Praxis, die man alle paar Minuten übt, nicht etwas Außergewöhnliches, das man zweimal im Jahr bei einem Retreat praktiziert. Es ist eine Praxis, die wir andauernd üben müssen.

Das Gewahrsein unserer eigenen Leerheit ist dabei wichtig. Wenn eine Familie wütend auf mich wird, was oft geschieht, und ich mich selbst als transparent und leer wahrnehmen kann, geht das, was auf mich zukommt, durch mich hindurch und verschwindet durch die Tür. Das gelingt mir nicht perfekt, aber es ist eine wunderbare Art und Weise, um damit zu üben.

Ich möchte Eurer Heiligkeit eine Frage stellen. Ich führe zwei Leben, ein medizinisches Leben und mein Leben in der Lehre und Praxis des Zen. Mein medizinischer Geist wird sehr skeptisch, wenn jemand sagt, dass die Medizin alles heilen kann, von A bis Z. Es hört sich so an, als wollte mir jemand Schlangenöl verkaufen. Wir haben in den letzten Tagen gehört, dass achtsamkeitsbasierte Stressreduktion alles heilen kann, von Asthma über Herzerkrankungen bis zu Psoriasis. Der medizinische Teil in mir ist etwas skeptisch, ob es wirklich so einfach ist, und vermutet, dass es sich als nicht so einfach herausstellen wird, wenn wir es genauer anschauen. Aber der Teil von mir, der Zen lehrt und praktiziert, sieht auch etwas anderes: Menschen, die mit der Praxis beginnen, erscheinen oft so, als hätten sie ein Vitamin bekommen, etwas ganz Wichtiges für ihre Gesundheit. Es könnte sein, dass uns die Meditation mit etwas versorgt, das so absolut essentiell ist wie Schlaf, Nahrung oder Liebe. Ich frage mich, was Eure Heiligkeit darüber denkt.

S. H. der Dalai Lama: In den buddhistischen Texten werden Arhats erwähnt, die vollkommene Befreiung vom Kreislauf der Existenz erlangt haben. Das sind Meister, die eine sehr hohe spirituelle Ebene erreicht haben, sie haben schon lange davor die Vier Grundlagen der Achtsamkeit vervollkommnet. Aber trotzdem sind sie anfällig für Krankheit, Alter und Tod. Ich denke also, es geht zu weit, wenn einige spirituelle Meister behaupten, dass alles gut wird, wenn man nur ihre Form der Meditation praktiziert! Die Probleme des Geistes sind sehr komplex, also muss auch das Gegenmittel umfassend sein. Achtsamkeit ist nur ein Teil der Lösung. Und diese ist nicht einfach.

Richard Davidson: Eure Heiligkeit, viele Meditationsübungen beinhalten die fokussierte Aufmerksamkeit auf verschiedene Teile des Körpers und andere Meditationsübungen beinhalten spontane Aufmerksamkeit auf körperliche Prozesse. Wird im buddhistischen Verständnis dieser Teil des Körpers in irgendeiner Weise verändert, wenn wir unser Gewahrsein darauf richten?

S. H. der Dalai Lama: Das hängt von der Meisterschaft ab, die jemand bei der Anwendung der dauerhaften Aufmerksamkeit erlangt hat. Wenn der Mensch eine sehr hohe Ebene der Stabilität oder fokussierten Aufmerksamkeit erreicht hat, dann, so heißt es, kann es auch zu einer Veränderung auf körperlicher Ebene kommen. In einigen Texten über die buddhistische Theorie der Energien geht es darum, wie Energie eine physische Wirkung haben kann, wenn ein erfahrener Meditationsübender, der Meisterschaft in der Anwendung der andauernden fokussierten Aufmerksamkeit erreicht hat, den Fokus der Energie ohne Unterbrechung für vier Stunden auf einem bestimmten Punkt des Körpers gerichtet halten kann. Eine oder zwei Stunden Meditation auf einen bestimmten Bereich reichen nicht aus.

Richard Davidson: Wir brauchen noch viele Jahre der Praxis.

S. H. der Dalai Lama: Für mich ist analytische Meditation viel hilfreicher, als nur den Schmerz zu analysieren. Wenn wir zum Beispiel ein Trauma erfahren, ist dieses Ereignis schon eingetreten.

Ich habe zu Beginn erwähnt, dass alle Probleme ihre Ursache im Grunde in der Unwissenheit haben. Unwissenheit bringt eine unrealistische Haltung mit sich. Und eine unrealistische Haltung führt wiederum zu vielen mentalen Problemen. Akzeptiere die Wirklichkeit und begegne ihr realistischer. Wenn etwas getan werden kann, müssen wir uns keine Sorgen machen. Wenn man nichts tun kann, hilft es auch nicht, wenn man sich Sorgen macht. Ende.

Eine Quelle unserer Probleme ist das Festhalten an irgendeiner Form von bleibender Dauer. Eine weitere Quelle unserer Probleme ist die extreme Selbstbezogenheit. Für jede dieser mentalen Krankheiten brauchen wir andere Ansätze, andere Gegenmittel, um den Geist zu transformieren und zu formen. So sehe ich es. Um die Verstandeskraft effektiver einzusetzen, ziehe ich einen guten Schlaf der Meditation vor!

5. Sitzung

Integration und abschließende Reflexionen

In dieser Sitzung, die von Bennett Shapiro moderiert wird, reflektieren die Vortragenden über einige der wichtigsten Themen, die während der Präsentationen und Dialoge der vorhergehenden Sitzungen angesprochen wurden. Im ersten Vortrag geht es vor allem um die Rolle, die Meditation und in weiterem Sinne integrative Ansätze für die Weiterentwicklung des Gesundheitswesens spielen könnten. Der zweite Vortrag bietet einen weit gefassten Überblick über die Natur des Geistes und des Selbst, die der menschlichen Wahrnehmung innewohnenden Begrenzungen dieser Ideen und untersucht das immense Potential, das in der Verbindung der kontemplativen und wissenschaftlichen Traditionen liegt.

~

Bennett Shapiro: Ich bin kein Neurowissenschaftler und auch kein Psychologe, sondern ein Arzt, der eine Laufbahn in Biochemie und Molekularbiologie einschlug. Viele Jahre lang war ich Professor für Biochemie und widmete mich dann der Medikamentenforschung, um neue bahnbrechende Medikamente für schwere Erkrankungen zu finden. Dieser Tätigkeit bin ich in den letzten fünfzehn Jahren nachgegangen, zum Teil in einem großen pharmazeutischen Unternehmen, zum Teil in der Biotechnologie.

Ich habe also im Zentrum der reduktionistischen Biologie gearbeitet, die eine überaus kraftvolle Wirkung in der Transformation unserer Sicht der Lebensprozesse hatte. Als ich meine Karriere begann, hätte ich nie gedacht, dass wir einmal all diese Erkenntnisse über die Natur des Lebens und über die Verbundenheit aller lebenden Organismen haben würden, die uns heute zugänglich sind. Diese Einsichten entstanden durch den tiefgreifenden analytischen Ansatz, bei dem im letzten halben Jahrhundert die Techniken und Ideen der Physik und Chemie auf die Biologie angewendet wurden. Die Vermischung solch kraftvoller Ideen und Technologien hat wirklich zu einer Revolution in unserem Verstehen der Natur des Lebens geführt und in unserer Fähigkeit, neue Theorien zur Überwindung des Leidens zu finden.

Kein Forschungsgebiet hat so sehr von der Einführung der Physik und Chemie in die Biologie profitiert wie die Neurowissenschaft. In der Tat wurde das ganze Forschungsgebiet transformiert. Wir wissen heute viel darüber, wie Nervenzellen funktionieren, wie sie integriert sind und wie ihre Aktivitäten chemisch ablaufen. Dieser Fortschritt war noch vor wenigen Jahrzehnten unvorstellbar. Aber wir haben nicht die gleichen Fortschritte beim Verstehen des Geistes gemacht. Obwohl wir ein tiefes Verständnis der Natur des Gehirns entwickelt haben, war unser Fortschritt im Verstehen des Geistes sehr langsam. Die westlichen Anstrengungen, den Geist zu studieren, wurden aus mehreren Gründen erschwert, einer davon ist die umfassende Wirkung des Behaviorismus. Als sich zum Ende des 19. Jahrhunderts herausstellte, dass Menschen nicht sehr gut über innere Zustände sprechen konnten, wechselte die Psychologie ihren Fokus vor allem auf die Beobachtung des äußeren Verhaltens, das Hinweise auf das innere

Geschehen geben sollte. In der Tat wurden innere mentale Zustände in der ersten Hälfte des 20. Jahrhunderts fast vollkommen ignoriert. Einige Theorien über den Geist entstanden, einschließlich derjenigen von Freud und anderen Forschern. Aber die wichtigsten Strömungen der psychologischen Forschung beschäftigten sich mit dem Verhalten, sowohl bei Tieren als auch bei Menschen. Erst in den letzten 20 oder 25 Jahren wurde es legitim, über Bewusstsein zu sprechen, das aber doch der Kern unseres Wesens ist.

Es stellt sich die Frage, wie wir in diesem Bereich weiterkommen können? Wir müssen wirkungsvolle Technologien und neue Einsichten anwenden. Die meisten Methoden, mit denen wir bestimmte Themen in Bezug auf den menschlichen Geist erhellt haben, bezogen sich auf die Untersuchung von Menschen mit Schlaganfall oder anderen Hirnverletzungen. Wir bestimmten, welche Fähigkeiten verloren gegangen waren. Aus dem, was ihrem Denken und Verhalten nun fehlte, schlossen wir auf die Funktionen dieser verletzten Teile im Gehirn. Oder wir haben Studenten untersucht und ihnen in psychologischen Laboren oder Instituten überall auf der Welt viele Fragen gestellt. Wir haben mit diesen jungen Menschen alle möglichen Experimente durchgeführt, um dem Potential des menschlichen Geistes auf die Spur zu kommen.

Wenn ich an meine Zeit als Student zurückdenke, kann ich nur sagen, dass ich damals nicht das höchste Potential des menschlichen Geistes erreicht hatte. Ich glaube nicht, dass viele von uns unseren Geist zum Ende des Teenageralters für die Spitze des menschlichen Potentials halten würden. Und da stellt sich die Frage: An wen können wir uns wenden, um das Potential des Geistes zu verstehen? Wir stimmen alle darin überein, dass wir irgendwie verbessern müssen, wie unser Geist, dieses effektive Werkzeug, sich auf unsere Gesundheit und den Planeten auswirkt. Wo finden wir Möglichkeiten, um zu verstehen, was das Potential des menschlichen Geistes wirklich ist?

Ich finde es angemessen, hier auf Menschen zu schauen, die in diesem Bereich eine große Fachkenntnis erreicht haben. Aus wissenschaftlicher Perspektive ist das der vernünftigste Ansatz, dem wir auch in jedem anderen

Bereich, den wir untersuchen, folgen würden. Als ein reduktionistischer Molekularwissenschaftler scheint es mir nur angemessen, den Blick auf eine Kultur zu richten, die Tausende von Jahren damit verbracht hat, mentale Einsichten zu entwickeln, wie sie sich in den kontemplativen Aspekten des Buddhismus oder des Christentums zeigen. Und es erscheint mit nur sinnvoll, den Rat von Menschen zu suchen, die Zehntausende von Stunden mit Meditation verbracht und durchdachte Methoden angewendet haben, um den Geist in unterschiedlicher Art und Weise zu untersuchen. Sie können einander diese Methoden und Erfahrungen beschreiben, die ihrer Ansicht nach reproduzierbar sind. Es sind Menschen, die die vergleichbare Erfahrung von vier oder fünf Doktortiteln haben oder über eine Ausbildung verfügen, die einer eingehenden medizinischen Ausbildung mit vielen Jahren Fortbildung, Spezialisierung und Praxis entspricht. Wenn Sie sich einer Herzoperation unterziehen müssten, ist es unwahrscheinlich, dass Sie sich dafür an einen Studenten wenden würden. Ich sage nichts gegen Studenten, ich war selbst einer und habe Teenager großgezogen, aber wir sollten diese Frage realistisch angehen. Wenn wir nach etwas so Ernstem wie dem Potential des menschlichen Geistes fragen, erscheint es mir nur angemessen, dass wir uns an Menschen wenden, die dies studiert haben.

So ist es keine Überraschung, dass die aufgeschlossene Leitung der Society for Neuroscience Seine Heiligkeit eingeladen hat, vor einigen Tagen bei ihrem jährlichen nationalen Treffen hier in Washington, DC, zu sprechen. An wen würde man sich sonst logischerweise wenden, wenn man wirklich daran interessiert ist, die Neurowissenschaft herauszufordern, einen genaueren Blick auf den Geist zu richten? Die Kontemplationsübenden haben viele Jahre Erfahrung in der inneren Erforschung des Geistes. Warum sollten wir sie nicht fragen? Wir könnten einige der Herausforderungen lösen, denen sich die Medizin gegenübersieht, wenn wir eine klarere Vorstellung des Geistes und seiner Interaktionen hätten, zusammen mit all dem, was wir über die physische Wirklichkeit wissen. Und wir könnten wirksamer auf andere schmerzvolle Aspekte unserer Gesellschaft reagieren.

Die Gelegenheit ist einfach großartig. Es ist die gleiche Gelegenheit, wie es sie in den 1930er Jahren gab, als Physiker und Chemiker sich ernsthaft mit der Biologie befassten. Jeder menschliche Fortschritt, der auf technologischer Innovation beruht, ist sehr von der Einführung neuer Ideen in etablierte Bereiche abhängig. So gelingen Quantensprünge der Erkenntnis. In unserem Fall haben wir dank Seiner Heiligkeit, dem Mind and Life Institute und anderer, die sich für dieses Gebiet interessieren, die Gelegenheit, die Probleme, die wir mit den Mitteln der westlichen Wissenschaft in einer bestimmten Weise untersucht haben, nun in einem neuen Licht zu betrachten. Wir können Fragen stellen, zusammenarbeiten und Einsichten darüber gewinnen, wie wir diese Probleme lösen können. Dieser Dialog kann die gleiche tiefgreifende transformative Wirkung auf unser Tun in den nächsten 50 Jahren haben, wie sie die Physik und Chemie auf unser Verständnis der Biologie hatten. Wir arbeiten daran, zwei große intellektuelle Disziplinen zusammenzubringen, und wir wissen noch nicht, wohin uns das führen wird.

Zusätzlich zu diesen großartigen Möglichkeiten stehen wir auch vor großen Herausforderungen. Die erste Herausforderung bezieht sich auf die Grundhaltung, die Tendenz einiger Ärzte, eine mechanische Verbindung zwischen Geist und körperlicher Krankheiten abzulehnen. Obwohl es heute eine anerkannte und wichtige Fachzeitschrift mit dem Titel *Psychosomatic Medicine* gibt, wurde zur Zeit meiner ärztlichen Tätigkeit eine psychosomatische Erkrankung nicht wirklich als Krankheit gesehen, sondern als eine Art gedanklicher Täuschung vonseiten des Patienten. Für einen medizinisch Praktizierenden ist das eine ziemlich merkwürdige Idee.

Es gibt Grundannahmen, die wir verändern müssen, und es wird etwas Zeit brauchen, sie zu verändern. Was kann ein tibetischer Mönch den Neurowissenschaftlern sagen? Eine Handvoll Leute hat diese Frage in Verbindung mit dem Vortrag Seiner Heiligkeit beim Treffen der Society for Neuroscience gestellt. Sicher gibt es diese Haltung immer dann, wenn sich eine revolutionäre Idee zeigt. Es gibt immer Menschen, denen es viel angenehmer ist, nicht über das Potential einer Revolution in unserem Verstehen nachzudenken.

Aber auch bei der Umsetzung stehen wir vor Herausforderungen. Bei vielen Dingen hier bin ich ein Außenseiter, aber ich weiß einiges über die

Medikamentenforschung. Lassen Sie mich davon berichten, was wir erleben, wenn wir versuchen, ein neues, bahnbrechendes Medikament zu entwickeln und zu beweisen, dass es tatsächlich beim Menschen wirkt. Es ist für uns sehr wichtig, genau zu wissen, dass jede neue Therapie, die wir anwenden, effektiv und sicher ist. Wenn wir komplexe klinische Studien durchführen, verwenden wir Placebos, die in Größe, Form, Geschmack und allen sichtbaren Merkmalen mit dem Medikament, das wir testen, übereinstimmen. Das tun wir deshalb, weil der Placebo-Effekt, der für die Kraft des Geistes steht, in diesen klinischen Tests sehr stark sein kann. Bei Studien mit Schmerzmedikamenten kann er besonders ausgeprägt sein. Bei Studien mit Medikamenten gegen Depression ist er oft so stark, dass das Medikament die gleiche Wirkung hat wie das Placebo. Selbst in Tests bei Bluthochdruck, beim Abschwellen der Gelenke bei Arthritis oder bei der Verhinderung des Urinflusses gibt es einen spürbaren Placebo-Effekt. In vielen dieser Studien kann man sagen, wenn die Wirkung 50 Prozent ausmacht, ist der Placebo-Effekt allein schon für 20 – 30 Prozent verantwortlich. Wir testen diese Medikamente mit vollkommen randomisierten Populationen, um sicherzustellen, dass die Merkmale der Menschen, denen das Medikament verabreicht wird, mit denjenigen der Menschen übereinstimmen, die das Placebo bekommen. Bei klinischen Studien nutzen wir eine Dreifach-Blindmethode: Der Patient weiß nicht, ob er das Medikament bekommt, der Arzt weiß es nicht und der Mitarbeiter, der die verschlüsselten Daten auswertet, weiß es auch nicht. Es gibt also keine Möglichkeit der Beeinflussung. Obwohl das sehr künstlich ist, glauben wir, dass das der höchste wissenschaftliche Standard ist.

Wenn wir uns anschauen, wie schwer es wäre, diesen Standard auf die Meditation zu übertragen, können wir die Herausforderungen verstehen, mit denen unsere Kollegen zu tun haben, wenn sie die Experimente durchführen, über die sie gerade berichtet haben. Es ist sicher sehr schwer, eine identische Placebo-Gruppe zu finden. Eine Wartezeit wird vielleicht die behandelte und nicht behandelte Gruppe unterscheiden, aber das ist sehr schwer zu randomisieren, weil viele Menschen, die sich freiwillig für diese Studien melden, begeistert von Meditation sind oder schon in der Vergangenheit meditiert haben. Wir befinden uns immer noch in der Phase, in der wir Methoden entwickeln, um innere Zustände zu erfassen, und diese müssen erst noch optimiert werden. Wir untersuchen die Anwendung von Biomarkern und bildgebenden Verfahren, um das Denken in diesem Bereich weiterzubringen.

Es ist klar, dass das sehr frühe Untersuchungen sind. Es wäre unrealistisch anzunehmen, dass all diese Technologien in den ersten Jahren ihrer Anwendung schon vervollkommnet wären. Aber der Mut und der Enthusiasmus der Menschen, die sich dieser Arbeit widmen, zeigt, dass es hier ein großes Potential gibt. Wir haben während dieses Treffens viele Hinweise darauf bekommen, wie kraftvoll der Geist sein kann, wenn wir ihn sorgfältig in verschiedenen Umgebungen untersuchen. Wir haben darüber gesprochen, dass erfahrene Kontemplationsübende den Wert dieser Untersuchungen erhöhen, und wir haben aus den ersten Experimenten im Labor von Richard Davidson und anderen ersehen können, dass es im menschlichen Geist, Gehirn und Körper ein größeres Potential gibt, als bisherige Studien vermuten ließen.

Die dritte Frage, mit der wir uns auseinandersetzen müssen, betrifft die Ethik. Ich denke, wir glauben heute alle, dass mentales Training eine sehr kraftvolle Technologie ist – ich denke das jedenfalls. Wir können aber auch den Schaden sehen, der entsteht, wenn sich der Geist in die falsche Richtung bewegt. Es gibt keine wirkungsvollere Waffe als den menschlichen Geist. Deshalb können wir uns wirklich glücklich schätzen, dass diese Disziplinen, die Zehntausende von Stunden Meditationspraxis benötigen, im Kontext religiöser Traditionen entwickelt wurden, die in einer moralischen Motivation verwurzelt sind. Wir sollten innehalten und über diese Tatsache nachdenken. Sie ist kein Problem; sie ist ein Segen. Aber wir müssen auch bedenken, dass diese Technologien missbraucht werden können. Ich möchte Sie einfach daran erinnern, dass das ganze Projekt der achtsamkeitsbasierten Stressreduktion in der gleichen ethischen Grundlage wurzelt. Weil die Menschen, die sie entwickelt haben, erkannten, wie wichtig dieser Teil des Prozesses ist. Aber es ist möglich, dass jemand ähnliche Technologien des Geistestrainings entwickelt, ohne sich um Ethik zu kümmern – eine extrem unattraktive Vorstellung.

In den frühen Stadien eines Forschungsgebiets wie diesem ist es hilfreich, darüber nachzudenken, welche Probleme entstehen können, wenn wir den Ansatz verfeinern. So können wir sicherstellen, dass wir in der weiteren Entwicklung nicht nur den höchsten wissenschaftlichen Qualitätsstandards verpflichtet sind, sondern auch den gleichen hohen ethischen und moralischen Standards, die die Entwicklung dieser meditativen Techniken für Tausende von Jahren unterstützt haben. Das ist unsere Verantwortung und ist unsere Herausforderung bei der Weiterentwicklung dieses Forschungsgebiets.

Ich glaube, dass wir die Geburt eines Ansatzes miterleben, der uns die Möglichkeit gibt, nicht nur Medizin und Gesundheit zu transformieren, sondern auch einen beträchtlichen Teil des menschlichen Leidens zu lindern, wenn wir diesen Ansatz klug einsetzen. Deshalb möchte ich meine tiefe persönliche Dankbarkeit gegenüber Seiner Heiligkeit zum Ausdruck bringen. Ich möchte auch Francisco Varela und Adam Engle und unseren anderen Kollegen, die seit so vielen Jahren mit dem Mind and Life Institute verbunden sind, meine Anerkennung dafür aussprechen, dass sie diese Dialoge begonnen haben, die ein so großes Potential in der Verringerung menschlichen Leidens besitzen.

Heute Morgen werden wir die Sichtweisen von zwei ganz besonderen Menschen hören. Der erste ist Ralph Snyderman, eine der wichtigsten medizinischen Führungspersönlichkeiten und ein bedeutender medizinischer Aufklärer dieses Landes. Als Arzt und Wissenschaftler war er viele Jahre lang Direktor des Duke University Health System. Er war lange Jahre mit allen Aspekten des Gesundheitswesens beschäftigt. Ralph, wir freuen uns sehr, dass Sie heute etwas Zeit mit uns verbringen können.

Ralph Snyderman

Meditation und die Zukunft des Gesundheitswesens

Die Medizin bewegt sich in vielen Bereichen unaufhaltsam in Richtung einer integrativen Perspektive und neu entstehende Technologien und erweiterte Erkenntnisweisen finden in der medizinischen Praxis Anwendung. In dieser Präsentation werden Möglichkeiten vorgestellt, wie die Themen, die bisher beim Mind and Life XIII angesprochen wurden – sowohl aus Sicht der klinischen Wissenschaft wie der Grundlagenforschung – zur langfristigen Entwicklung der medizinischen Versorgung, medizinischen Ausbildung und medizinischen Forschung beitragen können. Thematisiert wird auch das Potential dieses integrativen Ansatzes für die Entwicklung durchdachter institutioneller Ansätze für Gesundheit und Wohlbefinden. Zudem wird untersucht, wie Menschen aktiver an der Verbesserung ihrer eigenen Gesundheit beteiligt werden können.

~

In meinen vierzig Jahren als Arzt habe ich die volle Wirkungskraft der westlichen Wissenschaft und Technologie kennengelernt und angewendet. Ich war an vielen Forschungsprojekten in den unterschiedlichsten medizinischen Bereichen beteiligt. In dieser Zeit habe ich herausgefunden, dass die Kraft und die Werkzeuge der Medizin, die zugegebenermaßen sehr weitreichend sind, allein nicht das Leiden lindern und das Wohlbefinden erhöhen können.

Aus diesem Grund wollen ich und viele meiner Kollegen von der Weisheit lernen, die aus zweitausend Jahren introspektiver Kontemplation entstanden ist. Wir wollen herauszufinden, was wir davon anwenden können, um die Lage der Menschen zu verbessern. Die Mind and Life-Treffen weisen daraufhin, dass auch Sie spüren, wie die tiefe Kraft und Erkenntnis der buddhistischen Tradition von einem tieferen Verständnis der Wissenschaft profitieren kann. Das ist nur natürlich. Was können wir voneinander lernen und wie können diese zwei Ansätze einander unterstützen?

Während dieses Treffens haben wir über Erkenntnisse aus zwei radikal unterschiedlichen Ansätzen gesprochen, die sich dem Verstehen des Geistes widmen. Wir haben gelernt, dass die Fokussierung und das Training des Geistes eine sehr kraftvolle Wirkung auf die Struktur und die Funktion des Gehirns hat. Wenn wir dieses Wissen anwenden, können wir wirklich etwas für die Verbesserung des menschlichen Lebens tun. Wir haben gelernt, dass mentales Training und Meditation die Struktur des Gehirns verändern, indem sie die neuronalen Netzwerke des Gehirns durch Plastizität verändern, wozu auch die Modifikation neuronaler Verbindungen gehört. Mentales Training kann die Aktivität von Teilen des Gehirns verbessern, die offenkundig mit Mitgefühl in Verbindung stehen. Es kann die Kraft der Gehirnareale verringern, die Angst, Furcht und Wut steuern. Wir haben auch etwas über die geheimnisvollen Funktionsweisen des Gehirns gelernt, bei denen Informationen, die während des Denkens verarbeitet werden, vollkommen im Gehirn verteilt sind, ohne dass es einen zentralen Ort der Kontrolle gäbe. Wir haben gelernt, dass mentales Training die Schwingungen der Funktionen in verschiedenen Gehirnbereichen koordinieren kann. Wir haben gelernt, dass sowohl destruktive Emotionen wie Wut, Angst, Schock und Trauer als auch verschiedene Formen von Stress nicht nur zu Veränderungen im Geist führen, sondern auch im Gehirn und im Körper. Wir haben gelernt, dass mentales Training das verändern kann. Buddhisten haben das seit zweitausend Jahren gewusst, aber nun haben die Daten gezeigt, dass mentales Training tatsächlich physische Prozesse verändern kann, wodurch das Wohlbefinden des Menschen verbessert wird.

Stress kann den Blutfluss zum Herzen verändern. Er kann zu Herzinfarkten und Magengeschwüren führen, kann die Abwehrkraft gegenüber vielen Krankheiten verringern und kann zu klinischer Depression führen, einem der größten mentalen Leiden. Die klinische Depression wird mit Abweichungen in den Funktionsweisen des Gehirns assoziiert und mentales Training kann bis zu einem gewissen Grad diese Funktionsweisen verbessern, was zu einer Minderung der klinischen Depression führen kann. Mentales Training ist also sehr wirkungsvoll. Es ist keine Heilung, aber es ist eine Möglichkeit, mit einer sehr schmerzvollen menschlichen Situation umzugehen.

Die Arbeit von Jon Kabat-Zinn mit der achtsamkeitsbasierten Stressreduktion und die seiner Kollegen, die die achtsamkeitsbasierte kognitive Therapie entwickelt haben, haben uns gelehrt, dass Meditationstraining für viele normale Menschen, die weder Buddhisten noch Mönche oder Nonnen sind, eine positive Wirkung haben kann. Die Anwendung solcher meditativer Ansätze bei der Behandlung chronischer Erkrankungen wird nun sehr intensiv untersucht und ist ein wichtiges Diskussionsfeld.

Der Weg, den ich als Arzt gegangen bin, hat mir gezeigt, dass reine Wissenschaft und Technologie uns in eine Richtung führen können, die in gewisser Weise eine Sackgasse ist. Die Wissenschaft vermag nicht allein alle klinischen Probleme lösen und in mancher Hinsicht schafft sie sogar noch mehr Probleme.

Die medizinische Praxis hat sich in der westlichen Welt in den letzten hundert Jahren dramatisch entwickelt. Hippokrates war der Erste, der im Jahre 5 v. Chr. einen ethischen Standard in der westlichen Medizin begründet hat. Er war es auch, der die Medizin von der Mythologie trennte und die Medizin als einen eigenen Ansatz etablierte, bei dem wir etwas aus dem lernen, was wir beobachten. Im 16. Jahrhundert zeigte sich, dass das Herz, das man sich als einen fast mystischen Gegenstand vorstellte, in Wirklichkeit ein Muskel ist, der Blut pumpt. Das unterschied das Körperorgan von den eher spirituellen Ideen, die mit dem Herzen verbunden waren.

Dr. Ignaz Semmelweis ist eine Schlüsselfigur in der Geschichte der Medizin, der für seine enormen Leistungen nie ausreichend Anerkennung erhalten hat. Im Jahre 1847 arbeitete er in Österreich im damals besten Krankenhaus der westlichen Welt. Dort sahen sie sich mit einem schwierigen Problem konfrontiert: Immer wieder starben Frauen, die ein Kind zur Welt gebracht hatten, innerhalb weniger Tage nach der Geburt durch ein schweres Fieber, das mit Entzündung und Eiter der weiblichen Fortpflanzungsorgane einherging. Es wurde als Puerperalfieber oder Kindbettfieber bezeichnet. Dr. Semmelweis beobachtete, dass die Häufigkeit des Kindbettfiebers sehr hoch war bei Frauen, die bei der Geburt von Ärzten betreut wurden. Wurden die Frauen von Hebammen betreut, war die Häufigkeit viel geringer. Zu dieser Zeit lernten die Ärzte, indem sie morgens bei den Frauen, die am Tag zuvor an Kindbettfieber gestorben waren, eine Autopsie durchführten. Dabei wuschen sie sich nicht die Hände, denn die Idee von Keimen existierte noch nicht. Im Anschluss betreuten sie die Geburt von Frauen, die dann selbst wieder Kindbettfieber entwickelten. Dr. Semmelweis erkannte, dass durch die Hände der Ärzte, die zuerst die verstorbenen Frauen und dann die gesunden Frauen berührten, etwas übertragen werden musste, was die Krankheit verursachte. Sie denken vielleicht, die Ärzte hätten gerufen: „Halleluja! Das ist ja wunderbar, dass wir das endlich verstehen!" Weit gefehlt. Sie lehnten diese Vorstellung ab. Dr. Semmelweis wurde als verrückt abgetan und wie ein Verbrecher behandelt. Zu dieser Zeit glaubten die Ärzte, dass das Kindbettfieber von einem Gifthauch in der Atmosphäre oder von einem Ungleichgewicht in den Körpersäften wie Galle und Schleim verursacht wurde. Das war ein Beispiel dafür, dass Mediziner etwas vollkommen ablehnten, für das sie noch nicht bereit waren, zum Teil deshalb, weil es noch kein Bezugssystem gab, um das neue Konzept zu verstehen.

Erst später, als die ursächlichen Keime durch die Arbeit von Robert Koch, Louis Pasteur und Joseph Lister klar identifiziert wurden, akzeptierte man, dass Keime zu Krankheiten führen können. Koch entdeckte, dass ein mikroskopisch kleines Teilchen die Ursache für Tuberkulose war, und zeigte das mit solch einer Sicherheit, dass es zu einer Revolution in der Medizin führte. Plötzlich schienen Wissenschaft und Technologie eine große Macht zu haben, weil erkannt wurde, dass so viele Krankheiten von infektiösen Teilchen verursacht wurden. Wirkungsvolle neue Technologien konnten entwickelt werden, um Krankheiten nun mit großer Spezifität zu behandeln. Das führte natürlich zu einer Kultur des „Finde es und repariere es".

In den letzten hundert Jahren hat die medizinische Wissenschaft viele wunderbare Entdeckungen gemacht. Aber heute ist sie sehr auf Krankheit fixiert. Wir verbringen fast keine Zeit mit Gesundheit. Wir nehmen an, dass es bei jeder Krankheit eine Störung gibt, die wir finden und reparieren müssen. Wir beschäftigen uns nicht mit Menschen im Laufe ihres Lebens, sondern nur dann, wenn sie krank sind. In den USA haben wir uns so sehr daran gewöhnt, dass unsere Gesundheit Angelegenheit unseres Arztes ist, dass die Menschen kaum Verantwortung für ihre Gesundheit spüren und auch nur wenig Einfluss darauf nehmen.

Was bedeutet das für uns heute? Einerseits betrug die Lebenserwartung um 1900 vierzig Jahre. Heute sind es achtzig Jahre. In hundert Jahren haben wir die Lebenserwartung verdoppelt. Das ist schon fast mysteriös. Andererseits war die Hauptursache für den Tod eines jungen Mannes im Alter zwischen 15 und 25 Jahren eine Infektion. Heute ist es Mord, Selbstmord, Drogenmissbrauch oder Gewalt. Wir haben unglaubliche Fortschritte erreicht, aber einige Konsequenzen unseres Fortschritts sind zutiefst besorgniserregend. Zudem gibt es immer mehr chronische Krankheiten, die meisten davon werden durch menschliches Verhalten begünstigt.

Eines der Probleme mit der westlichen Medizin ist, das sie oft von der reduktionistischen Annahme ausgeht, es gäbe für jede Krankheit einen einzigen ursächlichen Faktor, den wir reparieren müssten. Aber heute lernen wir, dass oft viele Faktoren beteiligt sind. Die Menschen werden mit einem Grundrisiko geboren und dann erhöhen Umweltfaktoren dieses Risiko. Bei verschiedenen Krankheiten gibt es große Unterschiede in der Anfälligkeit, aber oft haben wir viele Kontrollmöglichkeiten bei den Umweltfaktoren, die zur Krankheit beitragen.

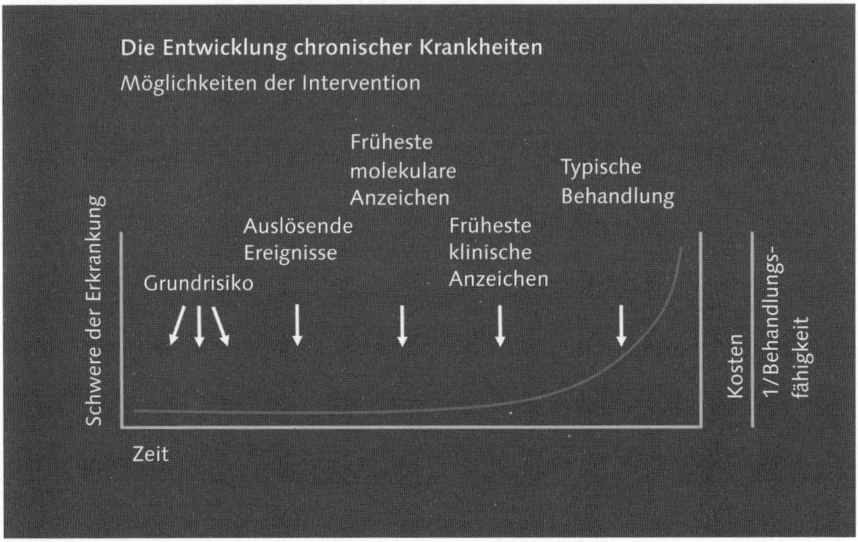

Abbildung 11. Krankheiten entwickeln sich als Folge der angeborenen Anfälligkeit (genetische Vererbung), aufgrund von Umweltfaktoren sowie der Lebensführung. Während ihrer Entwicklungszeit sind Krankheiten lange Zeit klinisch nicht auffällig, obwohl sie in vielen Fällen mit der richtigen Aufmerksamkeit und Diagnostik gefunden werden könnten. Sobald sich die Zeichen und Symptome entwickelt haben, ist der Entwicklungsprozess der Krankheit in der Regel schon weit fortgeschritten, der Grad der Behandlungsfähigkeit ist niedrig und die Kosten der Behandlung sind hoch, im Vergleich zu Interventionen zu einem früheren Zeitpunkt.

Denken Sie an eine chronische Erkrankung wie Tuberkulose. Die Menschen werden mit einem Grundrisiko geboren und mit der Zeit kommen sie dann mit dem Bakterium in Berührung. Wenn jeder hier im Publikum mit dem Tuberkulose verursachenden Bakterium in Berührung käme, würde nur eine kleine Anzahl von Menschen schwere gesundheitliche Probleme bekommen und vielleicht würden es einige nicht überleben. Viele würden gar keine Wirkung spüren. Im mittleren Bereich gäbe es ein breites Spektrum von Reaktionen auf das gleiche Bakterium. Mit anderen Worten, obwohl das Tuberkulosebakterium die Ursache der Krankheit ist, sind seine Wirkungen von viel komplexeren Faktoren abhängig, die mit der Widerstandskraft und Anfälligkeit des Einzelnen zusammenhängen.

Das ist im Grunde bei jeder Erkrankung ähnlich. Krankheiten entwickeln sich im Laufe der Zeit als Folge der vererbten Anfälligkeit oder Genetik des Einzelnen und dem, womit er in seinem Leben in Berührung gekommen ist und was er erfahren hat. In den Vereinigten Staaten fokussiert sich das Gesundheitssystem vor allem auf Krankheiten, die schon in einem späten Stadium ihrer Entwicklung sind. Mit der Zeit verringern sich die Möglichkeiten, die Krankheit zu heilen und ihre Auswirkungen zu minimieren, und die Kosten der Behandlung steigen. Es beginnt nun aber eine Zeit, in der wir die Krankheiten viel früher finden können. Bei einer personalisierten Gesundheitsversorgung liegt der Fokus auf Prävention und der Minimierung von Krankheiten. Das erfordert von den Menschen, dass sie ihr Gesundheitsrisiko verstehen, Verhaltensweisen beachten und wenn nötig Therapien durchführen, die das Risiko des Fortschreitens der Krankheit minimieren. Ich denke, dass wir noch zu unserer Lebenszeit die Fähigkeit entwickeln werden, die individuellen Risiken für Gesundheitsprobleme zu bestimmen, lange bevor sie auftreten. Das wird den Einzelnen mehr Möglichkeiten und Verantwortung geben, um die eigene Gesundheit zu beeinflussen.

Das Problem besteht darin, dass zumindest in den USA die Menschen diese Verantwortung nicht übernehmen wollen. In der neuen Welt des Gesundheitswesens, in der wir Krankheiten vorhersagen und ihnen vorbeugen können, wird die Rolle des Einzelnen sehr wichtig. Deshalb müssen wir Sie, Eure Heiligkeit, um Rat fragen. Wie können wir, wenn die Rolle des Einzelnen immer wichtiger wird, die Menschen bestärken, sich dessen bewusst zu werden, dass Gesundheit ein Wert ist, für den sie verantwortlich sind? Wie entwickeln wir Partnerschaften, damit die Menschen bereit sind, diese Entwicklung selbst voranzutreiben, und sich Ziele setzen und ihr Verhalten angemessen verändern? Wir glauben, dass Stressreduktion, ein ruhiger Geist, ein vergebender Geist und ein mitfühlender Geist entscheidend wichtig für die Erhaltung unserer Gesundheit sind. Wenn wir darüber nachdenken, wie die Meditation ethische Werte fördert, frage ich mich auf meine sehr naive Weise, wie der Umgang mit unserem Körper und ein Ende des Missbrauchs unseres eigenen Körpers Ausdruck ethischer Werte sein könnte.

Lassen Sie mich zusammenfassen, was wir aus diesem Treffen gelernt haben und inwieweit es eine Bedeutung für das Gesundheitswesen hat, zumindest aus meiner Perspektive. Wir haben gelernt, dass Meditation oder mentales Training die neuronalen Netzwerke zu modifizieren und regionale Schwingungen des Gehirns zu koordinieren vermag. Meditation ist ein sehr kraftvolles Werkzeug. Sie moduliert die neuroendokrinen Funktionen – Hormone, die stark auf fast jedes körperliche System wirken. Wir haben gelernt, dass Meditation das Gewahrsein und die Aktivität steigert, und möglicherweise durch Unterstützung des Immunsystems auch das Wohlbefinden verbessert. Meditation könnte in der Tat Krankheiten begrenzen. Aus der Präsentation von Jon Kabat-Zinn über Psoriasis und aus anderen Vorträgen über die Wirkung des Geistes auf pathologische Störungen wissen wir, dass der Geist auf jeden Fall dabei helfen kann, das unter Schmerzen Leiden zu verringern. Wir haben die Geschichte gehört, dass wir einmal von einem Pfeil getroffen werden, aber den Schmerz zwei Mal spüren können. Wir spüren den Schmerz des physischen Ereignisses, aber die Anwendung der kraftvollen Mittel der Meditation und Achtsamkeit kann uns zu vermeiden helfen, dass der Geist den Schmerz verzerrt und ihn schlimmer macht, als er eigentlich ist – der zweite Pfeil.

Eure Heiligkeit, ich habe eine Frage an Sie und Ihre Kollegen: Gibt es Aspekte der meditativen, Mitgefühl verstärkenden Übungen, die wir auf uns selbst und unseren eigenen Körper anwenden könnten? Können wir Aspekte des mentalen Trainings nutzen, damit Menschen sich während ihres Lebens mit ihrer eigenen Gesundheit auseinandersetzen?

Bennett Shapiro: Unser nächster Sprecher ist Wolf Singer, der auch schon in der 2. Sitzung einen Vortrag gehalten hat. Wolf ist ein bekannter Neurowissenschaftler, der tiefe Einsichten in die Natur der Beziehungen im Gehirn vermittelt. Er wird nun aus seiner Perspektive auf das eingehen, was wir in unserem Dialog miteinander untersucht haben.

Wolf Singer

Einige Reflexionen über die Evolution und Natur des Geistes und des Selbst und über ihre Bedeutung für die Menschheit

Bei der gegenseitigen Befruchtung der Ansätze, für die dieses Treffen steht, ergeben sich eine Reihe von erkenntnistheoretischen Fragen, sowohl aufseiten der Wissenschaft als auch aufseiten der kontemplativen Traditionen. In diesen abschließenden Reflexionen werden verschiedene Themen und Bedenken angesprochen, die sich während dieses Dialogs zeigten. Dazu gehört auch die starke Gewohnheit, eine Selbstidentität zu vergegenständlichen, die wir gar nicht finden können. Diese Gedanken beziehen sich zudem auf die offensichtlichen und demütig stimmenden Begrenztheiten unserer Wissensfähigkeit als Mensch, besonders, wenn wir sie aus der Perspektive der evolutionären Biologie, Philosophie oder Neurowissenschaft betrachten. Woher weiß eine Gruppe von Neuronen oder das ganze Gehirn oder ein Mensch oder eine Gesellschaft, wann sie eine stimmige oder optimale Lösung eines Problems gefunden hat? Wie können wir die Schönheit der Wissenschaft in ihrem besten Sinne wertschätzen, aber gleichzeitig auch ihre Grenzen berücksichtigen, weil sie ein Weg des Wissens neben anderen, ebenfalls großen Wert besitzenden Ansätzen ist? Wie können wir die besten Aspekte der kontemplativen Traditionen bewahren und anwenden? Wie gehen wir weise und mitfühlend mit unserer eigenen Hilflosigkeit, mit der Unsicherheit und den Grenzen unseres Verstehens um? Wie können der Reichtum des heutigen Dialogs und die Zusammenführung dieser verschiedenen Wege des Wissens, die von der Wissenschaft und den kontemplativen Übungen repräsentiert werden, solche Untersuchungen und ihre Übersetzung in effektive Strategien für die Forschung und die Weiterentwicklung des Menschseins unterstützen?

Ein großer Teil dieser Konferenz bezog sich auf tiefe Quellen der Weisheit und des Wissens und deshalb halte ich es für angemessen, mit einigen erkenntnistheoretischen Überlegungen zu beginnen. Natürlich sollte ich das Thema aus der neurobiologischen Perspektive betrachten, weil das die einzige Perspektive ist, mit der ich mich auskenne. Es ist wichtig zu bedenken, dass unser Wissen und unsere Vorstellungen über die Welt begrenzt sind, eingeschränkt durch die kognitiven Fähigkeiten unseres Gehirns. Unser Gehirn ist das Ergebnis eines evolutionären Prozesses, es hat sich also durch Versuch und Irrtum entwickelt und sich an unsere Welt angepasst. Das deutet daraufhin, dass das menschliche Gehirn wahrscheinlich nicht optimal dafür geschaffen ist, im Sinne Kants die absolute Wahrheit hinter den Dingen zu erkennen. Vielmehr können wir davon ausgehen, dass unser Gehirn pragmatische Überlebensstrategien umgesetzt hat, um den Organismus, in dem das Gehirn seine Funktion ausübt, in einer Welt voller Gefahren und Unsicherheiten am Leben zu erhalten.

Um diese Funktion zu erfüllen, hat sich das Gehirn an eine Welt angepasst, die auf der Ebene von Zentimetern und Metern definiert ist, weil das die Größenordnung ist, in der wir als Organismen leben. Das ist die Welt der klassischen Physik, wo die Raum-und Zeit-Koordinaten fest und unveränderlich und nicht relativ sind. Deshalb können wir uns wahrscheinlich die Prozesse auf der Quantenebene oder in kosmischen Dimensionen intuitiv so schwer vorstellen. Wir haben keine Intuition für diese Prozesse, weil wir sie nicht zu verstehen brauchten, um zu überleben. Und wahrscheinlich aus dem gleichen Grund haben wir auch eine schlechte Intuition für die Dynamik sehr komplexer, nichtlinearer Systeme. Unser Gehirn erstellt Modelle der Welt, die für die Vorhersage zukünftiger Handlungen nützlich sind. Es ist besser, wenn wir schon im Voraus wissen, dass ein Tiger kommt, als dass wir überrascht und dann gefressen werden.

Aber es ist nur möglich Vorhersagen zu treffen, wenn wir uns in linearen Systemen bewegen, in denen die Kausalität ein einfaches Grundprinzip ist. Deshalb haben wir offensichtlich eine innewohnende Tendenz, anzunehmen, dass die Welt linear und einfach ist, wobei dem natürlich nicht so ist. Diese Annahme in Bezug darauf, wie die Welt organisiert ist, funktionierte gut, als unser Gehirn durch die Evolution geformt wurde, als wir noch Affen waren. Diese einfache Annahme ist wahrscheinlich die Ursache dafür, dass wir alle dachten, es gäbe irgendwo im Gehirn diesen Beweger oder dieses Selbst, über das wir gesprochen haben.

Wir nehmen auch an, dass das Gehirn wie eine lineare Maschine funktioniert und den gleichen materiellen Prozessen der klassischen Physik folgt wie Uhren und einfache Maschinen. Aber wir wissen, dass lineare Systeme nicht kreativ und intentional sind. Sie können keine Initiative übernehmen und sie können keine Überraschungen produzieren. Aber wir erfahren uns selbst als kreativ, absichtsvoll, offen für die Zukunft, unbestimmt und frei, und wir beobachten das auch bei anderen. Weil wir von Linearität ausgehen, glauben wir, dass es etwas im Gehirn geben müsse, das all diese wunderbaren Dinge möglich macht. Deshalb postulieren wir wahrscheinlich diesen Beweger, dem wir die geheimnisvollen Attribute eines immateriellen Selbst zuschreiben.

Der wissenschaftliche Ansatz hat gezeigt, dass das Gehirn nicht eine einfache, lineare Maschine ist, sondern ein hoch komplexes, selbst-organisierendes System mit einer ausgeprägten nichtlinearen Dynamik, die sich nicht in einem festen Gleichgewicht bewegt. Solche Systeme haben all die Merkmale, die wir normalerweise dem immateriellen Geist zuschreiben; sie können beispielsweise kreativ und offen für die Zukunft sein. Ein besonders wichtiges Merkmal solcher Systeme besteht darin, dass sie die Entstehung oder Emergenz neuer Eigenschaften unterstützen können; Eigenschaften, die man nicht aus den Merkmalen der Teile ableiten kann. Dazu gehören Eigenschaften wie Intentionalität oder Bewusstsein oder Moral. Es ist ein interessantes Rätsel, dass dieses System bei all den Intuitionen und Ideen und wunderbaren Funktionsweisen ein so geringes Verständnis seiner eigenen Funktion hat. Wir spüren das Wirken des Geistes nicht. Das ist eine fantastische innere Fehleinschätzung.

Diese Situation hat vor allem in der westlichen Welt zu einer konzeptuellen Dichotomie oder Dualität geführt zwischen der Welt in ihrer materiellen Manifestation, also der vollkommen vorhersagbaren Welt der klassischen Physik, auf der einen Seite und einer mentalen Welt auf der anderen Seite, die immateriell, frei von allen Begrenzungen und völlig unbestimmt ist. Diese Sichtweise steht, wie wir jetzt wissen, im Konflikt mit der westlichen Wissenschaft, ist aber viel weniger im Konflikt mit der östlichen Anschauung, und das aus interessanten Gründen.

Diese Weltsicht ist zum Teil für zwei charakteristische Haltungen der westlichen Zivilisation verantwortlich. Eine ist unsere starke Betonung des Selbst als Essenz von allem: der autonome, freie und deshalb vollkommen verantwortliche Beweger, der mehr oder weniger allmächtig ist. Aufgrund dieser konzeptuellen Dichotomie oder Zweiteilung wird im Westen eine zweite Annahme sehr stark betont: Als bewusstes Selbst denken wir, dass wir diese dumme, einfache, mechanische Welt vollkommen kontrollieren und bestimmen können.

Für mich ist es faszinierend, dass andere Kulturen, besonders die östlichen Kulturen, eine ganz andere Anschauung in Bezug auf die Stellung des Selbst in der Welt und die Organisation der Welt entwickelt haben. Eine Anschauung, die offensichtlich viel weniger im Konflikt mit der modernen Wissenschaft als mit unserer traditionellen kartesianischen westlichen Sicht steht. Ich weiß nicht, was der Grund für diese merkwürdige Bifurkation oder Verzweigung in der kulturellen Entwicklung war. Das wäre ein interessanter Forschungsgegenstand.

Vor einigen Jahren fragte ich einen chinesischen Kollegen: „Wie kommt es, dass Ihre kulturelle Entwicklung so konservativ ist? Warum gab es da nicht all diese Auseinandersetzungen wie im Westen, diese Bewegung von der klassischen Philosophie und Architektur zur Gotik und zum Barock und dann zur Aufklärung usw.?“ Seine einfache Antwort war: „Weil wir schon von Beginn an die richtige Anschauung hatten, brauchten wir nicht erst danach zu suchen.“ Er fügte noch hinzu, dies sei vielleicht auch der Grund dafür, dass sie nicht die Art von analytischer Wissenschaft entwickelt hätten, wie wir sie hier im Westen finden, sondern ihre Suche auf die innere Welt gerichtet hätten.

Hier gibt es also eine sehr interessante Bifurkation in der kulturellen Entwicklung, die zu zwei voneinander unterscheidbaren Sichtweisen des

Menschseins führte und in der Folge dessen auch zu radikal unterschiedlichen Konzepten des Selbst und zu zwei sehr unterschiedlichen Strategien in der Erforschung der Welt. Auf der einen Seite finden wir die spirituellen Techniken der Selbsterforschung durch Meditation, eine Methode, die völlig von der Perspektive der ersten Person dominiert wird. Wir im Westen haben uns mit unserem wissenschaftlichen Ansatz für die Perspektive der dritten Person entschieden, bei der wir die Dinge von außen analysieren.

Das wirft eine spannende Frage auf: Woher wissen wir, welche Sichtweise die „richtige" ist?

Wenn das nicht schon von Beginn an eine dumme Frage ist, dann ist es zumindest eine unangemessene Frage, weil sie von der Annahme ausgeht, dass es zwei Quellen des Wissens gibt: eine, die sich auf Intuition, Selbsterforschung und die Perspektive der ersten Person bezieht, und die andere, die westliche Wissenschaft, die auf Beobachtung, analytischen Formeln und Beschreibung basiert.

Letztendlich stellen wir hier folgende Frage: Woher weiß das Gehirn, das all diese Kognition vollbringt, wenn es recht hat? Das ist für Wissenschaftler und Meditierende gleichermaßen wichtig. Woher weiß das Gehirn, wann es einen stimmigen Zustand erreicht hat? Woher wissen wir, wenn der Suchprozess auf ein Ergebnis zuläuft, wie verlässlich dieses Ergebnis ist? Im Grunde gibt es nur komplexe Aktivitätsmuster; wie unterscheiden wir also ein Muster, das unsinnig ist, oder ein Muster, das während der Suche nach einer Lösung entstand, von einem Muster, das eine gute Lösung darstellt? Auf diese interessante Frage haben wir keine Antwort. Ein ganzes Forschungsgebiet sollte sich damit beschäftigen. Aber wir können darüber spekulieren und während ich zuhörte, was die Meditationsübenden hier sagten, dachte ich, dass gute Lösungen, oder was wir als Ergebniszustände oder Lösungszustände bezeichnen könnten, sehr kohärente Zustände sind. Bei diesen Zuständen tritt eine ausreichende Anzahl von Neuronen, die über ein relativ großes Gebiet des Gehirns verteilt sind, in kohärente, stabile Aktivierungsmuster ein. Wenn diese Muster lange Zeit aufrechterhalten werden, können sie den Rest des Gehirns davon überzeugen, dass dies momentan das beste Ergebnis ist.

Wir wissen es nicht, aber es könnte sein, dass meditative Zustände zu solchen Lösungen tendieren. Wir wissen aber, dass das Gehirn über Systeme für die Bewertung innerer Zustände verfügt. Wenn das Gehirn zu einem Ergebnis kommt, erzeugen diese Systeme angenehme Gefühle. Diese Erfahrung des „Aha!“ oder „Heureka!“ ist immer mit einem angenehmen Gefühl verbunden. Wir mögen es, wenn wir eine Lösung finden. Meditation ist vielleicht eine Strategie, die das Gehirn anwendet, um nach solchen angenehmen Zuständen zu streben. Darin sind die Kontroversen aufgelöst, sowohl auf der Ebene bewusster Argumente als auch auf der Ebene unbewusster Konkurrenz. Es gibt immer viele Zustände, die um den Vorrang kämpfen, und irgendwie müssen wir sie miteinander versöhnen. Vielleicht ist Meditation eine Möglichkeit, um diese vielen verschiedenen Beteiligten, die parallel voneinander wirken, zeitweise in Frieden miteinander zu bringen.

Das wirft einige neue, interessante Fragen auf. Die erste Frage ist: Wie kann ein verteiltes selbstorganisierendes System eine programmierende Strategie auf sich selbst anwenden, die die Schaffung solcher Lösungszustände favorisiert? Ich weiß nicht, wie das möglich ist. Die zweite interessante Frage ist folgende: Können wir uns dessen sicher sein, dass das System, wenn es absichtsvoll ein Gewahrsein seiner selbst kultiviert, zu einem guten Zustand konvergiert? Könnte es auch eine negative Abzweigung nehmen?

Und schließlich wirft dies noch eine weitere Frage auf, die während des Treffens schon mehrere Male angesprochen wurde: Ob wir uns auf die Weisheit verlassen müssen, die über Jahrtausende durch Versuch und Irrtum von den Übenden östlicher Meditationstechniken angesammelt wurde, um diese Methoden richtig anzuwenden? Natürlich würden wir uns bei der Übung der Meditation auf sorgfältige Supervision verlassen, wie wir es auch bei jeder anderen Methode tun würden. Wie schon gesagt wurde, wir würden nicht zu einem Studenten gehen, um unser Herz operieren zu lassen.

Aber vielleicht gibt es noch eine andere Möglichkeit. Es könnte sein, dass die Evolution das Gehirn mit selbst-stabilisierenden Mechanismen ausgestattet hat, damit es immer in einen guten Zustand eintritt, wenn wir es im Ruhezustand lassen – wenn wir es einfach von der ablenkenden Welt lösen und es sich selbst überlassen. Vielleicht ist das die Lösung. Das wäre sogar noch besser.

Ich möchte mit einem Gedankenexperiment enden, das eine Verbindung zwischen zwei komplexen Systemen herstellt, die auf ganz unterschiedlichen Größenebenen existieren – unser Gehirn und unsere Gesellschaft. Sie scheinen ganz ähnliche Merkmale zu haben, obwohl sie sich in ihrem Aussehen ziemlich stark unterscheiden. Dieses Experiment wird ganz klar zeigen, dass es höchste Zeit ist, die westlichen und östlichen Anschauungen zu versöhnen, wenn wir in der Lage sein wollen, mit den praktischen und psychischen Herausforderungen, mit denen wir in der nahen Zukunft konfrontiert sein werden und denen wir auch jetzt schon gegenüberstehen, umzugehen. Das Experiment geht so: Wenn man ein Neuron im Gehirn fragen könnte: „Was tust du?", würde es sagen: „Ich führe hier ein angenehmes Leben und bin von anderen Neuronen umgeben. Ich bekomme Signale von Zehntausenden anderer Neuronen. Ich mache einige sehr einfache Berechnungen und dann sende ich ein Signal zu anderen zehntausend Neuronen." Das Neuron würde uns niemals erzählen, dass es Teil einer Maschine ist, die Bewusstsein, Empathie, Gefühle schafft – nichts davon. Es hat überhaupt keine Idee von Verantwortung.

Auch wenn man ein Mitglied einer menschlichen Gesellschaft fragt, bekommt man solch eine kurze Antwort. „Was tun Sie hier?" Der Mensch würde sagen: „Ich bin Teil einer Familie und habe Kinder und ich bin Lehrer. Ich tue sonst noch dies und das …" Aber diese Antwort ist nicht die Antwort von jemandem, der das ganze System sozusagen von oben sehen könnte, als die Bewegung der Evolution des Lebens auf diesem Planeten. Diese Antwort ist so unvollständig in Bezug darauf, was es heißt, in diesem Körper des Lebens integriert zu sein, wie es auch die Antwort des Neurons in Bezug auf die Funktion des Gehirns ist. Obwohl wir als aktiv Handelnde daran beteiligt sind, dass sich das Leben auf diesem Planeten weiterbewegt, Kulturen sich entwickeln und die Umstände sich verändern, kennen wir nicht wirklich die Qualität des Ganzen. Es ist fast sicher, dass wir nicht über die Intelligenz verfügen, um diese umfassenderen Bedingungen zu verstehen, besonders wenn wir an die evolutionären Begrenzungen unserer kognitiven Systeme denken. Wir wurden nicht geschaffen, um diese Dinge zu verstehen.

Aber sicher ist, dass wir das System, in dem wir uns entwickelt haben, nicht kontrollieren können. Selbst wenn wir mehr wüssten, könnten wir dessen Dynamik nicht kontrollieren, weil es ein evolutionäres System ist. Es ist nicht linear. Auch wenn wir an den Schrauben drehen würden, weil wir das System in eine bestimmte Richtung lenken wollten, wird es eine andere Richtung einschlagen. Wir können Systeme wie unsere ökonomischen oder sozialen Systeme nicht willentlich steuern. Das ist prinzipiell unmöglich. Das sagt uns die moderne Wissenschaft und ich denke, das erleben wir schon jetzt. All diese linearen Strategien funktionierten gut, als die Welt noch einfach war und unsere Vorfahren zwischen Bäumen umherliefen, aber heute sind wir in einer anderen Situation.

Wir beginnen zu spüren, dass wir die dynamischen Prozesse, die wir schaffen, nicht länger kontrollieren können, und das vermittelt uns ein Gefühl der Hilflosigkeit und Ohnmacht. Das trifft die westliche Zivilisation besonders hart, aufgrund unserer etablierten Illusion, dass das allmächtige Selbst alles kontrollieren kann. Ich denke, es gibt eine reale Gefahr hier im Westen, und wir sehen deren Anzeichen schon sehr deutlich: Es ist die kollektive Depression aufgrund dieses kollektiven Gefühls der Hilflosigkeit, was wiederum die Gefahr birgt, dass man zur Entlastung seinen Nächsten „beißt", wie wir es bei den Ratten-Experimenten gesehen haben, die Robert Sapolsky beschrieben hat.

Welche Lektionen können wir daraus lernen? Im Folgenden beschreibe ich einige Dinge, die ich bei diesem Treffen gelernt habe, obwohl ich nicht weiß, ob ich sie morgen früh im normalen Leben anwenden kann, wenn all die neurowissenschaftliche Konkurrenz wieder beginnt. Die erste Botschaft ist diese: Lasst uns demütiger werden angesichts der Tatsache, dass es so vieles gibt, was wir nicht wissen können. Wir Menschen aus dem Westen sollten die Bedeutung, die wir dem allmächtigen Selbst geben, wahrscheinlich verringern. Wir werden lernen müssen, uns mit der Hilflosigkeit anzufreunden und mit ihr zu arbeiten, weil wir sie nicht überwinden werden. Wir werden in der Gegenwart Frieden in uns selbst finden müssen und nicht, wenn möglich, indem wir andere „beißen". Wir werden lernen müssen, Offenheit zu mögen, mit einem „Vielleicht" zu leben und nicht ständig nach Sicherheiten zu suchen, denn wir können sie nicht erreichen. Das ist besonders wichtig im Lichte zunehmender Globalisierung. Wir werden etwas entwickeln müssen, was ich als „Langstrecken-Mitgefühl" bezeichne: die Fähigkeit, für diejenigen Fürsorge zu empfinden, die weit von uns entfernt sind. Das ist sehr schwer für uns.

Diese Konferenz hat ziemlich klar gezeigt, dass einige dieser Eigenschaften durch mentale Übungen erlernt werden können, und wir sollten von dieser Möglichkeit Gebrauch machen. Aber natürlich sollten wir die westlichen Errungenschaften nicht vernachlässigen. Wir sollten das Konzept des verantwortlichen Selbst nicht dekonstruieren. Wir sollten das selbstbezogene Selbst verringern; das Selbst, das seine einzige Befriedigung in dem findet, was wir als Selbstverwirklichung bezeichnen. Wir sollten auch die Wissenschaft nicht vernachlässigen. Ganz im Gegenteil, zum Überleben werden wir die Wissenschaft brauchen; doch wir müssen ihr den Platz geben, den sie verdient. Sie ist nur eine von vielen Wissensquellen. Auf der anderen Seite sollten die östlichen Gesellschaften nicht all ihre Errungenschaften opfern, um allein nach westlichen Errungenschaften zu streben.

Vor uns liegen eine große Verantwortung und eine nicht einfache Verpflichtung, Strategien für die Bewältigung des Lebens auszuwählen und gemeinsam anzuwenden, die sich in verschiedenen Kulturen unabhängig voneinander entwickelt haben. Sie sollten prinzipiell miteinander vereinbar sein, weil sie sich in der gleichen Welt für die Lösung der gleichen Probleme überall entwickelt haben.

5. Sitzung

Dialog

Zusätzlich zu S. H. dem Dalai Lama und den Vortragenden, Übersetzern und dem Moderator sind die Diskussionspartner für diese Sitzung Richard Davidson, Jon Kabat-Zinn, Father Thomas Keating, Matthieu Ricard und Sharon Salzberg.

~

Bennett Shapiro: Eure Heiligkeit, Sie haben gestern über das Konzept des Selbst gesprochen. Es wäre sehr erhellend, wenn Sie nun noch etwas mehr zum Thema des Selbst und seiner Interaktionen sagen könnten, ob diese Interaktionen für andere Wesen nun verwirrend, schädlich oder hilfreich sind. In der westlichen Gesellschaft haben wir so viel Schaden angerichtet, aber gleichzeitig waren die Idee des Individuums und die Notwendigkeit einer positiven Integration des Individuums so wichtig. Ich weiß, dass das Selbst ein zentraler Aspekt des buddhistischen Denkens ist, und es wäre sehr interessant, Ihre Gedanken über einige dieser Ideen zu hören.

S. H. der Dalai Lama: Wahrscheinlich ist Demut die beste Antwort, wie Wolf vorgeschlagen hat. Ich denke, der menschliche Geist hat den Wunsch, alles zu wissen. Das Konzept der Erleuchtung hat darin seinen Ursprung. Das heißt aber, wir akzeptieren, dass unser Wissen immer begrenzt ist.

Bei Wolfs wunderbarem Vortrag fand ich seine Aussage besonders interessant, dass es fast unmöglich ist, die Emergenz mentaler Prozesse oder ihr Wesen einfach nur auf der Grundlage einer linearen, materialistischen, deterministischen Sicht zu erklären. Das scheint darauf hinzudeuten, dass das, was die Buddhisten als mentale Zustände oder als Bewusstsein bezeichnen, eine Art Energie ist, die aus der kohärenten Synchronisierung im Gehirn entsteht, oder was sonst noch die Ursache sein sollte. Aus diesem Grund entstehen auch das Konzept eines Gottes sowie unsere Vorstellung, dass es eine Art Kontrollinstanz oder Selbst gebe.

In Indien begannen vor fast dreitausend Jahren intelligente Menschen damit zu untersuchen, wo das „Ich" lokalisiert werden könnte. Sie hatten die Vorstellung, dass es ein unabhängiges „Ich" geben müsse. Später lehrte der Buddha, dass es kein unveränderliches, dauerhaftes Selbst gebe. Stattdessen wurde das Selbst oder das „Ich" konzeptuell der Kombination von Körper und Geist zugerechnet. Es ist nur eine Bezeichnung oder wird konzeptuell projiziert, deshalb können wir das Selbst als ein Ding mit eigener Entität oder eigener Realität nicht finden.

Dies bezieht sich auf das philosophische Verständnis der Menschen in Bezug auf die Wirklichkeit und darauf, welche Dinge in der Welt existieren. Eine der Ideen der alten indischen Philosophie und auch der buddhistischen Philosophie ist folgende: Es gibt neben den physischen und mentalen Ereignissen auch Phänomene, die man nur als Konstrukte des Geistes annehmen kann. Sie werden als zusammengesetzte Dinge oder mentale Konstrukte bezeichnet und ihre Identität und Realität kann nur in Bezug auf etwas verstanden werden, das nicht sie selbst sind, seien es nun physische oder mentale Ereignisse.

In einer anderen Diskussion fragte ich einmal die Wissenschaftler, ob es auf der Basis von Anzeichen im Gehirn möglich ist, zwischen validen oder wahrheitsgetreuen Geisteszuständen und illusionären Zuständen zu unterscheiden. Das ähnelt der Frage von Wolf in Bezug auf die Reflexionsfähigkeit der Kognition: Woher weiß sie, dass sie recht hat? In der buddhistischen Erkenntnistheorie wird zwischen sinnlichen Erfahrungen und mentalen gedanklichen und emotionalen Erfahrungen unterschieden. Bei der sinnlichen Wahrnehmung wird der Inhalt der Erfahrung einfach als die wahrgenommenen Objekte verstanden. Wenn man eine visuelle Wahrnehmung von einem blauen Gegenstand hat, beinhaltet diese Erfahrung keinen reflexiven Aspekt. Aus buddhistischer Sicht muss die reflexive Dimension danach kommen und erscheint auf der mentalen gedanklichen Ebene: „Ja, ich sehe einen blauen Gegenstand. Er ist blau." Das ähnelt Ihrer Sicht, dass es auf der individuellen neuronalen Ebene keine reflexive Qualität gibt. Die Neuronen erfüllen einfach ihre Funktion, wobei die zweite Ebene der Kognition auf einer anderen Ebene entstehen muss. Selbst im mentalen Bereich wäre es aber sehr schwer für individuelle Ereignisse mentaler Erfahrung – sagen wir beispielsweise die Kognition einer bestimmten Sachlage – diese zweite Ebene des reflexiven Gewahrseins zu haben, die bestätigen könnte: „Das ist die Wahrheit; das ist richtig." Die Bewertung muss eher aus der langfristigen Erfahrung kommen oder in Bezug zu einer anderen Erfahrung.

In den erkenntnistheoretischen Texten des Buddhismus, besonders denjenigen des Mittleren Weges oder der Mâdhyamakâ-Schule wird darüber diskutiert, wie ein bestimmtes kognitives Ereignis als richtig eingeschätzt werden kann. Als Erstes muss es sich auf das Objekt beziehen, was immer das Objekt sein mag. Zweitens sollte diese Erkenntnis nicht von anderen wahrheitsgetreuen Erfahrungen, die man hatte, widerlegt werden. Das deutet daraufhin, dass die Bewertung mentaler Erfahrung nur im Kontext anderer bestätigender Erfahrungen möglich ist. Ein drittes und sehr speziell buddhistisches Kriterium besteht darin, dass diese Erkenntnis auch nicht durch Einsichten in die tiefere Natur der Wirklichkeit widerlegt werden sollte. Das könnte mit einigen der Punkte, die Sie dargestellt haben, in Verbindung stehen.

Matthieu Ricard: In früheren Treffen mit Alan, Richie und anderen Freunden haben wir versucht, die Definition von Wohlbefinden etwas genauer zu fassen, bei dem auch ein besseres Verstehen der Wirklichkeit eine Rolle spielt. Die buddhistische Vorstellung von *sukha,* das wir grob mit „Glück" übersetzen können, bezieht sich auf einen Zustand optimaler Gesundheit, der alle emotionalen Zustände durchdringt und inmitten des Auf und Ab, das uns im Leben begegnet, gefestigt und stabil bleibt. Wenn Freude und Schmerz, positive und schwierige Umstände wie die verschiedenen Zustände an der Oberfläche des Ozeans sind – manchmal mit Stürmen, manchmal in schönem, spiegelgleichem Frieden –, dann bezieht sich Sukha auf die Tiefen des Ozeans, tief unter den Wellen an der Oberfläche. Es ist eine Tiefe des Seins, die stabil bleiben kann, durch all diese verschiedenen, sich verändernden Zustände hindurch. Dazu gehört zudem eine Art Weisheit im Verstehen der Qualitäten dieses Zustands, auch in seinem Unterschied zu angenehmen Empfindungen.

Angenehme Empfindungen sind sinnliche Wahrnehmungen, die sich auf ein Objekt, eine Zeit und bestimmte Umstände beziehen und sich manchmal zu einem neutralen Zustand und manchmal in unangenehme Empfindungen wandeln. Es gibt darin ein Element der Ermüdung. Selbst wenn man 24 Stunden lang der schönsten Musik zuhört, wird es irgendwann erschöpfend. Es verändert seine Natur. Es ist nicht etwas, das immer tiefer und erfüllender wird, je mehr wir davon erfahren.

Aber bei Sukha ist das Gegenteil der Fall. Es ist eine Seinsweise, die kultiviert wird und immer tiefer geht. Sie wird mit einer ganzen Sammlung von Eigenschaften assoziiert, wie innere Stärke, Mitgefühl und altruistische Liebe. Es ist eine Seinsweise, die deshalb weniger anfällig ist für äußere Situationen, obwohl äußere Umstände eine Wirkung darauf haben. Aber je mehr wir erfahren und zudem verstehen, was zur Entfaltung dieses inneren Wohlbefindens führt, desto klarer, tiefer und stabiler wird es. Es ist optimal in dem Sinne, dass es nicht zur zweiten Natur, sondern zu unserer wahren Natur wird.

Die Voraussetzung für Sukha ist, dass man nicht länger die Wirklichkeit verzerrt. Wir deuten die Wirklichkeit falsch, wenn wir das, was vergänglich ist, als dauerhaft ansehen. Wenn wir glauben, dass es im Kern unseres Wesens ein autonomes Selbst gäbe, wobei dort keines ist. Oder wenn wir angenehme Empfindungen mit bleibendem Glück verwechseln. All das wird zum Leiden führen. In diesem Licht betrachtet, sind Unwissenheit, Täuschung und falsches Erkennen die Wurzelursachen des Leidens.

Wir können unmittelbar erkennen, wie das mit einem Gefühl der Angst und Unsicherheit einhergeht. Wenn man sich mit dem Auf und Ab identifiziert und davon abhängig wird, dann ist es wie bei Wellen, die am Ufer zerschellen. Manchmal werden wir hochgehoben und surfen obenauf. Manchmal stoßen wir an einen Fels und sind deprimiert. Wir brauchen Sukha, dieses Gefühl des inneren Wohlbefindens, damit wir dieses Gefühl der Unsicherheit nicht erfahren.

Sukha bezieht sich auch auf die Idee einer übersteigerten Selbstbezogenheit. Wenn man alles immer auf die eigenen Angelegenheiten bezieht, ist das in der Tat eine der Hauptursachen der Unsicherheit. Wenn man immer mit sich selbst beschäftigt ist, wird man ständig zum Ziel aller Pfeile. Das sind nicht nur zwei Pfeile, sondern tausend Pfeile – Eifersucht, Missgunst, Hass –, die alle auf das Gefühl der eigenen Bedeutsamkeit zielen. Daher rührt das Gefühl der Unsicherheit. Deshalb erwächst echtes Selbstvertrauen daraus, dass man diese Blase der Selbstbezogenheit durchstößt. Wenn es kein Ziel mehr gibt, kann man echtes Selbstvertrauen entdecken. Das hat nichts mit einem triumphierenden Ego zu tun, sondern vielmehr damit, dass man tief mit der Wirklichkeit in Verbindung ist und die gegenseitige Abhängigkeit versteht. Die Folge davon ist weniger Unsicherheit.

In tiefer Verzweiflung oder Angst können wir auch nicht das Potential für Veränderung wahrnehmen, das mit einem altruistischen Gefühl der Verbundenheit mit anderen und einem tiefen Mitgefühl verbunden ist, die uns dazu motivieren, zum Wohle anderer zu handeln. Wenn wir diese Möglichkeit in uns finden, gibt uns das ein tiefes Gefühl der Ausrichtung und Hoffnung. Es ist ein Gegenmittel für Hoffnungslosigkeit. Wenn wir das Gefühl haben, dass wir in die bodenlose Grube der Depression fallen, brauchen wir diesen Felsvorsprung, über den Helens Patient gesprochen hat, von dem aus wir weitergehen können. Dieser Felsvorsprung ist das Finden dieser Möglichkeit für Veränderung. Nach Ansicht der buddhistischen Tradition haben wir alle dieses Potential. Es ist in Wirklichkeit die tiefste Natur unseres Geistes. Nehmen wir das Beispiel des Goldstücks, das sich selbst im Schmutz nicht verändert, oder der Sonne hinter den Wolken, die wir immer wieder entdecken können, wenn die Wolken weggezogen sind. In diesem Sinne ist es möglich, die Entfaltung des Wohlbefindens zu verwirklichen. Somit verbindet Sukha die Vorstellung des Wohlbefindens mit dem Problem exzessiver Selbstbezogenheit und mit der Angst und

Verzweiflung, die daraus entstehen, und vermittelt uns ein größeres Bild dessen, was das Herz des buddhistischen Weges ausmacht.

Bennett Shapiro: Wenn wir auf Wolfs Frage zurückkommen, wie das Gehirn weiß, dass es bei der „Wahrheit" oder der „richtigen" Sicht der Dinge angelangt ist, dann nehme ich an, dass Sie von einer inneren Erfahrung sprechen, in der sich die Wolken plötzlich lichten und man tatsächlich spürt, dass man an diesem Ort angekommen ist.

Matthieu Ricard: Natürlich geschieht das nicht auf einmal. Deshalb müssen wir mit der Zeit unsere Weisheit durch analytische Meditation und kontemplative Meditation vertiefen.

Bennett Shapiro: Father Keating, Sie haben schon lange Zeit über diese Verbindungen nachgedacht und ganz sicher sind diese Fragen über das Selbst auch Teil Ihrer Tradition.

Father Keating: Es war eine wunderbare Lernerfahrung für mich, von diesen Experten aus verschiedenen medizinischen Bereichen zu hören, wie sie Krankheit, das Gehirn und andere Themen erklärt haben. Ich stimme vor allem mit ihrer geistigen Offenheit überein, vor allem auch mit ihrer Offenheit gegenüber der spirituellen Dimension des Menschseins. Es wurde schon erwähnt, aber ich möchte es hier noch einmal hervorheben: Vierhundert Jahre lang befanden sich Religion und Wissenschaft in einer Art feindlicher Belagerung. Ich sehe Ihre Arbeit und besonders diese Konferenz als eine Möglichkeit, sozusagen einen Zeh in die Tür zu bekommen, die uns voneinander trennt. Ich nehme an vielen interreligiösen Dialogen teil und verstehe nun, dass auch die Wissenschaft eine Art Religion mit ihren eigenen Dogmen und Ritualen ist. Ich begrüße also zutiefst die Möglichkeit, an diesem tiefgründigen Dialog mit der Wissenschaft teilnehmen zu können.

In der christlichen Tradition sagen wir, dass die frühen Kirchenväter zwei Bücher der Offenbarung akzeptierten. Das eine waren die Heiligen Schriften und das andere war die Natur. Die Natur ist eine Offenbarung

Gottes, genauso wertvoll wie die Geschenke der Propheten des Alten und Neuen Testaments. Die Arbeit der Wissenschaft und die technologischen Entdeckungen sind für uns heute Offenbarungen Gottes. Die Ausdehnung, Breite und Weite der derzeitigen Forschung sagen mir mehr über Gott als fast alles andere, denn die Schriften habe ich schon gelesen. Ich möchte herausfinden, wer Gott ist. Einstein sagte, dass Natur und Wissenschaft Gedanken Gottes seien. Meiner Ansicht nach sind Wissenschaftler auf ihre eigene Weise auf einem spirituellen Weg, so wie wir im Kloster.

Um es in den Kontext der abrahamitischen Religionen zu setzen, können wir uns die Geschichte vom Garten Eden anschauen. Sie vermittelt sehr tiefe Wahrheiten über die menschliche Natur, so mythologisch diese Geschichte auch sein mag. Die große Versuchung im Garten Eden bestand darin, dass Adam und Eva versucht waren, wie Gott zu werden oder Gott gleich zu werden. Das zentrale Drama des Menschseins können wir folgendermaßen zusammenfassen: Wollen wir Gott werden nach Gottes Willen oder nach unserem eigenen Willen? Wenn wir Gott nach unserem eigenen Willen werden, fallen wir aus dem Paradies. Dann fallen wir aus dem Glück, aus der Gesundheit heraus und werden nicht zu Gott.

Das zeigt, dass die Wahrheit der menschlichen Natur letztendlich der Wunsch nach Glück ist. Das können wir als ganzheitliche Gesundheit übersetzen und das gibt uns einen Kontext, um die Krankheiten des Menschseins zu verstehen, die Teil unserer allgemeinen Erfahrung sind. Und das bezieht die Krankheiten des Körpers, der Seele und des Geistes *(spirit)* mit ein. Wie das geschieht, ist für die Menschen, die im Gesundheitsbereich tätig sind, sehr bedeutsam. Wenn wir versuchen, Gott nach unserem eigenen Willen zu werden, sind wir wirklich sehr krank. Als Folge des Verstoßes aus dem Garten Eden, geschahen – zumindest symbolisch – drei Dinge mit der Menschheit. Als Erstes: Sie versank in Täuschung, ohne Idee, wo wahres Glück zu finden ist. Daher der zweite Effekt: Wir suchen Glück an den falschen Orten und das ist die Quelle von Krankheit. Und wenn die Menschheit schließlich klug genug wird und herausfindet, wo wahres Glück zu finden ist, dann ist sie zu schwach, um etwas dafür zu tun. Eine der tiefen Voraussetzungen für den Versuch,

Gott zu werden oder glücklich oder gesund zu werden, besteht darin, dass wir diese Schwäche akzeptieren und unsere Begrenztheit annehmen. Wir spüren die Notwendigkeit der Unterstützung durch andere und wir fühlen uns für die anderen Mitglieder der Menschheit verantwortlich, die das Glück an falschen Orten suchen.

Das ist das Geschenk tiefer, transkonzeptueller Meditation. Deshalb ist sie so wichtig. Sie eröffnet uns die Wirklichkeit, die vor dem Denken ist. Das Denken ist sicher ein großer Fortschritt gegenüber dem Zustand unserer Säugetier-Vorfahren, aber tiefe Meditation ist ein Geschenk, durch das wir über das Denken hinausgehen können. Wir erfahren eine intuitive Präsenz der Wirklichkeit, eine Verbundenheit, die sich jenseits des rationalen Bewusstseins ereignet und am ehesten als Liebe beschrieben werden kann. Liebe ist die Fähigkeit, auf der tiefsten Ebene des Wissens zu wissen, jenseits jedes konzeptuellen Wissens.

In diesem Kontext spricht die christliche asketische und mystische Tradition davon, Gott nach seinem Willen zu suchen. Wir können Gott andere Namen geben, aber Er ist trotzdem Gott, oder Sie ist trotzdem Gott oder Es ist trotzdem Gott. Und Gott leidet darunter, wenn wir Ihm einen geringeren Namen geben als Gott. Die kontemplative Vision zeigt Gott so nah bei uns – und innerhalb dieser Vision entsteht unser ganzes Sein aus diesem Grund der Anwesenheit. Der große Beitrag der christlichen Religion ist für mich die Erkenntnis, dass diese Anwesenheit oder Gegenwart Gottes sanft, liebevoll, mütterlich, fürsorglich, zugewandt, heilend ist. Es sind alle Aspekte der Liebe zusammengenommen und sie werden uns bedingungslos geschenkt. Und Gott als unser Gastgeber lädt uns ein, alle Menschen so zu behandeln, als ob wir die Gastgeber wären. Mit anderen Worten, es ist an uns, die große Güte, die wir ständig erhalten, weiterzugeben.

Ich möchte noch kurz die Organisation Contemplative Outreach erwähnen, die sich der Wiederentdeckung der christlichen kontemplativen Tradition früherer Zeiten widmet. Diese Tradition ist irgendwie in Vergessenheit geraten, wurde im Verborgenen und an manchen Orten in positiver Opposition geübt, deshalb müssen die meisten Christen erst noch dazu bekehrt werden. Hierbei schließe ich auch mich selbst ein, denn in meinem Orden geloben wir, das Gespräch weiterzuführen. Das bedeutet, dass wir uns selbst nicht als eine fixierte Wirklichkeit nehmen und dass wir *nicht* denken, dass das Selbst ein fester Referenzpunkt sei. Deshalb kann es sich verändern, es kann wachsen und seine Fähigkeit für Wahrheit, Liebe und Glück erweitert sich ständig. Ich denke, Buddhisten würden das als Mitgefühl bezeichnen.

Wenn ich die Gelegenheiten habe, mit Menschen anderer großer spiritueller Traditionen zu sprechen, sehe ich, dass etwas entsteht, das über den interreligiösen Dialog hinausgeht. Wir können es vielleicht als interspirituellen Dialog bezeichnen. Das ist die gemeinsame, verbindende Erfahrung derjenigen, die sich dem transformativen Prozess verpflichtet haben. Contemplative Outreach versucht die klösterliche Vision für Menschen zugänglich zu machen, die in der Welt leben oder die in sehr aktiven Gemeinden arbeiten. Unsere Organisation will eine Quelle der Stärke für diejenigen sein, die in sehr schwierigen Gemeinden tätig sind.

Das Herz der Übung der christlichen Meditation ist das Schweigen, was nicht Leere bedeutet, sondern ein Lauschen oder Hören auf einer tieferen Ebene, als die Ohren oder selbst das Herz erreichen können. Es ist das Erlauschen der Energie, aus der alles entsteht, die zugleich Energie und Nicht-Energie ist, gleichzeitig alles und nichts und die uns in ihre grenzenlose Freiheit einlädt. Dazu müssen wir uns einfach nur hinsetzen und für vielleicht zwanzig Minuten schweigen. Es ist egal, wie wir sitzen. Wichtig ist, dass dieses Tun die Gewohnheit bricht, das Glück an den falschen Orten zu suchen. Das Denken erhält diese Täuschung – und das macht uns alle krank.

Alan Wallace: Ich möchte an dieser Stelle zwei Ideen zusammenbringen. Die eine stammt von dem bekannten Historiker Daniel Boorstin, der ein Buch über die Entdeckungen der Menschheit in den letzten fünftausend Jahren geschrieben hat: *The Discoveries.*[97] Im Vorwort dieses Buches schreibt er, dass das größte Hindernis für Entdeckungen im Laufe der Menschheitsgeschichte nicht Unwissenheit war, sondern die Illusion des Wissens. Damit meint er den Glauben, dass wir schon etwas wissen, der tatsächlich nur auf einer Annahme beruht. Solange wir an der

Illusion des Wissens festhalten, hindert uns das daran, Durchbrüche zu erreichen und wirkliches Wissen zu finden.

Die zweite Idee hat Seine Heiligkeit formuliert, als er sagte, dass es unmöglich sein könnte zu bestimmen, ob ein isolierter Moment der Erkenntnis, ein Gewahrsein von irgendetwas, in sich selbst richtig ist. Man kann bestimmen, ob es in Beziehung zu anderen Momenten der Erkenntnis richtig ist. Oder ich kann bewerten, ob meine eigenen Erkenntnisse richtig sind, wenn ich sie in Bezug zu denen eines anderen Menschen prüfe. Wenn wir das als eine Metapher nehmen, gibt es beispielsweise einen Erkenntnismoment, der heißt: „Neurobiologie der letzten dreißig Jahre", mit seiner eigenen Perspektive. In dieser Perspektive gibt es ganz sicher viel Wissen. Es gibt darin vielleicht auch die Illusion von Wissen, zum Beispiel über die Natur des Bewusstseins. Ist das Bewusstsein einfach nur eine Funktion des Gehirns? Gute Frage. Welche andere Erklärung könnte man wohl finden, wenn man sich ausschließlich auf das Gehirn fokussiert? Wenn man andererseits diese dreißig Jahre oder dreitausend Jahre vor allem mit der Untersuchung mentaler Phänomene verbringt, kommt man vielleicht zu einer andern Schlussfolgerung.

Mir geht es hier um folgenden einfachen Punkt: Verschiedene Theorien oder verschiedene Momente des Gewahrseins können vielleicht am besten bewertet werden, wenn sie mit Momenten des Gewahrseins oder mit Perspektiven zusammengebracht werden, die radikal anders sind. Ob unsere Perspektive nun der Buddhismus, das Christentum, die Philosophie des antiken Griechenlands oder die moderne Neurobiologie ist, der Weg nach vorn liegt vielleicht in der Überwindung der Illusion des Wissens. Das ist am ehesten möglich, wenn wir uns in einen tiefen, respektvollen, bescheidenen Dialog mit Menschen begeben, die ganz andere Visionen haben.

Ich denke, aus säkularer Perspektive gibt es die verbreitete Annahme, dass die Religionen der Welt einander in ihren Wahrheitsaussagen widersprechen. Christentum, Buddhismus, Hinduismus, Daoismus sagen in vielen Bereichen vollkommen unterschiedliche Dinge, wenn man sie also alle zusammenwirft, fallen sie allesamt in sich zusammen. In dieser Sichtweise ist die einzige Erkenntnisperspektive, die erhalten bleibt, die Wissenschaft, und es gibt nichts, woran sie sich noch reflektieren könnte, weil die Religionen sich gegenseitig zunichte gemacht haben.

Oft wird angenommen, die kontemplativen Traditionen glaubten, die Antworten schon zu kennen. Man begibt sich auf den kontemplativen Weg und wird zur richtigen Antwort geführt. Wenn man vom Weg abkommt, bringt einen der Lehrer wieder zurück und sagt: „Nein, nicht da entlang, wir wissen schon die richtige Antwort. Meditiere weiter, bis du die richtige Antwort findest." Das widerspricht völlig dem wissenschaftlichen Forschungsgeist, der nach Informationen sucht, die momentan noch als unbekannt gelten, und der deshalb offen für das Neue ist.

Wenn ich diese verschiedenen Probleme in meinem Geist zusammenführe, scheint sich eine Lösung zu zeigen, die ich als eine konsequente Rückkehr zu Empirismus und Klarheit bezeichnen würde. Was wissen wir und was wissen wir nicht? Das ist schwer festzustellen, wenn man sich nur mit Menschen auseinandersetzt, die eine ähnliche Mentalität haben wie man selbst. Wie Father Thomas verschlug, muss das Christentum zu einem Geist des Empirismus zurückkehren, zu der kontemplativen Erfahrung, statt sich an all den „richtigen" Antworten der überlieferten Doktrin festzuhalten. Das Gleiche trifft auch für den Buddhismus zu. In diesem Zusammenhang haben mich sehr die Worte von William James inspiriert: „Wenn die Religion eines Tages mit dem Empirismus zusammenkommt, wo dieser doch bisher durch ein merkwürdiges Missverständnis mit Unglauben verbunden wurde, dann wird, so glaube ich, eine neue Ära der Religion und der Philosophie beginnen können … Ich glaube zutiefst, dass ein solcher Empirismus ein natürlicherer Verbündeter für das religiöse Leben ist, als es die Dialektik jemals war oder sein kann."[98] Es gibt vielleicht wirklich tiefgreifende Verbindungen zwischen den verschiedenen kontemplativen Traditionen, die aus ganz verschiedenen Bezugssystemen kommen: der Bibel, den Sutren, den Veden usw. Wenn wir aber zur tiefsten Erfahrungsebene vordringen, finden wir vielleicht universelle kontemplative Wahrheiten, die die Christen, Buddhisten und Daoisten in ihren Laboren gefunden haben. Wenn es solch eine Konvergenz gibt, könnte das eine der wichtigsten Wahrheiten sein, zu denen Menschen einen Zugang haben.

Bennett Shapiro: Ich stimme vollkommen damit überein, dass auch in der Medizin der größte Fehler darin besteht zu denken, man weiß mehr, als das wirklich der Fall ist. Wenn man Annahmen formuliert, die weit über das eigene Wissen hinausgehen, kann man wirklich Schaden anrichten. Für alles, was wir hier gemeinsam als Gruppe erreichen möchten, ist diese Idee von zentraler Bedeutung.

Die Themen der grundlegenden Gutheit des Menschen und der Qualität des Mitgefühls sind in unseren Diskussionen immer wieder angesprochen worden. Wir scheinen zu verstehen, dass beide eine wichtige Grundlage sind, um eine engere Verbundenheit mit anderen entwickeln zu können. In den letzten Jahren hat Sharon Salzberg viel Zeit mit Meditationen verbracht, bei denen es um die Entwicklung von Mitgefühl geht. Sie hat große Gruppen von Laien, die nicht unbedingt Buddhisten sind, Mitgefühl gelehrt. Sharon, können Sie in unserer Sammlung von Ideen dieses Thema noch etwas beleuchten?

Sharon Salzberg: Als ich mir meine Notizen angeschaut habe, die ich während der Konferenz aufgeschrieben habe, sah ich, dass auf jeder Seite immer wieder zwei Worte standen: „Mitgefühl" und „Hilflosigkeit". Jeder Sprecher verwendete entweder das Wort „Hilflosigkeit" oder sagte etwas, bei dem ich daran denken musste. Als natürliche Folge einer bestimmten Weltsicht erkennen wir, dass wir mehr Fürsorge zum Ausdruck bringen müssen. In der Erfahrung von Hilflosigkeit verbindet sich das sehr kraftvoll mit der Einsicht, wie wenig Kontrolle wir darüber haben, die Dinge so zu verändern, wie wir sie gern haben wollen. Obwohl Mitgefühl im Westen als Ideal angesehen wird, vernachlässigen wir es oft, besonders in seiner Manifestation als Güte. Güte wird fast als eine zweitrangige Tugend betrachtet, als ob sie in irgendeiner Weise wertloser oder mittelmäßiger wäre: Wenn wir nicht besonders klug oder mutig oder sonstwie wunderbar sind, können wir zumindest versuchen, gütig zu sein. Aber in der Alltagsrealität der Menschen ist Güte ein Thema von großer Wichtigkeit, nicht nur, um besser zu leben, sondern auch, um eine weitere Sicht des Lebens zu entwickeln.

Nächstes Jahr werde ich hier in Washington, DC, einen fünfwöchigen Kurs über Mitgefühl geben. Zuerst dachte ich daran, zur Voraussetzung für die Teilnahme zu machen, dass man in irgendeiner Form von sozialer Arbeit engagiert ist. Man müsste ehrenamtlich in einer Suppenküche oder einem Obdachlosenheim arbeiten oder etwas Ähnliches. Dann fragte mich einer der Organisatoren: „Was ist, wenn jemand sich um seine kranken Eltern kümmert? Zählt das oder ist das nicht genug? Müssen die Leute rausgehen und irgendetwas Besonderes tun?“ Ich war beschämt, denn ich dachte an all die Menschen in meinem Bekanntenkreis, die sich um ihre kranken Eltern oder ein schwieriges Kind oder einen kranken Freund kümmern. Das ist die wirkliche Herausforderung, das ist etwas, mit dem wir jeden Tag in unserem Leben zu tun haben. Was ist Mitgefühl? Was ist Güte? Wie kann ich sie leben?

Um noch einmal auf das Thema der Hilflosigkeit zurückzukommen: Die Lehren sprechen von verschiedenen Ebenen des Mitgefühls und verschiedenen Arten des Mitgefühls. Es gibt das Mitgefühl, bei dem wir spüren, dass wir etwas für die Verbesserung der Situation tun können, und es gibt das Mitgefühl, bei dem wir spüren, dass wir nichts tun können. Ich frage mich, ob Eure Heiligkeit noch etwas dazu sagen könnte, weil es so grundlegende Überlegungen sind. Verändert sich das Mitgefühl in solchen Situationen und wird zu etwas anderem oder wird es von unserer Weisheit oder unserer Einsicht in die Leerheit unterstützt? Was erhält das Mitgefühl, wenn wir uns hilflos fühlen?

S. H. der Dalai Lama: Wie Sie wissen, wird in den buddhistischen Texten eine Form des Mitgefühls beschrieben, die von Weisheit bestärkt und ergänzt wird. In den Texten wird sie manchmal als „mit der Weisheit der Leerheit erfülltes Mitgefühl“ bezeichnet. Die Idee dabei ist, dass ein Mensch mit einem Mitgefühl, das von Weisheit verstärkt und ergänzt wird, nicht nur in der Lage ist, Empathie zu empfinden, sondern auch die Ursachen und Umstände zu verstehen, die zu diesem Leiden geführt haben. Und er kann auch die Möglichkeit der Befreiung von diesem Zustand sehen. Deshalb wird dieses Mitgefühl, das von Weisheit ergänzt wird, als sehr kraftvoll und viel wirksamer gesehen. Es ist ein stärkerer Geisteszustand.

Im Allgemeinen wird Mitgefühl als ein Zustand des Geistes gesehen, der den anderen frei von Leiden sehen möchte. In diesem Sinne kann der Mensch, der Mitgefühl spürt, auch ein Gefühl der Hilflosigkeit empfinden. Diese Art des Mitgefühls ist vielleicht hauptsächlich eine Form der Empathie. Dazu gehört der Wunsch, dass der andere Mensch frei von Leiden sein möge. Wirkungsvoller ist es aber, wenn es nicht nur ein Wunsch ist, der den anderen frei von Leiden sehen will, sondern wenn auch die Bereitschaft vorhanden ist, dem anderen zu helfen, sich von Leiden zu befreien. Hier spielt Weisheit oder Intelligenz eine entscheidende Rolle, damit der mitfühlende Wunsch zu einer altruistischen Handlung werden kann. Das ist eine wirkungsvollere Form des Mitgefühls.

Die Texte sprechen auch von grenzenlosem Mitgefühl und großem Mitgefühl. Großes Mitgefühl wird als das kraftvolle Mitgefühl beschrieben, das im altruistischen Streben zum Ausdruck kommt, zum Wohle anderer Erleuchtung zu erlangen. Wenn jemand in sich das große Mitgefühl entwickelt, aktiviert er oder sie damit nach Ansicht der Texte des Mahâyâna -Buddhismus die Buddhanatur.

Richard Davidson: Es gibt eine bemerkenswerte Konvergenz zwischen einer zentralen Einsicht der modernen Neurowissenschaft, die sich auch in den kontemplativen Traditionen findet. Diese Konvergenz ist die Erkenntnis, dass tugendhafte Qualitäten des menschlichen Geistes als Fertigkeiten betrachtet werden sollten, die wir kultivieren können. Die Tatsache der Plastizität des Gehirns bildet die Grundlage für das Verstehen, wie die Kultivierung dieser Qualitäten vom Gehirn unterstützt wird und wie sich das Gehirn als Reaktion auf bestimmte Übungen verändert.

Wenn ich über diese Arbeit spreche, finde ich eine zunehmende Offenheit. Seit ich Eurer Heiligkeit vor zehn Jahren erstmals begegnet bin, habe ich oft darüber gesprochen; Sie waren eine große Inspiration dafür. Die wissenschaftliche Forschung beginnt mittlerweile bei der zunehmenden Akzeptanz der Idee, dass wir nicht einfach dort feststecken, wo wir sind, eine Rolle zu spielen. Wir stecken nicht in unserem Normalzustand oder „Sollwert“ fest, sondern der Geist kann transformiert werden. Ich stelle mir eine Zeit vor, wenn Schulkinder in den USA und anderen westlichen Kulturen nicht nur sportliches Training als Unterrichtsfach haben, sondern auch ein Geistestraining. Wäre das nicht wunderbar?

Jon Kabat-Zinn: Zum Abschluss mochte ich auf Father Thomas' sehr offene Einladung eingehen, uns daran zu erinnern, was es heißt, zu lieben, in Liebe zu sein und Liebe zu sein. Einige Zeilen aus „Prelude" von Wordsworth fallen mir dazu ein: „Es gibt eine unbekannte, unergründliche Kunstfertigkeit, die einander widersprechende Elemente versöhnt und sie in eine Richtung bewegt."[99] Ich denke an den ständigen Fluss, die Entstehung und das Auseinanderfallen von Verbindungsmustern im Gehirn, von Moment zu Moment. Ob wir es Dao oder Dharma oder Gott oder Ich-habe-nicht-die-leiseste-Ahnung nennen, es gibt ganz sicher die Erfahrung, dass wir mit unserem Leben an etwas Außergewöhnlichem und Geheimnisvollem teilhaben.

Was auch immer die Folgen unseres Treffens hier sein werden, sie werden etwas mit all den Fragen zu tun haben, die nicht beantwortet wurden. Die Herausforderung besteht darin zu fragen, woher diese Fragen überhaupt kommen und was unsere Aufgabe auf diesem Planeten ist, ob wir nun mit Kindern, mit Traumata, mit dem Militär, mit der Regierung oder mit etwas anderem zu tun haben. Die Herausforderung besteht darin, sich die Frage zu stellen: „Was ist meine Aufgabe auf diesem Planeten, in diesem Moment, mit allem, was ich bin, und allem, was ich weiß – einschließlich dessen, was ich aus diesem Dialog mitnehme?" Möge diese Untersuchung für uns zusammenfließen und sich synchronisieren, individuell und kollektiv, zu einer tieferen Manifestation dessen, was es eigentlich heißt, der Spezies *Homo sapiens sapiens* anzugehören, der Spezies, die weiß und weiß, dass sie weiß. Mit anderen Worten, die Spezies des Bewusstseins und des Bewusstseins des Bewusstseins. Oder werden wir auf dem Weg nach Hause wieder einschlafen?

Nachwort

Fortschritte in der Grundlagenforschung und klinischen Forschung über Meditation in den fünf Jahren nach Mind and Life XIII 2006 – 2011

Das Treffen, auf dem dieses Buch basiert, fand im November 2005 statt. Seitdem und zum Teil auch als ein Ergebnis unseres Treffens hat sich die Erforschung der Meditation weiterentwickelt und verzeichnet eine exponentielle Zunahme. In diesem Schlusskapitel möchten wir einige der unserer Ansicht nach wichtigsten Ergebnisse in der Grundlagenforschung und klinischen Forschung hervorheben. Zudem wollen wir die methodologischen Herausforderungen untersuchen, die mit dieser Phase ernsthafter Erforschung von meditativen Praktiken einhergehen. Wir möchten auch auf Fragen eingehen, die durch diese neue Welle der Forschung entstanden sind. Diese Ausführungen sind absichtlich kurz gehalten. Es gibt eine Reihe von Artikeln, die seit 2005 erschienen sind und die verschiedenen Aspekte dieser Literatur genauer untersuchen.[100] Unser Anliegen in diesem Abschnitt ist es, die interessantesten Ergebnisse dieses neuen Forschungsfeldes vorzustellen und dann auf einige Herausforderungen einzugehen, mit denen diese Forschungen nun umgehen müssen.

Grundlagenforschung

Dieser Abschnitt beschreibt Ergebnisse der Grundlagenforschung. Deren Ziel es ist, unser Verständnis der Phänomene, die mit dem meditativen Prozess assoziiert sind und die ihnen zugrunde liegenden biologischen Mechanismen zu verstehen.

Forschungen über Kognition und Aufmerksamkeit

In den letzten fünf Jahren wurden beachtliche Fortschritte bei Forschungen erzielt, die beschreiben konnten, wie verschiedene Meditationsformen grundlegende kognitive und affektive Prozesse und die ihnen zugrunde liegenden neuronalen Schaltkreise verändern. Eine Studie untersuchte beispielsweise die Wirkung einer dreimonatigen intensiven Vipassana-Praxis in einem Retreat-Setting und berichtete über verhaltensbezogene und neuronale Veränderungen, die mit dem „Aufmerksamkeitsblinzeln“ *(attention blink)* einhergehen. Dabei führt eine verstärkte Reaktion auf einen ersten Stimulus dazu, dass die Testpersonen den zweiten Stimulus nicht sehen.[101] Dieser Effekt ist vielleicht auf eine Art Aufgeregtheit oder ein Überengagement beim Erfassen des ersten Objekts zurückzuführen, was in der Folge dann die Fähigkeit, das zweite Objekt zu sehen, vermindert. Vor dem Retreat gab es keinen Unterschied zwischen den Meditierenden und den in Hinblick auf Alter und Geschlecht übereinstimmenden Kontrollpersonen. Aber nach drei Monaten Übung hatten die Meditierenden weniger Aufmerksamkeitsblinzeln und erkannten auch den zweiten Stimulus mit signifikant höherer Genauigkeit. Mit diesen Veränderungen im Verhalten gingen messbare Veränderungen der Gehirnfunktion einher. Die drei Monate intensiver Praxis steigerten offensichtlich die Fähigkeit der Meditierenden, ihre Aufmerksamkeit gleichmäßiger zu verteilen, was zu einer besseren Lösung der Aufgabe beitrug.

Eine andere Studie untersuchte die Variabilität der Reaktionszeit bei einer Aufgabe mit auswählender Aufmerksamkeit bei denselben Teilnehmern.[102] Auch hier verbesserte die dreimonatige Übung die Leistung und reduzierte die Variabilität der Reaktionszeit signifikant. Diese ist ein besonders interessanter Aspekt bei der Durchführung von Aufgaben, für die eine auswählende Aufmerksamkeit notwendig ist. Eine hohe Variabilität der Reaktionszeit steht sehr stark mit Aufmerksamkeitsstörungen oder Hyperaktivität in Verbindung. Die Verringerung in der Variabilität der Reaktionszeit wurde mit einer bemerkenswerten Veränderung der Hirnfunktion in Verbindung gebracht. In einem Gehirn, das maximal aufnahmefähig und aufmerksam für Stimuli ist, synchronisiert sich die Phase fortgesetzter neuronaler Schwingungen mit dem Einsetzen des Stimulus. Es scheint, dass das Gehirn bereit und aufmerksam ist, so dass das Auftreten eines äußeren, von der Person erfahrenen Stimulus sofort von diesem phasenverschränkten Prozess wahrgenommen wird. In dieser Studie berichteten die Forscher, dass die Verringerung in der Variabilität der Reaktionszeit mit der Verbesserung der Phasenverschränkung zwischen dem kortikalen Rhythmus und dem äußeren Stimulus, auf den die Teilnehmer ihre Aufmerksamkeit richten sollten, einhergeht. Das Shamatha Project, das Alan Wallace in seiner Präsentation erwähnte, untersuchte die Wirkung einer dreimonatigen intensiven konzentrativen Meditationspraxis, die als Shamatha bekannt ist. Dabei wurden die Leistungen bei einem Test mit lang andauernder Aufmerksamkeit bei Meditierenden und einer Wartelistenkontrollgruppe bestimmt.[103] [Anm. d. Ü.: *wait-list control:* In Studien zu Therapieergebnissen besteht eine Wartelistenkontrollgruppe aus Personen, die auf einer Warteliste geführt werden, um die entsprechende Intervention zu bekommen, nachdem die aktive Testgruppe sie erhalten hat. Eine Wartelistenkontrollgruppe wird in Fällen, in denen es unethisch wäre, den Teilnehmern die Behandlung vorzuenthalten, oft einer Kontrollgruppe vorgezogen, die nicht behandelt wird.] Die Übung führte zu signifikanten Steigerungen in der Sensibilität der Wahrnehmung und der Wachsamkeit.

Von einer Verbesserung visuell-räumlicher Verarbeitung und beim Arbeitsgedächtnis wurde auch bei einem Meditationstraining berichtet, das viel weniger intensiv als das Shamatha-Training war. Bei diesem Training hatten die Teilnehmer zu Beginn der Studie erst mit der Meditation begonnen. In einer Studie wurden die Teilnehmer nach dem Zufallsprinzip für vier Sitzungen auf eine Meditationspraxisgruppe oder eine, bei der es um das Hören eines Hörbuchs ging, verteilt.[104] Das Meditationstraining beruhte auf der Arbeit von Alan Wallace, dem Meditationslehrer im Shamatha Project.[105] Die Forscher berichteten, dass dieses Meditationstraining zu einer signifikanten Verbesserung der visuell-räumlichen Verarbeitung und beim Arbeitsgedächtnis im Vergleich zur Kontrollgruppe führte. Bei einer ungewöhnlichen Studie von ausgewählten Verbesserungen der kognitiven Funktion wurden die Leistungen zwischen gleich weit fortgeschrittenen Übenden in zwei unterschiedlichen Meditationsformen des tibetischen Buddhismus verglich: dem Gottheiten-Yoga, wobei ein komplexes vielfarbiges Bild einer tibetischen Gottheit visualisiert wird, und der Meditation des offenen Gewahrseins, wobei eine gleichmäßig verteilte Aufmerksamkeit entwickelt wird, die nicht auf ein bestimmtes Objekt oder eine bestimmte Erfahrung gerichtet wird.[106] Die Wirkung dieser sehr unterschiedlichen Meditationsformen auf die visuell-räumliche Verarbeitung wurde vor und nach einer zwanzigminütigen Meditationsübung gemessen. Die Praxis des Gottheiten-Yoga führte zu einer spürbaren Verbesserung bei einer Aufgabe mit mentaler Rotation und mit visueller Erinnerung, im Vergleich zur Meditation des offenen Gewahrseins. Diese Resultate deuten daraufhin, dass eine kurze Übung ausreicht, um Veränderungen hervorzurufen, die bei den darauf folgenden Aufgaben andauern und die sich vor allem bei Aufgaben zeigen, die auf visueller Informationsverarbeitung beruhen.

Veränderungen in der Funktion und Struktur des Gehirns

Vor Kurzem wurde eine wichtige Studie über die Wirkung von Meditation auf die neuronale Verarbeitung von Schmerz durchgeführt. Sie zeigte bei einer Gruppe von Zen-Übenden, die mit nicht-meditierenden Kontrollpersonen verglichen wurde, eine verminderte Aktivierung in ausführenden, bewertenden und mit Emotionen verbundenen Hirnregionen bei der Erfahrung thermischen Schmerzes.[107] Zudem wiesen die Meditierenden mit den meisten Erfahrungen die stärksten Aktivitätsverminderungen in diesen Regionen auf. Interessanterweise zeigten die Meditierenden gleichzeitig eine verstärkte Aktivierung in Regionen, die vor allem Schmerz verarbeiten, einschließlich des vorderen zingulären Cortex, des Thalamus und der Insula. Verminderungen in der funktionellen Verbindung zwischen ausführenden und mit Schmerz verbundenen Regionen des Gehirns sprechen für eine niedrigere Schmerzsensibilität bei den Meditierenden. Diese Ergebnisse weisen auf eine funktionelle Abkoppelung der kognitiv-bewertenden und der sensorisch-unterscheidenden Dimensionen des Gehirns bei Zen-Übenden hin. Dieses Phänomen wurde ursprünglich bei Patienten mit chronischen Schmerzsyndromen, die in MBSR trainiert wurden, beobachtet und beschrieben.[108] Die Studie einer achtwöchigen MBSR-Intervention unter Verwendung von funktioneller Magnetresonanztomografie zeigte Veränderungen in der Aktivität von zwei unterschiedlichen neuronalen Pfaden im Gehirn, die mit der Selbstbezüglichkeit assoziiert werden.[109] Der eine Pfad, der des narrativen Fokus, wird mit der Verknüpfung von Erfahrungen im Verlauf der Zeit assoziiert. Dieser Pfad scheint anatomisch mit dem medialen präfrontalen Cortex und dem sogenannten Default Mode Network, auch Bewusstseinsnetzwerk oder Ruhezustandsnetzwerk genannt, übereinzustimmen.[110] Dieses steht mit dem Geschichten generierenden unfokussierten gedanklichen Unterwegsseins *(mind-wandering)* in Verbindung und spielt wahrscheinlich eine Rolle beim narrativen Erschaffen von zeitlicher Abfolge.[111] Der zweite neuronale Pfad, der Veränderungen zeigte, war der Pfad des empirischen Fokus, der mit der direkten somatischen Erfahrung im gegenwärtigen Moment in Verbindung zu stehen scheint. Während der Pfad des narrativen Fokus mit der Aktivität im medialen frontalen Cortex assoziiert wird, scheint der Pfad des empirischen Fokus mit dem rechten lateralen Netzwerk verbunden zu sein, wozu der laterale präfrontale Cortex und viszeral-somatische Regionen gehören, einschließlich der Insula, des sekundären somatosensorischen Cortex und des hinteren Scheitellappen.

Das achtwöchige Training in MBSR führte zu messbaren, umfassenden Verringerungen in der Aktivität der Schaltkreise, die mit dem narrativen Fokus in Verbindung stehen. Zugleich zeigte sich eine gesteigerte Aktivität in dem Netzwerk, das mit dem empirischen Fokus assoziiert wird. Das deutet daraufhin, dass diese beiden sehr unterschiedlichen Formen der Selbstbezüglichkeit, die oft gleichzeitig auftreten, durch Achtsamkeitstraining entkoppelt werden können. Das ist ein Ergebnis, das klinische Bedeutung haben kann. Der Griff selbstbezüglicher Geschichten, die mit depressivem Nachgrübeln einhergehen, kann gelockert werden. Das verspricht auch Linderung bei anderen unbewussten, selbstbezogenen Gewohnheiten, die Leiden verursachen und verstärken.

Zukünftige Studien werden möglicherweise zeigen, dass Achtsamkeitstraining dazu genutzt werden kann, den Bewusstseinszustand des abgelenkten, unfokussierten Denkens (was einige als den Tunmodus des Geistes bezeichnen) in ein achtsames Gewahrsein (den Seinmodus des Geistes) zu wandeln.[112] Mit vertiefter Praxis kann das Achtsamkeitstraining dazu beitragen, eine Veränderung von einem kurzlebigen Zustand zu einem bleibenderen, stabileren Merkmal zu unterstützen. Wir entwickeln dann eine Seinsweise, die in der verkörperten Erfahrung des gegenwärtigen Augenblicks verwurzelt ist, statt in den komplizierten, kognitiven, selbst-narrativen Merkmalen depressiven Grübelns, chronischer Angst, Tagträumereien und selbstbezogenen Fantasien gefangen zu sein.

Aufbauend auf diesen Erkenntnissen untersuchte eine nachfolgende Studie die Wirkung von MBSR-Training auf die Verarbeitung negativer Affekte.[113] Die Studie benutzte eine Methode, mit der durch die Auslösung von Traurigkeit negative Affekte hervorgerufen wurden. Auch hier zeigte sich, dass diese affektiven Veränderungen auf weit verteilte Netzwerke zurückgreifen, von denen man weiß, dass sie an selbstbezüglichen Verarbeitungsvorgängen beteiligt sind. Die Gruppe, die in MBSR ausgebildet wurde, zeigte eine verminderte neuronale Reaktion im Netzwerk des narrativen Fokus und vermehrte Aktivität im Netzwerk des empirischen Fokus, verglichen mit der Wartelistenkontrollgruppe. Trotz der gleichen Grade an Traurigkeit, über die die Testpersonen berichteten, zeigten die

MBSR-Teilnehmer eine stärkere Aktivierung der lateralen neuronalen Schaltkreise, die mit dem empirischen Fokus einhergehen. Das sind diejenigen Schaltkreise, die mit viszeralen und somatosensorischen Prozessen und der Wahrnehmung von Körperempfindungen assoziiert sind. Die Nutzung dieser neuronalen Regionen ging mit geringeren Werten für Depression bei den MBSR-Teilnehmern einher.

Diese Ergebnisse weisen auf neuronale Pfade hin, durch die Achtsamkeitstraining die Verarbeitung negativer Emotionen positiv beeinflussen und die neuronalen Verschaltungen verändern können, die mit der Erfahrung von Traurigkeit verbunden sind. Menschen ohne Training in MBSR mit vorübergehenden traurigen Stimmungen aktivierten das Netzwerk des narrativen Fokus: Gehirnbereiche, die Traurigkeit als Problem behandeln, das analysiert und gelöst werden muss. Menschen, die MBSR erlernt hatten, aktivierten das Netzwerk des empirischen Fokus: Hirnbereiche, die Feedback darüber geben, wie sich die Traurigkeit im Körper anfühlt. Auf der Ebene der bewussten Erfahrung scheinen Menschen durch die Übung von Achtsamkeit erkennen zu können, dass es möglich ist, eine vollkommen neue Beziehung zu den immerwährenden Kreisläufen mentaler Strategien und mentalen Leidens einzunehmen, die Teil von Depression und Angst sind.

In einer neuen Studie unter Verwendung der Magnetenzephalografie (MEG) wurden Veränderungen im Alpha-Rhythmus während der Erwartung eines subtilen sensorischen Auslösereizes untersucht. Dabei fanden die Forscher heraus, dass in Reaktion auf einen Auslösereiz, der die Teilnehmer dazu aufforderte, sich auf eine Hand statt auf einen Fuß zu konzentrieren, die acht Wochen MBSR-Training zu einer signifikant gesteigerten lokalisierten kortikalen Reaktion während des Erwartungszeitraums führten, verglichen mit den Kontrollpersonen, die nicht in MBSR geschult waren.[114] Dieses Ergebnis deutet daraufhin, dass eine bestimmte Aufmerksamkeit für den Körper durch Meditationstraining zu spezifischen Veränderungen im Gehirn führt.

Ein großes neues Interessengebiet, das in den letzten Jahren entstanden ist, widmet sich der Frage, ob systematische Ausbildung in Meditation zu tatsächlichen strukturellen Veränderungen im Gehirn führt. Grundlagenforschungen über Neuroplastizität weisen deutlich auf die Möglichkeit struktureller Veränderungen als Reaktion auf mentales Training hin. Aber erst in den letzten Jahren ist eine ausreichend große Sammlung von Hinweisen zusammengekommen, die stark darauf hindeutet, dass solche Veränderungen tatsächlich stattfinden. In einer vor Kurzem unternommenen randomisierten Studie[115] haben Sara Lazar und ihre Kollegen als Wirkung eines MBSR-Trainings eine Steigerung in der Dichte der grauen Substanz in einigen Hirnregionen nachgewiesen. Dazu gehören Regionen, die für Lernen, Erinnerung und emotionale Regulierung wichtig sind, einschließlich des Hippocampus und des hinteren zingulären Cortex. Eine andere, damit verbundene Studie von Lazars Forschungsgruppe verband die Abnahme von wahrgenommenem Stress (nach Berichten der Teilnehmer) durch MBSR mit einer Abnahme der Dichte der grauen Substanz in der rechten basolateralen Amygdala.[116] Das ist der erste Bericht über strukturelle Veränderungen in der Amygdala als Folge von MBSR-Training. Zukünftige Forschungen werden zeigen, in welchem Ausmaß andere affektive Veränderungen, die durch MBSR erfahren werden, mit Veränderungen der Größe der Amygdala in Verbindung stehen.

Veränderungen der vegetativen, immunologischen und endokrinen Funktion

Die Wirkungen der Meditation auf das vegetative Nervensystem sind sicher komplex und bei den verschiedenen Meditationspraktiken unterschiedlich. Im Jahr 2006 untersuchten zwei Studien[117] die Wirkung von Meditationsübungen, die auf dem Body-Scan basieren und aus der MBSR übernommen wurden, auf eine Reihe von vegetativen Funktionen. Die erste Studie verglich eine Gruppe, die die Body-Scan-Meditationspraxis verwendete, mit einer Gruppe, die progressive Muskelentspannung nutzte, und einer Wartelistenkontrollgruppe. Die zweite Studie verglich die Wirkungen der Body-Scan-Meditationspraxis mit einer Kontrollgruppe, deren Teilnehmer einen bekannten Roman als Audioaufnahme hörten. In beiden Studien zeigten die Teilnehmer während der Body-Scan-Meditation signifikant höhere respirative Sinusarrhythmie. Das ist ein Zeichen, das auf die kardiale Kontrolle durch das parasympathische Nervensystem (manchmal als „Ruhe und Verdauung" bezeichnet, im Gegensatz zu den „Kampf-oder-Flucht"-Funktionen des sympathischen Nervensystems) hindeutet. Nur in der zweiten Studie wurde ein Marker gemessen, der den Einfluss des sympathischen Nervensystems auf das Herz anzeigt. Interessanterweise zeigte diese Studie bei den Meditierenden eine signifikante Steigerung des Einflusses des sympathischen Nervensystems auf das Herz im Vergleich mit der Kontrollgruppe. Zusammengenommen deuten die Ergebnisse dieses Berichts auf eine gesteigerte parasympathische und sympathische kardiale Aktivität bei neuen Übenden der Body-Scan-Meditationspraxis hin. Das ist ein besonders interessantes und wichtiges Ergebnis, weil das parasympathische und sympathische Nervensystem normalerweise umgekehrt proportional miteinander in Verbindung stehen. Die Achtsamkeitsmeditation aber scheint beide Zweige des vegetativen Nervensystems gleichzeitig zu aktivieren.

Ein neuer Bericht aus dem Shamatha Project[118] beschreibt die Messung der Aktivität der Telomerase nach einem dreimonatigen Retreat mit einem Schwerpunkt auf der Shamatha-Praxis, verglichen mit einer Wartelistenkontrollgruppe. Die Telomere sind wiederholte DNA-Sequenzen am Ende der Chromosomen, die wichtige genetische Informationen innerhalb der Chromosomen vor Beschädigung schützen; Telomerase ist das Enzym, das diese Sequenz am Ende der Chromosomen verlängert und/oder repariert. Die Aktivität der Telomerase ist von großem Interesse, weil niedrigere Ebenen zusammen mit einer Verminderung der Länge der Telomere mit beschleunigten biologischen Alterungsraten bei lang andauerndem Stress in Verbindung gebracht werden.[119] Am Ende des Retreats war die Aktivität der Telomerase bei Shamatha-Übenden bedeutend höher im Vergleich zur Kontrollgruppe. Die Forscher berichteten auch, dass sie komplexe Beziehungen zwischen von den Teilnehmern berichteten Veränderungen in einer Reihe von Persönlichkeitsdimensionen (wie Neurotizismus) und den jeweiligen Telomerase-Aktivitäten beobachteten. Diejenigen, die nach dem Retreat das größte Ausmaß an selbst empfundener Kontrolle dokumentierten und von einer deutlichen Abnahme des Neurotizismus berichteten, zeigten auch die größte Steigerung in der Telomerase-Aktivität.

Von Achtsamkeit und damit verbundenen Übungen, bei denen die Aufmerksamkeit auf Körperempfindungen betont wird, erwartet man vielleicht, dass sie die viszerale Wahrnehmung verstärken. Es wurden mittlerweile objektive Methoden für die Messung von viszeraler Selbstwahrnehmung oder interozeptiver Wahrnehmung, wie es manchmal genannt wird, entwickelt. Zudem wurde in neurowissenschaftlichen Studien herausgefunden, dass individuelle Unterschiede in der viszeralen Selbstwahrnehmung mit der Aktivität in der Insula in Verbindung stehen.[120] Bei der am häufigsten dabei verwendeten Aufgabe geht es um das Ausmaß, in dem die Teilnehmer ihren Herzschlag korrekt wahrnehmen konnten. Eine Studie, die diese Aufgabe benutzte[121], verglich 17 Praktizierende der Kundalini-Meditation, einer Praxis, zu der auch eine Veränderung des Atems gehört, die die somatische Wahrnehmung fördert; 13 Praktizierende einer tibetischen Meditation des offenen Beobachtens, bei der sich die Übenden auf den Inhalt ihrer Erfahrung von Moment zu Moment fokussieren, ohne darauf zu reagieren[122]; und 17 nicht meditierende Kontrollpersonen. Die Meditierenden der verschiedenen Traditionen hatten mindestens 15 Jahre täglich praktiziert. Bei dieser Studie konnte keine bessere Wahrnehmung des Herzschlags bei einer der Gruppen der Meditierenden im Vergleich mit der Kontrollgruppe gefunden werden. Die Teilnehmer dieser Studie wurden auch gebeten zu bewerten, wie gut sie die Aufgabe gelöst hatten. Die Meditierenden bewerteten ihre Leistung durchgängig höher als die Nicht-Meditierenden, trotz keiner feststellbaren Abweichung in der objektiv sichtbaren Leistung. Die Ergebnisse dieser Studie weisen auf die Begrenzungen der Meditation hin, um bestimmte Wirkungen zu erzielen, wie beispielsweise eine außergewöhnliche Sensibilität für Körperzustände. Sie heben auch potentielle Unterschiede in der Selbsteinschätzung und der Weltsicht hervor, die vielleicht Meditierende zu der Annahme verleiteten, sie seien überlegen, trotz der gegenteiligen objektiven Befunde.

Klinische Forschung

Eine der wichtigen Entwicklungen seit dem Treffen im Jahre 2005 ist die weiterführende Untersuchung und Verbreitung der achtsamkeitsbasierten kognitiven Therapie. Diese Intervention wird nun vom National Health Service in Großbritannien für Menschen empfohlen, die in ihrer Geschichte drei oder mehr Episoden einer schweren depressiven Störung haben.[123] Die MBCT wurde für depressive Patienten entwickelt, deren Erkrankung sich momentan gebessert hat, die aber immer wieder zu Rückfällen neigen. Sie können während der Intervention Achtsamkeitsstrategien entwickeln, um anders mit potentiell zu Depression führenden Denkmustern umzugehen. Dadurch vermindert die MBCT messbar das Risiko für Rückfälle und ein Wiederauftreten der Depression.[124] Die MBCT legt Wert auf eine tägliche Praxis formeller und informeller Übungen der Achtsamkeitsmeditation, einschließlich des achtsamen Yoga. Diese Übungen können auch als ideale Elemente einer dauerhaften Behandlungsstrategie, besonders in Bezug auf das depressive Grübeln, eingesetzt werden.

In einer neuen wichtigen Studie[125] haben Zindel Segal und seine Kollegen 84 Patienten mit der Diagnose einer schweren depressiven Störung untersucht, die sich in der Remissionsphase nach der Behandlung mit antidepressiven Medikamenten befanden. Diese Patienten wurden nach dem Zufallsprinzip einer von drei Behandlungen zugeteilt: Beenden der antidepressiven Medikation und Teilnahme an einem achtwöchigen Gruppenseminar in MBCT; Fortführung der Einnahme des antidepressiven Medikaments; oder das Beenden der aktiven Medikation und ein Übergang zu einem Placebo. Als wichtiges Ergebnis konnte nachgewiesen werden, dass MBCT eine medizinisch gleichwertige Alternative zur Medikation für Patienten mit dem Risiko schwerer depressiver Rückfälle darstellt, die die Medikation mit Antidepressiva nicht weiterführen wollen.

Eine andere Studie untersuchte kürzlich die Wirkung von MBSR auf die Regulierung von Emotionen bei Patienten mit sozialen Angststörungen.[126] Es wurde herausgefunden, dass MBSR bei einer kleinen

Gruppe dieser Patienten zu Verbesserungen bei Symptomen der Angst, Depression und des Selbstwertgefühls führte. Nach der MBSR-Intervention wurden die Teilnehmer bei einer Aufgabe beobachtet, die negative Selbstüberzeugungen testet. Zudem waren sie mit einer auf den Atem fokussierten Aufmerksamkeitsaufgabe oder einer Ablenkungsaufgabe beschäftigt. Die funktionelle Magnetresonanztomografie zeigte eine verminderte negative emotionale Erfahrung und verringerte Aktivierung in der Amygdala während der Aufgabe mit dem Fokus auf dem Atem.

Varianten der MBSR wurden entwickelt, um Drogenmissbrauch und Abhängigkeit zu behandeln. Die achtsamkeitsbasierte Rückfallprävention (MBRP) ist die am besten entwickelte Intervention dieser Art.[127] In der umfassendsten MBRP-Studie für Patienten mit Substanzabhängigkeit[128], wurden 168 Patienten nach dem Zufallsprinzip zwei Gruppen zugeteilt. Die Testpersonen erhielten entweder MBRP oder die herkömmliche Behandlung, die aus Beratung und Informationsprogrammen bestand. Bei den Patienten, die die herkömmliche Behandlung erhielten, war die Erfahrung der Sucht mit depressiven Symptomen und Substanzeinnahme verbunden. Durch MBRP veränderte sich die Beziehung zwischen Sucht und Depression signifikant. In den Momenten, in denen sich das Suchtgefühl einstellte, kam es nicht automatisch zur Depression, und diese Veränderungen prognostizierten einen geringeren Substanzmissbrauch vier Monate nach der Intervention. Obwohl MBRP nicht direkt auf den Substanzgebrauch wirkt, weisen diese Ergebnisse daraufhin, dass sie die Verbindung zwischen Sucht und Depression verringert. Das wiederum kann einen Einfluss auf den nachfolgenden Substanzgebrauch haben. Sicher sind weitere Forschungen notwendig, um diese komplexen Wirkungen zu differenzieren. Zudem muss geklärt werden, ob schon vorhandene individuelle Unterschiede bei den Patienten mit verschiedenen Reaktionen auf Interventionen wie MBSR einhergehen.

Eine neue Studie weist daraufhin, dass ein kurzes Achtsamkeitstraining für Zigarettenraucher zu einer stärkeren Verringerung des Zigarettenkonsums nach einer vierwöchigen achtsamkeitsbasierten Behandlung und einer siebzehnwöchigen Nachbehandlung führte. Diese Gruppe wurde mit

Personen verglichen, die zufällig aus einem Programm zur Abgewöhnung des Rauchens von der American Lung Association ausgewählt wurden. In dieser Studie zeigte sich, dass Achtsamkeit die Sucht selbst verringerte.[129]

Methodologische Herausforderungen

Verschiedene neue umfassende Kommentare zu ausgewählten Teilen der wissenschaftlichen Literatur über die Wirkung von Meditation weisen daraufhin, dass es in den momentanen Forschungen nennenswerte methodologische Defizite gibt. Ein großer Bericht über die Wirkungen der Meditation, der 2007 vom National Center for Contemplementary and Alternative Medicine in Auftrag gegeben wurde, kommt zu dem Schluss: „Die wissenschaftliche Erforschung von Meditationsübungen scheint keiner allgemeinen theoretischen Perspektive zu folgen und ist durch eine schlechte methodologische Qualität gekennzeichnet. Aufgrund der vorliegenden Befunde können keine klaren Feststellungen über Wirkungen der Meditationsübungen im Gesundheitswesen getroffen werden. Zukünftige Forschungen über Meditationsübungen müssen in der Gestaltung und Ausführung der Studien und in der Analyse und Vermittlung der Resultate strenger vorgehen."[130] Wir stimmen dieser Bestandsaufnahme bezüglich dieses Forschungsfeldes zum momentanen Zeitpunkt voll und ganz zu.

Es gibt eine Anzahl von kritischen methodologischen Fragen, die für die wissenschaftliche Erforschung klinischer Interventionen relevant ist. Das trifft insbesondere für psychologische Interventionen zu, aber wir fokussieren uns hier auf einige, die für die Erforschung der Meditation einzigartig sind. Eine der wichtigsten Fragen ist die Auswahl der Kontrollgruppen für die Untersuchung einer Intervention. Was wäre zum Beispiel eine passende Kontrollgruppe für MBSR? Diese Frage wird immer wichtiger. Es ist klar, dass die Arbeit mit einer Wartelistenkontrollgruppe nicht länger ausreichend ist, obwohl sie das bei früheren Studien durchaus war. Der Grund dafür ist, dass viele Merkmale der MBSR-Interventionen nicht ausschließlich Teil der Meditationspraktiken selbst sind. Aber diese Merkmale können zu Veränderungen in der standardisierten Ergebnismessung führen. Zu diesen Merkmalen der MBSR-Situation gehören Aspekte wie Gruppenprozess, Enthusiasmus des Leiters, der Glaube an die positiven Ergebnisse der Intervention, die Länge der häuslichen Praxis und so weiter. Wir brauchen in der Kontrollgruppe eine Situation, die damit vergleichbar ist, um abschließend festzustellen, ob die Meditationsübungen für die gemessenen Ergebnisse verantwortlich sind. Bis heute – zu dem Zeitpunkt, an dem wir dies schreiben – hat keine veröffentlichte Studie solch strenge vergleichbare Bedingungen geschaffen. Aber das Labor von Richard Davidson hat dies getan und wird bald die Ergebnisse verschiedener Studien veröffentlichen, die diese Vergleichsgruppe nutzen.[131] Für unsere gegenwärtigen Zwecke können wir Folgendes zusammenfassen: Bei standardisierten Messungen der selbst-berichteten Ergebnisse zwischen MBSR-Teilnehmern und einer streng ausgewählten Vergleichsgruppe, bei der auch die verschiedenen, zuvor genannten unspezifischen Faktoren kontrolliert wurden, gab es keine signifikanten Unterschiede. Aber interessanterweise gab es eine Reihe von Unterschieden zwischen den Gruppen bei biologischen Messungen und bei der Reaktion auf Schmerz, wobei alle biologischen Messungen für die MBSR-Gruppe positive Wirkungen zeigen.

Andere schwierige Fragen beziehen sich auf die Messung der Übungszeit und der Bestimmung der bisherigen Meditationserfahrung. Für Letzteres muss dringend ein formal strukturiertes Interview entwickelt werden, das bei Menschen aus verschiedenen Meditationstraditionen verwendet werden kann. Dies kann zu einer verlässlichen Bestimmung der bisherigen Praxis führen. Die Messung der Übungszeit innerhalb einer Studie ist in gewissem Sinne komplizierter, weil es viele Möglichkeiten der informellen Praxis gibt, die in den Berichten der Testpersonen nicht berücksichtigt werden. Es wurde bisher auch nicht nachgewiesen, dass die Personen ihre Übungszeit verlässlich angeben. Obwohl wir nicht davon ausgehen, dass Menschen hier bewusst unkorrekte Angaben machen, ist es bekannt, dass viele Menschen dazu neigen, sich selbst positiv darzustellen. Zudem schaffen viele der Meditationsstudien unweigerlich eine Erwartung, dass diejenigen gute Testpersonen sind, die so viel üben, wie sie üben sollten. Deshalb brauchen wir objektivere Messungen der Übungszeit. Im Labor von Richard Davidson wurde mit der Entwickelung eines „verdrahteten Zafu“ experimentiert. Das ist ein Meditationskissen, das mit einem druckempfindlichen Messgerät ausgestattet ist, um die Zeit zu messen, die eine Person tatsächlich auf dem Kissen sitzt. Natürlich ist auch solch eine Messung mit vielen Problemen behaftet, denn formelle und informelle Meditationsübungen können überall praktiziert werden und sind nicht unbedingt an das Meditationskissen gebunden. Und auch die Zeit, die jemand auf dem Kissen sitzt, korreliert nicht unbedingt direkt mit der Praxis und noch weniger mit der Qualität der Praxis und der damit verbundenen Einsicht. Zukünftige Forschungen werden sich mit dieser Frage beschäftigen müssen.

Von besonderer Wichtigkeit für Studien der Meditationsübungen, die Achtsamkeit betonen, ist die verhaltensbezogene Messung der Achtsamkeit. Dabei bieten selbst-berichtete Messungen keine gesicherten Werte. Zudem kann die Fähigkeit der Testpersonen, über ihre innere Erfahrung zu berichten, nicht gut entwickelt sein, besonders in den frühen Stadien der Meditationspraxis. Deshalb können Fragebögen, die auf dem Selbstbericht der Testpersonen beruhen, die inneren Vorlieben der Person reflektieren. Die Antworten beziehen sich unter Umständen auf die Art der Erfahrungen, die ein „achtsamer Mensch“ machen sollte, statt einen wahrheitsgemäßen Bericht der tatsächlichen inneren Erfahrung zu geben. Das ist ein Bereich, der zurzeit heftig diskutiert und eingehend untersucht wird.[132] Eine gut validierte Verhaltensmessung, die diese wichtigen Fragen miteinbezieht, würde es den Forschern erlauben, systematischer zu untersuchen, inwieweit individuelle Unterschiede bei den Testpersonen vorliegen. So könnte bestimmt werden, ob Teilnehmer, die eine stärkere Erhöhung bei den Werten der verhaltensbezogenen Achtsamkeit zeigen, auch eine größere Steigerung bei den anderen Ergebnismessungen zeigen. Das würde dieses Forschungsfeld auf einen festeren Boden stellen, als es jetzt der Fall ist. Denn praktisch alle analytischen Versuche, individuelle Unterschiede in der Achtsamkeit zu beschreiben, beruhten bisher auf solchen Messungen durch Selbstberichte der Teilnehmer.

Ausblicke in die Zukunft

In diesem letzten Teil weisen wir auf einige vielversprechende Trends hin, die sich sowohl in der Grundlagenforschung als auch in der klinischen Forschung am Horizont zeigen. Auf der klinischen Seite beginnen wir die Beziehungen zwischen dem zentralen emotionsbezogenen Schaltkreis und der peripheren Biologie besser zu verstehen, die möglicherweise sowohl für die Gesundheit als auch für spezifische Erkrankungen relevant sind.[133] Dieses zunehmende Wissen bildet eine Grundlage, um zu untersuchen und zu verstehen, wie verschiedene Meditationsformen den zentralen emotionsbezogenen Schaltkreis beeinflussen, was weiterführende Konsequenzen auf bestimmte gesundheitliche Aspekte hat. Wenn eine körperliche Erkrankung in gewissem Maße von psychosozialen Faktoren beeinflusst werden kann, würden wir erwarten, dass das Gehirn an der Modulation der peripheren Organsysteme mitwirkt, die an der Krankheit beteiligt sind. Das würde den potentiellen Einfluss auf die krankheitsrelevante Biologie durch die Modulation von Schaltkreisen des zentralen Nervensystems durch die Meditation ermöglichen. Wir erwarten, dass zukünftige Studien über solche körperlichen Erkrankungen zusätzlich zu den biologischen Markern von Messungen der Hirnfunktion begleitet sein werden. Dadurch könnten die Veränderungen im Gehirn, die am stärksten mit Veränderungen bei relevanten Symptomen und physischen Prozessen in Beziehung stehen, erfasst werden. In dieser Weise kann die Meditationsforschung zu einem allgemein besseren Verstehen der Geist-Gehirn-Körper-Interaktion bei Gesundheit und Krankheit beitragen.

Auf der Ebene ganzer Populationen werden dringend Forschungen gebraucht, die die Wirkung von Meditation auf die Inanspruchnahme medizinischer Versorgung erfassen. Obwohl es anekdotische Berichte über eine verringerte Inanspruchnahme medizinischer Versorgung bei Meditationsübenden gibt, hat noch keine Studie diese Frage gründlich untersucht. Eine solche Studie sollte idealerweise von einem Ökonomen aus dem Gesundheitsbereich geleitet und an mehreren Orten gleichzeitig durchgeführt werden. Wenn herausgefunden werden sollte, dass

Meditation die Inanspruchnahme medizinischer Versorgung auch nur um wenige Prozentpunkte verringert, hätte das enorme Auswirkungen auf das Gesundheitssystem, sowohl auf nationaler als auch auf globaler Ebene. Diese Information würde einen wirkungsvollen Anreiz für Regierungen und Krankenversicherungen bieten, meditative Übungen für den Bereich des öffentlichen Gesundheitswesens ernster zu nehmen. Wir hoffen, dass eine gut vorbereitete, strenge Studie der Wirkungen von meditationsbasierten Interventionen auf die Inanspruchnahme medizinischer Versorgung sobald wie möglich durchgeführt werden kann.

Obwohl es mittlerweile eine Reihe von Berichten über die Anwendung von Meditation bei Kindern gibt, ist die Literatur lückenhaft, die Interventionen sehr unterschiedlich und die Ergebnisse sind nur ungenügend erfasst.[134] Aber es gibt ein großes Potential dafür, dass Interventionen in jungen Jahren eine positive Wirkung auf spezifische Situationen haben können. Vor allem wenn wir berücksichtigen, dass die Neuroplastizität in jener Zeit wahrscheinlich noch größer ist, vor allem vor der Pubertät. Eine neue Studie, die sich noch in ihren Anfängen befindet, deutet daraufhin, dass die Achtsamkeitsmeditation eine Möglichkeit bietet, um Kindern mit Aufmerksamkeits-und Hyperaktivitätsstörungen zu helfen.[135] Hierbei geht es wirklich um viel. Unter Teenagern im Alter zwischen elf und neunzehn Jahren werden über 75 Prozent der Todesfälle durch Unfälle (meist Auto -oder Motorradunfälle, Mord oder Selbstmord) verursacht.[136] Die meisten Auto-oder Motorradunfälle sind Alkohol oder Drogen geschuldet. Deshalb sind Methoden des mentalen Trainings, die dabei helfen könnten, eine größere Ausgeglichenheit, ein emotionales Gleichgewicht und ein stärkeres Urteilsvermögen vor dem Eintritt in die risikoreichen Jahre der Pubertät zu entwickeln, sehr wichtig. Sie können potentiell sogar Leben retten. Eine Wertschätzung der Vergänglichkeit und eine Haltung, die nicht das, was nicht persönlich ist, persönlich nimmt, sind sicher wichtige Aspekte des Achtsamkeitstrainings, die eine starke positive Wirkung auf Kinder und Jugendliche haben können.

Im Hinblick auf die Grundlagenforschung werden zwei methodologische und konzeptuelle Fortschritte wahrscheinlich einen dramatischen

Effekt auf die Art der Fragen haben, die wir in Zukunft zur Wirkung der Meditationspraxis stellen können. Der eine Fortschritt ist die Epigenetik, die Untersuchung der Faktoren, die die Genexpression regulieren [Anm. d. Ü.: Genexpression bezeichnet im weiteren Sinne die Ausprägung des Genotyps – also der genetischen Information (Gen, DNA) – zum Phänotyp eines Organismus oder einer Zelle. (http://de.wikipedia.org/wiki/Genexpression)]. Es wurde nun definitiv festgestellt, dass Umweltfaktoren die Genexpression regulieren können.[137] Das eröffnet die Möglichkeit, dass auch mentales Training die Genexpression beeinflussen kann, obwohl bisher keine strenge, veröffentlichte Studie diese Frage behandelt hat. Es gibt erste Hinweise darauf, dass Entspannungsübungen zu Veränderungen bei der Genexpression führen, obwohl bisher noch von keinen systematischen Vergleichen mit streng ausgesuchten Kontrollgruppen berichtet wurde.[138] Wir erwarten, dass in den nächsten Jahren eine Reihe von Forschungsgruppen epigenetische Veränderungen durch Meditation untersuchen wird. Die Zelltypen, die für die epigenetische Forschung beim lebenden Menschen zugänglich sind, sind ziemlich begrenzt. Aber die Tatsache, dass Meditation erkennbare Veränderungen in der peripheren Biologie hervorbringen kann, sollte einige Hinweise darauf geben, was angemessene Ziele epigenetischer Veränderung sein könnten. Das Glukokortikoid-Rezeptor-Gen wäre ein offensichtliches Forschungsobjekt, wenn man an die bahnbrechenden Studien von Michael Meaney und seinen Kollegen bei Ratten denkt.[139]

Der andere wichtige methodologische und konzeptuelle Fortschritt beschäftigt sich mit dem menschlichen Connektom. Das Human Connectome Projekt hat sich zum Ziel gesetzt, die funktionalen und strukturellen Verbindungen des menschlichen Gehirns zu kartographieren.[140] Es gibt heute Methoden, um die strukturellen und funktionalen Verbindungen zwischen jedem Volumenelement (das heißt dem dreidimensionalen Pixel, der als Voxel bekannt ist) und jedem anderen Voxel im Gehirn zu bestimmen. Solch eine reichhaltige Informationsmenge beinhaltet möglicherweise eine ausreichende Sensitivität, um die Wirkung verschiedener Meditationsformen auf neuronale Verschaltungen besser zu beschreiben.

Statt die Analysen auf isolierte Aktivitätszonen zu fokussieren, können die Messungen der Verbindungen eine reichhaltigere und stabilere Messung der Struktur und Funktion der Schaltkreise ermöglichen. Das ist vermutlich für das Verständnis von großer Bedeutung, wie Meditation auf den Geist und das Gehirn wirkt.

Als im Jahre 2005 Mind and Life XIII abgehalten wurde, steckte die Ära der modernen Meditationsforschung gerade in ihren Anfängen. In den letzten fünf Jahren gab es einen unglaublich schnellen Fortschritt in Grundlagenforschung und klinischer Forschung. Wir erwarten, dass wir in den nächsten fünf Jahren ein noch größeres Wachstum bei den auf Meditation basierenden klinischen Interventionen und Grundlagenforschungen erleben werden. Diese Studien werden auf immer höheren Ebenen der Genauigkeit und Sorgfalt in der Entwicklung der Hypothesen, der Modellbildung, der Gestaltung der Forschungsprogramme (einschließlich der Auswahl aktiver Kontrollgruppen), der Messungen des Gehirns, peripherer biologischer Funktionen und des Verhaltens angesiedelt sein. Zudem wird es auch genauere Beschreibungen der Meditationsübungen selbst geben. Wir erwarten, dass die kommenden Jahre sogar noch produktiver werden als die Jahre, die hinter uns liegen. Wir gehen auch davon aus, dass Meditation noch weiter in den Mainstream von Neurowissenschaft, Psychologie und Medizin gelangen wird und die Ströme von Wissenschaft und meditativen Traditionen auf zunehmend vertieften Ebenen zusammenfließen.

Letztendlich wird sich die fortwährende Entwicklung und Anwendung von achtsamem Gewahrsein und die Kultivierung positiver Emotionen, einschließlich der Freundlichkeit und Güte sich selbst gegenüber, möglicherweise wirklich – buchstäblich und metaphorisch – als der innere Arzt des Geistes erweisen. Eine kraftvolle Ressource, die allen zugänglich ist, die bereit sind, den Strömen des eigenen Geistes, Herzens, Körpers und Lebens genau zuzuhören. Die Wissenschaft legt insgesamt schon nahe, dass dem so sein könnte. Aber noch wichtiger ist wahrscheinlich, dass wir den Erfahrungen zahlloser Meditationsübender Beachtung schenken, die offensichtlich in ihrer Lebensqualität, ihrer Gesundheit und ihrem Wohlbefinden von den meditativen Disziplinen profitieren.

Anmerkungen

1 G. Synder, *The Practice of the Wild* (San Francisco: North Point Press, 1990), 61. Für die Bedeutung von Snyders Verwendung des Begriffs „leer" siehe J. Kabat-Zinn, *Coming to Our Senses* (New York: Hyperion, 2005), S. 172–183, [dt. *Zur Besinnung kommen: die Weisheit der Sinne und der Sinn der Achtsamkeit in einer aus den Fugen geratenen Welt* (Freiburg i. Br.: Arbor, 2008)], und B. A. Wallace und B. Hodel, *Embracing Mind: The Common Ground of Science and Spirituality* (Boston: Shambhala, 2008).

2 F. J. Varela, E. Thompson und E. Rosch, *The Embodied Mind* (Cambridge, USA: MIT Press, 1991), 14–33; S. Pinker, *How the Mind Works* (New York: Norton, 1997), 147–148.

3 A. Harrington und A. Zajonc, *The Dalai Lama at MIT* (Cambridge, USA: Harvard University Press, 2006), 8.

4 Ebd.

5 D. Goleman, *Destructive Emotions* (New York: Bantam, 2003) [dt. *Dialog mit dem Dalai Lama: wir wir destruktive Emotionen überwinden können* (München: dtv., 2008)].

6 A. Harrington und A. Zajonc, *The Dalai Lama at MIT* (Cambridge, USA: Harvard University Press, 2006).

7 J. M. G. Williams und J. Kabat-Zinn, „Mindfulness: Diverse Perspectives on Its Meaning, Origins, and Multiple Applications at the Intersection of Science and Dharma", *Contemporary Buddhism* 12, Nr. 1 (2011): 1–18.

8 A. Harrington und A. Zajonc, *The Dalai Lama at MIT* (Cambridge, USA: Harvard University Press, 2006), 12.

9 A. K. Anderson, A. Jha und Z. Segal, „Mindfulness Training and Emotion Regulation: Clinical and Neuroscience Perspectives", special section, *Emotion* 10, Nr. 1 (2010).

10 S. L. Shapiro (Hrg.), „Mindfulness", special issue, *Journal of Clinical Psychology* 65, Nr. 6 (2009).

11 „Recent Developments in Mindfulness-Based Research", special issue, *Journal of Cognitive Psychotherapy* 23, Nr. 3 (2009).

12 J. Kabat-Zinn und M. Williams (Hrg.), „Mindfulness: Diverse Perspectives on Its Meaning, Origins, and Multiple Applications at the Intersection of Science and Dharma", special issue, *Contemporary Buddhism* 12, Nr. 1 (2011).

13 T. Gyatso, S. H. Dalai Lama, *The Universe in a Single Atom: The Convergence of Science and Spirituality* (New York: Morgan Road Books, 2005) [dt. *Die Welt in einem einzigen Atom: Meine Reise durch Wissenschaft und Buddhismus* (Berlin: Theseus, 2005)].

14 Seine Heiligkeit bezieht sich hier auf die große buddhistische Universität in Nalanda, Indien, die von 5. bis zum 11. Jahrhundert immer wieder erblühte. (Wobei sie in dieser Zeit drei Mal von Eroberern zerstört wurde.)

15 D. Bohm, *Wholeness and the Implicate Order* (London: Routledge and Kegan Paul, 1980) [*Die implizite Ordnung* (München: Goldmann, 1989)].

16 J. Kabat-Zinn, „An Outpatient Program in Behavioral Medicine for Chronic Pain Patients Based on the Practice of Mindfulness Meditation: Theoretical Considerations and Preliminary Results", *General Hospital Psychiatry* 4, Nr. 1 (1982): S. 33–47.

17 J. Kabat-Zinn, L. Lipworth und R. Burney, „The Clinical Use of Mindfulness Meditation for the Self-Regulation of Chronic Pain", *Journal of Behavioral Medicine* 8, Nr. 2 (1985): 163–190.

18 Zum Beispiel J. Kabat-Zinn, L. Lipworth, R. Burney et al., „Four-Year Follow-Up of a Meditation-Based Program for the Self-Regulation of Chronic Pain: Treatment Outcomes and Compliance", *Clinical Journal of Pain* 2, Nr. 3 (1987): 159–173.

19 Im Jahre 2011 lag die Zahl bei 46.

20 R. J. Davidson, J. Kabat-Zinn, J. Schumacher et al., „Alterations in Brain and Immune Function Produced by Mindfulness Meditation", *Psychosomatic Medicine* 65, Nr. 4 (2003): 564–570.

21 J. Kabat-Zinn, E. Wheeler, T. Light et al., „Influence of a Mindfulness-Based Stress Reduction Intervention on Rates of Skin Clearing inPatients with Moderate to Severe Psoriasis Undergoing Phototherapy (UVB) and Photochemotherapy (PUVA)", *Psychosomatic Medicine* 60, Nr. 5 (1998): 625–632.

22 Ebd.

23 Ebd.

24 D. Kahneman, „Objective Happiness“, *Well-Being: The Foundations of Hedonic Psychology*, Hrg. v. D. Kahneman, E. Diener und N. Schwarz (New York: Russell Sage Foundation, 1999), 3–25.

25 G. Schlaug, M. Forgeard, L. Zhu et al., „Training-Induced Neuroplasticity in Young Children“, *Annals of the New York Academy of Sciences* (July 2009): 205–208.

26 J. Driemeyer, J. Boyke, C. Gaser et al., „Changes in Gray Matter Induced by Learning – Revisited“, *Public Library of Science One* 3, Nr.7 (2008): e2669.

27 T. Y. Zhang und M. J. Meaney, „Epigenetics and the Environmental Regulation of the Genome and Its Function“, *Annual Review of Psychology* 6 (2010): 439–466.

28 H. L. Urry, C. M. van Reekum, T. Johnstone et al., „Amygdala and Ventromedial Prefrontal Cortex Are Inversely Coupled during Regulation of Negative Affect and Predict the Diurnal Pattern of Cortisol Secretion among Older Adults“, *Journal of Neuroscience* 26, Nr. 16 (2006): 4415–4425.

29 Ebd.

30 A. Lutz, L. Greischar, N. B. Rawlings et al., „Long-Term Meditators Self-Induce High-Amplitude Synchrony during Mental Practice“, *Proceedings of the National Academy of Sciences* 101, Nr. 46 (2004): 16369–16373.

31 R. J. Davidson, J. Kabat-Zinn, J. Schumacher et al., „Alterations in Brain and Immune Function Produced by Mindfulness Meditation“, *Psychosomatic Medicine* 65, Nr. 4 (2003): 564–570.

32 Ebd.

33 A. Einstein, Brief, zitiert in *New York Times*, 29. März, 1972.

34 „Buddhadharma“ bedeutet hier die grundlegenden Lehren des Buddha. Universelles Dharma bedeutet das Gleiche, formuliert es aber in einer nicht-buddhistischen Sprache in einem globalen Kontext.

35 Siehe zum Beispiel, K. A. MacLean, E. Ferrer, S. R. Aichele et al., „Intensive Meditation Training Improves Perceptual Discrimination and Sustained Attention“, *Psychological Science* 21, Nr. 6 (2010): 829–839. Weitere Informationen und Veröffentlichungen des Shamatha Project finden Sie unter: http://mindbrain.ucdavis.edu/labs/Saron/shamatha-project.

36 W. Singer, „Synchronization of Cortical Activity and Its Putative Role in Information Processing and Learning", *Annual Review of Physiology* 55 (1993): 349–374.

37 W. Singer, „Neuronal Synchrony: A Versatile Code for the Definition of Relations?", *Neuron* 24, Nr. 1 (1999): 49–65.

38 P. Fries, D. Nikolic und W. Singer, „The Gamma Cycle", *Trends in Neurosciences* 30, Nr. 7 (2007): 309–316.

39 W. Singer, „Synchronous Oscillations and Memory Formation", *Learning and Memory: A Comprehensive Reference*, Bd. 1, *Learning Theory and Behavior*, Hrg. J. Byrne (Oxford: Elsevier, 2008), 721–728.

40 L. Melloni und W. Singer, „Distinct Characteristics of Conscious Experience Are Met by Large-Scale Neuronal Synchronization", *New Horizons in the Neuroscience of Consciousness*, Hrg. v. E. Perry, D. Collerton, F. LeBeau u. a. (Amsterdam: John Benjamins, 2010), 17–28.

41 L. Melloni, C. Molina, M. Pena et al., „Synchronization of Neuronal Activity across Cortical Areas Correlates with Conscious Perception", *Journal of Neuroscience* 27, Nr. 1 (2007): 2858–2865.

42 J. Weiss, „Psychological Factors in Stress and Disease", *Scientific American* 226 (Juni, 1972): 104–113.

43 R. Sapolsky, „Stress and Cognition", *The Cognitive Neurosciences* (Cambridge, USA: MIT Press, 2004), 1031–1042.

44 Ebd.

45 C. Gambarana, F. Masi, A. Tagliamonte et al., „A Chronic Stress That Impairs Reactivity in Rats Also Decreases Dopaminergic Transmission in the Nucleus Accumbens: A Microdialysis Study", *Journal of Neurochemistry* 72, Nr. 5 (1999), 2039–2046.

46 A. Vyas, R. Mitra, B. Rao et al., „Chronic Stress Induces Contrasting Patterns of Dendritic Remodeling in Hippocampal and Amygdaloid Neurons", *Journal of Neuroscience* 22, Nr. 15 (2002): 6810–6818.

47 J. J. Radley, H. M. Sisti, J. Hao et al., „Chronic Behavior Stress Induces Apical Dendrite Reorganization in Pyramidal Neurons of the Medial Prefrontal Cortex", *Neuroscience* 125, Nr. 1 (2004): 1–6.

48 C. D. Fiorillo, P. N. Tobler und W. Schultz, „Discrete Coding of Reward Probability and Uncertainty by Dopamine Neurons“, *Science* 299, Nr. 5614 (2003): 1898–1902.

49 T. Gyatso, S. H. Dalai Lama, *The Universe in a Single Atom: The Convergence of Science and Spirituality* (New York: Morgan Road Books, 2005) [dt. *Die Welt in einem einzigen Atom: Meine Reise durch Wissenschaft und Buddhismus* (Berlin: Theseus, 2005)].

50 R. J. Sapolsky und L. J. Share, „A Pacific Culture among Wild Baboons: Its Emergence and Transmission“, *Public Library of Science Biology* 2, Nr. 4 (2004): e106.

51 Rainer Goebel, persönliche Kommunikation.

52 M. Friedman und R. Rosenman, *Type A Behavior and Your Heart* (New York: Knopf, 1974).

53 M. E. Kemeny, L. J. Rosenwasser, R. A. Panettieri et al., „Placebo Response in Asthma: A Robust and Objective Phenomenon“, *Journal of Allergy and Clinical Immunology* 119, Nr. 6 (2007): 1375–1381.

54 A. Einstein, Brief, zitiert in *New York Times*, 29. März, 1972.

55 N. S. Nye, „Kindness“, in *Words Under Words: Selected Poems* (Portland, OR: Eighth Mountain Press, 1995), 42.

56 „An Estimated 1 in 10 U.S. Adults Report Depression“, *Centers for Disease Control and Prevention*, www.cdc.gov/Features/dsDepression.

57 „Depression“, World Health Organization, Mental Health Programmes and Projects, www.who.int/mental_health/management/depression/definition/en.

58 T. I. Mueller, A. C. Leon, M. B. Keller et al., „Recurrence after Recovery from Major Depressive Disorder during 15 Years of Observational Follow-Up“, *American Journal of Psychiatry* 156, Nr. 7 (1999): 1000–1006.

59 Ebd.

60 W. James, *The Principles of Psychology* (New York: Henry Holt, 1890), Bd. 1, 575.

61 Ebd.

62 S. Lyubomirsky und J. Nolen-Hoeksema, „Effects of Self-Focused Rumination on Negative Thinking and Interpersonal Problem Solving“, *Journal of Personality and Social Psychology* 69, Nr. 1 (1995): 176–190.

63 S. D. Hollon, R. J. DeRubeis und R. C. Shelton, „Prevention of Relapse Following Cognitive Therapy vs. Medications in Moderate to Severe Depression", *Archives of General Psychiatry* 62, Nr. 4 (2005): 417–422.

64 Z. V. Segal., M. G. Williams und J. D. Teasdale, *Mindfulness-Based Cognitive Therapy for Depression: A New Approach to Preventing Relapse* (New York: Guilford Press, 2002) [dt. *Die Achtsamkeitsbasierte Kognitive Therapie der Depression* (Tübungen: Dgvt-Verlag, 2008)].

65 J. D. Teasdale, Z. V. Segal, J. M. Williams et al., „Prevention of Relapse/Recurrence in Major Depression by Mindfulness-Based Cognitive Therapy", *Journal of Consulting and Clinical Psychology* 68, Nr. 4 (2000): S. 615–623.

66 Ebd.

67 S. H. Ma und J. D. Teasdale, „Mindfulness-Based Cognitive Therapy for Depression: Replication and Exploration of Differential Relapse Prevention Effects", *Journal of Consulting and Clinical Psychology* 72, Nr. 1 (2004): 31–40.

68 J. Piet und E. Hougaard, „The Effect of Mindfulness-Based Cognitive Therapy for Prevention of Relapse in Recurrent Major Depressive Disorder: A Systematic Review and Meta-Analysis", *Clinical Psychology Review* 31, Nr. 6 (2011): S. 1032–40.

69 W. James, *The Varieties of Religious Experience* (New York: Longmans, Green, and Co., 1902), 147 [dt. *Die Vielfalt religiöser Erfahrung* (Frankfurt: Insel, 1997)].

70 H. S. Mayberg, S. K. Brannan, R. K. Mahurin et al., „Regional Metabolic Effects of Fluoxetine in Major Depression: Serial Changes and Relationship to Clinical Response", *Biological Psychiatry* 48, Nr. 8 (2000): S. 830–843.

71 K. Goldapple, Z. Segal, C. Garson et al., „Modulation of Cortical-Limbic Pathways in Major Depression: Treatment Specific Effects of Cognitive Behavior Therapy Compared to Paroxetine", *Archives of General Psychiatry* 61, Nr. 1 (2004): 34–41.

72 H. S. Mayberg, A. Lozano, V. Voon et al., „Deep Brain Stimulation for Treatment-Resistant Depression", *Neuron* 45, Nr. 5 (2005): 651–660.

73 H. S. Mayberg, M. Liotti, S. K. Brannan et al., „Reciprocal Limbic-Cortical Function and Negative Mood: Converging PET Findings in Depression and Normal Sadness", *American Journal of Psychiatry* 156, Nr. 5 (1999): 675–682.

74 K. Goldapple, Z. Segal, C. Garson et al., „Modulation of Cortical-Limbic Pathways in Major Depression: Treatment-Specific Effects of Cognitive Behavior Therapy Compared to Paroxetine", *Archives of General Psychiatry* 61, Nr. 1 (2004): S. 34–41.

75 H. S. Mayberg, „Limbic-Cortical Dysregulation: A Proposed Model of Depression", *Journal of Neuropsychiatry and Clinical Neurosciences* 9, Nr. 3 (1997): 471–481.

76 H. S. Mayberg, A. Lozano, V. Voon et al., „Deep Brain Stimulation for Treatment-Resistant Depression", *Neuron* 45, Nr. 5 (2005): 651–660.

77 J. D. Teasdale, Z. V. Segal, J. M. G. Williams et al., „Prevention of Relapse/Recurrence in Major Depression by Mindfulness-Based Cognitive Therapy", *Journal of Consulting and Clinical Psychology* 68, Nr. 4 (2000): 615–623; und S. H. Ma and J. D. Teasdale, „Mindfulness-Based Cognitive Therapy for Depression: Replication and Exploration of Differential Relapse Prevention Effects", *Journal of Consulting and Clinical Psychology* 72, Nr. 1 (2004), 31–40. Siehe auch für eine meta-analytische Besprechung aller vorhandenen Studien: J. Piet und E. Hougaard, „The Effect of Mindfulness-Based Cognitive Therapy for Prevention of Relapse in Recurrent Major Depressive Disorder: A Systematic Review and Meta-Analysis", *Clinical Psychology Review.*

78 W. Kuyken, E. Watkins, E. Holden et al., „How Does Mindfulness-Based Cognitive Therapy Work?", *Behaviour Research and Therapy* 48, Nr. 1 (2010): 1105–1112.

79 W. James und J. McDermott, *The Writings of William James: A Comprehensive Edition* (Chicago: University of Chicago Press, 1977), 6–8.

80 *American Psychiatric Association, Diagnostic and Statistical Manual of Mental Disorders* (Washington, DC: American Psychiatric Association, 2000).

81 H. S. Mayberg, „Modulating Dysfunctional Limbic-Cortical Circuits in Depression: Towards Development of Brain-Based Algorithms for Diagnosis and Optimised Treatment", *British Medical Bulletin* 65, Nr. 1 (2003): 193–207.

82 P. Kramer, *Listening to Prozac: The Landmark Book about Antidepressants and the Remaking of the Self* (New York: Viking Penguin, 1993).

83 T. Gyatso, S. H. Dalai Lama, *The Art of Happiness* (New York: Riverhead Books, 2009), 13. [dt. *Glücksregeln für den Alltag* (Freiburg i. Br.: Herder, 2009)]

84 T. Gyatso, S. H. Dalai Lama, *Ethics for the New Millennium* (New York: Riverhead Books, 2009), [dt. *Das Buch der Menschlichkeit – Eine neue Ethik für unsere Zeit.* (Bergisch Gladbach: Bastei Lübbe, 2002)].

85 N. Birbaumer, N. Ghanayim, T. Hinterberger et al., „A Spelling Device for the Paralysed“, *Nature* 398, Nr. 6725 (1999): 297–298.

86 S. Yusuf, S. Hawken, S. Ounpuu et al., „Effect of Potentially Modifiable Risk Factors Associated with Myocardial Infarction in 52 Countries (the INTERHEART study): Case-Control Study“, *Lancet* 364, Nr. 9438 (2004): 937–952.

87 V. Papademetriou, J. S. Gottdiener, W. J. Kop et al., „Transient Coronary Occlusion with Mental Stress“, *American Heart Journal* 132, Nr. 6 (1996): 1299–1301.

88 M. M. Burg, A. Vashist und R. Soufer, „Mental Stress Ischemia: Present Status and Future Goals“, *Journal of Nuclear Cardiology* 12, Nr. 5 (2005): 523–529.

89 P. G. Kaufmann, R. P. McMahon, L. C. Becker et al., „The Psychophysiological Investigations of Myocardial Ischemia (PIMI) Study: Objective, Methods, and Variability of Measures“, *Psychosomatic Medicine* 60, Nr. 1 (1998): 56–63.

90 J. K. Kiecolt-Glaser, R. Glaser, S. Gravenstein et al., „Chronic Stress Alters the Immune Response to Influenza Vaccine in Older Adults“, *Proceedings of the National Academy of Sciences* 93, Nr. 7 (1996): 3043–3407.

91 R. Glaser, J. K. Kiecolt-Glaser, W. B. Malarkey et al., „The Influence of Psychological Stress on the Immune Response to Vaccines“, *Annals of the New York Academy of Sciences* 840 (May 1998): 649–655.

92 R. Glaser, J. K. Kiecolt-Glaser, R. H. Bonneau et al., „Stress-Induced Modulation of the Immune Response to Recombinant Hepatitis B Vaccine“, *Psychosomatic Medicine* 54, Nr. 1 (1992): 22–29.

93 R. Glaser, J. Sheridan, J. Malarkey et al., „Chronic Stress Modulates the Immune Response to a Pneumococcal Pneumonia Vaccine“, *Psychosomatic Medicine* 62, Nr. 6 (2000): 804–807.

94 R. J. Davidson, J. Kabat-Zinn, J. Schumacher et al., „Alterations in Brain and Immune Function Produced by Mindfulness Meditation“, *Psychosomatic Medicine* 65, Nr. 4 (2003): 564– 570.

95 R. J. Tseng, D. A. Padgett, F. S. Dhabhar et al., „Stress-Induced Modulation of NK Activity during Influenza Viral Infection: Role of Glucocorticoids and Opioids“, *Brain, Behavior, and Immunity* 19, Nr. 2 (2005): 153–164.

96 M. T. Bailey, H. Engler, N. D. Powell et al., „Repeated Social Defeat Increases the Bactericidal Activity of Splenic Macrophages through a Toll-like Receptor-Dependent Pathway“, *American Journal of Physiology: Regulatory, Integrative, and Comparative Physiology* 293, Nr. 3 (2007): 1180–1190.

97 D. Boorstin, *The Discoverers* (New York: Random House Books, 1983).

98 W. James, *A Pluralistic Universe* (Cambridge, USA: Harvard University Press, 1977), 142.

99 W. Wordsworth, „Prelude“, in *The Poetical Works of William Wordsworth*, Hrg. v. T. Hutchinson (London: Oxford University Press, 1910), 637.

100 A. Chiesa, R. Calati und A. Serretti, „Does Mindfulness Training Improve Cognitive Abilities? A Systematic Review of Neuropsychological Findings“, *Clinical Psychology Review* 31, Nr. 3 (2010): 449–464; T. Krisanaprakornkit, C. Ngamjarus, C. Witoonchart et al., „Meditation Therapies for Attention-Deficit/Hyperactivity Disorder (ADHD)“, *Cochrane Database of Systematic Reviews* 6 (June 16, 2010): CD006507; A. Chiesa und A. Serretti, „A Systematic Review of Neurobiological and Clinical Features of Mindfulness Meditations“, *Psychological Medicine* 40, Nr. 8 (2010): 1239–1252; A. Zgierska, D. Rabago, N. Chawla et al., „Mindfulness Meditation for Substance Use Disorders: A Systematic Review“, *Substance Abuse* 30, Nr. 4 (2009): 266–294; D. S. Black, J. Milam und S. Sussman, „Sitting-Meditation Interventions among Youth: A Review of Treatment Efficacy“, *Pediatrics* 124, Nr. 3 (2009): e532–541; K. Rubia, „The Neurobiology of Meditation and Its Clinical Effectiveness in Psychiatric Disorders“, *Biological Psychology* 82, Nr. 1 (2009): 1–11; A. Lutz, J. A. Brefczynski-Lewis, T. Johnstone et al., „Regulation of the Neuronal Circuitry of Emotion by Compassion Meditation: Effects of Expertise“, *Public Library of Science One* 3, Nr. 3 (2008): e1897; A. Lutz, H. A. Slagter, J. Dunne et al., „Attention Regulation and Monitoring in Meditation“, *Trends in Cognitive Sciences* 12, Nr. 4 (2008): 163–169; B. R. Cahn und J. Polich, „Meditation States and Traits: EEG, ERP, and Neuroimaging Studies“, *Psychological Bulletin* 132, Nr. 2 (2006): 180–211; und T. Krisanaprakornkit, W. Krisanaprakornkit, N. Piyavhatkul et al., „Meditation Therapy for Anxiety Disorders“, *Cochrane Database of Systematic Reviews* 1 (January 25, 2006): CD004998.

101 H. A. Slagter, A. Lutz, L. L. Greischar et al., „Mental Training Affects Distribution of Limited Brain Resources“, *Public Library of Science Biology* 5, Nr. 6 (2007): e138.

102 A. Lutz, H. Slagter, N. Rawling et al., „Mental Training Enhances Attentional Stability: Neuronal and Behavioral Evidence“, *Journal of Neuroscience* 29, Nr. 42 (2009): 13418–13427.

103 K. A. MacLean, E. Ferrer, S. R. Aichele et al., „Intensive Meditation Training Improves Perceptual Discrimination and Sustained Attention“, *Psychological Science* 21, Nr. 6 (2010): 829– 839.

104 F. Zeidan, S. K. Johnson, B. J. Diamond et al., „Mindfulness Meditation Improves Cognition: Evidence of Brief Mental Training“, *Consciousness and Cognition* 19, Nr. 2 (2010): 597–605.

105 A. Wallace, *The Attention Revolution: Unlocking the Power of the Focused Mind* (Boston: Wisdom Publications, 2006) [dt. *Die Achtsamkeits-Revolution* (Frankfurt: O. W. Barth, 2008)].

106 M. Kozhevnikov, O. Louchakova, Z. Josipovic et al., „The Enhancement of Visuospatial Processing Efficiency through Buddhist Deity Meditation“, *Psychological Science* 20, Nr. 5 (2009): 645–653.

107 J. A. Grant, J. Courtemanche, E. G. Duerden et al., „Cortical Thickness and Pain Sensitivity in Zen Meditators“, *Emotion 10*, Nr. 1 (2010): 43–53.

108 J. Kabat-Zinn, „An Outpatient Program in Behavioral Medicine for Chronic Pain Patients Based on the Practice of Mindfulness Meditation: Theoretical Considerations and Preliminary Results“, *General Hospital Psychiatry* 4, Nr. 1 (1982): 33–47.

109 A. S. Farb, Z. V. Segal, H. Mayberg et al., „Attending to the Present: Mindfulness Meditation Reveals Distinct Neuronal Modes of Self-Reference“, *Social Cognitive and Affective Neuroscience* 2, Nr. 4 (2007): 313–322.

110 M. E. Raichle, A. M. MacLeod, A. Z. Snyder et al., „A Default Mode of Brain Function“, *Proceedings of the National Academy of Sciences* 98, Nr. 2 (2001): 676–682.

111 M. F. Mason, M. I. Norton, J. D. Van Horn et al., „Wandering Minds: The Default Network and Stimulus-Independent Thought“, *Science* 315, Nr. 5810 (2007): 393–395.

112 J. M. G. Williams, „Mindfulness, Depression, and Modes of Mind“, *Cognitive Therapy and Research* 32, Nr. 6 (2008): 721–733; J. Kabat-Zinn, *Full Catastrophe Living* (New York: Dell, 1990), 96–97 [dt. *Gesund durch Meditation*

(München: O. W. Barth, 2011)]; und J. Kabat-Zinn, *Wherever You Go, There You Are* (New York: Hyperion, 1994), 14.

113 N. A. Farb, A. K. Anderson, H. Mayberg et al., „Minding One's Emotions: Mindfulness Training Alters the Neuronal Expression of Sadness", *Emotion* 10, Nr. 1 (2010): 25–33.

114 C. E. Kerr, S. R. Jones, Q. Wan et al., „Effects of Mindfulness Meditation Training on Anticipatory Alpha Modulation in Primary Somatosensory Cortex", *Brain Research Bulletin* 85, Nr. 3–4 (2011): 96–103.

115 B. K. Hölzel, J. Carmody, M. Vangel et al., „Mindfulness Practice Leads to Increases in Regional Brain Gray Matter Density", *Psychiatry Research* 191, Nr. 1 (2011): 36–43.

116 B. K. Hölzel, J. Carmody, K. C. Evans et al., „Stress Reduction Correlates with Structural Changes in the Amygdala", *Social Cognitive and Affective Neuroscience* 5, Nr 1 (2010): 11–17.

117 B. Ditto, M. Eclache und N. Goldman, „Short-Term Autonomic and Cardiovascular Effects of Mindfulness Body Scan Meditation", *Annals of Behavioral Medicine* 32, Nr. 3 (2006): 227–234.

118 T. L. Jacobs, E. S. Epel, J. Lin et al., „Intensive Meditation Training, Immune Cell Telomerase Activity, and Psychological Mediators", *Psychoneuroendocrinology* 36, Nr. 5 (2010): 664–681.

119 E. S. Epel, E. H. Blackburn, J. Lin et al., „Accelerated Telomere Shortening in Response to Life Stress", *Proceedings of the National Academy of Sciences* 101, Nr. 49 (2004): 17312– 17315.

120 H. D. Critchley, S. Wiens, P. Rotshtein et al., „Neuronal Systems Supporting Interoceptive Awareness", *Nature Neuroscience* 7, Nr. 2 (2004): 189–195.

121 S. S. Khalsa, D. Rudrauf, A. R. Damasio et al., „Interoceptive Awareness in Experienced Meditators", *Psychophysiology* 45, Nr. 4 (2008): 671–677.

122 Für eine detaillierte Beschreibung dieser Praxis siehe: A. Lutz, H. A. Slagter, J. Dunne et al., „Attention Regulation and Monitoring in Meditation", *Trends in Cognitive Sciences* 12, Nr. 4 (2008): 163–169.

123 National Institute for Clinical Excellence, *Depression: Management of Depression in Primary and Secondary Care*, National Clinical Practice Guidelines, Nr. 23 (London: HMSO, 2004; ergänzt 2009).

124 J. D. Teasdale, Z. V. Segal, J. M. G. Williams et al., „Prevention of Relapse/Recurrence in Major Depression by Mindfulness-Based Cognitive Therapy", *Journal of Consulting and Clinical Psychology* 68, Nr. 4 (2000): 615–623; und Z. V. Segal, J. M. G. Williams und J. D. Teasdale, *Mindfulness-Based Cognitive Therapy for Depression: A New Approach to Preventing Relapse* (New York: Guilford Press, 2002) [dt. *Die Achtsamkeitsbasierte Kognitive Therapie der Depression* (Tübungen: Dgvt-Verlag, 2008)].

125 Z. V. Segal, P. Bieling, T. Young et al., „Antidepressant Monotherapy vs. Sequential Pharmacotherapy and Mindfulness-Based Cognitive Therapy, or Placebo, for Relapse Prophylaxis in Recurrent Depression", *Archives of General Psychiatry* 67, Nr. 12 (2010): 1256–1264.

126 P. R. Goldin und J. J. Gross, „Effects of Mindfulness-Based Stress Reduction (MBSR) on Emotion Regulation in Social Anxiety Disorder", *Emotion* 10, Nr. 1 (2010): 83–91.

127 S. Bowen, N. Chawla, S. E. Collins et al., „Mindfulness-Based Relapse Prevention for Substance Use Disorders: A Pilot Efficacy Trial", *Substance Abuse* 30, Nr. 4 (2009): 295– 305.

128 K. Witkiewitz und S. Bowen, „Depression, Craving, and Substance Use Following a Randomized Trial of Mindfulness-Based Relapse Prevention", *Journal of Consulting and Clinical Psychology* 78, Nr. 3 (2010): 362–374.

129 J. A. Brewer, S. Mallik, T. A. Babuscio et al., „Mindfulness Training for Smoking Cessation: Results from a Randomized Controlled Trial", *Drug and Alcohol Dependence* (30. Juni, 2011).

130 M. B. Ospina, T. K. Bond, M. Karkhaneh et al., *Meditation Practices for Health: State of the Research*, Evidence Report/Technology Assessment 155 (Rockville, MD: Agency for Healthcare Research and Quality, 2007).

131 D. MacCoon, Z. Imel, M. Rosenkranz et al., „The Validation of a Bona Fide Control Intervention for Mindfulness-Based Stress Reduction (MBSR)", bisher unveröffentlicht.

132 Siehe P. Grossman und N. T. Van Dam, „Mindfulness, by Any Other Name.: Trials and Tribulations of Satî in Western Psychology and Science", *Contemporary Buddhism* 12, Nr. 1 (2011): 219–240; und R. A. Baer, „Measuring Mindfulness", *Contemporary Buddhism* 12, Nr. 1 (2011): 241–262.

133 Siehe zum Beispiel M. A. Rosenkranz, W. W. Busse, T. Johnstone et al., „Neuronal Circuitry Underlying the Interaction between Emotion and Asthma Symptom Exacerbation“, *Proceedings of the National Academy of Sciences* 102, Nr. 37 (2005): 13319–13324.

134 D. S. Black, J. Milam und S. Sussman, „Sitting-Meditation Interventions among Youth: A Review of Treatment Efficacy“, *Pediatrics* 124, Nr. 3 (2009): e532–541.

135 L. Zylowska, D. L. Ackerman, M. H. Yang et al., „Mindfulness Meditation Training in Adults and Adolescents with ADHD: A Feasibility Study“, *Attention Disorders* 11, Nr. 6 (2008): 737–746.

136 A. Miniño, „Mortality among Teenagers Aged 12–19 Years: United States, 1999–2006“, *National Center for Health Statistics Data Brief* 37 (May 2010): 1–8.

137 T. Y. Zhang und M. J. Meaney, „Epigenetics and the Environmental Regulation of the Genome and Its Function“, *Annual Review of Psychology* 6 (2010): 439–466.

138 J. A. Dusek, H. H. Out, A. L. Wohlhueter et al., „Genomic Counter-Stress Changes Induced by the Relaxation Response“, *Public Library of Science One* 3, Nr. 7 (2008): e2576.

139 T. Y. Zhang und M. J. Meaney, „Epigenetics and the Environmental Regulation of the Genome and Its Function“, *Annual Review of Psychology* 6 (2010): 439–466.

140 O. Sporns, G. Tononi und R. Kötter, „The Human Connectome: A Structural Description of the Human Brain“, *Public Library of Science Computational Biology* 1, Nr. 4 (2005): e42.

Über die Beitragenden

Tenzin Gyatso, der 14. Dalai Lama ist das Oberhaupt des tibetischen Buddhismus, war bis 2011 das Oberhaupt der tibetischen Exilregierung und ist eine weltweit verehrte spirituelle Führungspersönlichkeit. Am 6. Juli 1935 wurde er in einem kleinen Dorf namens Taktser im nordöstlichen Tibet geboren. Er lebte in einer Bauernfamilie und wurde im Alter von zwei Jahren in Übereinstimmung mit der tibetischen Tradition als die Reinkarnation seines Vorgängers, des 13. Dalai Lama, erkannt. Der Dalai Lama wird als eine Manifestation des Buddha des Mitgefühls verehrt, der sich entschied zu reinkarnieren, um den Menschen zu dienen. Im Jahre 1989 erhielt der Dalai Lama den Friedensnobelpreis und er wird weithin als Fürsprecher mitfühlender und friedlicher Lösungen menschlicher Konflikte respektiert.

Er bereist die ganze Welt und spricht über Themen wie universelle Verantwortung, Liebe, Mitgefühl und Güte. Weniger bekannt ist sein starkes persönliches Interesse an den Wissenschaften. Er sagt, dass er gern als Ingenieur tätig wäre, wäre er kein Mönch geworden. Während seiner Jugend im Potala-Palast rief man ihn zur Hilfe, wenn es etwas zu reparieren gab, sei es eine Uhr oder ein Auto. Er ist sehr an den neuesten Entwicklungen in der Wissenschaft interessiert und bringt sowohl seine Überlegungen zu den humanistischen Implikationen der Forschungen als auch ein hohes Maß an intuitiver methodischer Erfahrung ein.

Ajahn Amaro ist Abt des Amaravati Buddhist Monastery in England und ehemaliger Abt des Abhayagiri Buddhist Monastery in Nordkalifornien. 1977 erwarb er den Bachelor in Psychologie and Physiologie an der London University mit Auszeichnung. 1978 zog er in ein Waldmeditationskloster in der Traditionslinie des Ehrwürdigen Ajahn Chah im Nordosten von Thailand. Er kehrte 1979 nach England zurück, um den Ehrwürdigen Ajahn Sumedho in einem neugegründeten Waldkloster in Sussex zu unterstützen. 1983 wanderte er 1300 Kilometer zu einem Kloster in Northumberland. Im Jahre 1985 kam er ins Amaravati Buddhist Monastery, war zehn Jahre lang in Lehre und Organisation tätig, in den letzten zwei Jahren seiner Zeit dort als stellvertretender Abt. 1990 begann er jährlich einige Monate lang in den Vereinigten Staaten zu lehren und gründete 1996 das Abhayagiri Monastery in Mendocino County, Kalifornien. Dort lebte er bis 2010, kehrte dann nach England zurück und wurde Abt des Amaravati Monastery.

Der Hauptfokus seines Lebens ist die Praxis als Waldmönch und die Lehre und Ausbildung anderer in dieser Tradition. Er ist Autor von acht Büchern, dazu gehören *Finding the Missing Peace* (2011), ein Handbuch über buddhistische Meditation; *Rugged Interdependency* (2007), Kommentare über das buddhistische Leben in den USA; und *Small Boat, Great Mountain: Theravadan Reflections on the Natural Great Perfection* (2003). Daneben hat er zahlreiche Artikel und Buchbeiträge geschrieben und ist Ko-Autor und Herausgeber verschiedener Bücher, darunter *The Island: An Anthology of the Buddha's Teachings on Nibbana* (2009); *The Sound of Silence: The Selected Teachings of Ajahn Sumedho* (2007); *Food for the Heart: The Collected Teachings of Ajahn Chah* (2002); *Broad View, Boundless Heart* (2001); und *Dhamma and the Real World* (2000). Eine Reihe seiner Bücher sind online kostenfrei erhältlich (in englischer Sprache), unter www.amaravati.org und www.abhayagiri.org.

Jan Chozen Bays Roshi ist Kinderärztin und hat sich auf die Untersuchung von Kindern auf möglichen Missbrauch und Verwahrlosung hin spezialisiert hat. Nach ihrem Abschluss am Swarthmore College erhielt sie ihre medizinische Ausbildung an der University of California, San Diego.

Zehn Jahre lang war sie medizinische Leiterin von Child Abuse Response and Evaluation Services am Legacy Children's Hospital in Portland, Oregon, wo jedes Jahr über eintausend Kinder und Familien mit Anzeichen auf Kindesmissbrauch und Verwahrlosung untersucht werden. Sie hat eine Reihe von Aufsätzen für medizinische Fachzeitschriften und Buchbeiträge über Aspekte des Kindesmissbrauchs geschrieben, einschließlich Drogenmissbrauch und Kindesmissbrauch, Kindesmissbrauch durch Vergiftung und Umstände, die mit Kindsmissbrauch verwechselt werden.

Jan Chozen Bays studiert und praktiziert seit 1973 Zen-Buddhismus. Von Taizan Maezumi Roshi wurde sie als Nonne ordiniert und erhielt 1983 ihre Lehrerlaubnis. Mit ihrem Ehemann Hogen Bays lehrt sie in der Zen Community of Oregon und im Great Vow Zen Monastery, einem Zentrum für intensives Zen-Training in Clatskanie, Oregon. Sie hat Beiträge über Zen in den Magazinen *Tricycle* und *Buddhadharma* veröffentlicht. Sie ist Autorin von *How to Train a Wild Elephant and Other Adventures in Mindfulness* (2011), *Mindful Eating: Rediscovering a Healthy and Joyful Relationship with Food* (2009), [dt. *Achtsam essen: Vergiss alle Diäten und Entdecke die Weisheit deines Körpers*] und *Jizo Bodhisattva: Guardian of Children, Women, and Other Voyagers* (2003).

Richard J. Davidson ist Leiter des Laboratory for Affective Neuroscience, des Waisman Laboratory for Functional Brain Imaging and Behavior und des Center for Investigating Healthy Minds an der University of Wisconsin at Madison. Er erhielt seine Ausbildung an der New York University und der Harvard University, wo er den Bachelor und den Doktortitel in Psychologie erwarb. Im Laufe seiner wissenschaftlichen Karriere hat er sich auf die Beziehung zwischen Gehirn und Emotion fokussiert. Momentan ist er William James Professor und Vilas Research Professor für Psychologie und Psychiatrie an der University of Wisconsin. Er ist Ko-Autor und Herausgeber von 13 Büchern, dazu gehören *The Handbook of Affective Sciences* (2009), *Visions of Compassion: Western Scientists and Tibetan Buddhists Examine Human Nature* (2003) und *The Emotional Life of Your Brain* (2012).

Dr. Davidson hat zudem mehr als 250 Artikel und Beiträge in Fachzeitschriften und Büchern veröffentlicht. Für seine Arbeit hat er zahlreiche Preise erhalten, dazu gehören der Research Scientist Award vom National Institute of Mental Health, der Distinguished Scientific Contribution Award der American Psychological Association und die Wahl in die American Academy of Arts and Sciences. Er war Mitglied des Board of Scientific Counselors am National Institute of Mental Health. 1992 wurde er nach vorhergehenden Mind and Life-Treffen Mitglied eines wissenschaftlichen Teams, das außergewöhnliche mentale Fähigkeiten fortgeschrittener tibetischer Mönche neurowissenschaftlich untersuchte.

John J. DeGioia wurde am 1. Juli 2001 der 48. Präsident der Georgetown University. Er arbeitete seit 1979 in der Leitung und als Fakultätsmitglied an dieser Universität. Die Georgetown University ist eine Ausbildungseinrichtung, die im katholischen Glauben und der Tradition der Jesuiten wurzelt und sich deshalb auch der spirituellen Untersuchung widmet, sich damit in der Öffentlichkeit engagiert und einen religiösen und kulturellen Pluralismus vertritt. Als erster Laienpräsident an einer Jesuitenuniversität betont Dr. DeGioia die Erhaltung und Stärkung der katholischen und jesuitischen Identität der Georgetown University und ihre Verantwortung, als eine Stimme und ein Mittel der Gerechtigkeit zu wirken. Er ist Mitglied des Order of Malta, eines religiösen Laienordens der römisch-katholischen Kirche, der sich der Pflege der Armen und Kranken verschrieben hat. Dr. DeGioia ist ein aktiver Fürsprecher des interreligiösen Dialogs.

Um junge Menschen auf Führungspositionen in der globalen Gemeinschaft vorzubereiten, hat Dr. DeGioia Möglichkeiten für den interreligiösen und interkulturellen Dialog geschaffen und lädt führende Persönlichkeiten der Welt auf den Campus ein und hat zur Diskussion wichtiger Fragen internationale Konferenzen organisiert. Er ist Mitglied der U.S. National Commission for UNESCO sowie Leiter von dessen Education Committee. Er vertritt Georgetown beim World Economic Forum und beim Council on Foreign Relations. Dr. DeGioia lehrt weiterhin als Professor am Department of Philosophy und lehrte vor kurzem über Ethik und globale Entwicklung. Im Jahre 1979 erwarb er den Bachelor in Englisch an der Georgetown University und 1995 den Doktortitel in Philosophie.

Adam Engle ist Anwalt, Geschäftsmann und Unternehmer, der sein Berufsleben zwischen Wirtschaft und gemeinnützigen Initiativen aufgeteilt hat. Adam Engle erwarb sein JD in Jura an der Harvard Law School und seinen Master of Business Administration an der Stanford Graduate School of Business. Im wirtschaftlichen Bereich begann er seine Karriere als Anwalt und arbeitete über zehn Jahre in Beverly Hills, Albuquerque, Santa Barbara und Teheran. Nachdem er seine Arbeit als Anwalt aufgegeben hatte, gründete er eine Investment Management Firma, die Klienten im globalen Portfolio Management vertritt. Zudem gründete er mehrere Firmen und Unternehmen in den USA und Australien.

Adam Engle begann im Jahre 1970 mit seiner Arbeit für verschiedene Gruppen im gemeinnützigen Bereich. Mit der tibetischen Gemeinschaft kam er 1974 zum ersten Mal in Kontakt und arbeitete seitdem mit ihr zusammen. Gemeinsam mit Francisco Varela und dem Dalai Lama war er 1987 an der Etablierung der Mind and Life-Dialoge beteiligt. Im Jahre 1990 gründete er das Mind and Life Institute und ist seitdem dessen Vorsitzender. 1993 gründete er die Colorado Friends of Tibet, eine in den ganzen USA aktive Organisation zur Unterstützung der Tibeter mit Sitz in Boulder. Er rief auch eine Vortragsreihe an der Stanford Business School mit dem Titel „Integrität und Mitgefühl in der Wirtschaft" ins Leben. Er ist Gründungsmitglied des Social Venture Network.

Joan Halifax Roshi ist eine buddhistische Lehrerin, Anthropologin, Autorin und soziale Aktivistin. Seit 1970 arbeitet sie in der Sterbebegleitung und ist eine Pionierin in der Ausbildung von klinisch arbeitenden Menschen in Sterbebegleitung. Sie ist die Gründerin, Äbtissin und leitende Lehrerin des Upaya Zen Center and Institute in Santa Fe, New Mexico. Sie gründete die Ojai Foundation, das Being with Dying Project, das Upaya Prison Project und das National Network of Contemplative Prison Programs und sie ist

Mitbegründerin des Zen Peacemaker Order. Unter ihren zahlreichen akademischen Ehrungen sind ein Stipendium in visueller Anthropologie von der National Science Foundation, die Ehrenmitarbeiterwürde des Peabody Museum an der Harvard University. Sie ist Inhaberin des Rockefeller Chair am California Institute of Integral Studies und des Harold C. Wit Chair an der Harvard Divinity School.

Zu ihren Büchern zählen *Cultivating Compassion and Fearlessness in the Presence of Death* (2008) [dt. *Im Sterben dem Leben begegnen*]; *Being with Dying: Compassionate End-of-Life Care Training Guide* (with Barbara Dossey and Cynda Rushton, 2007); *The Fruitful Darkness: A Journey through Buddhist Practice and Tribal Wisdom* (2004); *A Buddhist Life in America: Simplicity in the Complex* (1998); *Shamanic Voices* (1991) [dt. *Die andere Wirklichkeit der Schamanen*]; *Shaman: The Wounded Healer* (1988) [dt. *Schamanen. Zauberer, Medizinmänner, Heiler*] und *The Human Encounter with Death* (with Stanislav Grof, 1978) [dt. *Begegnung mit dem Tod*]. Neben vielen Audioaufnahmen ihrer Vorträge hat sie mit Sounds True eine sechsteilige CD-Serie mit dem Titel *Being with Dying* aufgenommen.

Sie ist die Ko-Leiterin der Lindisfarne Fellows und Mitglied des Leitungsgremiums und Mitarbeiterin des Mind and Life Institute. Seit 1965 praktiziert sie Buddhismus und nahm 1976 ihr Zufluchtsgelöbnis bei Zen-Meister Seung Sahn. 1980 wurde sie als Lehrerin der Kwan Um Zen Schule ordiniert, 1990 erhielt sie die „lamp transmission" von Zen-Meister Thich Nhat Hanh. Im Jahre 1997 wurde sie von Bernard Glassman Roshi zur Soto-Priesterin ordiniert und erhielt von ihm auch die Dharma-Übertragung (Inka).

Thupten Jinpa wurde in einer klassischen tibetischen Klosteruniversität ausgebildet und erwarb den höchsten akademischen Grad eines Geshe Lharam (vergleichbar mit einem Doktortitel in Theologie). Jinpa erwarb auch den Bachelor in Philosophie und den Doktortitel in Religionswissenschaft, beides an der University of Cambridge, Großbritannien, wo er drei Jahre lang Mitarbeiter war. Seit 1985 ist er der leitende Übersetzer des Dalai Lama und begleitete ihn in dieser Funktion in den USA, Kanada und Europa. Er hat viele Bücher des Dalai Lama übersetzt und herausgegeben, einschließlich des New York Times Bestsellers *Ethics for the New Millennium* (2001).

Zu seinen Veröffentlichungen zählen zudem akademische Aufsätze zu verschiedenen Aspekten der tibetischen Kultur, des Buddhismus und der Philosophie, einschließlich der Einträge über tibetische Philosophie in der *Encyclopedia of Asian Philosophy* (2001). Zu seinen neuen Werken zählen *Self, Reality, and Reason in Tibetan Philosophy: Tsongkhapa's Quest for the Middle Way* (2002) und die Übersetzungen *Mind Training: The Great Collection* (2006) und *Songs of Spiritual Experience: Tibetan Poems of Awakening and Insight*, mit Jas Elsner (2000). Er ist im Beirat verschiedener pädagogischer und kultureller Organisationen in Nordamerika, Europa und Indien und ist einer der Redakteure für Buchbesprechungen in *Contemporary Buddhism*, einer halbjährlich erscheinenden interdisziplinären Fachzeitschrift, die die Schnittstelle zwischen Buddhismus und moderner Gesellschaft untersucht. Momentan ist er Leiter und Chefredakteur des Institute of Tibetan Classics, einer gemeinnützigen Organisation, die wichtige klassische tibetische Texte in heutige Sprachen übersetzt.

Jon Kabat-Zinn ist der Begründer der achtsamkeitsbasierten Stressreduktion (MBSR) und der Gründer des Center for Mindfulness in Medicine, Health Care, and Society sowie Professor emeritus für Medizin an der University of Massachusetts Medical School. Zu seinen Büchern zählen *Mindfulness for Beginners* (2012); *Coming to Our Senses* (2005) [dt. *Zur Besinnung kommen*]; *Wherever You Go, There You Are* (1994) und *Full Catastrophe Living* (1990) [dt. *Gesund durch Meditation*]. Er ist Ko-Autor zahlreicher Bücher, darunter *The Mindful Way through Depression* (2007) [dt. *Der achtsame Weg durch die Depression*] mit Mark Williams, John Teasdale und Zindel Segal, und *Everyday Blessings* mit seiner Frau Myla (1997) [dt. *Mit Kindern wachsen*]. Seine Bücher wurden in 30 Sprachen übersetzt. 1971 erwarb er den Doktortitel in Molekularbiologie am MIT (bei Nobelpreisträger Salvador Luria).

Er ist der Autor einer Reihe von Forschungsarbeiten über die klinischen Anwendungen der Achtsamkeit. Er trainierte Gruppen von Richtern, Wirtschaftsvertretern, Anwälten, katholischen Priestern und Olympia-Sportlern in Achtsamkeit und leitete ein mehrjähriges Programm in der Innenstadt von Worcester und im staatlichen Gefängnissystem von Massachusetts. Er hält weltweit Vorträge, leitet Workshops und Retreats in MBSR für Mitarbeiter im Gesundheitswesen. Für seine Arbeit erhielt er Preise von pädagogischen und medizinischen Zentren, darunter den Mind and Brain Prize 2008 vom Center for Cognitive Science an der Universität Turin. Er ist Mitbegründer und Mitarbeiter des Fetzer Institute, Mitarbeiter der Society of Behavioral Medicine und Gründer des Consortium of Academic Health Centers for Integrative Medicine. Er ist Mitglied des Leitungsgremiums des Mind and Life Institute und war einer der Sprecher bei Mind and Life III.

Father Thomas Keating erwarb im Januar 1944 den Bachelor an der Fordham University und trat in den Zisterzienserorden in Valley Falls, Rhode Island, ein. 1966 wurde er zum Abt der St. Joseph's Abbey in Spencer, Massachusetts, ernannt. Er ist einer der Begründer der Bewegung des Herzensgebets, einer zeitgenössischen Form christlicher Kontemplation, womit er 1975 in Spencer Abbey begann. 1984 gründete er Contemplative Outreach,

Ltd., eine pädagogische, ökumenische Organisation, die Herzensgebet und christliche kontemplative Tradition lehrt und ein Netzwerk der Unterstützung für diejenigen bietet, die einen kontemplativen Weg gehen. Dazu werden eine große Anzahl von Materialien, Workshops und Retreats angeboten.

Nachdem er 1981 als Abt der Spencer Abbey zurücktrat, zog er nach Snowmass, Colorado, wo er ein Programm mit zehntägigen Intensiv-Retreats in der Praxis des Herzensgebets leitete. Er half, neben weiteren interreligiösen Aktivitäten, bei der Gründung der Snowmass Interreligious Conference 1982 und war Leiter des Temple of Understanding und des Monastic Interreligious Dialogue. Zu seinen Büchern zählen

Das kontemplative Gebet (2012); *Das Gebet der Sammlung* (2010); *Divine Therapy and Addiction: Centering Prayer and the Twelve Steps* (2009); *The Human Condition: Contemplation and Transformation* (1999), *Intimacy with God* (1994); *Invitation to Love: The Way of Christian Contemplation* (1992) und *Open Mind, Open Heart: The Contemplative Dimension of the Gospel* (1986).

Margaret E. Kemeny ist Professorin für Psychiatrie und Direktorin des Health Psychology Program an der University of California, San Francisco. Ihren Doktortitel in Gesundheitspsychologie erwarb sie an der University of California, San Francisco. Danach folgte ein vierjähriges Stipendium in Immunologie und Psychoimmunologie an der University of California, Los Angeles.

Die Forschungen von Dr. Kemeny konzentrieren sich auf die Identifikation der Verbindungen zwischen psychischen Faktoren, Immunsystem und Gesundheit und Krankheit. Sie hat wichtige Beiträge zu einem tieferen Verständnis der Mechanismen geleistet, wie der Geist – unsere Gedanken und Gefühle – biologische Reaktionen auf Stress und Trauma formt.

In den letzten 20 Jahren hat sie untersucht, welche Rolle bestimmte psychische Reaktionen in der Vorhersage von gesundheitlich relevanten Veränderungen in hormonellen und immunologischen Prozessen spielen. Diese Forschungen wurden bei Patientengruppen (mit HIV-Infektionen und anderen Immunerkrankungen) und bei gesunden Personen durchgeführt. Seit einiger Zeit erforscht sie Entzündungsprozesse, die für den Verlauf verschiedener Krankheiten relevant sind. Sie ist besonders an psychischen Reaktionen interessiert, die die Stressreaktion verbessern und positive, für die Gesundheit wichtige autoimmunologische Prozesse unterstützen können. In diesem Zusammenhang hat sie die Placebo-Reaktion bei körperlichen Erkrankungen untersucht sowie die Rolle von Erwartungen auf den Verlauf der Krankheit. Sie war aktiv an einigen Studien über Interventionen beteiligt, die Meditation und kontemplative Übungen berücksichtigten, um emotionale und körperliche Gesundheit zu fördern. Dr. Kemeny ist Autorin oder Ko-Autorin von mehr als 100 Artikeln und Buchbeiträgen in psychologischen und medizinischen Veröffentlichungen.

Jack Kornfield wurde als buddhistischer Mönch in Thailand, Burma und Indien ausgebildet und lehrt seit 1974 weltweit Meditation. Er ist einer der wichtigsten Lehrer, die die Praxis des Theravada-Buddhismus in den Westen gebracht haben. Seine Arbeit fokussiert sich darauf, östliche spirituelle Lehren in einer Weise zu integrieren, die für die westliche Gesellschaft zugänglich ist. Er schloss das Dartmouth College in Asian Studies ab und erwarb den Doktortitel in klinischer Psychologie an der Saybrook University. Er war eine der ersten Doktoranden, der die Psychologie der Achtsamkeitsmeditation untersuchte. Jack ist verheiratet, hat eine Tochter und ist einer der Gründer und Lehrer von zwei der größten Meditationszentren im Westen, der Insight Meditation Society und dem Spirit Rock Meditation Center.

Er hat eine Reihe von Artikeln an der Schnittstelle von östlicher und westlicher Psychologie veröffentlicht. Zu seinen Büchern zählen *Bringing Home the Dharma: Awakening Right Where You Are* (2011); *The Wise Heart: A Guide to the Universal Teachings of Buddhist Psychology* (2008) [dt. *Das weise Herz – Die universellen Prinzipien buddhistischer Psychologie*]; *Living Dharma* (1995); *Buddha's Little Instruction Book* (1994); *A Path with Heart* (1993) [dt. *Frag den Buddha und geh den Weg des Herzens*]; *After the Ecstasy, the Laundry* (2000) [dt. *Nach der Erleuchtung Wäsche waschen und Kartoffeln schälen: Wie spirituelle Erfahrung das Leben verändert*] und *The Art of Forgiveness, Loving-Kindness, and Peace* (2002) [dt. *Offen wie der Himmel, weit wie das Meer. Worte der Weisheit für Vergebung und Frieden*]. Er ist Ko-Autor von *Seeking the Heart of Wisdom* (1987) und Herausgeber von *Stories of the Spirit, Stories of the Heart: Parables of the Spiritual Path from Around the World* (1991) und *A Still Forest Pool: The Insight Meditation of Achaan Chah* (1985).

Helen S. Mayberg ist Professorin für Psychiatrie und Neurologie an der Emory University School of Medicine und Inhaberin des Dorothy C. Fuqua Lehrstuhls für Psychiatric Neuroimaging and Therapeutics. Sie erwarb den Bachelor in Psychobiologie an der University of California, Los Angeles, und den Master an der University of Southern California. Nach einem Praktikum im Bereich der inneren Medizin am Los Angeles County + USC

Medical Center und der Arbeit als Neurologin am Neurological Institute of New York am Columbia University's College of Physicians and Surgeons erhielt sie ein Stipendium für Nuklearmedizin an der Johns Hopkins University. Dr. Mayberg arbeitete in akademischen Positionen an der Johns Hopkins University und am University of Texas Health Science Center at San Antonio und war die erste Inhaberin des Sandra A. Rotman Lehrstuhls in Neuropsychiatrie am Rotman Research Institute an der University of Toronto.

Im Zentrum ihrer Forschungen steht die Nutzung neurologischer bildgebender Verfahren zur Bestimmung wichtiger neuronaler Pfade, die normale und unnormale Stimmungszustände bei Gesundheit und Krankheit definieren. Die Verbindung von Erkenntnissen verschiedener Studien hat zur Formulierung eines neuronalen Systems schwerer Depression geführt. Dieses Modell bildet die Grundlage für weitere Experimente, mit denen die Mechanismen gebräuchlicher Behandlungen wie der kognitiven behavioralen Therapie oder der medikamentösen Therapie untersucht werden. Untersucht wird so ebenfalls die neue operative Behandlungsweise einer tiefen Hirnstimulation bei Patienten, die auf andere Therapien nicht ansprechen. 2004 ging sie an die Emory University in Atlanta, wo sich ihre Forschungen erweitert haben, um neurobiologische Marker zu finden, die Behandlungsreaktionen, Rückfälle und Widerstände und gleichzeitig die Anfälligkeit bei Depression untersuchen. Dabei ist es ihr Ziel, Algorithmen zu finden, die auf bildgebenden Verfahren basieren, so dass Untergruppen von Patienten unterschieden und die Behandlungsauswahl für die einzelnen Patienten optimiert werden können.

Edward D. Miller wurde im Januar 1997 zum Geschäftsführer der Klinik Johns Hopkins Medicine und zum 13. Dekan der Johns Hopkins University School of Medicine ernannt. Er ist verantwortlich für den Umbau und die Renovierung des medizinischen Campus, einschließlich zweier neuer moderner Kliniken. Er ist Mitglied des Institute of Medicine, des Royal College of Physicians und des Royal College of Anaesthetists. Er ist Autor und Ko-Autor von mehr als 150 wissenschaftlichen Artikeln, Essays und Buchbeiträgen.

Matthieu Ricard ist buddhistischer Mönch und lebt in Nepal. Im Jahre 1972, nach Vollendung seiner Doktorarbeit in Zellgenetik am Pasteur Institute, ging er in den Himalaja und widmete sich dem Studium des Buddhismus. Er ist Autor mehrerer Bücher, darunter *Why Meditate? Working with Thoughts and Emotions* (2010) [dt. *Meditation*]; *Hirnforschung und Meditaion: Ein Dialog* (2008), mit Wolf Singer; *Happiness: A Guide to Developing Life's Most Important Skill* (2007) [dt. *Glück*]; *The Quantum and the Lotus* (2004) [dt. *Quantum und Lotus*]; ein Dialog mit dem Astrophysiker Trinh Xuan Thuan; und *The Monk and the Philosopher: A Father and Son Discuss the Meaning of Life* (2000) [dt. *Der Mönch und der Philosoph*]. Jahrzehntelang hat er die spirituellen Meister, Landschaften und Menschen des Himalaja fotografiert und zahlreiche Bildbände veröffentlicht, dazu zählen *Bhutan: The Land of Serenity* (2009), *Motionless Journey: From a Hermitage in the Himalayas* (2008), *Tibet: An Inner Journey* (2007), *Buddhist Himalayas* (2002) und *Journey to Enlightenment* (1996).

Er ist aktiver Teilnehmer der wissenschaftlichen Forschung über die Wirkungen der Meditation auf das Gehirn in Zusammenarbeit mit dem Mind and Life Institute. Seit 1989 ist er der französische Übersetzer des Dalai Lama. Er ist leitender Koordinator von Karuna-Shechen (karuna-shechen.org), einer gemeinnützigen, säkularen, unpolitischen Organisation, die über hundert humanitäre Projekte in Nepal, Tibet und Indien aufgebaut hat. Alle Einnahmen seiner Bücher und Vorträge spendet er für diesen Zweck. Mehr Informationen finden Sie unter: www.matthieuricard.org.

Sharon Salzberg praktiziert seit 1971 Meditation und lehrt seit 1974 weltweit Meditationsretreats. Sie lehrt intensive Gewahrseinspraxis (Vipassana oder Einsichtsmeditation) und die tiefgreifende Kultivierung von liebender Güte und Mitgefühl (die Brahmaviharas).

Sharons letztes Buch ist der New York Times Bestseller *Real Happiness: The Power of Meditation: A 28-Day Program* (2010) [dt. *Entdecke die Kraft der Meditation*]. Sie ist zudem Autorin von *The Force of Kindness* (2010); *The*

Kindness Handbook (2008) [dt. *Das Handbuch der Achtsamkeit und Güte*]; *Faith: Trusting Your Own Deepest Experience* (2003) [dt. *Vertrauen heißt, den nächsten Schritt zu tun*]; *Die Flügel der Freiheit* (2003) *Lovingkindness: The Revolutionary Art of Happiness* (2002) [dt. *Metta-Meditation: Buddhas revolutionärer Weg zum Glück*]; und *A Heart as Wide as the World* (1999) [dt. *Ein Herz so weit wie die Welt* (2002)]; *Geborgen im Sein* (1996); und mit Joseph Goldstein Ko-Autorin von *Insight Meditation, a Step-By-Step Course on How to Meditate* (Audio). Sie ist Herausgeberin von *Voices of Insight* (2001), einer Anthologie mit Texten westlicher Vipassana-Lehrer.

Sharon ist Mitbegründerin der Insight Meditation Society in Barre, Massachusetts. Sie hat eine wichtige Rolle dabei gespielt, asiatische Meditationsübungen in den Westen zu bringen. Vipassana (Achtsamkeit) und Metta (liebende Güte) sind die Grundlagen ihrer Arbeit. Mehr Informationen über Sharon finden Sie unter www.sharonsalzberg.com.

Robert Sapolsky ist Inhaber der John A. and Cynthia Fry Gunn Professur für Biologie und Neurologie an der Stanford University und Forschungsmitarbeiter des Institute of Primate Research an den National Museums of Kenya. Seine Arbeit konzentriert sich auf drei Bereiche: Erstens, wie Stress und Stresshormone das Nervensystem schädigen und die Fähigkeit der Neuronen, neurologische Verletzungen zu überleben, verringern. Zweitens Strategien der Gentherapie, um das Nervensystem vor neurologischen und psychiatrischen Störungen zu schützen. Und drittens langfristige Studien mit wilden Pavianen in Ostafrika, um die Beziehungen zwischen Rangordnung, sozialem Verhalten, Persönlichkeit und Mustern stressinduzierter Krankheiten zu untersuchen. Er ist Autor von mehr als 400 akademischen Veröffentlichungen und einer Reihe von Büchern für Nicht-Wissenschaftler, darunter *Monkeyluv: And Other Essays on Our Lives as Animals* (2005); *A Primate's Memoir: A Neuroscientist's Unconventional Life among the Baboons* (2002) [dt. *Mein Leben als Pavian*]; *The Trouble with Testosterone: And Other Essays on the Biology of the Human Predicament* (1998); und *Why Zebras Don't Get Ulcers* (1994) [dt. *Warum Zebras keine Migräne kriegen*].

Zindel Segal ist Inhaber des Cameron Wilson Lehrstuhls für Depressionsforschung und Leiter des Mood and Anxiety Disorders Program der Abteilung für Psychiatrie an der University of Toronto. Er ist zudem Leiter der Cognitive Behavioural Therapy Clinic am Centre for Addiction and Mental Health und Professor in der Abteilung für Psychiatrie an der University of Toronto. Mehr als 35 Jahre lang forschte und veröffentlichte Dr. Segal über psychologische Behandlungen der Depression, besonders im Bereich psychologischer Prävention für diese immer wiederkehrende und einschneidende Störung. Seine frühe Arbeit half psychologische Marker für die Anfälligkeit für Rückfälle bei affektiven Störungen zu finden. Er und seine Kollegen haben als erste die Kombination von Achtsamkeitsmeditation und kognitiver Therapie als effektive Behandlung für die Rückfallprävention angewendet. Dr. Segals Veröffentlichungen sind unter anderem *Mindfulness-Based Cognitive Therapy for Depression* (2002) [dt. *Die Achtsamkeitsbasierte Kognitive Therapie der Depression*] und *The Mindful Way through Depression* (2007) [dt. *Der achtsame Weg durch die Depression*].

Bennett M. Shapiro ist als Berater in der Biotechnologie tätig. Zuvor war er Vizepräsident für Worldwide Licensing and External Research bei Merck, wobei er die Forschungsbeziehungen von Merck mit der akademischen und industriellen Forschungsgemeinschaft leitete. Im September 1990 begann er mit seiner Arbeit in den Merck Research Laboratories und war Vizepräsident für Grundlagenforschung. In dieser Position war er für alle Grundlagenforschungen und vorklinischen Forschungen bei Merck zuständig. Zuvor war er Professor und Vorsitzender des Department of Biochemistry an der University of Washington. Er ist Autor von über 120 Veröffentlichungen über molekulare Regulierung von Zellverhalten und biochemische Prozesse, die die Kaskade der Zellaktivierungen bei der Befruchtung integrieren.

Shapiro erwarb den Bachelor in Chemie am Dickinson College und den Doktortitel am Jefferson Medical College. Nach einem medizinischen Praktikum am University of Pennsylvania Hospital, war er Forschungsmitarbeiter an den National Institutes of Health, dann Gastwissenschaftler am Institut Pasteur in Paris, bevor er wieder zu den National Institutes of Health zurückkehrte und Leiter der Section on Cellular Differentiation in the Laboratory of Biochemistry wurde, um dann schließlich an die University of Washington zu gehen. Dr. Shapiro ist Mitglied der Guggenheim, der Japan Society for the Promotion of Science und Gastprofessor an der Universität Nizza.

David S. Sheps erwarb den Doktortitel in Medizin an der University of North Carolina (1969), war Mitarbeiter in der medizinischen Abteilung des Mount Sinai Hospital (1972) und erhielt ein Stipendium für Kardiologie an der Yale University School of Medicine (1974). Er erwarb den Master in öffentlicher Gesundheit und Epidemiologie von der University of North Carolina (1988). Dr. Sheps ist Professor für Kardiologie an der Emory University School of Medicine in Atlanta, Georgia. Er ist ein anerkannter Experte für die Wirkung von psychischem Stress bei Patienten mit koronarer Herzerkrankung und mentaler Stressischämie.

Er war Leiter einer Jury zur Vergabe finanzieller Hilfen der National Institutes of Health, des Health Effects Institute, der U.S. Environmental Protection Agency und pharmazeutischer Unternehmen und hat sich auf die verhaltensbezogenen, klinischen und epidemologischen Manifestationen der Krankheitshäufigkeit, besonders bei koronarer Herzerkrankung konzentriert. Er war leitender Forscher der Women's Health Initiative an der University of North Carolina und setzte seine Arbeit in diesem Bereich als leitender Forscher einer Zusatzstudie fort. Dr. Sheps war auch Mitglied des Koordinationszentrums der ENRICHD-Studie, die die Behandlung von Depression bei Patienten mit koronarer Herzerkrankung evaluierte. Eine langfristige angelegte Studie mit dem Titel „Mindfulness-Based Stress Reduction and Myocardial Ischemia" fokussiert sich auf die Behandlung psychischer stressinduzierter Ischämie.

John F. Sheridan ist Professor für Immunologie und Direktor des Programms Comprehensive Training in Oral and Craniofacial Sciences an der Ohio State University. Er ist Inhaber des George C. Paffenbarger Alumni

Endowed Research Chair und Direktor des Institute for Behavioral Medicine Research an der Ohio State University. Er erwarb den Bachelor an der Fordham University und den Master sowie Doktortitel am Waksman Institute of Microbiology an der Rutgers University. Danach durchlief er eine Ausbildung in Mikrobiologie und Immunologie am Duke University Medical Center und der Johns Hopkins University School of Medicine.

Er ist Gründungsmitglied und ehemaliger Präsident der Psychoneuroimmunology Research Society und Mitglied der American Association for the Advancement of Science. Zu seinen wichtigsten Forschungsinteressen gehören die neuroendokrine Regulierung der Genexpression bei entzündlichen und immunologischen Reaktionen, die stressinduzierte Anfälligkeit für infektiöse Erkrankungen, virale Pathogenese und Wirtsimmunität.

Wolf Singer ist Direktor des Max-Planck-Institut für Hirnforschung in Frankfurt am Main und Gründer und Direktor des Frankfurt Institute for Advanced Studies und des Ernst Strüngmann Institute for Brain Research. Er studierte Medizin an den Universitäten in München und Paris, erwarb den Doktortitel der Medizin an der Ludwig-Maximilians-Universität and habilitierte sich an der Technischen Universität München. Bis Mitte der 1980er Jahre fokussierten sich seine Forschungsinteressen auf die erfahrungsabhängige Entwicklung des zerebralen Cortex und die Mechanismen der nutzungsabhängigen synaptischen Plastizität. Dann konzentrierte sich seine Forschung mehr und mehr auf das Bindungsproblem, das sich durch die verteilte Organisation des zerebralen Cortex ergibt. Die Hypothese, die Professor Singer vertritt, besagt, dass zahlreiche und weit verteilte Subprozesse, die die Grundlage der kognitiven und ausführenden Funktionen bilden, durch präzise temporale Synchronisation von neuronaler Schwingungsaktivität koordiniert und zusammengeführt werden.

Zu den Veröffentlichungen von Professor Singer zählen mehr als 330 Artikel in Fachzeitschriften, mehr als 260 Buchbeiträge, zahlreiche Essays über die ethischen und philosophischen Implikationen der neurowissenschaftlichen Entdeckungen und fünf Bücher.

Er hat zahlreiche Preise erhalten, darunter den Ernst Jung-Preis für Wissenschaft und Forschung, den Prix Fondation Ipsen, den Zülch-Preis, den Max-Planck-Preis für Öffentlichkeitsarbeit,den Hessischen Kulturpreis, den Communicator-Preis des Stifterverbandes für die Deutsche Wissenschaft und den INNS Hebb Award. Ihm wurde die Ehrendoktorwürde der Carl-von-Ossietzky-Universität Oldenburg und der Rutgers University, New Jersey, verliehen. Er ist Mitglied zahlreicher nationaler und internationaler Akademien, einschließlich der Päpstlichen Akademie der Wissenschaften. Er war Präsident der European Neuroscience Association und Vorsitzender des Aufsichtsrats der Max-Planck-Gesellschaft und ist Mitglied zahlreicher Beiräte wissenschaftlicher Organisationen und in Redaktionsgremien von Fachzeitschriften. 2011 wurde ihm das Bundesverdienstkreuz erster Klasse verliehen.

Ralph Snyderman ist emeritierter Kanzler an der Duke University und James B. Duke Professor der Medizin an der Duke University School of Medicine. Von 1989 bis Juli 2004 war er Kanzler for Health Affairs und Dekan an der School of Medicine der Duke University. Während dieser Zeit beaufsichtigte er als Vorstandsvorsitzender die Entwicklung eines Gesundheitssystems an der Duke University, eines der wenigen, vollkommen integrierten akademischen Gesundheitssysteme der USA. Es beinhaltet nicht nur modernste Versorgung, sondern auch ein Zukunftsmodell der Gesundheitsversorgung.

Dr. Snyderman ist führender Vertreter eines neuen Gesundheitsansatzes, der als Prospective Care bezeichnet wird. Dieses Modell sieht vor, dass jeder Einzelne einen auf die eigenen Risiken und Bedürfnissen angepassten personalisierten Gesundheitsplan bekommt, und kombiniert das Beste aus Wissenschaft und Technologie mit humanistischen medizinischen Praktiken und bezieht sich dafür auf die integrative Medizin.

Dr. Snyderman hat zahlreiche Ehren erhalten, einschließlich der höchsten Auszeichnung im Bereich der Entzündungsforschung, den Lifetime Achievement Award der Arthritis Foundation und den ersten Bravewell Leadership Award für herausragende Leistungen auf dem Feld der integrativen Medizin. Er ist Mitglied des Institute of Medicine und der American Academy of Arts and Sciences, ehemaliger Beirat der Association of American Medical Colleges und ehemaliger Präsident der Association of American Physicians.

Esther M. Sternberg genießt internationale Anerkennung für ihre Entdeckungen in der Gehirn-Immun-Interaktion und der Wirkungen von Stressreaktionen des Gehirns auf die Gesundheit: die Wissenschaft der Geist-Körper-Interaktion. Dr. Sternberg erwarb den Doktortitel der Medizin an der McGill University, Montreal, Kanada, und wurde dort in Rheumatologie ausgebildet. Sie war Mitglied der Fakultät an der Washington University, St. Louis, Missouri, bevor sie 1986 zu den National Institutes of Health ging. Zusätzlich zu zahlreichen Veröffentlichungen in führenden wissenschaftlichen Fachzeitschriften ist sie Herausgeberin verschiedener Sammelbände und hat zwei Bücher für die allgemeine Leserschaft geschrieben: Den Bestseller *Healing Spaces: The Science of Place and Well-Being* (2009) [dt. *Heilende Räume: Warum Krankenhäuser krank und Büros müde machen*] und *The Balance Within: The Science Connecting Health and Emotions* (2000). Dr. Sternberg ist Autorin für „Books et al." des Magazins *Science* und schreibt eine regelmäßige Kolumne für die Zeitschrift *Arthritis Today* der Arthritis Foundation. Sie ist immer wieder in den Medien zu Gast und gestaltete 2009 die TV-Sendung *The Science of Healing* bei PBS, die sie auch moderierte und die auf ihren Büchern basierte.

Momentan ist Dr. Sternberg Leiterin der Section on Neuroendocrine Immunology and Behavior am National Institute of Mental Health, Direktorin des Integrative Neuronal Immune Program und Ko-Beirätin des Intramural Program on Research on Women's Health an den National Institutes of Health. Als Anerkennung ihrer Arbeit hat sie viele Preise erhalten, einschließlich des Public Health Service's Superior Service Award, des FDA Commissioner's Special Citation und des NIH Director's Challenge Award. Sie wurde in die American Society for Clinical Investigation gewählt, war Mitglied eines, vom amerikanischen Kongress eingesetzten Komitees des National Academy of Sciences Institute of Medicine und Beraterin der

Weltgesundheitsorganisation. Dr. Sternberg ist eine von 300 Ärztinnen, die in der Ausstellung der National Library of Medicine über Frauen in der Medizin mit dem Titel „Changing the Face of Medicine" vorgestellt wurden. Im November 2011 erhielt Dr. Sternberg die Ehrendoktorwürde in Medizin (Doctorate Honoris Causa) des Trinity College, Dublin. Weitere Informationen finden Sie unter www.esthersternberg.com.

John Teasdale erhielt seinen ersten Abschluss in Psychologie an der Universityof Cambridge. Danach wurde er am Institute of Psychiatry, University of London, als klinischer Psychologe ausgebildet, wo er auch den Doktortitel erwarb und einige Jahre lehrte. Nach seiner Tätigkeit als klinischer Psychologe am National Health University Hospital of Wales begann für ihn eine dreißigjährige Forschungsperiode, die vom Medical Research Council unterstützt wurde. Zuerst forschte er in der psychiatrischen Abteilung der University of Oxford und im Folgenden dann in der MRC Cognition and Brain Sciences Unit, Cambridge.

Der Fokus seiner Forschung war die Untersuchung grundlegender psychischer Prozesse und die Anwendung der Erkenntnisse auf die Heilung emotionaler Störungen. Dazu gehörte die Entwickelung und Evaluation von Verhaltenstherapien für Angststörungen, die Untersuchung kognitiver Ansätze des Verstehens und der Behandlung schwerer Depression und seit Neuestem die Entwicklung der achtsamkeitsbasierten kognitiven Therapie. Dr. Teasdale hat mehr als 100 wissenschaftliche Artikel und Buchbeiträge veröffentlicht und ist Ko-Autor von drei Büchern. Er erhielt den Distinguished Scientist Award der American Psychological Association und wurde zum Mitglied der British Academy und der Academy of Medical Sciences gewählt. Er ist nun berentet und folgt seinen persönlichen Interessen der Praxis, des Studiums und Lehrens von Meditation und deren Hintergründen.

B. Alan Wallace ist Präsident des Santa Barbara Institute for Consciousness Studies. Viele Jahre lang lebte er in buddhistischen Klöstern in Indien und der Schweiz als Mönch. Seit 1976 lehrt er in Europa und Amerika Theorie und Praxis des Buddhismus und ist Übersetzer zahlreicher tibetischer

Gelehrter und Kontemplationsübender, einschließlich des Dalai Lama. Nach seinem Summa Cum Laude-Abschluss am Amherst College, wo er Physik und Wissenschaftsphilosophie studiert hatte, erwarb er den Master und Doktortitel in Religionswissenschaft an der Stanford University. Er ist Herausgeber und Autor von mehr als 40 Büchern an der Schnittstelle von Wissenschaft und Religion sowie über tibetischen Buddhismus und die Medizin, Sprache und Kultur Tibets.

Zu seinen Büchern zählen *Meditations of a Buddhist Skeptic: A Manifesto for the Mind Sciences and Contemplative Practice* (2011); *Mind in the Balance: Meditation in Science, Buddhism, and Christianity* (2009); *Embracing Mind: The Common Ground of Science and Spirituality* (2008); *Hidden Dimensions: The Unification of Physics and Consciousness* (2007); *Contemplative Science: Where Buddhism and Neuroscience Converge* (2007); *Buddhism and Science: Breaking New Ground* (2003); *The Taboo of Subjectivity: Toward a New Science of Consciousness* (2000); *The Bridge of Quiescence: Experiencing Buddhist Meditation* (1998); und *Choosing Reality: A Buddhist View of Physics and the Mind* (1996). Mehr Informationen finden Sie auf der Webseite www.alanwallace.org.

Über das Mind and Life Institute

Das Mind and Life Institute wurde 1987 vom Dalai Lama, dem Unternehmer Adam Engle und dem Neurowissenschaftler Francisco Varela gegründet, um einen vertieften Dialog und eine Forschungszusammenarbeit zwischen der modernen Wissenschaft, den lebendigen kontemplativen Traditionen der Welt, der Philosophie, den Geisteswissenschaften und den Sozialwissenschaften zu initiieren. Wir glauben, dass diese integrierte, multidisziplinäre Forschungszusammenarbeit der effektivste Ansatz ist, um den menschlichen Geist zu untersuchen, ein vollständigeres Verständnis der Natur der Wirklichkeit zu entwickeln, Leiden zu verringern und Wohlergehen für den ganzen Planeten zu fördern.

In den letzten zweieinhalb Jahrzehnten ist das Mind and Life Institute zu einer weltweit führenden Organisation in der Kultivierung einer solch integrierten Untersuchung und Entwicklung von Forschungsfeldern geworden, in denen die Wirkungen der auf Kontemplation basierenden Praktiken auf das Gehirn, die menschliche Biologie und das Verhalten untersucht werden.

Im Mind and Life Institute sind wir der Ansicht, dass die schwierigsten Probleme der Welt – Kriege, Umweltzerstörung, Armut, Ungleichheit und soziale Ungerechtigkeit – ihren Ursprung im Geist von Männern und Frauen haben. Zudem zeigen Forschungen, dass mentale Faktoren und Haltungen zu persönlicher Krankheit beitragen. Wir wünschen uns eine Welt, in der erkannt wird, welche Bedeutung das Training des Geistes und die Entwicklung innerer Ressourcen dafür haben, dass wir Leiden verringern, statt es zu verursachen. Eine Welt, in der jeder Zugang zu altersgerechten und kulturell angemessenen Mitteln für die Umsetzung dieser inneren Entwicklung hat.

Die Mission des Mind and Life Institute ist:

- eine Herangehensweise und das konzeptuelle Bezugssystem für eine gründliche, genaue, integrierte, multidisziplinäre Untersuchung des Geistes zu entwickeln, bei der die unmittelbare menschliche Erfahrung der ersten und zweiten Person mit der modernen wissenschaftlichen Forschung der dritten Person verbunden wird.
- eine globale Gemeinschaft von Wissenschaftlern und Gelehrten zur Durchführung dieser Untersuchungen zu schaffen, sowie eine globale Gemeinschaft finanzieller Partner, die die materiellen Mittel für die Unterstützung dieser Forschung bereitstellen.
- spezifische Machbarkeitsstudien zu entwerfen und zu initiieren, die strategisch so gestaltet sind, dass sie diese neuen Forschungsfelder weiterführen.
- Forschungsergebnisse zu kommunizieren, um wissenschaftliche Grundlagen zur Verfügung zu stellen, von denen ausgehend Praktiken und Programme entwickelt und verfeinert werden können, um das individuelle und gesellschaftliche Leben zu verbessern; Praktiken, die die menschlichen Qualitäten der Aufmerksamkeit, des emotionalen Gleichgewichts, der Güte, des Mitgefühls, des Selbstvertrauens und des Glücks kultivieren.

Um unsere Vision und Mission umzusetzen, haben wir eine umfassende Strategie integrierter Initiativen entwickelt:

- Mind and Life-Dialoge mit Seiner Heiligkeit dem Dalai Lama (23 Dialoge seit 1987).
- Veröffentlichungen, die über diese Dialoge berichten (11 Bücher, 5 DVD-Sets und 1 Online-Video).
- das Mind and Life Summer Research Institute, dessen Aufgabe es ist, Wissenschaftler und Gelehrte in den neu entstehenden Feldern der kontemplativen Wissenschaft und der kontemplativen Studien auszubilden (8 Veranstaltungen seit 2004, an denen 1000 Menschen teilnahmen).
- die Mind and Life Francisco J. Varela Research Awards, die finanzielle Mittel für Pilotforschungen bereitstellen, die sich mit kontemplativer Wissenschaft und kontemplativen Studien beschäftigen (90 Forschungspreise seit 2004 in einem Gesamtwert von einer Million Dollar).
- die Mind and Life Humanities and Social Sciences Initiative, die dafür sorgt, dass die neu entstehenden Felder der kontemplativen Wissenschaft und der kontemplativen Studien multidisziplinär ausgerichtet sind und Untersuchungsmethoden der ersten, zweiten und dritten Person integrieren.
- das Mind and Life Developmental Science Research Network, das untersucht, wie auf Kontemplation basierende Interventionen sich auf die menschliche Entwicklung auswirken, mit einem besonderen Fokus auf die Aufmerksamkeitsdefizitstörungen.
- die Mind and Life Institute Collaborative Coordinator Initiative, die die Zusammenarbeit zwischen neuen Forschungszentren und Laboratorien der kontemplativen Wissenschaft und kontemplativen Studien fördert.
- die International Symposia on Contemplative Studies, eine jährliche Konferenz für Networking und Informationsvermittlung für die neuen Felder der kontemplativen Wissenschaft und der kontemplativen Studien.

- die Veröffentlichung wissenschaftlicher Beiträge, die die „Best Practices" der kontemplativen Forschung diskutieren.

Für mehr Informationen über das Mind and Life Institut besuchen Sie bitte unsere Webseite unter ***www.mindandlife.org***.

Das Mind and Life Institute ist in den USA als gemeinnützige Organisation anerkannt.

7007 Winchester Circle, Suite 100
Boulder, Colorado 80301
USA
001–303–530–1940

Danksagungen

Die Herausgeber möchten folgenden Menschen ihren Dank aussprechen:

Seiner Heiligkeit dem Dalai Lama für seine fortwährende Inspiration und Treue zur Begegnung und gemeinsamen Erforschung von kontemplativen Traditionen und Wissenschaft, mit dem Ziel, unser Verstehen der Natur des Geistes und dessen Potential, mit dem ganzen Ausmaß des menschlichen Leidens umzugehen, zu erweitern.

Adam Engle für seine großartige Leitung des Mind and Life Institute während der letzten 25 Jahre, besonders in den letzten zehn Jahren. In dieser Zeit hat sich die Arbeit des Instituts in so komplexer und wichtiger Art und Weise erweitert. Wir sind ihm zu großem Dank verpflichtet.

Thupten Jinpa für seine bemerkenswerten Fähigkeiten als Übersetzer, seine transparente Präsenz und seine grenzenlose Treue gegenüber Seiner Heiligkeit.

Judy Martin für ihre organisatorischen Zauberkräfte. Dave Womack, der für die Fotos in diesem Buch sorgte. Allen Mitarbeitern des Mind and Life Institute für ihre tiefe Verbundenheit mit der Mission von Mind and Life und für die außerordentliche Hingabe, die sie in sämtlichen Aspekten ihrer Arbeit zum Ausdruck bringen. Den früheren Mitarbeitern des Mind and Life Institute, Nancy A. Mayer, Dave Mayer, Cathy Chen-Ortega und Sidney Prince, für ihre außergewöhnlichen Anstrengungen, ihre Fertigkeiten, ihren guten Willen, die sie in die Organisation der Veranstaltung im Jahre 2005 eingebracht haben.

Zara Houshmand für die Freude, mit ihr arbeiten und von ihrem gut ausgebildeten Intellekt und ihren präzisen redaktionellen Fähigkeiten profitieren zu können, die so gut auf die Kultur und das Ethos von Mind and Life abgestimmt sind. Jasmine Star für ihr hervorragendes Lektorat, um das Manuskript in die jetzige Form zu bringen.

Den Mitarbeitern von New Harbinger Publications: Catharine Meyers, Jess Beebe, Michele Waters, Adia Colar, Amy Shoup, Heather Garnos, Janice Fitch, Melissa Valentine und Matt McKay, die als wunderbares Team die gesamte Entwicklung des Buches begleitet und unterstützt haben.

Wir möchten uns auch bei allen Sprecherinnen und Sprechern, Diskussionspartnerinnen und Diskussionspartnern für ihre wichtigen Beiträge zu diesem Dialog bedanken, und bei allen Teilnehmern, die am Treffen im Jahre 2005 teilnahmen. Auch das Publikum war bei diesem Treffen ein wichtiger Teil. Und schließlich möchten wir unsere tiefe Dankbarkeit gegenüber den Menschen zum Ausdruck bringen, die sich bereit erklärt haben, als Testpersonen an den verschiedenen, hier vorgestellten Studien teilzunehmen. Wir alle und tatsächlich die ganze Welt profitieren möglicherweise von ihrem Einsatz für diese Forschung. Wir erkennen auch an, wie sehr wir bei all den Tieren in der Schuld stehen, die bei einigen Forschungsprojekten genutzt wurden.

Weitere Literatur aus dem Arbor Verlag

Jon Kabat-Zinn

Zur Besinnung kommen

Die Weisheit der Sinne und der Sinn der Achtsamkeit in einer aus den Fugen geratenen Welt

Unsere Gesundheit und unser Wohlergehen stehen auf dem Spiel, wenn es uns nicht gelingt, in dieser aus den Fugen geratenen Welt wieder zur Besinnung zu kommen, als Individuen und als menschliche Gemeinschaft. Dies ist die zentrale These des bekannten Verhaltensmediziners und Meditationslehrers Prof. Dr. Jon Kabat-Zinn, dessen Programm der „Stressbewältigung durch die Praxis der Achtsamkeit" (MBSR) weltweit in immer mehr Universitätskliniken, Krankenhäusern, Gesundheitszentren, aber auch in wirtschaftlichen und politischen Institutionen erfolgreich praktiziert wird.
Der Königsweg zu dieser Belebung der Weisheit der Sinne ist die Achtsamkeit. Ihre heilsame Kraft ist in der buddhistischen Meditationspraxis seit zweieinhalb Jahrtausenden erforscht, erprobt und angewendet worden. Dieses Buch zeigt, wie wir mit Hilfe dieser Praxis wieder zur Besinnung kommen und mit allen Sinnen zu einem gesunden und erfüllten Leben in der Gemeinschaft finden können.

ISBN 978-3-936855-82-1

Kabat-Zinn, Jon und Ulrike Kesper-Grossman

Die heilende Kraft der Achtsamkeit

Stärkung der Gesundheit mit Hilfe einer alten buddhistischen Praxis

Das Meditationsprogramm, das durch den Alltag begleitet.
Die auf den CDs praxisnah und leicht umsetzbar vorbereiteten Meditationen haben bereits vielen Menschen geholfen. Zehntausende von Patienten mit Herzbeschwerden, chronischen Schmerzen, Krebs oder anderen schweren, oft unheilbaren Krankheiten profitieren bereits von der heilenden Kraft der Achtsamkeit.

Halbleinen-Buch mit Doppel-CD, ISBN 978-3-936855-99-9

Christopher Germer

Der achtsame Weg zur Selbstliebe

Wie man sich von destruktiven Gedanken und Gefühlen befreit

Das Leben ist hart, vieles kann enorm schieflaufen.
Oft schämen wir uns dann und werden selbstkritisch. Wir fragen uns: „Warum schaffe ich es nicht?“ oder „Warum ich?“. Vielleicht setzen wir auch alles daran, uns selbst wieder „in Ordnung zu bringen“, und machen damit alles nur noch schlimmer.
Doch wir können lernen, mit Kummer und Leid auf eine andere, gesündere Art und Weise umzugehen. Anstatt schwierigen Gefühlen mit erbittertem Widerstand zu begegnen, können wir unseren Schmerz anschauen, beobachten und mit Freundlichkeit und Verständnis darauf reagieren. Das ist Selbstliebe: Wenn wir uns voller Mitgefühl so um uns selbst kümmern, wie wir es bei einem geliebten Menschen tun würden.
Bereits ein Augenblick, in dem wir mitfühlend und liebevoll mit uns selbst umgehen, kann unseren Tag verändern und viele solcher Momente können unserem Leben eine ganz neue Richtung geben. Die Befreiung aus der Falle destruktiver Gedanken und Gefühle durch mitfühlende Selbstliebe kann unsere Selbstachtung von innen heraus stärken und sogar Depressionen und Ängste vertreiben.
Erfahren Sie, wie Sie sich dieses Mitgefühl und diese Liebe entgegenbringen können, wenn Sie sie am dringendsten brauchen: Wenn Sie vor Scham fast vergehen, wenn Sie vor Wut oder Angst die Fäuste ballen oder sich zu verletzlich fühlen, um ein weiteres Familientreffen zu überstehen.

„In diesem wichtigen Buch erhellt Christopher Germer die unendliche Vielzahl von Synergien, die zwischen Achtsamkeit und Mitgefühl bestehen. Er zeigt effektive Wege auf, wie wir auf geschickte Weise sicherstellen können, dass wir uns selbst einladen, im liebevollen Herzen des Gewahrseins selbst zu verweilen.“

Jon Kabat-Zinn

Bonnie Badenoch

Gehirn und Psyche

Interpersonelle Neurobiologie als Grundlage
einer erfolgreichen therapeutischen Praxis

Gehirn und Psyche integriert die wissenschaftlichen Grundlagen interpersoneller Neurobiologie in die Kunst der Psychotherapie.
Indem sie Fortschritte der Neurowissenschaften in klinische Anwendungen übersetzt, gelingt es Bonnie Badenoch, in enormer Dichte Neurowissenschaften und Psychotherapie geradezu miteinander zu verweben.
Ein Buch, das für eine wissenschaftlich fundierte Langzeit-Psychotherapie plädiert und neueste Erkenntnisse der Neurowissenschaften in die tägliche Praxis des Therapeuten trägt.

Mit einem Vorwort von Daniel Siegel – Autor von *Das achtsame Gehirn* und Begründer der Interpersonellen Neurobiologie.

ISBN 978-3-86781-010-4

Rick Hanson mit Richard Mendius

Das Gehirn eines Buddha

Die angewandte Neurowissenschaft
von Glück, Liebe und Weisheit

Das Gehirn eines Buddha weist uns wirksame Wege, wie wir Liebe, Weisheit und wahres Glück in unserem Leben erfahren können, und erklärt uns auch physiologisch, wie und warum das funktioniert.
Der Strom unserer Gedanken formt unser Gehirn und vermag uns so, neue Möglichkeiten, Handlungsräume und Gefühlswelten zu eröffnen – oder auch zu verschließen. Demgemäß lautet die grundlegende Botschaft aktueller neurobiologischer Forschung: „Indem du dein Gehirn verändern kannst, kannst du dein Leben ändern."
Gestützt auf jüngste Forschungsergebnisse zeigt uns *Das Gehirn eines Buddha* auf, wie wir unser Gehirn stimulieren und stärken können, um zu erfüllenderen Beziehungen und zu einem stärkeren Gefühl von innerem Vertrauen und Wert zu finden.

ISBN 978-3-86781-025-8